Freya Klier

Wir letzten Kinder Ostpreußens

Das Buch

Sieben Kinder – sieben Schicksale. In ihrem bewegenden Buch »Wir letzten Kinder Ostpreußens. Zeugen einer vergessenen Generation« zeichnet Freya Klier die dramatischen Schicksale von sieben Kindern aus Ostpreußen nach, von denen nur einem Jungen die Flucht gelingt, ein Mädchen kurz vor dem Hungertod von einer Estin gerettet wird – die anderen für drei Jahre im sowjetisch besetzten Ostpreußen eingeschlossen bleiben. Ausgehend vom Sommer 1944 bis hinein in unsere Gegenwart beleuchtet das Buch die Verwobenheit von Geschichte und den Einzelschicksalen. Aus der Komposition der Stimmen erwächst so ein noch nie zu lesendes Panorama der letzten Kriegsmonate. Ein aufwühlendes Zeugnis und Buch für eine ganze Generation – und deren Nachkommen.
Die vorliegende Taschenbuchausgabe wurde um ein Nachwort erweitert.

Die Autorin

Freya Klier, geb. 1950 in Dresden, ist Schriftstellerin und Dokumentarfilmerin. Sie wurde 1968 wegen versuchter »Republikflucht« zu 16 Monaten Gefängnis verurteilt. Später arbeitete sie als Schauspielerin und Theaterregisseurin, 1980 war sie Mitbegründerin der DDR-Friedensbewegung. 1988 wurde sie zusammen mit anderen Bürgerrechtlern verhaftet und unfreiwillig ausgebürgert. Freya Klier hat zahlreiche Preise und Ehrungen erfahren, unter anderem erhielt sie das Bundesverdienstkreuz (2012). 2016 wurde ihr der Franz-Werfel-Menschenrechtspreis in der Frankfurter Paulskirche überreicht.

Freya Klier

Wir letzten Kinder Ostpreußens

Zeugen einer vergessenen Generation

FREIBURG · BASEL · WIEN

Originalausgabe

Titel der Originalausgabe
Wir letzten Kinder Ostpreußens

ISBN 978-3-451-30704-1

Um ein Nachwort erweiterte Taschenbuchausgabe

Hermann-Herder-Str. 4, 79104 Freiburg

www.herder.de

Bei Fragen zur Produktsicherheit
produktsicherheit@herder.de

Umschlaggestaltung: Designbüro Gestaltungssaal
Umschlagmotiv: © dpa Picture-Alliance

Satz: Barbara Herrmann, Freiburg
Herstellung: GGP Media GmbH, Pößneck

Printed in Germany

ISBN 978-3-451-06843-0
ISBN E-Book (EPub) 978-3-451-80206-5

Inhalt

Die Störche ziehen
Sommer 1944

„Noch einmal, ehe die Kriegswalze darüber hinwegging, entfaltete sich meine ostpreußische Heimat in ihrer ganzen rätselvollen Pracht. Wer die letzten Monate mit offenen Sinnen erlebte, dem schien es, als sei noch nie vorher das Licht so stark, der Himmel so hoch, die Ferne so mächtig gewesen. Und all das Ungreifbare, das aus der Landschaft heraus die Seele zum Schwingen bringt, nahm in einer Weise Gestalt an, wie es nur in der Abschiedsstunde Ereignis zu werden vermag ..."

Mit diesen berührenden Worten erinnert der Arzt Hans Graf von Lehndorff in seinem *Ostpreußischen Tagebuch* an jene Wochen im Sommer 1944, die der Katastrophe unmittelbar vorausgehen. Er beschreibt die Unruhe der Bewohner im östlichsten Teil der Provinz.

Bis vor kurzem noch galten die Gebiete jenseits von Oder und Neiße als die sichersten in Deutschland: Sie waren Aufmarsch- und Durchzugsgebiet der Wehrmacht – die Schlachten fanden woanders statt. Nach Ostpreußen kamen die Evakuierten, wenn im Ruhrgebiet, in Hamburg oder Berlin die Bomben fielen ...

Über die Gebiete Europas, die jenseits der Grenze von Ostpreußen liegen, ist die Katastrophe längst schon hereingebrochen. Sie kam zunächst über Polen, das im September

1939 mit Hitlers Vorgabe „Härte gegen alle Erwägungen des Mitleids“ überfallen wurde. Polen ist inzwischen zerschlagen, die polnische Intelligenz durch Himmlers Truppen weitgehend „ausgerottet“. Und wurde die Beute zunächst mit Stalin, dem bolschewistischen Erzfeind, geteilt, so ist die Sowjetunion seit 1941 nun selbst Aufmarschgebiet von drei Millionen Soldaten der Wehrmacht, von Polizeieinheiten und Verbänden der Waffen-SS.

Was sich im Osten neben den Jubelmeldungen im Volksempfänger tatsächlich abspielt, wissen allein die Soldaten der Wehrmacht, Himmlers SS- und Polizeieinheiten, wissen die im Generalgouvernement und später in Weißrussland eingesetzten deutschen Zivilinstanzen, die Akteure in den Vernichtungslagern, Eisenbahner, die Fahrpläne Richtung Osten zusammenstellten …

Längst sind das Baltikum, Weißrussland und die Ukraine durchkämmt – sind Juden, „Zigeuner“ und eine Vielzahl „slawischer Untermenschen“ zwischen Ostsee und Karpaten vernichtet. Oft fanden die Mordorgien mit Hilfe von Freiwilligenverbänden aus den besetzten Gebieten statt.

Haben die Zivilisten Ostpreußens, auf die nun die Rote Armee zuwalzt, eine Ahnung davon, was die Menschen im Osten seit Jahren erleiden müssen? Haben sie eine Vorstellung davon, in welchem Tempo beispielsweise im September 1941 in der Schlucht von Babi Jar 34 000 Juden aus Kiew ermordet wurden?

Den Massenerschießungen im Baltikum, in Weißrussland und Teilen der Ukraine, an denen sich auch Einheiten der Wehrmacht beteiligten, fielen in den ersten Monaten nach dem Überfall rund eine halbe Million Menschen zum Opfer …

Was wissen die Bewohner Ostpreußens von Leningrad,

der zweitgrößten Stadt Russlands, die erst im Januar dieses Jahres endgültig befreit werden konnte?

Die Überlebenden von Leningrad sind schwer traumatisiert.

Im ersten, eisigen Winter 1941/42 ließ die Heeresgruppe Nord der Deutschen Wehrmacht, welche die Großstadt umzingelt hatte, zweieinhalb Millionen Menschen – darunter etwa 400 000 Kinder – ohne Nahrung, ohne Wasser, ohne Licht, ohne Strom, ohne Heizung und ohne Kanalisation. Leningrad lag über Monate dunkel und kalt wie die Tundra. Das häufigste Geräusch in dieser Zeit waren die Kufen von Kinderschlitten, auf denen steif gefrorene Tote auf die Zufahrten zu den Friedhöfen gebracht wurden. An die Friedhöfe selbst kam man schon bald nicht mehr heran, weil Leichenberge die Wege versperrten …

Bereits im ersten Jahr der Blockade starben in Leningrad, dem früheren St. Petersburg, schätzungsweise 470 000 Frauen, Kinder und Männer. Sie starben durch Hunger und Kälte, durch Bombardements und Artilleriebeschuss. Bis Ende des Jahres 1941 warf die deutsche Luftwaffe fast 70 000 Brand- und Sprengbomben über der Stadt an der Newa ab, wobei gezielt Kindergärten, Schulen, Betriebe und Straßenbahnhaltestellen bombardiert wurden, um die Bevölkerung zu demoralisieren. Als Leningrad im Januar 1944 durch die Rote Armee befreit wurde, hatte Hitlers Luftwaffe mehr als 100 000 Brandbomben über der Stadt ausgeklinkt …

Keine Grausamkeit lässt sich durch eine vorher begangene rechtfertigen. Doch weisen die Grausamkeiten von Eroberern auch im 20. Jahrhundert noch beträchtliche Ähnlichkeiten auf. So hat das bevorstehende Aushungern der ostpreußischen Bevölkerung durch die Sowjets seinen Vorlauf unter anderem in Leningrad – als nationalsozialistische Strategie im „Generalplan Ost“, in der das Verhungern von etwa dreißig Millionen „Untermenschen“ von vornherein eingeplant war.

Nicht nur Menschen, auch unwiederbringliches Kulturgut wurde vernichtet: So löschte ein Bombenangriff auf die Eremitage im Jahr 1942 die gesamte jüdische Stammesgeschichte der über die Welt verbreiteten Schapiro-Sippe aus, die sich zurückverfolgen ließ bis zu Kalam, dem Goldschmied des Königs Salomon. Hunderte von Dokumenten auf Pergament und Papier, von Zeugnissen und Notizen, Tagebüchern, Urkunden, Urteilen, Gnadengesuchen und Eigentumsbescheinigungen, Enteignungsbefehlen, Freibriefen, Geburts- und Einbürgerungsurkunden, Schenkungs- und Ehrenurkunden, Ehe- und Pachtverträgen, Sterbeurkunden, Begräbnisbescheinigungen, kleinen Gegenständen, Familienbildern, Zeichnungen und Porträts aus vielen Ländern und allen Zeiten wurden in einer einzigen Nacht zerstört.

Mögen die Schätze der meisten Überlebenden wesentlich bescheidener gewesen sein – ihr Verlust schmerzt nicht weniger.

Nichts von all diesem Grauen ahnen Bauer Possienke und seine Frau – sie haben keinen Sohn, der auf Heimaturlaub hätte einiges andeuten können, der gefallen oder vermisst ist oder sich jetzt im Zug ausgemergelter Gestalten in russische Gefangenschaft schleppt. Bauer Possienke und seine Frau haben drei kleine Mädchen – vier, sechs und acht Jahre alt. Sie bewirtschaften einen größeren Bauernhof – mit etwa vierzig Kühen, mit Pferden, Schweinen und

Gänsen, die zwischen den Kindern über den Hof schnattern.

Der Bauernhof der Familie liegt in Schuditten, einem sehr kleinen Dorf, in dem es weder eine Schule noch eine Kirche gibt. Schuditten ist ein altes Dorf, noch aus der Pruzzenzeit stammend. Und dass Familie Possienke sich von der Roten Armee nicht sonderlich bedroht fühlt, liegt daran, dass die russisch-litauische Grenze hier scheinbar weit weg ist: Schuditten befindet sich dreißig Kilometer westlich von Königsberg. Ebenfalls nur dreißig Kilometer sind es bis Pillau; die Küste ist also nicht weit, die Samland-Bahn passiert direkt das Dorf.

Brigittes Vater ist nicht nur Landwirt, sondern auch Bürgermeister der etwa 400 Seelen, die Schuditten bewohnen. Er fühlt deutsch-national wie fast alle Bauern des Dorfes, doch für Politik fehlen ihm aufgrund seines großen Hofes Zeit und Interesse – um dieses Thema kümmert sich der Ortsbauernführer.

Die vierjährige Brigitte, das jüngste der drei Mädchen, wird sich später dunkel daran erinnern, hier 1944 – noch fernab allen Kriegsgeschehens – eine glückliche Zeit erlebt zu haben: Gerade waren Onkel und Tanten zu Besuch. Und wie immer gab es unter den Kindern die üblichen Geschwister-Reibereien, wollten doch die beiden größeren Mädchen mal wieder nicht mit ihr spielen, weil sie noch nicht richtig mithalten konnte …

Es geht im Sommer 1944 auf dem Hof von Possienkes zu wie in vielen anderen Familien auch – Familien, die keinen Sohn im Krieg haben, um den sie bangen müssen, oder die aus rassischen bzw. politischen Gründen verfolgt werden.

Seit dem 22. Juni 1944 befindet sich die Rote Armee in einer Großoffensive, die bereits dramatisch die Situation verändert hat: Die zahlenmäßig weit überlegenen sowjetischen Truppen – seit 1943 verstärkt durch polnische Divisionen – fügen der Wehrmacht immer empfindlichere Verluste zu und rücken bis an den östlichen Saum Deutschlands vor. Verlief die Frontlinie zunächst quer durch Polen und dicht an der Grenze zu Ostpreußen entlang, so erreicht die 5. Sowjetische Armee zwei Monate später, am 17.August 1944, die ostpreußische Grenze.

Der Krieg wird damit für die Zivilbevölkerung Ostpreußens zur bitteren Realität. Seit Juli werden die Bewohner des Memellandes evakuiert. Die Straßen östlich von Königsberg füllen sich außerdem mit Flüchtlingen aus Litauen. Durch die erntereifen Felder streift immer mehr herrenloses Vieh …

Die Unruhe unter denen, die sich noch nicht auf den Weg gemacht haben, nimmt von Tag zu Tag zu: Bleiben oder Gehen? Niemand darf es wagen, seine Befürchtungen offen zu äußern. So starren die Menschen zum Himmel, an dem die Störche bereits ihre Kreise ziehen, und fragen sich: „Ihr zieht jetzt fort – und wir? Was soll aus unserem Land werden?“

Der elfjährige Günter Kropp, 1933 in Stallupönen geboren, kann die Bedrohung noch nicht so recht nachvollziehen. Er wächst auf einem Bauernhof in der Nähe von Rauschendorf auf, im tiefen ostpreußischen Land. Stallupönen liegt an der Bahnstrecke Königsberg-Insterburg-Gumbinnen-Eydtkuhnen und somit ziemlich dicht an der nur siebzehn Kilometer entfernten litauischen Grenze, hinter der sich derzeit die Truppen der Roten Armee massiv zusammenziehen. Seine Eltern und Großeltern sind beunruhigt – auch sie bewegt die schwerwiegende Frage des „Bleiben oder Gehen“ … Intensiv denken sie über eine mögliche Flucht nach, doch wie soll das gehen? Kropps haben sechs Milchkühe, Günters Vater hat sich auf Milchlieferung spezialisiert. Da sind pro Tag etwa sieben 20-Liter-Kannen zu melken. Auch in diesem Sommer 1944 wird die Milch täglich von den verschiedenen Dörfern abgeholt …

Günter ist ein hoch aufgeschossener Junge, der sehr langsam spricht und ausgesprochen gutmütig ist. Sein kleiner Bruder ist drei Jahre alt. „Es soll ein großer Aufmarsch feindlicher Soldaten hinter der siebzehn Kilometer entfernten Grenze stattfinden“, versucht er, dem kleinen Bruder zu erklären, aber es stellt sich dabei kein Gefühl von Angst ein – Günter kennt keine Bedrohung. Der Hof liegt einen Kilometer vom nächsten Dorf entfernt und ist komplett umrundet von den eigenen Feldern.

Auf dem Hof wohnen drei Generationen friedlich zusammen. Das Leben hier verlief bisher konfliktarm. Es kam öfter mal Besuch auf den abgelegenen Hof, was immer eine gute Abwechslung war. Und als einmal eine Cousine der Mutter aus dem Ruhrgebiet eintraf, war das ein ganz besonderes Ereignis.

Im Winter wiederum musste Familie Kropp immer zusehen, den Kontakt zum Dorf nicht zu verlieren:

„Der Schnee war ja manchmal einen dreiviertel Meter hoch, das musste man sich auf dem abgelegenen Bauernhof freischaufeln. Manchmal waren die Schneewehen noch höher.

Wir hatten Pferde, auch Hühner, Schweine und Kühe und natürlich Hunde und Katzen. Im Kuhstall gab es eine Pumpe.

Und Vater hat im Kuhstall eine Tränke bauen lassen, wodurch die Kühe auch im Winter so viel saufen konnten, wie sie wollten. Die Pferde wurden getränkt, die Schweine bekamen Gerstenschrot, Haferschrot und Kleie."

Gut kamen Kropps bisher mit dem anstrengenden Alltag auf dem Land zurecht, mit dem harten, trockenen Winter und dem meist heißen Sommer:

„Nur einen Steinwurf von uns entfernt waren die Trakehner, die berühmte Pferdezucht. Die Tiere blieben kräftig und leistungsfähig bei diesem ostpreußischen Klima. So waren wir Menschen auch."

Die Bauernfamilie baut seit Generationen an, was sie für sich selbst und die Tiere braucht. Hinzugekauft werden müssen lediglich Zucker, Salz und Textilien. Ansonsten sind Kropps komplette Selbstversorger und so eine Art Vorläufer der Bio-Bauern:

„Wir hatten Roggen, Weizen, Hafer, Gerste, Erbsen, Rüben. Kartoffeln bauten wir an, das war unsere Hauptnahrung. Nudeln haben wir selbst gemacht, mit Weizenmehl, Eiern und Milch. Da habe ich als Kind mitgeholfen: Der Teig wurde ausgerollt und dann in Streifen geschnitten, quer und längs – das waren die Nudeln.

Was wir sonst gegessen haben? Morgens gab es Brot und Marmelade, manchmal auch Honig. Wenn geschlachtet wurde, gab es frische Leberwurst, ansonsten eingeweckte. Blutwurst gab es, Lungenwurst, Dauerwurst – die hielt bis zum nächsten Schlachten vor Weihnachten.

In der Woche gab es mittags Graupensuppe, Mehlsuppe

oder Kohlsuppe – Süßkohl und auch Sauerkohl. Warme Knacker manchmal dazu. Auf jeden Fall kamen wir gut übers Jahr …

Ich erinnere mich noch ganz genau: Am Sonntag gab es den Sonntagsbraten und davor Nudelsuppe. Danach Kartoffeln, Sahnesoße und manchmal Hähnchenfleisch. Nein, gehungert hat bei uns auf dem Hof wirklich niemand.

Geschlachtet haben wir ein Schwein jeweils kurz vor Weihnachten. In der Erntezeit wurde auch mal ein Kalb geschlachtet – das war ja die Zeit, in der wir Leute zur Unterstützung brauchten. Bei der Kartoffelernte zum Beispiel. Danach auch zum Rübenhacken …

Es gab ja damals noch keine Tiefkühltruhen, so wurde alles eingeweckt. Oder geräuchert – Bauchspeck und Wurst. Wir hatten eine Räucherkammer, die hatte Vater gebaut. Und die war groß, darin lagerten wir im Sommer auch die Schinken in Leinensäcken.

Vater verkaufte auf dem Markt in Stallupönen zusätzlich Äpfel, Kartoffeln, Butter und Eier …"

Kropps sind evangelisch, so ging es sonntags bisher immer in die Kirche. Die liegt in Stallupönen zwischen zwei Märkten – dem Ferkelmarkt und dem Adolf-Hitler-Markt. Letzterer ist der Platz, auf dem die großen Aufmärsche stattfinden. Und ein Jahrmarkt mit Karussell, Losbuden und dem jährlichen Auftritt der Hochseil-Artisten mit ihren langen Querstangen. Es sind die „Trabers", die Günter Jahre später in Berlin-Spandau wieder erleben wird:

„Das war beeindruckend, nicht nur für Kinder. Die Artisten suchten auf dem Jahrmarkt immer Freiwillige, die sich hinübertragen ließen. Keine Ahnung, ob die bestellt waren oder wirklich freiwillig. Es gab aber sicher auch Mutige, die gesehen hatten, dass die Getragenen auf der anderen Seite unversehrt angekommen waren, und die nun eben ihren Mut beweisen wollten, vielleicht vor ihrer Freundin ..."

Soweit die ostpreußische Idylle aus der Rückschau eines damals Elfjährigen. Irritierend für Familie Kropp war bisher lediglich das Jahr 1938, als plötzlich etliche Ortsnamen ausgetauscht werden mussten:

„Wir wohnten ja nur siebzehn Kilometer von der litauischen Grenze entfernt. Und da wurden plötzlich 1938 unsere litauisch und polnisch klingenden Namen eingedeutscht. Das war völlig blöde. Pillkallen zum Beispiel wurde in Schloßberg umbenannt ..."

Doch dieser Sommer 1944 ist noch irritierender für Günter. Er sollte eigentlich noch in die „Pimpfe" aufgenommen werden:

„Ich bekam aber keine Einladung mehr, solche Aufnahmen fanden nun wahrscheinlich gar nicht mehr statt. Im Frühjahr 44 waren in unserem Gehöft noch Kinder aus Berlin einquartiert worden – die hatte man verschickt wegen der Bombenangriffe auf Berlin. Inzwischen waren die aber schon wieder zurück, und Schule fand nur noch ganz unregelmäßig statt.

Die Berliner Kinder waren übrigens anders drauf als wir ostpreußischen Landeier: Sie kamen immer in Uniform in die Schule, die Jungs, die Mädchen hatten auch ihre BDM-Schlipse um und solche Trachtenjacken ..."

Hat Familie Kropp Angst vor den Russen? Irgendwie schon, doch Günters Großvater erinnert sich auch an Positives. Er ist Mitte fünfzig und arbeitete im letzten Jahr vorübergehend im Torfbruch. Dort hatte er Feindkontakt, wie sich Günter erinnert:

„Das war so eine spezielle Aktion in unserer Gegend, die ging vom Mai bis Juni. Der Torfbruch hieß Sonnenmoor, aber wir Kinder haben dazu immer Teufelsmoor gesagt. Dort wurde der Torf gestochen, und jeder Hof hatte so eine Parzelle, für die man etwas bezahlen musste. Denn das war gutes Heizmaterial.

Es gab dort zwei Pressen und zwei Motoren. Einen Motor bediente ein junges Mädchen, und Großvater bediente den anderen. Und mitarbeiten beim Torfstechen mussten auch etwa acht Russen.

Das waren russische Kriegsgefangene, noch in Uniform. Und die wurden sehr schlecht ernährt. Die hatten immer Hunger. In Schach gehalten wurden sie von einem Wachmann mit Gewehr.

Doch sie mussten ja auch mal austreten, so wie alle Menschen. Dann gingen sie in die Büsche, um ihre Notdurft zu verrichten. Das war ein bisschen abseits. Großvater hat das beobachtet.

Wir hatten zuhause Landbrot, das war vierzig Zentimeter breit. Ich weiß nicht, wie viele Stullen mein Großvater normalerweise mit in den Torfbruch genommen hat. Aber als er das wahrgenommen hat, was die Kriegsgefangenen für einen Hunger hatten – die haben Gras gegessen, Sauerampfer sowieso, alles, was sie für essbar hielten –, dann hat er von nun an zuhause ein paar Stullen mehr in den Rucksack gepackt.

Vater kam einmal dazu, als er so eine große Ladung Brot einpackte, und sagte zu seinem Schwiegervater: ‚Fritz, was ist denn los – bleibst du vierzehn Tage weg oder was?'

‚Nee', sagte mein Großvater. ‚Die armen russischen Jungs haben so einen Hunger ...'

‚Dann sei mal vorsichtig, dass sie dich nicht erwischen', warnte Vater ihn. Denn da war ja nicht nur der jeweilige Aufseher – auch der Landrat kam manchmal raus in den Torfbruch oder irgendwelche anderen Leute.

Mein Großvater meinte daraufhin: ‚Wenn die mal austreten gehen, schicke ich jemanden hin zu ihnen, der ihnen dann schnell heimlich zwei halbe Stullen Brot gibt. Ich habe ja im Weltkrieg gegen die Russen gekämpft, ich versteh sie schon ein bisschen und sie mich auch.'

Das Ganze kam aber dann doch raus. Und von da an hatten sie meinen Großvater auf dem Kieker ... Es war eine Zeit der Denunziation, man konnte jederzeit an die Front abkommandiert werden. Oder Schlimmeres ...

In Trakehnen war mein Großvater zunächst Pferdepfleger gewesen. Dann hatte er sich selbständig gemacht mit einem kleinen Hof an der litauischen Grenze: Da lief eine ganze Menge mit Schmuggel und so, da war mein Großvater nun mitten drin: Er fuhr zum Beispiel mit einem Pferd im Gespann rüber nach Litauen und kam mit zweien wieder zurück. Das eine hat er dann privat verkauft, und so wurde der Zoll umgangen ...

Das Ganze wurde ihm dann aber zu heiß und er verkaufte das Grenzgehöft wieder – und kaufte stattdessen den Hof, auf dem ich nun aufwuchs.

Also, bis 1944 war ich dort glücklich ..."

Etwa fünfzig Kilometer Luftlinie entfernt von Stallupönen liegt Mallenuppen – ein ebenfalls ziemlich litauisch klingendes Dorf. Hier erblickte der inzwischen zehnjährige Siegfried Matthus das Licht der Welt:

„Ich bin an einem Freitag, dem 13. April 1934 geboren. In Mallenuppen, einem Dorf in der Nähe der Kreisstadt Darkehmen. Mein Vater hat meine Geburt dokumentiert: An diesem Tag goss er gerade einen Betonpfeiler für die Auffahrt zu unserem Haus. Und in diesen Pfeiler ritzte er ein: 13.4.1934.

Ich war das erste Kind meiner Eltern, und den Pfeiler betrachtete ich später voller Stolz – heute gibt's den natürlich nicht mehr ...

Ich bekam später noch drei Geschwister: Meine Schwester ist 1937 geboren, ein Bruder kam 1939 auf die Welt und der Jüngste 1942.

Meine Mutter war dreizehn Jahre jünger als mein Vater, die beiden hatten sich auf einem Tanzvergnügen kennengelernt. Mein Vater hatte da Musik gemacht und sich in das hübsche Mädchen verliebt. Pünktlich neun Monate nach ihrer Hochzeit kam ich auf die Welt.

Wir hatten eine kleine Landwirtschaft mit Kühen, Pferden, Schweinen, und als Junge habe ich mitgeholfen, Pferdeställe auszumisten, Futter zu holen, Schweine zu füttern – das habe ich selbstverständlich alles mitgemacht ...

Das Wichtigste in meiner Kindheit aber war die Musik. Sie hatte großen Einfluss auf mein späteres Leben, auch beruflich. Meine Mutter hat wunderbar gesungen – sie kannte viele Volkslieder, und damit bin ich aufgewachsen. Wir wohnten in einem kleinen Dorf, in dem die Gehöfte inmitten der Felder lagen. Die Frauen, daran erinnere ich mich, haben am Abend oft zusammen gesungen.

Mein Vater wiederum war ein sehr begabter Laienmusiker. Mein Großvater, den ich nicht mehr kennengelernt habe, der war Schneider; er hatte neben dem Bauernhof eine kleine Schneiderei, kombiniert mit einer kleinen Gastwirtschaft. Großvater hatte eine Reihe von Gesellen, die in der Landwirtschaft und in der Schneiderei mithalfen. Und die mussten auch alle ein Instrument spielen! Sodass sie dann – wie mir mein Vater erzählte – noch auf Hochzeiten oder bei Kindstaufen oder Tanzvergnügen spielen konnten.

Die Musik der damaligen Zeit in Ostpreußen bestand aus Polka und Volkslied – und das war meine musikalische Welt, in der ich aufgewachsen bin. Es war Volksmusik – ich glaube, von Bach, Beethoven oder Mozart habe ich in meiner Kindheit noch nichts gehört, jedenfalls nicht wissentlich. Ich war in dieser Mischung aus Volksmusik und den traditionellen Tanzmusiken musikalisch zuhause."

Wie schon Günter Kropp hat auch Siegfried Matthus 1938 die Umbenennung seines Dorfes erlebt:

„Ich bin noch in Mallenuppen geboren, so steht das auch in meiner Geburtsurkunde. 1938 aber ließ Adolf Hitler – dem das natürlich nicht Deutsch genug klang – die Kreisstadt und unser Dorf umtaufen: Aus Darkehmen wurde Angerapp, nach dem Fluss, der durch die Stadt floss. Und statt Mallenuppen – das kommt eindeutig aus dem Litauischen – hieß unser Ort nun Gembern. Dadurch sind meine jüngeren Geschwister in Gembern geboren, ich aber als Ältester in Mallenuppen.

Wir wohnten etwa drei Kilometer von Darkehmen bzw. Angerapp entfernt, dort bin ich dann später zur Schule gegangen. Und dort wohnten zwei Onkel von mir: Der eine hatte eine Sattlerwerkstatt, dadurch hatten wir als Kinder schöne Ledertornister. Der andere besaß ein Fahrradgeschäft und eine Auto-Reparaturwerkstatt.

Er verkaufte auch Autos … und ist verantwortlich für meine noch immer anhaltende Faszination für Autos.

Was habe ich noch gemacht in meiner Freizeit? Ich bin oft schwimmen gegangen. Später habe ich sogar mein Freischwimmer-Zeugnis gemacht. In einem tümpelartigen Dorfanger habe ich schwimmen gelernt. Da tranken die Kühe nicht nur draus, da machten sie auch rein. Und irgendwelche Leute hatten da alte Töpfe reingeschmissen. Ich habe hier unter dem Knie noch eine Narbe, wo ich mir in dem Tümpel als Kind das Bein aufgerissen habe.

Am schönsten war der Fluss Angerapp – der aber weit an unserem Dorf vorbeiging. Abends, im Sommer, so erinnere ich mich, ist da unsere Mutter mit uns Kindern manchmal baden gefahren. Da muss ich so sechs, sieben Jahre alt gewesen sein. Auch andere Mütter mit ihren Kindern kamen da zum Baden an die Angerapp.

Nur etwa zehn Kilometer von meinem Geburtsort entfernt lag der Ort Nemmersdorf. Nemmersdorf hat dann schon bald eine furchtbare Geschichte gehabt. Im Sommer 1944 war aber von der Tragödie noch nichts zu spüren …"

Auch ein anderer ostpreußischer Junge ist mit Musik aufgewachsen – Michael Wieck aus Königsberg, der in diesem Sommer 1944 sechzehn Jahre alt ist.

Bach und Beethoven wurden ihm in die Wiege gelegt – Michael entstammt einer berühmten Musikerfamilie.

Da sind zunächst seine Eltern: Vor 1933, vor dem Machtantritt der Nationalsozialisten, spielten sie im bekannten „Königsberger Streichquartett" – die Mutter Bratsche, der Vater die zweite Geige:

„Das Quartett gab Beethoven-Zyklen und konzertierte unter anderem in Berlin. Es führte Hindemiths und Schönbergs Quartette zum ersten Mal auf. Mein Vater", so erinnert sich Michael, „organisierte alles, er plante die Proben und Konzertauftritte. Sogar einen Bund für neue Tonkunst gründete das ‚Königsberger Streichquartett' …"

Beide Eltern unterrichteten nebenbei noch Schüler; zu denen der Mutter gehörte die junge Hannah Arendt, die sich im Sommer 1944 jedoch bereits im amerikanischen Exil befindet.

Michaels Mutter hat ihr großes musikalisches Talent wohl von ihrer Mutter geerbt – die brachte auch dem Enkel das Klavierspielen bei, und Michael erinnert sich, dass die Großmutter über ein absolutes Gehör verfügte. Die großen Namen aber kommen aus der Familie väterlicherseits:

„Mein Vater stammte aus Berlin. Und oft sprach er von seinem Elternhaus, in dem Brahms und Clara Wieck-Schumann – eine entfernte Verwandte – zu Besuch waren. Nicht weit vom geräumigen Haus seiner Eltern stand die Villa der Familie Mendelssohn …"

Namen wehen da aus dem fernen Berlin nach Königsberg, die noch in den 1920er-Jahren ein reiches Kulturleben erahnen ließen: Max Liebermann, Adolph von Menzel, Joseph Joachim mit seinem berühmten Streichquartett …

Doch das ist längst vorbei. Die glückliche und erfüllte Zeit der Familie Wieck liegt etliche Jahre zurück; kaum kann sich der Sechzehnjährige daran erinnern, wann er das letzte Mal uneingeschränkt glücklich war. Der Grund: Familie Wieck gehört zu den Ausgestoßenen, Mutter und

Michael Wieck mit seinen Eltern Hedwig und Kurt und seiner Schwester Miriam im September 1929

Sohn sind permanent gefährdet. Denn Michaels Mutter hat ein jüdisches Elternhaus, und so gehört auch ihr Sohn zu den rassisch Verfolgten. Dass er und seine Mutter 1944 überhaupt noch am Leben sind, verdanken sie dem Umstand, dass der Vater als „arisch" gilt. Michael ist damit in der Welt der Rassenideologie ein „Mischling ersten Grades".

Der sechzehnjährige Junge mit dem Judenstern, der selbst schon ziemlich gut Geige spielt, ähnelt mit seiner „arischen" Erscheinung der Mutter:

„Meine Mutter war blond und blauäugig, von kleiner Statur. Doch ihre Bewegungen und auch der Gang wirkten immer großräumig. Obwohl mit gutem Verstand begabt, waren ihr die Gefühle wichtiger. Gefühlvoll sprach, musizierte und handelte sie. Sie war idealistisch, bescheiden und unpraktisch; ganz Musikerin, kaum Hausfrau ..."

Der Großvater mütterlicherseits, ein Ingenieur und in Preußen bekannter Regierungsbaumeister, entstammte einer lange zurückzuverfolgenden Rabbinerdynastie. Er starb früh und musste so den nationalsozialistischen Rassenwahn nicht mehr erleben.

Michael und seine Mutter müssen diesen Rassenwahn aushalten, seit mehr als einem Jahrzehnt schon. Deutlich erinnert er sich an den November 1938, als die Synagoge brannte. Er war damals zehn Jahre alt, und die Eltern wachten, dass ihre beiden Kinder Miriam und Michael nicht Augenzeugen des Pogroms wurden:

„Als ich aber wieder auf die Straße gehen durfte, führte mein Weg sofort zur Synagoge. Erschüttert stand ich davor und sah überhaupt zum ersten Mal ein zerstörtes und verbranntes Bauwerk. Dann hörte ich, man habe die Thorarollen auf der Straße verhöhnt und zerrissen. Die Kinder des Waisenhauses wurden in Nachthemd und Schlafanzug auf die Straße gejagt …

Es herrschte eine tiefe Bedrückung. Fast jede jüdische Familie bemühte sich nun um Auswanderung, doch eben in vielen Fällen erfolglos …"

Für Michaels dreizehnjährige Schwester Miriam bot sich im Jahr darauf eine Chance, aus Deutschland herauszukommen: Britische Quäker offerierten Freiplätze, um dreizehnjährige jüdische Kinder in Boardingschools unterzubringen. Die Kosten dafür übernahmen oft anonyme Spender. Michaels Schwester wurde also plötzlich ein Platz in einer schottischen Schule angeboten – die Eltern griffen sofort zu. 1939, als Familie Wieck Miriam mit Gepäck und Geige zum Königsberger Bahnhof brachte, ahnte sie nicht, dass es zehn Jahre dauern würde, ehe sie einander wiedersehen …

Nach der Abreise seiner Schwester vertiefte sich der elfjährige Michael intensiver als bisher in die jüdische Religion. Er verliebte sich, was ihn tief verwirrte. Doch auch vieles andere verwirrte den sensiblen Jungen: So nahmen ihn Bekannte einmal mit in den Königsberger Dom, das war 1941. Bachs *Matthäus-Passion* wurde aufgeführt. Michael erinnert sich an den überfüllten Dom und an ein überwältigendes musikalisches Erlebnis. Doch da lauerte auch ein belastender Text: Von Judas, der Jesus verriet, sang der Evangelist …, und immer, wenn so eine Passage kam, war er zusammengezuckt.

Michael und seine Mutter sind seit Jahren zwangsverpflichtet in einen Chemie-Betrieb. Sie hoffen, wie auch der Vater, auf eine baldige Befreiung durch die Rote Armee.

Siegfried, Günter und Michael, die drei ostpreußischen Jungen, sind bereits stark durch die NS-Zeit geprägt, wenn auch auf sehr unterschiedliche Weise. Nachhaltig sind die Erinnerungen an ihre glühend nationalsozialistischen Lehrer. Die wenigsten Probleme damit hat noch der zehnjährige Siegfried aus Mallenuppen:

„Von der zweiten Klasse an kam ich in die Stadtschule. Die hatte nun diesen ‚herrlichen' Namen Horst-Wessel-Schule. Das war ja mitten in der Nazi-Zeit. Und in dieser Horst-Wessel-Schule wurde viel gesungen, vor allem viele Heimatlieder. Ich kann in Gedanken innerlich wunderbar singen, doch äußerlich ist meine Stimme nicht so besonders. Und so habe ich immer meine 3 oder 4 als Zensur bekommen.

Und als unsere Lehrerin eines Tages Geburtstag hatte, bin ich dort mit meinem Akkordeon aufgekreuzt und habe gespielt: Seitdem habe ich von ihr immer eine 1 bekommen ...

Das sind so die kleinen Episoden aus der Schulzeit, an die ich mich erinnere. Ich war da so etwa neun, zehn Jahre alt.

Natürlich wurden auch Nazi-Lieder gesungen. Ich war aber in einem Alter, Gott sei Dank, muss ich sagen, in dem ich für den späteren Volkssturm noch nicht in Frage kam. Aber ich habe das alles miterlebt. Das ging ja schon in der Schule los – und zwar sowohl in der Dorfschule als auch in der Stadtschule in Angerapp –, dass wir früh zu Unterrichtsbeginn für Adolf Hitler gebetet haben. So nach dem Motto, der liebe Gott möge unseren Führer beschützen. Des Führers Geburtstag war ein ganz besonderer Feiertag.

Ich erinnere mich gut, was für eine Atmosphäre, ganz auf die nazistische Propaganda ausgerichtet, damals herrschte. Meine Tante hatte zwei Söhne, also meine Cousins, die damals so achtzehn und zwanzig Jahre alt waren.

Die waren zu Beginn der Vierzigerjahre Soldaten. Und ich erinnere mich, wenn sie auf Urlaub kamen, mit welcher Begeisterung – das grenzte schon fast an Fanatismus – sie von ihrem Soldat-Sein und dem Krieg redeten.

Die ganze Atmosphäre um mich herum – also dieses Nazi-Reich – war wie eine Offenbarung. So, als sei der Sohn Gottes wieder auf Erden niedergekommen. Das habe ich als Kind völlig unkritisch aufgenommen, da war eine tiefe, ansteckende Hitler-Gläubigkeit.

Meine beiden Cousins sind dann nicht wiedergekommen ... gefallen für Führer, Volk und Vaterland. Das war ein schwerer Schlag für meine Tante und meinen Onkel, trotz ihrer Führergläubigkeit ..."

Die Schule, die Günter Kropp aus Rauschendorf besucht, liegt gleich im Nachbardorf:

„Das Dorf lag nur einen Kilometer von unserem Hof entfernt. Dort kamen die Schüler aus vier umliegenden Dörfern zusammen. 34 Schüler waren wir insgesamt, und alle lernten zusammen in einem Klassenraum: Die Kleinen saßen vorne beim Lehrer – und hinten saßen diejenigen, die schon das letzte Schuljahr absolvierten, die waren so dreizehn bis vierzehn Jahre alt. Manche von denen gingen dann aufs Gymnasium, andere lernten einen Beruf, begannen zu arbeiten. Für die Mädchen kam seit 1938 das Pflichtjahr hinzu.

Wir hatten in der Dorfschule nur einen Lehrer, der musste alle Fächer unterrichten. Seine Frau gab den Mädchen lediglich Handarbeit. Für den großen Rest war der Lehrer verantwortlich. Er unterrichtete Deutsch, Rechnen, Erdkunde, Religion, Geschichte und Musik, er spielte sogar Geige. Und dann natürlich Turnen: Der Lehrer wusste, wie es geht, hat aber nicht mitgeturnt.

Unser Lehrer war Mitglied der NSDAP. Und der Lehrer im Dorf daneben war auch Mitglied der NSDAP. Der war besonders stramm: Er trat plötzlich aus der Kirche aus! Das wurde ihm von höheren Funktionären nahegelegt, denn er war auch Mitglied der SA. Und Parteigenossen und SA-Mitglieder sollten ja Vorbild sein. Das war im Jahr 1941 …"

Kurz danach gibt es im abgelegenen Gehöft der Kropps noch eine bezeichnende Episode:

„Mein Vater spielte mit dem Bürgermeister von Rauschendorf, dem Ortsbauernführer und dem besagten Lehrer manchmal Skat. Und eines Abends kam eine Radiomeldung, wie weit die deutschen Truppen bereits auf russischem Gebiet vorgerückt sind. Das war noch vor Stalingrad. Und der scharfe Lehrer, der hieß mit Vornamen Konrad, rühmte bei dieser Nachricht den Vormarsch. Und da sagte mein Vater zu ihm: ‚Conni, wart's ab – wenn unsere Truppen rückwärts gehen, werden sie noch schneller sein …'

Daraufhin stand der Lehrer auf, schmiss die Spielkarten hin und zischte: ‚Das lass ich mir nicht gefallen! Das muss ich melden!' Daraufhin sagten die beiden anderen: ‚Conni, wenn du das machst, dann ist es aus mit dem Skatspielen, dann spielen wir nie wieder zusammen, dann nicht mehr mit dir!'

Der Lehrer setzte sich wieder hin, sie tranken alle vier einen zur Verdauung und dann haben sich alle beruhigt …"

Auch 1944 besucht der elfjährige Bauernsohn Günter Kropp aus dem Kreis Stallupönen noch die Einklassen-Schule im nachbarlichen Rauschendorf. Die Stimmung hat sich verschärft, inzwischen ist auch der Fanatismus des eigenen Lehrers gewachsen. Eines Tages wird Günter von seinen Eltern zum Bürgermeister geschickt, um für die Familie einen Schlachtschein zu beantragen:

„Ich bin ins Dorf gegangen, nichts Böses ahnend. Und plötzlich lief mir unser Lehrer über den Weg. Ich bin ausgewichen und habe ‚Guten Morgen, Herr Lehrer!' gesagt. Der hat auch ‚Guten Morgen!' gesagt. Ich habe mir gar nichts weiter gedacht und bin weitergegangen.

Später dann – ich glaube, es war in politischer Weltkunde – klingelte es zum Stundenbeginn, und ich ging vom Pausenhof in den Klassenraum. Und als die Stunde losging, rief mich der Lehrer beim Namen, ich musste aufstehen: ‚Sag mal, Günter, wer hat dir denn verboten, mit ‚Heil Hitler!' zu grüßen?', fragte er.

Jetzt habe ich überlegt: ‚Halt, Vorsicht!' Mir ist nämlich gleich eingefallen, dass ich ihn getroffen und ‚Guten Morgen!' gesagt hatte. Was sollte ich denn nun antworten?

Und der Lehrer bohrte nach: ‚Sag mir doch, wer dir das verboten hat!'

Ich antwortete: ‚Das hat mir keiner verboten. Aber wenn ich früh aufstehe und auf meine Großeltern treffe oder meinen kleinen Bruder oder meine Eltern, dann sage ich auch immer ‚Guten Morgen!' – und die sagen das auch. Und wenn ich aus der Schule komme, sage ich ‚Guten Tag!' ... Und wenn ich schlafen gehe, sage ich ‚Gute Nacht!'

Er guckte dann ein bisschen blöd. Wenn ich aber pfiffig gewesen wäre, hätte ich ihn daran erinnert, dass er ja heute Morgen auch ‚Guten Morgen!' gesagt hat. Ehrlich gesagt, mir ist das eingefallen, aber ich habe mich nicht getraut, es zu sagen ..."

Michael, der Sohn des Musiker-Ehepaares Wieck, musste den Hitler-Gruß-Fanatismus besonders schwer büßen, als er 1935 eingeschult wurde:

„Unglücklicherweise bekam ich eine junge, begeisterte Nationalsozialistin als Klassenlehrerin. Ihr Name war Frau Koske. Sie begrüßte die Klasse mit forschem ‚Heil Hitler!', welches wir stehend zu erwidern hatten. Da sie schon bei der Aufnahme der Personalien sofort feststellte, dass in ihrer Klasse ein Junge mit ‚mosaischer' Religionszugehörigkeit war, versäumte sie keine Gelegenheit, verächtlich, sogar mit Abscheu, über jüdische Menschen zu sprechen ..."

Beim Sprechen bleibt es nicht, der Siebenjährige wird schikaniert, bis er die Demütigungen nicht mehr aushält:

„Einmal stand sie am Ende einer langen Treppe im Innenhaus der Schule. Es war kurz vor Unterrichtsbeginn, und wir mussten alle diese Treppe heraufkommen. Oben angekommen, grüßten wir sie freundlich, wobei einige ‚Guten Morgen', andere ‚Heil Hitler!' sagten. Als ich ‚Guten Morgen' sagte, fuhr sie mich wütend an: ‚Marsch, die Treppe herunter, und dann wollen wir doch einmal sehen, ob du nicht weißt, wie man im Neuen Deutschland seine Klassenlehrerin grüßt.'

Ich wusste, was sie meinte, und vor meinen neugierigen Klassenkameraden und vielen anderen Jungen kam ich nun die lange Treppe ein zweites Mal herauf; einmal mehr zutiefst verletzt, aber gehorsam, sagte ich oben angekommen: ‚Heil Hitler, Frau Koske.'

Aber auch das genügte ihr keineswegs. Ihre Macht und das Schauspiel genießend, befahl sie mir, noch einmal die Treppe heraufzukommen und dann gefälligst den rechten Arm zum Gruß zu erheben, ‚wie sich das für einen anständigen Jungen gehört'. Ich tat auch dies – was blieb mir denn anderes übrig. Meine Mitschüler, in dieser Weise aufgehetzt, fingen an, mich immer mehr zu schikanieren, und wurden nun zunehmend handgreiflich …"

Michaels Mutter meldet den tief verstörten Jungen ab der 2. Klasse in der jüdischen Schule in Königsberg an, und Michael hat nun das Gefühl, in eine andere Welt einzutauchen:

„Hier war alles sehr persönlich und freundlich. Herr Kaelter, der Schulleiter, gebärdete sich nicht wie ein Kompaniechef – das war ich bisher gewohnt –, und mit meinem Eintritt in die jüdische Schule begann eine ganz neue, wichtige Zeit für mich. Wie sehr erfüllte mich der Religionsunterricht, das Hebräisch-Lernen, die jüdischen Feste und die an jedem Freitag abgehaltenen ‚Schabbatstunden'. Die Klassen waren klein, und Mädchen und Jungen lernten zusammen. Das war damals noch ungewöhnlich. Jetzt gab es keine bevorzugten oder benachteiligten Kinder, nur mehr oder weniger sympathische, wie überall ..."

Obwohl allein bis 1939 mehr als 250 antijüdische Maßnahmen erlassen wurden, ist es für den Königsberger Jungen noch ein paar Jahre aushaltbar: Er übt auf der Geige Bach und Mozart, in seiner Schule werden Theaterstücke mit verteilten Rollen einstudiert; es gibt Turn- und Tanzstunden, er besucht die Synagoge ... Und mit der Nachbarsfamilie haben die Wiecks ohnehin Glück: Sie lässt sich auch 1944, da es für die deutschen Truppen rückwärts geht, nicht vom Hass anstecken. Der Nachbarssohn kam stets zum Spielen herüber, mitunter in der braunen Uniform des Hitlerjungen.

Es stimmt: Oft verloren die jüdischen Schüler ihren Frohsinn: Mitunter lauerte ihnen das „Jungvolk" nach der Schule auf, um sie zu verdreschen; dann musste nicht selten jener Lehrer, der zugleich ein trainierter Boxer war, die Schüler befreien. Doch hinterließen solche kleinen Erlebnisse keine bleibenden seelischen Wunden. Noch nicht:

„Später, als wir alle den gelben Stern trugen, musste auch ich mehrmals feige und brutale Überfälle erdulden. Ein wuchtiger Schlag auf meinen ahnungslosen Kopf, ausgeführt von jemandem, der darauf sofort weglief, ist mir als besonders böser Vorfall in Erinnerung geblieben ..."

Der Feuersturm

Herbst 1944

Seit Beginn des Krieges gegen die Sowjetunion musste sich Königsberg an Fliegeralarm gewöhnen. Ihm folgte dann meist ein Luftangriff der Sowjets. Die Fernbomber der sowjetischen Luftwaffe verursachten jeweils zahlreiche Gebäudeschäden, und sie forderten fast immer Opfer unter den Bewohnern der Stadt. Doch besaß einer dieser Angriffe ein wirklich existenzielles Bedrohungspotential für Königsberg?

Die siebenjährige Doris Meyer fand Fliegeralarm bisher sogar ein bisschen spannend – im Unterschied zu ihrer Mutter, welche die kranke Oma jedes Mal unter größter Anstrengung vom zweiten Stock in den Keller schleppen muss, in der Sackheimer Straße Nr. 91, im Osten der Stadt:

„Wir saßen oft über Stunden im Keller und redeten über alles, was wir so erlebt hatten. Über die herrlichen Sommer zum Beispiel!

Meine Mutter fuhr nämlich jeden Sommer mit mir und unserer Oma für acht Wochen an die See, in eines dieser mondänen Ostseebäder. Wir mieteten dort ein Zimmer und blieben praktisch den ganzen Sommer über dort. Meine Mutter fuhr ab und zu rein nach Königsberg, um zu gucken, ob Post da ist und ob auch sonst alles in Ordnung ist.

Was ich damals als kleines Kind gar nicht so mitgekriegt habe, denn ich war ja meistens am Strand oder spielte mit Freunden: Meine Mutter war nicht auf Urlaub, sie arbeitete den ganzen Tag. Sie nähte jeweils für die Leute, die uns das Zimmer vermieteten. Mein Vater war im Krieg, und sonst war er Kaufmann, wir waren also nicht reich. Wir hätten uns einen so langen Aufenthalt in einem Ostseebad gar nicht leisten können. Aber weil meine Mutter für die Vermieter den Sommer über nähte, durften wir uns über acht Wochen in diesem Zimmer aufhalten ...

Cranz, Rauschen, Georgenswalde – das waren beliebte Urlaubsziele. Einmal genossen wir auch die Sommerfrische in einem Fischerdorf auf der Nehrung: Beeindruckt war ich dort von den Leinen, die von Haus zu Haus gespannt wurden und auf denen die Flundern zum Trocknen hingen ...

Außerhalb der Sommer mochte ich besonders die Sonntage. Da Omchen nicht mehr zur Kirche gehen konnte, veranstaltete meine Mutter eine kleine Andacht zuhause. Sie spielte wunderbar Harmonium und las jeweils einen Abschnitt aus der Bibel vor ..."

Die Siebenjährige ist ein rundum geliebtes Kind. Sobald sich in der Erwachsenenwelt Misstöne breitmachen, versucht Doris, die Harmonie wieder herzustellen:

„Im Grunde bin ich noch nach preußischem Muster erzogen worden, das kann man sich heute nur noch schwer vorstellen. Diese Werte hatte ich als Kind bereits völlig verinnerlicht – Bescheidenheit, Demut, Dienstbereitschaft, Disziplin, Gemeinsinn ... Was noch? Genauigkeit, Kameradschaft, Opferbereitschaft, Ordnung, Pflichtbewusstsein, Sparsamkeit, Toleranz und Gottesfurcht ..."

Doris Meyer 1942 mit Großmutter und Mutter in Rauschen

Doch auch Doris hat eine schulische Leidenszeit hinter sich:

„Ich bin nur ein Jahr in die Schule gegangen – dann war Schluss wegen des zunehmenden Fliegeralarms. Die erste Schulstunde war ein Horror. Wir waren etwa vierzig Schüler in der Klasse; so viele Kinder hatte ich noch nie in einem Raum versammelt gesehen, ich war starr vor Verwunderung. Die Lehrerin – eine alte, vertrocknete Person mit einem Haarknoten im Nacken – las in der ersten Stunde uns Kindern das Märchen vom Rotkäppchen vor. Ich kannte alle Märchen, denn mein geliebtes Omchen hatte sie mir öfter vorgelesen – meistens vor dem Einschlafen.

Nun verlangte die Lehrerin, dass ein Kind aus der Klasse dieses Märchen nacherzählen sollte. Da sich kein Kind am ersten Schultag dazu in der Lage sah, rief sie einfach aus ihrem Buch einen Namen auf ..., und das war ausgerechnet mein Name: Doris Meyer!

Ich erstarrte und brachte kein Wort heraus. Da forderte sie mich auf, an ihr Pult zu treten, und schlug mir mit dem Rohrstock, der damals noch zum Handwerkszeug eines Lehrers gehörte, mehrmals auf die von ihr verlangten vorgestreckten Hände. Der Schreck und der Schmerz wirkten auf meine Kinderseele so gewaltig, dass ich noch stundenlang in mich hineinschluchzte. Weil ich mich einfach nicht beruhigen konnte – zuhause hatte ich noch nie mit einem Stock Schläge bekommen – sagte sie dann zu mir: ‚Na, Meyerchen, nun ist ja alles wieder gut.'

Bei mir war aber gar nichts gut. Schon ab diesem ersten Tag ging ich nicht mehr gerne zur Schule – wenn ich früh losmusste, bat ich jedes Mal meine Mutter, mir alles Gute zu wünschen, wobei meine Mutter Tränen in den Augen hatte und zur Schule mitkommen wollte, um die Lehrerin zur Rede zu stellen. Ich bat sie inständig, das nicht zu tun, denn ich wusste, ich hätte dann noch schlechtere Karten bei ihr ..."

Während Doris Meyer als Einzelkind aufwächst, hat die sechsjährige Karla Browarzyck noch vier Geschwister. Sie ist die Zweitälteste, und Schule fand für sie überhaupt nicht mehr statt:

„Zwar wurde ich noch zu Ostern 1944 eingeschult, bin aber dann nicht einen Tag in die Schule gegangen. Wir frisch Eingeschulten haben kein Klassenzimmer mehr von innen gesehen. Denn Ende August 1944 ging es ja los mit den britischen Bombenangriffen auf Königsberg, und danach gab es keine Schule mehr.

Wie ich schon sagte: Wir waren eine Familie mit fünf Kindern. Eigentlich waren wir sechs, denn mein Vater brachte aus erster Ehe noch meinen großen Halbbruder mit – Dieter. Und mit meiner Mutter hatte er dann fünf weitere Kinder.

Ich frage mich, was in meinem Vater vorgegangen ist – er war schwer herzkrank, hat aber ein Kind nach dem anderen gezeugt: 1935, 1938, 1940, 41, 43 ... Die Kinder kamen nur so angepurzelt – und er war chronisch krank! Ich kann das bis heute nicht begreifen. Er war ein Todeskandidat, und er starb dann auch schon im Februar 1944 ... Und nun saß unsere Mutter mit uns Kindern alleine da.

Künstlerisch war mein Vater sehr begabt, er hat zum Beispiel wunderbare Dinge geschnitzt. Politisch wiederum Kommunist bis auf die Knochen – wir wurden alle nicht getauft, und das war etwas Seltenes in dieser Zeit. Er hat erst auf der Werft in Königsberg gearbeitet, dann wurde er Lehrausbilder, weil er die schwere Arbeit wegen seines Herzens nicht mehr machen konnte. Die Kommunisten in Königsberg waren alle organisiert, sie wussten ja damals noch nichts von den Schrecken Stalins ...

Wir wohnten in einer Wohnung im dritten Stock. Und der

‚Spielplatz' lag gleich nebenan – auf der einen Seite war unsere Wohnung, auf der anderen der Boden. Dort gab es ein Guckfenster, so rund wie ein Bullauge. Da musste man sich auf den Bauch legen, um was zu sehen. Und das haben mein Bruder Peter und ich oft gemacht – wir haben die Leute beobachtet, die unten vorbeiliefen.

Mein Vater sammelte mit anderen Werftarbeitern Panzerfäuste, die wollten irgendwann losschlagen. Ich nehme mal an, die wollten den Russen helfen, wenn die da sind. Unser großer Halbbruder Dieter warnte uns beide jedenfalls auf einmal, nicht mehr in den Boden reinzugehen, weil dort die Panzerfäuste lagerten.

Ja, mein Vater erwartete sehnsüchtig die Russen, er war ja Kommunist. Er hat immer gesagt: ‚Vor den Russen braucht ihr keine Angst zu haben, die helfen euch!' Er hat sie als Befreier erwartet. Doch weil er schon im Februar 1944 starb, hat er nicht mehr erlebt, was dann passiert ist ..."

Schon nicht mehr erleben muss der Vater den Auftakt der großen Tragödie – den britischen Luftangriff im August 1944. Was von da an über Familie Browarzyck kommt, trifft die Mutter mit ihren kleinen Kindern allein.

Das zunehmende Sirenengeheul treibt auch den sechzehnjährigen Michael Wieck und seine Eltern immer häufiger in den Luftschutzkeller:

„Niemand blieb inzwischen unbeeindruckt, wenn es nachts losging. Jedes Sirenengeheul bedeutete sofortiges Anziehen, Koffer ergreifen und in den Keller gehen. Das Warten auf den Entwarnungston der Sirenen konnte lange, aber auch nur ganz kurze Zeit dauern. Kaum war man eingeschlafen, gab es wieder Alarm … Und manche Nacht dreimal.

In der ersten Zeit saßen wir noch mit gelbem Stern unter allen anderen Hausbewohnern im Luftschutzkeller, später wurden wir in unseren eigenen, nicht extra abgestützten Kohlenkeller abgeschoben …"

Oft muss Michael an seine Schwester in Edinburgh denken. Und auch die dramatischen letzten Jahre in Königsberg lassen ihn nicht los: Das Leben war immer erdrückender geworden, und mehr und mehr füllten sich die Straßen mit Uniformen – HJ und BDM, SA und SS. Der Terror von Partei und Gestapo hatte irgendwann solche Formen angenommen, dass die Angst der Menschen zu greifen war. So mieden Bekannte zunehmend einen Haushalt, in dem Juden lebten.

Die Musikerfamilie flüchtete in andere, bessere Welten. Michaels Mutter übte Geige, sooft sie konnte, und spielte privat mit einem Pianisten Sonaten. Und sie las sehr viel:

„Mutter war mit ihrer Liebe zur Literatur und zur Musik selbst in der Zeit schlimmster Verfolgung noch eine bessere Deutsche als viele der an ‚Deutschwahn' erkrankten Volksgenossen. Mein Vater löste sich aus dem Christentum durch die Beschäftigung mit Goethe, Laotse und Konfuzius …"

Mit Hilfe von Büchern versetzte sich auch Michael in tröstlichere Umgebungen. Er las Adalbert Stifter, beschäftigte sich mit Künstlern der Renaissance und der Familie Mendelssohn. Er vertiefte sich in Meyers Lexikon und begann zu malen. Und er fühlte sich heftig zu einem bestimmten Mädchen hingezogen …

Michael Wieck im Alter von 14 Jahren ca. 1942

Unauffällig, den gelben Stern verdeckend, erkundete er mit seinem Rad auch die Stadt und ihre Umgebung. Er konnte damit seinem Vater ausweichen, der zunehmend unleidlicher wurde; von allen dreien kam er mit den drastischen Veränderungen des Lebens am wenigsten zurecht:

„Vater sah früher, in seinen besten Jahren, wie die Männer aus, die Manet so oft malte. Er war gut gewachsen, immer gepflegt, hatte dunkle Haare ... Und er war ein hochbegabter Musiker. In der Zeit der Verfolgung, unter der er als ‚Arier' am wenigsten von uns zu leiden hatte, verkroch er sich mehr und mehr in die chinesische Philosophie ..."

Und dabei bot sich die Chance einer Rettung. Denn Vaters Mutter wohnt zwar auch im Berliner Grunewald, im Hause der Wiecks, doch sie ist eine Schwedin ... und nebenbei auch die Großtante von Olof Palme – jenem sozialdemokratischen Ministerpräsidenten, der viele Jahre später im friedlichen Schweden erschossen wird. Nun, inmitten der NS-Zeit, schien aus Schweden die Rettung zu nahen:

„Eines Tages bekam mein Vater eine Einladung seiner Verwandten, mit Frau und Sohn nach Schweden zu kommen. Das wäre die Rettung unserer Familie gewesen, wir wären noch aus Nazi-Deutschland herausgekommen.

Doch mein Vater folgte der Einladung nicht – ihm fehlte der Mut, mit fast sechzig Jahren ein neues Leben in der Fremde zu beginnen ..."

Nun, im August 1944, ist Michaels Vater 64 Jahre alt. Er hastet bei Sirenengeheul mit Frau und Sohn in den Keller. Sein Gewissen peinigt ihn. Intensiv lernt er Chinesisch und spricht mit Michael über Laotse und Konfuzius. Allerdings ist er auch dünnhäutiger geworden und verpasst seinem rebellischen, jugendlichen Sohn schnell mal eine Ohrfeige.

Tagsüber muss Michael in die Chemie-Fabrik. Und auch seine Mutter, die Geigerin Hedwig Hulisch-Wieck, ist hier zur Zwangsarbeit eingeteilt:

„Die Arbeiter in der Fabrik waren Menschen, die von einem überheblichen Regime als minderwertig eingestuft wurden:

Prostituierte, verschleppte russische Mädchen, französische Kriegsgefangene, Polen, Zigeuner und Juden. Wobei Juden als ‚Untermenschen' und ‚Ungeziefer' den niedrigsten Rang einnahmen. Bewacht wurden wir alle von älteren Vorarbeitern und Aufsehern, die aus verschiedenen Gründen frontuntauglich waren."

Es ist eine gesundheitsgefährdende, stumpfsinnige Arbeit, bei der Michael immer eine Menge durch den Kopf geht. Seine Verwandtschaft ist auf eine belastende Art paradox: Auf der einen Seite ist da seine Cousine Dorothea Wieck – eine gefeierte Filmschauspielerin, die schon mehrfach die Tischdame Adolf Hitlers war. Dazu der Halbbruder – Sohn des Vaters aus erster Ehe – ein vom Nationalsozialismus überzeugter Wehrmachtsoffizier. Das, wie gesagt, ist die eine Seite.

Und die andere – die Verwandtschaft seiner jüdischen Mutter? Ihre Schwester, Tante Fanny, wurde 1942 deportiert, gemeinsam mit Hunderten jüdischer Frauen, Kinder und Männer. Sie würden „umgesiedelt", hieß es offiziell. Doch wo hat man sie hingebracht? Auch die Lehrer seiner jüdischen Schule, die nicht rechtzeitig ausgewandert waren, mussten sich nun an der Königsberger Festungsanlage, unweit des Bahnhofs, einfinden.

Von keinem der Menschen an dieser Sammelstelle kam bisher ein Lebenszeichen.

Michael war Augenzeuge. Und was er sah, war so quälend, dass er es bis heute nicht verarbeiten kann.

All die verstörten Menschen an der Festungsanlage … Immer wieder sieht er seine geliebte Tante Fanny erschöpft am Straßenrand sitzen, sieht er ihren letzten flehenden Blick zu ihm herüber …

Er hadert mit Gott: Ihm scheint, als würden unbekannte Mächte stets nur die zerstörenden Kräfte schützen. Warum müssen so viele unschuldige Menschen leiden, ist Gott das egal?

Dass man die Frauen, Kinder und Männer, die aus Königsberg abtransportiert wurden, schon Tage später ermordet hat, ahnen Michael und seine Eltern nicht. Die Opfer liegen verscharrt in einem Grund bei Maly Trostinez, in der Nähe des weißrussischen Minsk. Und auch Mutters andere Schwester, Tante Rebekka, ist tot – umgekommen in Theresienstadt. Doch auch das werden die Wiecks erst viele Jahre später erfahren.

Es ist der 26. August 1944, als die Sirenen erneut zu heulen beginnen – und plötzlich beginnt auch die Flak zu schießen.

Michael spürt, dass diesmal wirkliche Gefahr droht. Er schleicht sich auf den Balkon, was verboten ist – und er sieht Lichtquellen am Himmel, die aussehen wie riesige Weihnachtsbäume, an denen Wunderkerzen brennen. Er hört das dunkle, bedrohliche Brummen der Flugzeuge … Schnell zurück in den Keller, zu den Eltern …

Ein nicht endendes Bombardement prasselt auf Königsberg nieder, Todesangst breitet sich aus. Und immer, wenn die Verängstigten in den Kellern hoffen, der Horror möge endlich vorüber sein, geht er von vorne los. Der Himmel im Norden der Stadt ist rot gefärbt, Brandgeruch steigt in die Nase.

Die Sowjets hatten in den Jahren zuvor die Stadt mehrfach aus der Luft angegriffen. Doch war das nichts gegen die Wucht, mit der nun, Ende August 1944, britisch-kanadische Bomberstaffeln Königsberg heimsuchen.

Nach der ersten Bombennacht sind einige Teile der Stadt in Flammen aufgegangen, etwa tausend tote Bewohner sind zu beklagen.

Doch das ist nur der Anfang.

Drei Nächte später geht es von neuem los. Wieder heulen die Sirenen, wieder stürzt alles in den Keller, und diesmal lässt sich das Inferno kaum noch beschreiben. Hunderte von britischen und kanadischen Bombern fliegen nun über schwedisches Hoheitsgebiet auf Königsberg zu … Die Angriffe und explodierenden Bomben nehmen in dieser Nacht kein Ende. Systematisch überschütten die Staffeln des Bomberkommandos die gesamte Innenstadt: Sprengbomben und phosphorgefüllte, flammenwerfende Stabbrandbomben sorgen dafür, dass innerhalb kurzer Zeit der ganze Innenstadtring zu brennen anfängt. Durch Hitzeentwicklung und den dadurch entstehenden Feuersturm hat die Bevölkerung der Innenstadt keine Chance zu entkommen. Wie ein halbes Jahr später in Dresden, verbrennen auch in Königsberg Menschen in und vor ihren Häusern. Manche springen als lebende Fackeln in den Fluss Pregel; doch nur, wer noch rechtzeitig die Innenstadt verließ, hatte eine Chance zu überleben.

Als der Morgen graut, sind fast sämtliche historischen Gebäude Königsbergs zerstört: der Dom und zwölf weitere Kirchen, das Schloss, die alte und die neue Universität mit vielen Instituten und Kliniken, das Rathaus, das Opernhaus, die Staats- und die Universitätsbibliothek, das malerische Speicherviertel, die Hälfte aller Schulen …

Für Karla Browarzyck ist es noch immer ein Wunder, dass ihre Familie überlebt hat. Denn auch ihr Haus hat es erwischt:

„Königsberg wurde zusammengeschossen. Wir wohnten in Mittelhufen, auf der Hermannallee 14, und auch in unserem Haus gab es einen Bombentreffer.

Plötzlich kam der Befehl über Lautsprecherwagen, alle Einwohner sollten raus aus den Kellern, raus aus der Stadt … und möglichst auf der Straßenmitte gehen. Es brannte alles links und rechts um uns herum, es kamen schon die zerbombten Wände runter.

Ich war zu dieser Zeit sechs Jahre alt. Ich sehe noch, wie meine Mutter auf den Kinderwagen ein Brett legte. Darauf setzte sie meine kleine Schwester Rosi. Im Kinderwagen lag Monika – die war erst acht Monate alt. Frank war fünf, der lief schon an der Hand mit. Dann kamen ich und mein Bruder Peter – wir drei trippelten so nebenher. Und mein älterer Halbbruder Dieter – mit ihm waren wir sechs Geschwister.

Ängstlich guckten wir ständig nach links und rechts – ein Flammenmeer, überall brannte es. Wir sahen beim Rausrennen, wie von unserer aufgerissenen Etage der Küchenschrank runtergeflogen kam. Der Himmel war feuerrot. Das sind Bilder, die prägen sich für immer ein. Ich sehe uns noch die Straße entlangrennen …

Wie viele andere Menschen sind auch wir runter zum Hafen gelaufen. Da lag ein Schiff, auf das wir alle rauf sind, und meine Mutter sagte: ‚Lehnt euch nicht an, die Wände sind kalt!' Es war alles so eisern, das müssen irgendwie Laderäume gewesen sein, wo wir dann reingekrochen sind. Das Schiff war völlig überfüllt.

Bis Pillau durften wir mitfahren, dort mussten alle wieder runter.

Wir sind dann per pedes weiter, zu Fuß. Ich kann mich nicht erinnern, dass wir einen Leiterwagen oder so etwas hatten."

Die siebenjährige Doris Meyer mit ihrer Mutter und dem Omchen haben großes Glück in diesem Inferno – ihr Haus gehört zu den wenigen in Königsberg, die unbeschädigt bleiben.

Auch Michael Wieck und seine Eltern haben überlebt – ihr Wohnbezirk Hufen liegt ein Stück weiter draußen als Mittelhufen, so blieb er weitgehend verschont.

Stunden nach dem Bombardement bricht der Sechzehnjährige in Richtung Innenstadt auf:

„Das Elend, das ich sah, war unbeschreiblich. Mit Leiterwagen, Handkarren, Kinderwagen, Schubkarren und allem, was Räder hatte, zogen die Ausgebombten durch die brennenden Trümmer. Vielleicht hunderttausend Obdachlose lagerten unter Schock in den Anlagen. Überall Koffer, Taschen und Gepäckstücke, die Reste der geretteten Habe ...

Selbstverständlich erinnerte mich dieser Anblick an die vor ihrer Deportation versammelten Juden. Trotzdem war es völlig anders; diese Menschen hatten überlebt und konnten auf Hilfe rechnen. Viele waren rußverschmiert, trugen verbrannte Kleider und weinten um die Vermissten. Ich war voller Mitgefühl für die vielen völlig verstörten Kinder, die Mütter und hilflosen alten Menschen. Mit verdecktem Stern ging ich wieder nach Hause ...“

Etwa drei Tage lang lässt sich die Innenstadt nicht betreten: Obwohl keine Flammen mehr lodern, sind Steine und Boden glühend heiß und kühlen nur ganz allmählich aus. Übrig bleiben Straßenzüge voller schwarzer Ruinen, die Fensterhöhlen gleichen Totenschädeln. Etwa 5000 Menschen haben diese Nacht des Feuersturms nicht überlebt. Spezialtrupps suchen die Leichen zusammen und schütten sie in Massengräber. Es hat vor allem Zivilisten getroffen – militärische Ziele wie Kasernen, der Festungsgürtel oder Bahnanlagen wurden von den Bombern weitgehend ausgespart.

Fast 200 000 Menschen sind obdachlos, sie werden in der Umgebung der Stadt in Notquartiere eingewiesen.

Auch in die ländlichen Regionen Ostpreußens dringen die furchtbaren Nachrichten aus Königsberg.

Und im September 1944 wird die Familie des elfjährigen Günter Kropp, die verhängnisvoll nah an der litauischen Grenze wohnt, plötzlich aufgefordert, sich in Sicherheit zu bringen:

„Es wurde brenzlig, denn an der litauischen Grenze – also nicht weit von uns – war die Rote Armee aufmarschiert. Wir sollten fliehen, westwärts, aber erst mal nicht so weit weg. Die Orte für eine vorübergehende Unterkunft wurden vorgegeben. Und nun sollten sich alle Fuhrwerke in Rauschendorf sammeln.

Wir selbst wohnten einen Kilometer vom Dorf entfernt und hatten kein Telefon. Nur der Bürgermeister und wahrscheinlich der Ortsbauernführer, die hatten ein Telefon. Es konnte uns also niemand telefonisch benachrichtigen.

Wir hatten das Tor schon aufgemacht, um ins Dorf zu fahren, wo sich der Treck sammeln sollte. Wir beluden zwei Wagen. Die Kühe waren bereits alle im Stall, die Schweine auch, keine Tiere liefen mehr draußen rum. Und mein kleiner Bruder und ich saßen schon auf dem Fuhrwerk, als plötzlich ein Kradfahrer mit Beiwagen die Landstraße entlangkam. Und der teilte uns mit: ‚Sie brauchen nicht zu flüchten, die Sache ist abgeblasen, die Front ist zum

Stehen gekommen! Genaueres kann ich Ihnen aber nicht sagen …'

Trotzdem versuchten Mutter und Großmutter herauszufinden, wie denn nun überhaupt die Lage ist. Wir waren ja alle in Angst und Aufregung.

Sie fragten: ‚Ist das nun ganz abgeblasen mit der Flucht, oder sollen wir uns doch noch bereithalten?'

Da hat sich der Kradfahrer umgeguckt, obwohl weit und breit außer uns niemand war, und sagte leise: ‚Ich kann Ihnen nur Folgendes raten: Lassen Sie die Wagen aufgeladen, fahren Sie alles komplett in die Scheune, damit Sie ganz schnell wegkommen, wenn es doch losgeht. Damit Sie dann keine Zeit verlieren …'

Das hat uns erst mal gereicht. Wir blieben beunruhigt, und niemand konnte richtig schlafen. Es gab ja damals weder Fernsehen noch Telefon, man konnte sich überhaupt nicht informieren. Und im Volksempfänger lief nur irgendwelche Durchhaltepropaganda.

Wir bauten ein Dach auf dem einen Wagen. Die Großeltern meinten, wir sollten nicht so weit fahren – wir gingen auf jeden Fall davon aus, bald schon wieder zurückzukehren."

Erst mal kümmert sich die Familie weiter um ihre Felder. Die Rüben- und die Kartoffelernte sind eingebracht. Nun zieht Günter die Winterfurchen, und sein Vater pflügt an. Doch dieses letzte friedliche Bauer-Sein währt nicht lange:

„Zu allem Übel wurde Vater plötzlich mit dem polnischen Knecht zum Panzergraben-Schippen an den Ost-Wall abkommandiert. Großvater durfte bleiben, aber Vater und der Hans mussten schippen gehen …

Wiederum bekamen plötzlich Soldaten der Wehrmacht

den Befehl, beim Einbringen der Ernte zu helfen. Bei uns waren auch welche einquartiert, sieben Mann. Die hatten zum Teil Dienst, waren aber auch zum Ernten eingesetzt.

Einige haben uns gebeten, ein Schwein für sie zu schlachten. Sie haben eines ausgesucht und gefragt, wie viel das kostet. Vater war da gerade zurück vom Panzergraben-Schippen. Und er sagte: ‚Was soll ich denn für Geld nehmen? Ich muss die Schweine doch sowieso alle hierlassen. Ob ihr eines nehmt oder jemand die Tiere wegtreibt oder die Russen kommen und sie sich nehmen ... Da ist es mir schon lieber, ihr esst sie! Ich wünsche euch guten Appetit dabei ...‘

Sonst war ich beim Schlachten immer dabei, diesmal aber nicht. Also, die Soldaten haben eines unserer Schweine geschlachtet, da gab es ja auch welche, die das konnten.

Wir hatten Schweinefutter vorbereitet und baten die Soldaten, die Tiere, während wir auf der Flucht sind, zu füttern. Wir hatten keine Vorstellung davon, wie lange wir weg sein würden – sind aber davon ausgegangen, dass unsere Soldaten die vorrückenden Russen zurückschlagen werden. ‚Und wenn ihr abhaut‘, sagte mein Vater noch, ‚dann öffnet die Scheunentore – und alle Ställe, damit die Tiere ins Freie können, um sich selbst Futter zu suchen!‘

Vater kam also zurück, um Fluchtvorbereitungen für seine Familie zu treffen, während Hans weiter schippen musste als Pole. Ich habe ihn nie mehr wiedergesehen.

Die Sache spitzte sich im September 1944 weiter zu. Das Milchvieh sollte nun auch auf den Treck gehen, Kälber und Schweine aber zurückbleiben. Vater brannte unseren Kühen das ‚R‘ ein, für Rauschendorf, um später unterscheiden zu können, welche Kuh zu welchem Dorf gehört. Dann trieb er die Kühe ins Dorf, so wie die anderen Bauern auch. Von dort aus begannen die Männer vom Dorf und Treiber – die saßen auf Pferden, so wie Cowboys –, die Kühe die Landstraße entlangzutreiben, Richtung Königsberg. Dort sollten sie in die Pregel-Wiesen. Vorher wurden sie alle noch einmal gemolken.

Wie gesagt, mein Vater hat den Viehtrieb mitgemacht. Wir verabschiedeten uns: Er trieb die Kühe ostwärts ins Dorf – wir aber rüsteten uns jetzt für unsere Flucht westwärts ...

In den Pregel-Wiesen standen später Hunderte Kühe, die furchtbar gebrüllt haben, weil niemand sie mehr molk. Es war ein Meer aus Weiß und Schwarz ..."

Überstürzt werden die Bewohner des Memellandes im Oktober evakuiert, bevor die russischen Truppen dort einrücken.

Verzweifelte Bewohner schieben sich nun auf endlosen Landstraßen vorwärts und kollidieren mit den unzähligen Trecks ostpreußischer Dörfer, die nun endlich – und völlig verspätet – eine Fluchterlaubnis kriegen. Das Chaos auf verstopften Landstraßen setzt ein, mit zerbrochenen Fuhrwerken, weinenden Kindern, die ihre Mütter verloren haben, Tieren, die im Straßengraben verenden, alten Menschen, die zum Sterben zurückbleiben ... Und der Angst im Nacken fliehender Frauen, denn die ersten Gerüchte von Grausamkeiten kursieren bereits, die die Soldaten der Roten Armee an deutschen Frauen begangen haben sollen.

Am 21. Oktober erobern Sowjetsoldaten das kleine Nemmersdorf und richten dort ein Massaker unter Zivilisten an.

Nur zehn Kilometer entfernt von Nemmersdorf wohnt Familie Matthus mit ihren Kindern, darunter der zehnjährige Siegfried. Auch sie gerät jetzt in einen dramatischen Fluchtstrudel:

„Bis zum Herbst 1944 hatten wir im ostpreußischen Osten vom Krieg eigentlich wenig mitgekriegt, die Bombardierungen fanden viel weiter westlich statt.

Doch im Oktober änderte sich das schlagartig. Der Räumungsbefehl kam viel zu spät – die Nazis waren völlig verbissen und auf Standhalten aus.

Die Russen kamen bei ihrem ersten Vormarsch im Herbst 1944 zunächst bis Nemmersdorf. Und dort sind furchtbare Sachen passiert. Nemmersdorf lag nicht weit von unserem Dorf entfernt, doch die russische Front war dort zum Stehen gekommen. Vermutlich haben sie Nachschub herantransportieren wollen, um dann im Frühjahr loszuschlagen.

So, nun mussten wir alle schnell raus, denn es wurde für Zivilisten brenzlig. In Eile wurden die Planwagen beladen: Betten und alles, was man für unverzichtbar hielt. Anderes vergruben wir, um es bei der Rückkehr wieder auszubuddeln – Besteck, gutes Geschirr und so weiter …

Dann brachen wir auf – meine Eltern und wir vier Kinder auf einem überladenen Fuhrwerk. Ich hatte mein Fahrrad mit und fuhr meistens neben unserem Planwagen her.

Auf dem anderen überladenen Fuhrwerk befanden sich meine Tante, die ihre beiden Söhne im Krieg verloren hatte, und unsere sterbenskranke Großmutter – die war 84 Jahre alt. Wie gesagt, sie lag bereits im Sterben, und nun musste sie diese furchtbare Fluchtgeschichte noch mit durchmachen. Sie musste liegen, konnte sich kaum noch bewegen. Wenn ich mir das heute vor Augen halte, welch unmenschlichen Strapazen unsere Großmutter vor ihrem Tod durchleben musste.

Und dann hatten wir noch eine Großtante, die weigerte sich mitzukommen. Die sagte: ‚Ich gehe nicht weg, ich bleibe hier!' Die hatte dann ein ganz tragisches Schicksal …

Wir anderen sind quer durch Ostpreußen durch, Richtung Westen – zunächst bis in die Gegend um Elbing. Dort wurden wir bei einem Bauern einquartiert und wussten nicht, für wie lange …"

Siegfrieds Vater gilt mit seinen 44 Jahren eigentlich noch als wehrtauglich. Doch weil sowohl die Zivilbevölkerung als auch Soldaten ernährt sein wollen, wurden er und etliche andere Bauern vom Kriegsdienst freigestellt, um die Versorgung aufrechtzuerhalten.

Als das Heimatdorf der Familie Matthus im November 1944 noch immer nicht von den Russen besetzt ist, werden der Vater und ein paar andere Bauern des Dorfes plötzlich wieder zurückbeordert, dicht an die Frontlinie; sie sollen die Ernte einbringen und das Vieh versorgen. Fuhrwerke sind mitzubringen:

„Mein Vater und die anderen Männer sind also zurück. Sie befanden sich auch bei Wintereinbruch noch im Dorf, so dicht an der russischen Front. Wir haben uns natürlich furchtbar um sie gesorgt. Außerdem hatten wir nun kein Fuhrwerk mehr …"

Familie Kropp befindet sich da schon ein bisschen weiter westlich:

„Wir hatten noch alle Lebensmittel aufgeladen, die wir besaßen – eine Kiste mit Wurst und Rauchfleisch, Mehl zum Brotbacken. Gänse hatten wir schon geschlachtet, etwa fünfzehn Hühner nahmen wir noch mit. Wir hatten einen großen, länglichen Holzkasten, oben mit Maschendraht überspannt, da kamen die Hühner rein. Das ganze stand auf dem Fuhrwerk, das nicht überdacht war. Die Hühner haben wir dann jeden Tag mit Wasser versorgt, zusammen mit den Pferden. Futter führten wir ja mit.

Und beinahe wären wir noch in Nemmersdorf gelandet: Wir kamen abends mit unseren Fuhrwerken dort an und wollten Quartier machen. Da waren aber deutsche Soldaten, die uns dringend rieten, weiterzufahren. ‚Haut bloß ab!‘, riefen sie uns zu, ‚bleibt nicht hier! Wir erwarten jeden Moment die russische Front!‘ Und die kam ja dann auch ...

Wir sind zügig weitergefahren. Tagelang kreuzten wir planlos durch die Gegend um Gumbinnen. Je westlicher wir dann allerdings kamen, desto besser war alles organisiert.

Unterwegs holte Vater uns ein. Als er aus den Königsberger Pregel-Wiesen zurück war, vom Viehtrieb, erkundigte er sich, wo der Treck von Rauschendorf hin sei. Und dann wurde ihm gesagt: ‚Also, heute früh waren sie noch da und da ...‘ So hat Vater sich auf den Weg gemacht und unseren Treck tatsächlich noch eingeholt. Aber dann wurde er gleich wieder zum Volkssturm eingezogen.“

Beim ersten Fluchtstopp wird Günters Familie in ein großes Anwesen einquartiert; die Stimmung hier ist, wie überall inzwischen, gedrückt und nervös. Für den Elfjährigen aber wird es ein spannender Abend:

„Der Sohn der Gutsbesitzer war Flieger bei der Luftwaffe, und es hingen in seinem Zimmer alle möglichen Flugmodelle an der Decke, was mich als Jungen natürlich besonders interessierte. Meine Großmutter, meine Mutter und ich wurden von der Frau durch alle Räume geführt. Sie zeigte sie uns und nahm selbst Abschied dabei. Am Ende des Rundgangs sagte sie seufzend: ‚Morgen müssen auch wir hier weg ...' Ich dachte daran, dass dann die schönen Flugmodelle vielleicht in die Hände der Russen fallen.

Meine Großmutter und mein dreijähriger Bruder durften auf dem Sofa am Fuße des Ehebettes der Gutsbesitzer schlafen. Wir anderen – meine Mutter, meine Tante, mein Großvater und ich – übernachteten auf dem Heuboden.

Wir verließen das Haus am nächsten Tag. Die Straßen verstopften immer mehr, wir kamen kaum noch voran. Nachts nahmen uns Menschen auf, die selbst schon am Packen waren und am nächsten Morgen mit uns mitkamen ...

Unsere Familie landete schließlich in Rositten, im Kreis Preußisch Eylau. Und nun wurden wir getrennt – ein Teil unserer Familie kam bei einem Bauern auf einem Hang unter, der andere Teil bei dessen Bruder im Tal.

Die waren beide nicht sehr begeistert, uns aufzunehmen. So kam dann der dritte Bruder – der war Bürgermeister von Rositten – und musste etwas nachhelfen.

In Rositten blieben wir eine ganze Weile. Wir hatten dort sogar Schulunterricht. Da waren Flüchtlings- und einheimische Kinder zusammen. Es wusste ja niemand, wie lange wir dort bleiben würden. Wir Neuen in der Klasse haben uns erst mal vorgestellt: Woher wir kommen, Name, Alter und was der Grund für unsere Flucht war. Da habe ich natürlich erzählt, dass die Russen schon dicht an unserem Dorf gestanden haben. Daraufhin sagte der Lehrer – das war auch so ein Strammer: ‚Ein Deutscher verlässt seine Scholle nicht!‘ Ich war ziemlich empört und habe gesagt: ‚Wenn Sie da gewesen wären, dann wären Sie noch schneller gelaufen als wir!‘ Da fiel ich schon negativ auf. Er hat aber dann nichts mehr erwidert.

Noch im Herbst traf mein Vater in Rositten ein. Er kam vom Viehtrieb, hatte das Milchvieh mit in die Pregel-Wiesen getrieben. Und hatte uns schnell ausfindig gemacht. Mein Vater war aber kaum da, als er und mein Großvater sich schon wieder innerhalb einer Woche zum Volkssturm melden mussten – mit zwei Pferden und einem Wagen. Sie waren aber nicht weit von uns stationiert. Vater lag in Gumbinnen – in Stallupönen waren bereits die Russen.“

Zwischen diesen beiden Stellungen gibt es den ersten, noch nicht sehr ausgeprägten Schusswechsel. Familie Kropp sorgt sich um den Vater:

„Zu Weihnachten 1944 fuhr meine Mutter dann mit dem Zug los, um meinen Vater und meinen Großvater in ihrem Quartier an der Front zu besuchen. Sie hatte reichlich aus unserer Kiste Rauchfleisch eingepackt. Die Fahrt ging gut, Mutter kam auch problemlos wieder zurück.

Inzwischen waren die Gräueltaten von Nemmersdorf bekannt geworden und dass die Russen aufs Grausamste und wahllos Zivilisten umbringen. Und da hat sich mein Vater gesagt: ‚Halt – du hast nur eine Überlebenschance, wenn du beim Militär bist. Nicht als Ziviler, so mit der läppischen Armbinde vom Volkssturm.‘ Mein Vater hatte eine Grundausbildung und war auch mal für vierzehn Tage als Reservist eingezogen worden, trotz seiner steifen Finger. Und da hat er sich jetzt schnell noch zur Wehrmacht gemeldet, zum Infanterie-Trupp ‚Hermann-Göring', der war dort in Ostpreußen stationiert.

Das verbesserte die Familiensituation: Vater war nun nur noch etwa acht Kilometer von Rositten weg einquartiert, als Soldat."

Die große Winterschlacht
1945

Die Zerstörung Königsbergs im August 1944 war der Auftakt zu jenem unermesslichen Leid, das nun, im Jahr 1945, über die östlichste Provinz hereinbricht. Es enden die von Deutschland verübten Kriegsgräuel; Rache schlägt mit großer Wucht zurück, sie trifft vor allem Zivilisten …

Über Monate stagnierte die deutsch-russische Frontlinie. Doch zeichnet sich die militärische Katastrophe bereits seit der Jahreswende ab: Während an drei Weichselbrückenköpfen ein massiver Aufmarsch sowjetischer Armeen zu beobachten ist, werden gleich mehrere deutsche Divisionen von der Ostfront abgezogen und an die Rheinfront überführt, um noch rasch in den Ardennen verheizt zu werden.

Mit dem 12. Januar 1945 bricht die große Winterschlacht über Ostdeutschland herein!

Im Anmarsch sind etwa 2,2 Millionen Sowjetsoldaten – mit 6460 Panzern und mehr als 32 000 Geschützen. Die 1. Ukrainische Front unter Marschall Konjew stößt aus dem Baranow-Brückenkopf auf Richtung Schlesien vor. Bereits einen Tag später erfolgt aus den Brückenköpfen Magnuszew und Pulawy der frontale Vorstoß der 1. Belorussischen Front unter Marschall Schukow in Richtung Oder. Ebenfalls am 13. Januar stößt die 3. Belorussische Front unter Armeegeneral Tschernjakowski nach Königsberg vor, und zwei Tage später setzt sich die 2. Belorussische Front unter der Führung von Marschall Rokossowski mit einem Bogen in Richtung Elbing/Westpreußen in Bewegung, um Ostpreußen vom Deutschen Reich abzuschneiden.

Mit ihrem ungeheuren Truppen-und Materialeinsatz erzielen die Sowjets Erfolge, denen die dünne deutsche Abwehrfront kaum etwas entgegenzusetzen hat. In nur wenigen Tagen erreichen Panzerspitzen der Roten Armee die mittlere Oder und das oberschlesische Industrierevier. Wucht und Tempo der Offensive übertreffen alle Erwartungen der amerikanischen und britischen Verbündeten.

Mit den Truppen der deutschen Wehrmacht treiben die russischen Armeen nun auch ein Heer fliehender Zivilisten vor sich her. Eine weitgreifende Evakuierung hat trotz der massiven militärischen Ansammlung hinter der Grenze nicht stattgefunden, sodass es mit dem 12. Januar 1945 zu einer gewaltigen, je nach dem Vordringen der Roten Armee gestaffelten Fluchtwelle von Zivilisten kommt, die nunmehr sämtliche Provinzen jenseits von Oder und Neiße und damit etwa fünf Millionen Menschen erfasst – knapp die Hälfte der Gesamtbevölkerung Ostdeutschlands.

Unter den Flüchtlingen Richtung Westen befindet sich auch die Familie des zehnjährigen Siegfried Matthus aus Mallenuppen, nicht weit von Nemmersdorf, der mit Polka und Volksliedern aufwuchs.

Eigentlich haben es die Eltern Matthus mit ihren vier Kindern, mit der Tante und Siegfrieds sterbenskranker, 84-jähriger Großmutter bereits ziemlich weit Richtung Westen geschafft. Doch kaum waren sie in der Nähe von Elbing eingetroffen, wurden der Vater und ein paar andere Bauern ins – ziemlich frontnahe – Heimatdorf zurückbeordert, um die restliche Ernte einzufahren und das Vieh zu versorgen. Mitzubringen war ein eigenes Fuhrwerk:

„In der Nähe von Elbing holte uns dieser furchtbar kalte Winter ein. Und im Januar 1945 rückte auch die russische Front mit brachialem Tempo vor.

Damit kam der Evakuierungsbefehl nun auch für das Elbinger Gebiet, in dem meine Mutter und wir vier Kinder uns befanden, dazu meine Tante und meine Großmutter, die dem Tode näher war als dem Leben.

Die Bauern beluden in Panik ihre Fuhrwerke. Und wir standen nun ohne da, weil mein Vater unser Fuhrwerk mit zurück ins Heimatdorf nehmen musste.

Meine Mutter verteilte also meine drei kleineren Geschwister auf verschiedene Fuhrwerke – wir mussten ja alle weg, so schnell wie möglich. Meine Tante und meine schwerkranke Großmutter kamen auch auf einem fremden Fuhrwerk mit.

Ich aber als Ältester unter den Kindern bekam nun von meiner Mutter den Auftrag, den Kontakt zwischen uns allen, also zwischen den verschiedenen Fuhrwerken zu halten. Ich war zwar der Älteste, doch eben auch erst zehn Jahre alt.

Ich erinnere mich: Es war ein bitterkalter Wintermorgen, als es losging. Es war wirklich hundekalt. Ich hatte meinen Tornister auf dem Rücken, in der einen Hand mein Akkordeon und in der anderen das Saxophon meines Vaters.

Es herrschte bereits ein großes Chaos, denn es brachen ja nicht nur die Flüchtlinge auf, auch das deutsche Militär flutete Richtung Westen zurück, da die Russen jetzt in großer Geschwindigkeit vorrückten.

Alles strömte Richtung Weichsel. Das Militär hatte Vorrang – die Fuhrwerke und Planwagen der Zivilisten mussten zur Seite, wenn Soldatenkolonnen auftauchten. Es war ein furchtbares Durcheinander, und meine Mutter hatte Angst, dass sie ihre Kinder verliert.

Ich musste mich auf die Suche nach meinen Geschwistern machen, als die plötzlich außer Sicht geraten waren. Und während dieser Suche im großen Chaos stand ich auf einmal ganz allein da – ich hatte sowohl meine Mutter als auch meine Geschwister verloren! Ich brach in Tränen aus und lief heulend zwischen fremden Menschen im Zug mit. Es dauerte aber nicht lange, da erspähte ich plötzlich meine Tante und meine Großmutter – ich hatte wieder Familienanschluss!"

Seine Mutter und die drei kleineren Geschwister verliert Siegfried in diesem Chaos völlig aus den Augen. Wie es ihnen ergeht, wird der Junge aus Mallenuppen erst ein Jahr später erfahren. Von seinem Vater hat er schon monatelang nichts mehr gehört. Siegfried treibt nun mit Tante und Großmutter im Mahlstrom fliehender Zivilisten:

„Wie gesagt, es herrschte ein wahnsinniges Chaos. Die Straßen waren durch das zurückflutende Militär verstopft, sodass viele Flüchtende ihre Fuhrwerke auf den Feldern stehen ließen und mit leichtem Handgepäck versuchten, die Weichsel zu erreichen.

Meine Tante und ich rissen von einem dieser zurückgelassenen Planwagen ein großes Brett ab, legten eine Schlaraffia-Matratze, die wir mitgenommen hatten, oben drauf. Und dann betteten wir meine schwerkranke Großmutter auf diese abgerissene Wagentür und zogen sie durch den Schnee.

Westlich von Elbing, direkt vor der Weichsel, gab es eine große weite Fläche. Die war voller Menschen, so weit das Auge reichte: Da staute sich nun halb Ostpreußen und wollte über den Fluss rüber. Aber es gab nur eine Fähre – die konnte in einer Viertelstunde gerade mal sieben Fuhrwerke transportieren und vielleicht dreißig Leute zu Fuß. Dazu das Militär, das sich immer wieder dazwischenschob und Vorrang hatte.

Wir – meine Tante, meine liegende Großmutter und ich – wir standen nun auch da, drei Tage und drei Nächte, weil der Andrang vor der Fähre so groß war. Es war eine dramatische Situation. Wir sahen kaum eine Chance, rüberzukommen, und der Kessel schloss sich immer mehr. Die Flüchtlinge ließen jetzt die letzten Fuhrwerke stehen, um einen Platz auf der Fähre zu ergattern. Aber wir mit der Großmutter konnten nicht mitdrängeln, sie konnte ja nicht laufen, sich fast überhaupt nicht mehr bewegen.

Wir wurden immer verzweifelter …"

Siegfried Matthus erinnert sich, dass ihm mit seinen zehn Jahren immer wieder der Gedanke durch den Kopf schoss: „Sollte das schon dein Leben gewesen sein?" Der Junge war sich sicher, dass sie es nicht schaffen würden, den Russen zu entkommen. Und er fand: „Zehn Jahre, das ist ein bisschen kurz für ein Leben …"

„In diesem Moment großer Verzweiflung machte meine Tante etwas sehr, sehr Gutes, hinzu kam eine große Portion Glück: Es trafen von der Front auch die Verwundetentransporte ein, und ein solcher zog an uns vorbei. Da hat sie die begleitenden Soldaten eines solchen Transportes geistesgegenwärtig gefragt: ‚Da liegt eine todkranke Frau, Sie sehen es ja. Können wir sie mit dem Brett nicht hinten anbinden?' Und tatsächlich haben die das zugelassen. Sofort banden wir unser Brett mit Oma an den pferdegezogenen Verwundetentransport und kamen damit durch die Massen und bis auf die Fähre.

So schafften wir es rechtzeitig über die Weichsel. Wie gesagt, es war wie ein Wunder!

Nach drei Tagen und drei Nächten hatten wir es über die Weichsel geschafft, dank des Soldatentransportes. Als wir drüben waren, zogen die Transporte weiter, und wir blieben zurück, doch nun eben auf der Westseite des rettenden Flusses.

Solch ein Glück hatten nicht alle. Die Front kam immer näher, die Panik auf der Ostseite der Weichsel wuchs von Stunde zu Stunde, man hörte schon die Schüsse. Es war noch immer eine unübersehbare Menschenmenge – und die kam dann am Ende nicht mehr rüber ..."

Wer rechtzeitig die Westseite des Stromes erreicht hat, scheint in Sicherheit zu sein. Busse werden hier eingesetzt, um die Flüchtlinge aus dem Gebiet herauszuholen. Irgendwie gelingt es Siegfried und seiner Tante, die sterbenskranke Großmutter in einen solchen Bus zu hieven. Sie gelangen nach Danzig:

„Der Bus brachte uns direkt in den Hafen. Von dort sollten die Flüchtlinge per Schiff über die Ostsee nach Swinemünde transportiert werden. Wir hielten uns also mit vielen anderen Menschen in so einem Zwischenlager bereit. Meiner Großmutter ging es äußerst schlecht, sie atmete kaum noch.

Eines Abends wurden wir auf ein Schiff geladen. Dann kam aber so ein furchtbarer Schneesturm auf, dass wir alle noch einmal runter vom Schiff und in das Lager zurück mussten. ‚Morgen früh geht's los!' wurde uns gesagt.

Inzwischen lag meine Großmutter im Sterben. Sie hatte diese dramatische Flucht bis Danzig durchgehalten, doch immer schon am Rande des Todes. Und nun hieß es plötzlich, nachdem wir ja bereits auf dem Schiff gewesen waren: ‚Wir können eure Großmutter nicht mitnehmen, sie liegt doch im Sterben!'.

Und nun blieben wir zurück – und sahen zu, wie alle anderen das Schiff bestiegen und abfuhren. Es waren viele Bekannte von uns darunter, wir haben sie nicht mehr wiedergesehen.

Das war eine schlimme Situation für uns. Wir haben nun die Großmutter in ein Krankenhaus gebracht, in Danzig. Und jetzt kommt wieder so eine irre Situation, wie man sie sich kaum vorstellen kann. Meine Tante hatte in einer Zeitung eine Annonce aufgegeben – die ihrem Mann galt, von dem sie ja nicht wusste, wo er überhaupt war. In der Annonce stand: Wir sind da und da zu erreichen!

Und zufällig hatte mein Onkel diese Zeitung in die Hand gekriegt und die Annonce gelesen – und das in all diesen Kriegswirren. Auf einmal stand er vor uns – mein Onkel, in Danzig! Der war Parteigenosse, arbeitete in der Kreisbauernschaft der NSDAP; er besaß ein Auto und verfügte noch über ein paar Liter Benzin. Der kam also völlig überraschend in Danzig an.

Für unsere Großmutter im Krankenhaus haben wir noch Geld dagelassen, für ihre Betreuung und die Beerdigung.

Die Entscheidung, sie im Krankenhaus zurückzulassen, ist für meine Tante eine sehr schwierige gewesen, es war ja ihre Mutter. Mich hat es ungeheuer geschmerzt. Als wir uns verabschiedeten – das werde ich nie vergessen –, da hat meine Großmutter ihre Tochter und ihren Schwiegersohn nicht mehr erkannt, aber mich ... mich hat sie noch erkannt ..."

Kurz, nachdem Siegfried mit Tante und Onkel weiter Richtung Westen aufgebrochen ist, stirbt die Großmutter im Danziger Krankenhaus. Ihre Urne wird auf einem alten Friedhof beigesetzt. Viel später wird der Friedhof eingeebnet. Und heute steht auf diesem Friedhofsgelände das Danziger Opernhaus … Für den späteren Komponisten Siegfried Matthus ein Ort, der ihm in doppelter Weise nahe ist.

Weiter nördlich, in Rositten am Kurischen Haff, wartet der elfjährige Günter Kropp mit seiner Familie ebenfalls auf die Chance, weiter Richtung Westen fliehen zu können. Doch statt der Russen taucht plötzlich der Vater bei ihnen auf:

„Er war nur etwa acht Kilometer von Rositten weg einquartiert, als Soldat. Und eines Tages – ich glaube, es war der 24. Januar, ein Tag vor meinem Geburtstag – tauchte er bei uns auf, bei diesem Bauern, bei dem wir gerade untergebracht waren.

Es herrschte bereits eine schlimme Situation, und auch in Rositten lag eine große Bedrohung in der Luft. Der Kessel war schon zu – um Ostpreußen hatten die Russen den Ring gezogen – und übers Haff ging's noch nicht. Die Begegnung mit meinem Vater fiel also dementsprechend knapp aus, er musste gleich wieder zurück. Aber er mahnte uns noch: ‚Sobald irgendwo der Kessel aufbricht – im Lande, zu Wasser oder in der Luft – dann haut sofort ab!' Wie gesagt, das muss am 24. Januar gewesen sein.

Wir hörten nun über Radio, dass plötzlich eine Fluchtmöglichkeit übers zugefrorene Haff bestand. Ich bin sofort querfeldein zu unseren Nachbarn gelaufen, um die Lage zu peilen. Unsere Nachbarn waren etwa ein, zwei Kilometer entfernt untergebracht. Und die sagten zu mir: ‚Ja, wir flüchten übermorgen übers Haff – kommt mal schon morgen mit all euren Sachen rüber.'

Auch wir machten uns nun fertig für die Flucht.

Der Bauer, bei dem wir wohnten, hatte einen Polen, der abends immer eingeschlossen wurde. Es war ein Kriegsgefangener, in polnischer Uniform. Und als Kriegsgefangener hatte er gegenüber unserem polnischen Knecht in Rauschendorf einen Vorteil: Zu Weihnachten 1944 bekam er vom Schweizer Roten Kreuz eine neue Uniform, Socken, Handtücher, dieses und jenes. Und auch Schokolade. Davon hatte er mir ein Stück abgegeben – es war mein erstes Stück Schweizer Schokolade. Ich mochte ihn.

Er hieß Viktor und wurde von dem Bauern in Rositten nicht gut behandelt. Beim Essen saß er nicht mit am Tisch, er musste in der Küche essen. Und wenn es Braten gab, bekam er natürlich nichts ab. Aber selbst die Soße wurde für ihn noch mit warmem Wasser verdünnt.

Bei uns zuhause hatte es der polnische Knecht besser gehabt – der machte ja die gleiche Arbeit wie wir, also bekam er auch das gleiche Essen. Aber Viktor dort in Rositten wurde nicht sehr menschenwürdig behandelt. Meine Großmutter stammte aus Masuren, die konnte Polnisch. Sie war die Einzige, die mit Viktor polnisch sprach. Er konnte aber auch sehr gut Deutsch.

Doch zurück zur Flucht: Als wir nun Ende Januar 1945 alle Richtung Westen aufbrachen, gab der Bauer Viktor ein Stückchen Brot und sagte, er könne sich ja ein Huhn schlachten. Er solle aber auch gut auf des Bauern Bullen aufpassen ... Der Bauer dachte tatsächlich, er käme wieder zurück. Und irgendwie dachten wir das alle.

Das war am 30. Januar 1945. Viktor kam aber jetzt doch mit, zum Schutze der Frauen. Er kannte offenbar die Russen.

Wir packten zügig unsere Sachen zusammen und unsere Lebensmittel – alles, was von zuhause noch übrig war. Dazu luden wir etwas Hafer für die Pferde auf.

Und dann zogen wir mit unserem Planwagen los, gemeinsam mit dem Bauern und dem polnischen Kriegsgefangenen Viktor."

Am Tag darauf ziehen Kropps gemeinsam mit dem Fuhrwerk der Nachbarn über Stablack, Kreuzburg, Gallingen … und kommen am Abend am Haff an.

Bei Heiligenbeil gehen sie aufs Eis, und sie sind nicht die Einzigen: Auf der Nehrung staut sich plötzlich alles – oft stundenlang. Manchmal geht es einen ganzen Tag lang keinen Schritt weiter. Die Pferde haben Hunger, doch der Hafer ist alle. In der Not knabbern die Pferde am Fichtenholz. Daraufhin bestäubt Familie Kropp das Fichtenholz mit Brotmehl, dann lässt sich das besser fressen.

Während im restlichen Ostpreußen der deutsch-russische Kampf tobt, ringen die Flüchtlinge auf dem Haff mit anderen Tücken:

„Wir gehörten wahrscheinlich zu den Letzten, die noch über das Eis gekommen sind. Es waren schon Knüppeldämme gebaut, damit man mit dem Fuhrwerk heil rüberkommt. Die Knüppeldämme gingen ein paar hundert Meter aufs Eis rauf. Man konnte sehen, wie das Eis am Ufer schmolz. Jedes Fuhrwerk sollte fünfzig Meter Abstand zum vorherigen halten. Es war ziemlich riskant.

Ich war ein bisschen krank und habe auf dem Fuhrwerk

geschlafen. Nachts ging es dann jeweils weiter: Fünfzig Meter Abstand halten und nicht stehen bleiben!

Und das Wasser auf dem Haff stieg, es taute. Wir standen schon bald bis zum Knöchel im Wasser. Es gab bereits die ersten Einbrüche. Und außerdem gab es Granateinschläge mit riesigen Wasserlöchern, die mussten weiträumig umfahren werden. Muttern ist eine Zeitlang mit der Laterne ein Stück vorneweg gegangen, dann wechselte sie sich mit meiner Tante ab. Es war dunkel, und man sah die Gefahrenstellen nicht von weitem. Wenn ein Loch vor dem Fuhrwerk auftauchte, dann war man meist schon halb drin.

Ich erinnere mich, wie ich – noch ein bisschen krank – vom Wagen runtergetaumelt bin. Der Treck stand gerade, als unser Fuhrwerk ein, zwei Zentimeter ins Eis sackte. Das Eis schob sich an den Speichen hoch. Und wo die Pferde waren, beulte sich bedrohlich das Eis. Ich dachte mir: ‚Wenn wir jetzt noch lange stehen bleiben, dann geht's hier abwärts …'

Wir sahen aber schon das Ufer der Nehrung. Und unser Nachbar – der hatte zwei Wagen – sagte plötzlich: ‚Ich fahre jetzt runter vom Haff!', und begann auszuscheren. Den ersten Wagen fuhr sein polnischer Kriegsgefangener: Der war vom Militär, von der Kavallerie, und kannte sich ein bisschen aus. Der schoss plötzlich nach vorn – so weit, bis er eingebrochen ist. Aber er hat es fast bis zum Ufer geschafft. Das Eis war hier bereits zwanzig, dreißig Meter vom Ufer weggeschmolzen.

Und wir sind hinterher. Der andere Pole rief unserem Kriegsgefangenen Viktor noch zu, er solle ‚langen Hafer' geben, also kräftig die Peitsche gebrauchen. Der tat das – und dann preschten auch unsere Pferde im Galopp los. Unser Wagen war ziemlich schwer und blieb stecken – nicht auf dem

Eis, sondern im Wasser, unweit des Ufers. Die Hinterachsen waren schon im Wasser drin.

Die Deichsel war lose. Beim Befestigen einer Kette am Hinterrad, um das Fuhrwerk rauszuhieven, verbog sich die Achse, ging der hintere Teil unseres Fuhrwerkes kaputt. Das war dann schon auf dem Festland, auf der Frischen Nehrung.

Wir haben nun alles, was nicht unbedingt gebraucht wurde – zum Beispiel die Aussteuer meiner Tante – abgeladen und in die Wasserlöcher reingestopft, um sie zu überwinden.

Hinter uns kam auch noch ein Fuhrwerk. Und diese Leute machten jetzt genau dasselbe. Die schmissen Betten und ihre Nähmaschine da rein. Es war schon eine ziemlich dramatische Situation …

Aber irgendwie haben wir es alle geschafft."

Solch ein Glück hätte Familie Possienke auch gern gehabt. Doch die Rote Armee erreicht das kleine Dorf Schuditten an der Bahnstrecke Königsberg-Pillau am 30. Januar 1945.

Unruhig wurde es im Dorf bereits, als plötzlich viele Trecks mit Flüchtlingen aus dem Osten durchzogen: Sie wollten nach Pillau weiter, wo Schiffe bereitstanden, um sie ins deutsche Kernreich zu bringen.

Warum haben sie sich nicht angeschlossen? Brigittes Vater konnte das nicht mehr mitentscheiden – er wurde zum Volkssturm eingezogen, so wie alle Männer. Im Dorf gab es nur noch Frauen und Kinder und die ganz alten Männer. Sie alle glaubten, die Rote Armee schaffe es nicht, bis zu ihrem Dorf vorzudringen: Das idyllische Schuditten liegt im Samland auf einer Halbinsel, immerhin etwa dreißig Kilometer westlich von Königsberg.

Und wohin hätte Mutter Possienke auch fliehen können mit drei kleinen Mädchen? Brigitte ist vier Jahre alt, Birgit sechs und Edith gerade mal acht.

So gab sie sich argloser, als ihr zumute war: „Die Russen sind auch bloß Menschen“, sagte sie. „Und ich kann mich mit ihnen verständigen – ich kann bisschen Russisch, ich kann bisschen Polnisch – das wird schon irgendwie gehen …“

Nun wird Mutter Possienke eines Schlechteren belehrt.

Brigitte Possienke wird sich später erinnern, dass das gesamte Haus plötzlich voller Russen war:

„Sie waren da, und es waren viele. Unsere Mutter wurde angewiesen, für sie zu kochen. Es war nicht mehr Geborgenheit, es war eine fremde, bedrohliche Situation. Wir Mädels haben zugeschaut, wie die russischen Soldaten die Ställe aufrissen und Zielschießen auf die quiekenden Schweine machten.

Sie waren sehr nett zu mir, ich hatte keine Angst vor ihnen …“

Brigittes Mutter versucht, bevor die Soldaten alles verschlingen, noch Nahrhaftes für ihre Kinder zu retten, und stopft ihnen gequirltes Ei mit Zucker rein.

Und plötzlich wird die Strecke Königsberg-Pillau zum heiß umkämpften Terrain, die deutsch-russische Front wogt hin und her. Eines Abends werden alle Bewohner aus dem Dorf getrieben – Dawai, dawai! – ein Gegenangriff der deutschen Wehrmacht hat eingesetzt. Die Häuser stehen in Flammen, sie befinden sich nun inmitten der Front.

Die Mutter nimmt ihre beiden großen Mädchen an die Hand, Brigitte hält sich an ihrem Rockzipfel fest, dann geht es los – Richtung Pillau, so wie alle – weg von den russischen Soldaten.

Die Chaussee von Königsberg nach Pillau wimmelt von Menschen.

Doch für Flucht ist es bereits zu spät: Rechts und links der Straße stehen auf einmal bewaffnete Soldaten der Roten Armee, dirigieren die Zivilisten nun in die Gegenrichtung um … Richtung Osten sollen sie laufen, Richtung Königsberg. Von Pillau her greife die Wehrmacht an, flüstert es sich unter den herausgetriebenen Dorfbewohnern herum. Und so kommt doch noch Hoffnung auf, während sich Mutter Possienke und ihre drei kleinen Mädels in eine Marschkolonne einordnen müssen.

Kurze Zeit später rückt der Vater mit dem Volkssturm ins niedergebrannte, verlassene Dorf ein. Seine Familie ist ebenso verschwunden wie alle Tiere des Hofes. Viele Jahre später wird er seinen Töchtern Brigitte und Birgit erzählen, dass er im abgebrannten Haus noch Schuhe seiner Kinder fand …

Eine Bombe hatte im August 1944 auch das Haus getroffen, in dessen Keller Ellen Browarzyck mit fünf kleinen Kindern und dem sechzehnjährigen Sohn ihres verstorbenen Mannes aus erster Ehe saß. Die Frau des Kommunisten Arthur Browarzyck, der die Russen sehnsüchtig erwartet hatte, bevor er weit vor deren Angriffen einem Herzleiden erlag, schaffte es rechtzeitig, mitsamt den Kindern heil aus dem Flammenmeer Königsberg herauszukommen. Schiffe brachten die Ausgebombten bis Pillau, dort wurden sie auf das Umland verteilt. Die Browarzycks sollten sich nach Rauschen aufmachen, einem Seebad, etwa fünfzig Kilometer entfernt.

Wie sie nach Rauschen gekommen sind, daran kann sich die damals sechsjährige Karla nicht erinnern:

„Ich weiß wirklich nicht, wie wir von Pillau nach Rauschen kamen, und auch nicht, wo wir unterwegs übernachtet haben. Wir müssen etliche Wochen außerhalb von Königsberg gewesen sein; denn inzwischen war es Winter und furchtbar kalt. Wir besaßen offenbar keine schützende Kleidung, denn der brennenden Stadt Königsberg waren wir Ende August entflohen – nur mit dem, was wir auf dem Leib hatten. Und so bekam unsere kleinste Schwester Monika eine Lungenentzündung und musste ins Krankenhaus. Mein großer Halbbruder Dieter erzählte mir später in der DDR, was mit Monika passiert ist: Sie war gerade mal acht Monate alt, als wir sie mit einer Lungenentzündung ins Krankenhaus von Rauschen brachten. Dort gab es dann in der Nacht einen russischen Beschuss, und eine Bombe traf ausgerechnet das Krankenhaus. Die Fenster des Krankenhauses flogen raus ..., und draußen war es eisig kalt. Am nächsten Morgen fanden die Krankenschwestern Monika steif gefroren in ihrem Kinderbettchen, das dicht am Fenster stand. Im Fenster waren keine Scheiben mehr drin.

Können Sie sich die Verzweiflung meiner Mutter vorstellen? Wenn ich an unsere Mutter denke, fange ich immer an zu heulen. Sie hat den Verlust ihrer Kinder überhaupt nicht verkraftet. Denn Monika blieb ja nicht ihr einziges Kind, das 1945 ums Leben kam ..."

Verzweifelt kehrt Ellen Browarzyck mit der sechsjährigen Karla, dem achtjährigen Peter, der zweijährigen Roswitha, dem vierjährigen Frank und dem jugendlichen Stiefsohn Dieter nach Königsberg zurück, bevor sich der militärische

Ring um die Stadt schließt. Sie werden im Keller der Landwirtschaftskammer untergebracht, auf der Beethovenstraße.

In den Kellern Königsbergs harren in diesem Frühjahr 1945 nicht nur viele Erwachsene aus, sondern mindestens ebenso viele Kinder. Die meisten verstehen nicht, was da über ihren Köpfen passiert, doch sie haben Angst vor neuen Bomben …, vor diesem Heulen und Pfeifen und den krachenden Einschlägen.

In einem dieser Keller sitzt auch die siebenjährige Doris Meyer mit ihrer Mutter und Oma:

„Wir haben viel Zeit da unten verbracht. Es gab bei uns eine Mitbewohnerin, mit der wir Kinder uns gut verstanden – die brachte ein Spiel mit in den Keller, das hieß ‚Deutschlandspiel'. Das ist so etwas Ähnliches wie ‚Mensch ärgere Dich nicht'. Da konnte man mit dem Würfel durch ganz Deutschland reisen. Das haben wir ausgiebig getan – auf einem kleinen Brett. Die Spielmöglichkeiten waren ja sehr eingeschränkt im Luftschutzkeller …"

Doris' Onkel, ein Königsberger Orgelbauer, wird Anfang 1945 eingezogen – er gehört zum letzten Aufgebot, das die zur Festung erklärte Stadt verteidigen soll:

„Mein Onkel bekam nun einen Kopfschuss ab und landete im Lazarett. Die Russen schossen pausenlos in die Stadt rein, sodass man nicht die Nase rausstecken konnte. Meine Mutter aber, weil sie ihren Bruder so liebte, hat sich durchgeschlagen zum Lazarett. Sie hat ihn auch noch angetroffen. Er lag da und sagte: ‚Trudchen – sieh zu, dass ihr flüchtet! Wir halten den Russen nicht mehr auf! Mach dir um mich keine Sorgen – mich können sie nicht mehr einziehen, ich kann ja nicht einmal mehr einen Stahlhelm aufsetzen ...'

Das war ein Irrtum – den haben sie sogar noch einmal geholt. Jahre später hat meine Mutter ihren Mann suchen lassen und auch ihren Bruder. Und da kriegten wir die Nachricht, dass der Bruder in den letzten Wochen des Kampfes noch in Pillau gefallen ist. Und von meinem Vater hieß es nur immer: Vermisst, vermisst, vermisst ..."

Im Januar 1945, Hitler bläst zum totalen Krieg, werden durch Führererlasse und Führerbefehle nun auch noch Großväter und halbe Kinder im Volkssturm verheizt. Durch die verheerenden Niederlagen vor allem an der Ostfront in Rage, lässt der „größte Feldherr aller Zeiten" Wehrmachtsgeneräle nicht nur absetzen, sondern meist auch noch verhaften.

Zur Stelle ist ihm sein bisher treuester Paladin: Heinrich Himmler. Der „Reichsführer-SS" und „Chef der Deutschen Polizei" ist zudem seit 1943 „Reichsinnenminister". Himmler, der nach späterer Auskunft von Militärs vom Militärwesen so viel versteht wie der „Blinde von der Farbe", wird von Hitler im Januar 1945 nun auch noch zum Oberbefehlshaber der hektisch zusammengewürfelten „Heeresgruppe Weichsel" ernannt, welche die Russen stoppen soll.

Die reinste Illusion, wie die Realität zeigt. Doch Himmler verfügt über andere einsetzbare Fähigkeiten im zerfallenden Osten: Er ist der Garant für drakonische Terrormaßnahmen, um die Truppen zum Durchhalten zu zwingen! In die finale Mobilisierung bindet er alle ein, und noch der letzte Volksdeutsche wird jetzt in die Waffen-SS gedrückt. Aus Himmlers Mund stammt der Wortlaut eines Flugblattes, das Ende Januar 1945 auf Teile Schlesiens regnet und das deutsche Frauen und Mädchen auffordert, „Drückebergern und Schwächlingen kein Mitleid am unrechten Platz" entgegenzubringen und „hartnäckige Feiglinge mit dem Scheuerlappen an die Front zu hauen". Eine Kapitulation wird ausgeschlossen.

Im benachbarten Ostpreußen helfen keine Flugblätter mehr. Und nicht nur unter den dramatisch um ihr Leben laufenden Zivilisten herrscht Chaos, sondern auch im Feldgrau der Wehrmacht:

Schlafen in Zeltbahnen bei eisiger Kälte, veraltete Technik, hirn- und hilflose Umgruppierungen setzen den Soldaten zu. Überall ist „der Russe" durchgebrochen. Die in die Truppen sickernden Nachrichten sind dürftig, oft widersprüchlich oder bei der Überbringung mitunter schon wieder überholt. Ist das Samland noch frei? Ein Brückenkopf soll noch im Kurland bestehen – stimmt das?

Nicht wenige Soldaten spielen jetzt mit dem Gedanken, sich abzusetzen. Doch wen die Jäger des fanatischen ostpreußischen Gauleiters Koch aufspüren, der hängt an der nächsten Laterne …

So versuchen die Männer von Wehrmacht und Volkssturm, irgendwie am Leben zu bleiben – das Ende ist absehbar, und es wird furchtbar werden. Die täglichen Bilder lassen die noch nicht völlig Verrohten die tiefe Schuld spüren, die sie beim Überfall der deutschen Nachbarländer auf sich geladen haben: verlassene Dörfer, steif gefrorene Alte und Säuglinge in den Straßengräben, gefallene Kameraden, auch schon gefallene Russen. Blockierende Flüchtlingstrecks, verstopfte Chausseen, Tierkadaver und Kuh-

Herden, für die es kein Futter mehr gibt. Ausharren in Erdlöchern. Russische Aufklärer. Feuerstöße mit dem MG ins Dunkel hinein. Heulende Querschläger, Einschläge russischer Granaten, abgerissene Gliedmaßen, sterbende Kameraden …

Um ihre Väter bangen in Chaos und Winterkälte der zehnjährige Siegfried, der elfjährige Günter und die siebenjährige Doris. Die vierjährige Brigitte, deren Vater ebenfalls zum Volkssturm einrücken musste, weiß noch nicht, was Bangen bedeutet.

Einer Einheit der Wehrmacht gelingt es im Frühjahr 1945, am zugefrorenen Haff über Wochen einen Fluchtweg frei zu halten. Dann schleppen auch sie sich in russische Kriegsgefangenschaft. Oder sie fallen in diesen letzten Stunden des Krieges – so wie der Onkel von Doris Meyer, ein Orgelbauer aus Königsberg.

Der Tod erreicht Ende Januar 1945 im deutschen Osten ein ungeheures Ausmaß.

Da sind zum einen die großen Schiffstragödien: Am 30. Januar 1945 – es ist der zwölfte Jahrestag der Machtergreifung Hitlers – gerät die „Wilhelm Gustloff“ vor der Küste Pommerns ins Visier eines sowjetischen U-Bootes.

Das zur Evakuierung von Soldaten von der Marine umgebaute ehemalige Propaganda-Schiff der „Kraft-durch-Freude“-Flotte wird an diesem Abend aufgefüllt mit Tausenden von Zivilisten, die zu evakuieren sind. Fast 10 000 Menschen drängen sich am Ende an Bord: Wehrmachtsangehörige, Marinehelferinnen und Marinesoldaten sowie Tausende von Zivilisten, etwa die Hälfte von ihnen sind Kinder. Das Schiff legt in Gotenhafen ab, bis wohin vielen die Flucht bereits gelungen war.

Drei sowjetische Torpedos durchschlagen in der beginnenden Nacht die Schiffswände … Die meisten an Bord werden mit in die Tiefe gerissen. Lediglich 1252 Menschen können durch andere Schiffe gerettet werden – aus Beibooten, von Flößen und aus dem eisigen Wasser. Etwa 9000 Menschen ertrinken in einer einzigen Nacht.

Trotz dieser furchtbaren Nachricht, die rasch zu den verzweifelt Wartenden in die östlichen Häfen dringt, strömen weiterhin Zehntausende auf Schiffe, um auf dem Seeweg ins scheinbar sichere Kernreich zu gelangen. Furcht können sie sich nicht leisten – es gibt keinen anderen Weg mehr.

Doch es bleibt nicht bei dieser einen Schiffskatastrophe: Zehn Tage darauf, am 9. Februar 1945, läuft von Pillau der Dampfer „General Steuben" aus, mit rund 4000 Flüchtlingen und verwundeten Soldaten. Kurz nach Mitternacht durchschlagen auch hier zwei Torpedos den Schiffsrumpf; sie wurden vom selben U-Boot abgefeuert wie die Torpedos auf die „Gustloff". Nur 600 Menschen überleben diese Katastrophe.

Die Eingeschlossenen von Königsberg, darunter viele Trecks, schwanken nun umso mehr zwischen Hoffen und Bangen. Doch auch ihre Lage hier ist höchst dramatisch. Aufrufe an die Bevölkerung geben bekannt, was zu tun ist, falls es zu Panzerdurchbrüchen der Roten Armee kommt. Als einzig aussichtsreiches Fluchtziel wird nach wie vor Pillau genannt, mit seinem Hafen, in dem die Kriegsmarine Schiffe bereitstellt, um die Zivilbevölkerung aus Ostpreußen herauszuholen. So drängen sich auch im Februar und März 1945 in Pillau noch Menschenmassen – sie haben meist lange Märsche hinter sich – zu Fuß, mit Rädern und Wagen, Frauen mit Kinderwagen, dazu erneut

Kolonnen von Wehrmachtstruppen. Und zum Nachrücken stauen sich auch im Königsberger Hafen noch Tausende von Menschen.

Insgesamt werden knapp zweieinhalb Millionen über die Ostsee gerettet werden können – mit Schiffen jeglicher Bauart.

Und doch gibt es noch eine dritte große Schiffskatastrophe: Am 16. April 1945 – die Rote Armee kämpft sich da bereits zum Zentrum Berlins vor – nimmt von der Halbinsel Hela in der Danziger Bucht aus der mit mehr als 7000 Menschen erneut völlig überfüllte Frachter „Goya" seine Fahrt auf. Kurz vor Mitternacht zerreißen zwei sowjetische Torpedos die Schiffswände des Frachters so unglücklich, dass er schon sieben Minuten später zu sinken beginnt. Dieses Grausen überleben gar nur 177 der Passagiere …

Am 28. Januar 1945, während Tausende verzweifelter Zivilisten es nicht schaffen, in Pillau einen Platz auf einem der Rettungsschiffe zu ergattern, besteigt einer der Hauptverantwortlichen für diese Tragödie – Erich Koch, der Gauleiter von Ostpreußen – ein Schiff. Nachdem er die Königsberger Bevölkerung noch am Tag zuvor mit scharfen Durchhalteparolen beschallen ließ, setzen er und seine Parteifunktionäre sich schon einen Tag später heimlich ab. Koch reist in einem eigens für ihn bereitgestellten kleinen Eisbrecher, im Gepäck verschiedene Maskeraden für eine neue Identität. Die Einwohner von Königsberg haben keinen deus ex machina, der ihnen in die Lüfte hilft; um sie schließt sich unerbittlich der militärische Ring.

Das Schiffe-Versenken ohne Rücksicht auf Frauen und Kinder ist die eine, die russische Seite. Doch auch auf deutscher Seite wird hemmungslos weitergemordet:

So treibt die SS nur eine Woche nach Beginn des großen sowjetischen Winterangriffs ihre jüdischen Arbeitssklaven aus fünf ostpreußischen KZ-Außenlagern in panischer Hast nach Königsberg. Es handelt sich bei den etwa 7000 Menschen in der Mehrheit um Frauen aus den jüdischen Ghettos von Lodz und Krakau, aus Ungarn und Litauen. Auch Männer aus Litauen sind dabei.

Kaum bekleidet und völlig ausgehungert erreichen ihre Kolonnen bei eisiger Kälte die Stadt, die ersten Tausend treffen am 23. Januar ein. Hoffnung flüstert sich durch die Reihen, von der Roten Armee bald gerettet zu werden. Was sie nicht wissen können: Zur selben Zeit befreit die Rote Armee unweit von Krakau, das etlichen der Frauen Heimatstadt ist, das Vernichtungslager Auschwitz.

Königsberg liegt in Schutt und Asche. Und keineswegs geplant ist ein längerer Aufenthalt der jüdischen Häftlinge. Geplant ist ihr Tod. Sie werden zunächst in Königsberg zusammengezogen und dort kurzfristig verteilt – auf eine leere Kaserne, auf eine nicht mehr produzierende Bindfadenfabrik. Und eine Kolonne kommt in einer stillgelegten Waggonfabrik unter – nicht weit entfernt von jenem Nordbahnhof, von dem aus im Juni 1942 bereits 465 jüdische Kinder, Frauen und Männer in Richtung Minsk deportiert und dort ermordet wurden.

Den jüdischen Häftlingen vom Januar 1945 steht ein ähnliches Schicksal bevor: Die schwer misshandelten und bis aufs Skelett abgemagerten Zeugen des nationalsozialistischen Terrors sollen verschwinden, so schnell wie möglich. Dafür hat sich – so viel Zeit muss sein, bevor man sich selbst in Sicherheit bringt – die Gestapoleitstelle Königsberg unter SS-Sturmbannführer Gornig einen teuflischen Plan ausgedacht: Im Ostseeort Palmnicken, etwa fünfzig Kilometer entfernt, will man sie in den alten Stollen eines Bernsteinwerkes treiben ... und dann dessen Eingang von außen vermauern.

Am 27. Januar 1945 setzt russisches Artilleriefeuer auf Königsberg ein und löst eine Fluchtwelle von Einwohnern Richtung Pillau aus – dem einzigen Weg zum Meer, der noch nicht gekappt ist. In diese Richtung müssen am Tag zuvor auch die jetzt noch lebenden etwa 5000 jüdischen Häftlinge ausrücken – ihrer Bestimmung entgegen, von der sie nichts ahnen. SS-Bewacher haben ihnen erzählt, auch sie kämen nach Pillau, um dort über die Ostsee evakuiert zu werden. In Wahrheit werden sie auf einen Todesmarsch geschickt. Kaum aus der Stadt, geht es denn auch Richtung Nordwest statt nach Pillau.

Ein „langer Zug elender Gestalten lief da, in Lumpen gehüllt“, wird ein Luftwaffenhelfer später rekapitulieren.

Die Todgeweihten schleppen sich durch das Samland, flankiert von etwa 150 Angehörigen der „Organisation Todt“ aus dem okkupierten Sowjetbereich, unter der Aufsicht von SS-Obersturmbannführer Weber und einer größeren Abteilung von SS-Angehörigen.

Wer das Lauftempo nicht hält, wird mit der Maschinenpistole niedergestreckt. Doch gilt der Vernichtungswahn zunächst den Schwächsten, so mündet er in der Nacht darauf in die erste Etappe des geplanten Massenmordes: „Es war ein ununterbrochenes Schießen aus Schnellfeuergewehren“, wird sich später ein damals dreizehnjähriger Junge aus einem Dorf im Samland erinnern. Auf einer Strecke von nur drei bis vier Kilometern, die er mit seinem Vater in einem Sanitätskraftwagen die Hauptstraße entlangfährt, liegen dort am Morgen des 27. Januar etwa 300, 400 Tote.

Wie viele der nie gezählten Toten sind es tatsächlich auf dieser winterlichen Landstraße im Samland? Ein damals Zehnjähriger aus dem Dorf Sorgenau wird sechzig Jahre später schildern, wie er mit seinem Bruder – gelähmt vor Entsetzen – auf zwei große, von Pferden gezogene Leiterwagen schaute, „wie sie eigentlich nur zur Erntezeit Verwendung finden. Sie waren voll beladen mit steif gefrorenen Leichen. Hoch aufgeschichtete Leichen, wie Brennholz aufgeschichtete Leichen. Tote, deren Beine am Ende des Wagens hinausragten. Blutige, zertrümmerte Schädel …", Grauenhaft starren ihn und seinen Bruder die damals ostpreußischen Kinder, die Toten durch die Leitersprossen an. Nie hätten sich die beiden Jungen aus Sorgenau vorstellen können, dass diese winterstarren Skelette noch vor wenigen Jahren junge, schöne Frauen waren …

Tausende werden am Ende dieser Mordorgie auf Samlands Landstraßen liegen – in Palmnicken kommen nach Zeugenaussagen noch etwa 3000 jüdische Frauen und Mädchen an, männliche Häftlinge sind kaum noch unter ihnen. Erschossen wurde, wer nicht mehr laufen konnte, weil ihm die nackten Füße in den Holzschuhen erfroren sind. Erschossen wurde, wer sich bückte, um seinen Durst mit Schnee zu löschen. Erschossen wurde zwischenrein aus „Jux und Dollerei". Das Gros der mordenden Bewacher waren dabei Litauer, die sich freiwillig zur SS gemeldet hatten.

Beim Einmauern der noch lebenden, aber schon halb erfrorenen Häftlingsfrauen und -mädchen, die Palmnicken erreicht haben, stößt die SS auf unerwarteten Widerstand: Zunächst gibt der aus dem Schlaf gerissene Direktor des Bergwerks den Stollen mit der Begründung nicht frei, die Wasserversorgung des Ortes werde aus der Schachtanlage beschickt. Im Gegenteil lässt er nun das Fabriktor öffnen, um die schwer erschöpften Häftlinge in einer Montagehalle unterzubringen.

Und dann geht der für die Werksqualität der Zeche verantwortliche Direktor Hans Feyerabend in die Geschichte ein, der 1945 zugleich Kommandeur des Palmnicker „Volkssturms“ ist. Er legt es auf eine gewagte Auseinandersetzung mit den SS-Offizieren an. Und macht ihnen klar, dass die Ermordung von Tausenden KZ-Häftlingen angesichts der nicht weit vor Palmnicken stehenden Roten Armee der helle Wahnsinn sei. Dass die Russen nach einem solchen Verbrechen voraussichtlich alle Einwohner Palmnickens liquidieren würden. Er nimmt die Sache jetzt selbst in die Hand, lässt wärmende Suppen für die Masse der Häftlinge kochen und umfangreiche Brotlaibe aus den Reserven des Palmnicker „Volkssturms“ verteilen. Mehrere Fuhren Stroh werden in die eisige Werkhalle gebracht.

Das couragierte Manöver geht nur drei Tage lang gut. Hans Feyerabend hatte den SS-Leuten entgegengehalten, solange er lebe, werde kein weiterer Jude umgebracht! Der NSDAP-Ortsgruppenleiter von Palmnicken, offenbar in Absprache mit den SS-Offizieren, lässt den Widerständler mit hundert seiner „Volkssturm“-Männer an die vorderste Front beordern. Am 30. Januar 1945 rückt das scheinbar angeforderte Kommando aus … und trifft auf eine ahnungslose Heereseinheit. Hans Feyerabend wird sich bewusst, in eine Falle getappt zu sein und das Massaker an den jüdischen Häftlingen damit nicht mehr verhindern zu können. Er erschießt sich.

Für die geschundenen Mädchen und Frauen aus Polen und Ungarn gibt es nun keine Rettung mehr: Skrupellos wird ein Dutzend Hitlerjungen bewaffnet und mit Schnaps abgefüllt. Zusammen mit drei SS-Männern geht es dann hinüber zur Werkhalle der Zeche. Andere Trupps von Hitlerjungen schickt man auf Menschenjagd, um Geflohene aufzuspüren – wobei sie selbst entscheiden können, ob sie ihre Beute ad hoc umbringen oder sie bei der SS abliefern.

Ein halbes Hundert Entwichene hat man bereits aufgegriffen. Sie werden mit Hilfe der Hitlerjungen hinter einem Gebäude erschossen.

Für die anderen geht es mit einer erneuten Pillau-Rettungslüge hinunter zum Strand und dort Richtung Süden. Während in der langen, sich schleppenden Kolonne erneut leise Hoffnung aufkeimt, trennt die Wachmannschaft nun die hintersten fünfzig Häftlingsfrauen ab: Sie müssen sich aufs Eis legen und werden umstandslos erschossen. Danach trennt man die nächsten fünfzig von hinten ab. Und so weiter …

Am Strand von Palmnicken schießt die SS in dieser Nacht zum 1. Februar 1945 noch Tausende wehrloser Menschen nieder. Nachdem sie ihr blutiges Handwerk erledigt haben, setzen sich die Mörder gegen Morgen ab.

Nicht alle der Opfer sind auf der Stelle tot – viele sind verwundet, etliche ohnmächtig; sie rutschen still zwischen die Eisschollen und ertrinken. Andere vermögen sich noch aus dem Wasser zu schleppen und sterben qualvoll am Strand. Oder sie erfrieren.

Es ist der letzte Massenmord der Nationalsozialisten an europäischen Juden. Vertuschen lässt er sich nicht mehr – noch Wochen später spült das Meer Leichen am Strand von Palmnicken an.

Und, kaum vorstellbar: Nach diesem Massaker gibt es am Strand von Palmnicken noch Überlebende! Erschöpfte Frauen und Mädchen, viele von ihnen verletzt, schleppen sich in die Dünen, in die Wälder, und etliche flehen um Hilfe in umliegenden Bauernhäusern.

Am nahen Kriegsende werden von diesen nur noch weniger als zwanzig am Leben sein. Wie sind die vielen anderen zu Tode gekommen? Schlossen sich vor ihnen erbarmungslos die Türen? Blieben sie mit ihren dünnen Häftlingskitteln unweit der Häuser im Schnee liegen? Wie viele wurden in dieser letzten Sekunde gar noch denunziert und damit der SS oder strammen NSDAP-Genossen preisgegeben, vielleicht fanatischen Hitlerjungen?

Zwölf Jahre totalitärer Herrenmenschen-Propaganda haben offenbar genügt, die Volksgemeinschaft darauf zu trimmen, notfalls selbst Hand anzulegen, wenn es gilt, „unwertes Leben auszumerzen".

Im zerstörten Königsberg harren im Januar und Februar 1945 noch etwa 130 000 Menschen aus, ein gutes Drittel der früheren Einwohner. Die Lage der Stadt scheint aussichtslos: Einerseits steht das zur Festung erklärte Zentrum Ostpreußens unter starkem Trommelfeuer, beschießen russische Kampfflieger aus geringer Höhe Straßen und Plätze. Andererseits sind Bäume und Häuserwände mit Plakaten übersät, die unter der Überschrift „Hass und Rache!" die Bevölkerung auffordern, den Russen den Garaus zu machen.

Der sechzehnjährige Michael Wieck fürchtet, dass ihm und seiner jüdischen Mutter der Garaus gemacht wird, wenn die Russen sie nicht bald befreien.

Doch obwohl Michael Wieck die Niederlage des Hitler-Reiches herbeisehnt – allein die Kapitulation Hitlers kann dem jüdischen Jungen und seiner Familie doch noch das Überleben sichern –, erfüllte im Herbst 1944 Trauer um die Zerstörung Königsbergs und das damit einhergehende Leid der Menschen auch ihn und seine Eltern. Wie fast alle Bewohner der noch lange brennenden Stadt spürten die Wiecks, dass mit dieser Katastrophe das Ende der fast 700-jährigen Geschichte Königsbergs nahte.

Und ist ihre Befreiung überhaupt in Sicht? Was, wenn sie doch noch ein Fanatiker entdeckt? Noch immer haben sie ja den verhängnisvollen Judenstern zu tragen! Und was, wenn sie einem russischen Tieffliegerangriff zum Opfer fallen? Täglich müssen Michael und seine Mutter in die Chemiefabrik, fast am anderen Ende der Stadt, um Waschpulver und „Kriegsseife" herzustellen, gemeinsam mit französischen Kriegsgefangenen und verschleppten Zivilisten aus Osteuropa. Menschen mit einem „gelben Stern" gibt es außer ihnen offenbar nur noch ganz wenige in der Stadt.

Doch auch von anderer Seite scheint das Überleben in Gefahr, so erinnert sich Michael:

„Wir hatten inzwischen kaum noch etwas zu essen. Die Lebensmittel, die mein ‚arischer' Vater für seine Lebensmittelkarten bekam, mussten längst auf drei Personen verteilt werden. Wir hatten nur noch Hunger und waren inzwischen sehr abgemagert.

Im Januar 1945 war ich bereits richtig krank. Ein uns bekannter Arzt untersuchte mich und äußerte sich besorgt über meinen Allgemeinzustand: unterernährt, Lunge und Herz waren angegriffen. Es ging mir elend, trotzdem musste ich mich jeden Tag in die Fabrik schleppen.

Auf dem Weg dorthin sah ich immer mehr Flüchtlinge aus jenen Gebieten Ostpreußens, in die nun rasant die Russen vorrückten. Es war ein chaotisches Durcheinander, und es rumorte in allen Himmelsrichtungen. Seit Ende Januar 1945 war Königsberg ja eingeschlossen. Alarm gab es nun nicht mehr, russische Flugzeuge flogen ungehindert Tag und Nacht über die Stadt hinweg. Die Angst unter der Bevölkerung wuchs. Die Panzersperren würden im Ernstfall nichts bewirken, die lächerlichen Gräben vor der Stadt, die Einmann-Bunker ...

Wir alle bezogen jetzt Dauerquartier im Keller, obwohl man sich noch viel in der Wohnung aufhielt. Doch die russische Artillerie beschoss Königsberg in unregelmäßigen Abständen, überall konnten unerwartet Granaten einschlagen ..."

Auch im Februar und März 1945 kreisen russische Tiefflieger über den Häusern, von keiner deutschen Flugabwehr mehr behindert. Sie machen Jagd auf alles, was sich bewegt. Es ist zu einem lebensgefährlichen Unterfangen für Michael und seine Mutter geworden, sich jetzt noch täglich zur Fabrik aufzumachen:

„Bevor man die Straße betrat, suchte man eine dreißig bis fünfzig Meter entfernte Deckungsmöglichkeit – einen Hauseingang, einen Torbogen oder eine steinerne Mauer. Dann horchte man, ob Flugzeuge zu hören waren. War alles ruhig, bewegte man sich so schnell wie möglich vorwärts. Erreichte man die Deckung, konnte man erst mal verschnaufen.

Da die Flugzeuge sehr niedrig flogen, hatten wir, sobald man sie sah oder hörte, nur noch wenige Sekunden Zeit, um die nächste Deckung zu erreichen. An solchen Tagen war der Weg zur Fabrik unendlich lang ..."

Eines Tages, Michael und seine Mutter haben sich mit den Fahrrädern auf den Weg gemacht, sehen sie ein Flugzeug direkt auf sich zufliegen:

„Es begann bereits zu schießen, als wir noch den nächsten Hauseingang erreichten. Wir hatten es gerade so geschafft. Kurze Zeit später begegneten wir einem Pferdewagen, der von zwei Wehrmachtssoldaten kutschiert wurde. Die beiden sprangen plötzlich von ihrem Wagen und stürzten auf einen Hauseingang zu. Mutter und ich hatten noch kein Motorengeräusch eines Flugzeugs gehört – trauten aber den beiden Soldaten und eilten schnell zum selben Eingang. Während wir die Deckung erreichten, sahen wir zwei Maschinen ... Und einen kurzen Moment später krachte es auch schon fürchterlich. Völlig betäubt waren wir alle, und ich hörte, wie einer der beiden – der ganz irritiert auf unsere Judensterne guckte – zum anderen sagte: ‚Ernst, unser Mist ist im Eimer ...'

Draußen sahen wir dann die Trümmer des Pferdewagens. Geborstene Kisten mit Maschinenstücken zwischen zerbrochenen Rädern und Wagenteilen. Ein Pferd lag völlig zerfetzt am Boden, bewegte aber noch seine Gliedmaßen nach allen Richtungen. Sehr betroffen schoss einer der Soldaten in die Stirn der armen Kreatur. Sofort streckte es die Beine weit von sich, und man hatte den Eindruck, nun habe es völligen Frieden gefunden.

Mich beeindruckte dieser Vorgang tief, und ich stellte mir

vor, wie es wäre, wenn alles urplötzlich zu einem Ende käme, ohne langes Leiden und quälenden Übergang …“

Sie sind da

1945

Der Großangriff auf Königsberg wird von den Sowjets über Wochen vorbereitet, er soll am 6. April 1945 erfolgen. Die gesamte 3. Weißrussische Front unter Marschall Wassilewski wird dafür um die Stadt zusammengezogen, ergänzt durch zwei Luftflotten. Seit dem 16. März existiert eine etwa anderthalb Quadratmeter große Generalstabskarte der Festung Königsberg und ihres Umfeldes – erstellt auf Basis ständiger Luftaufnahmen sowjetischer Aufklärer. Auf ihr sind alle Namen von Orten und kleinsten Häusergruppen in russischer Schrift eingezeichnet, dazu alle deutschen Befestigungen, Schützengräben, alle deutschen Maschinengewehrstellungen …

Was dem auf Wehrmachtsseite noch gegenübersteht, daran wird sich später der Königsberger Festungskommandant General Lasch erinnern:

„Das Verhältnis der eigenen und der gegnerischen Kampfkraft war besonders hinsichtlich der Luftstreitkräfte grotesk. Etwa ein Drittel der gesamten russischen Luftflotte war unter dem Befehl des Luftmarschalls zusammengezogen worden, und diesem Aufgebot stand nicht mehr ein einziges deutsches Kampfflugzeug gegenüber. Die eigene Flak litt an Munitionsmangel und musste sich notgedrungen auf den Erdkampf einstellen. Besonders krass war auch die artilleristische Überlegenheit des Gegners, vor allem was die Munitions-Ausstattung betraf, die bei uns nur für einen einzigen Großkampftag ausreichte ...

Den insgesamt etwa dreißig russischen Schützen-Divisionen standen nur vier neu aufgefüllte eigene Divisionen und der Volkssturm gegenüber, sodass auf etwa 250 000 Angreifer nur rund 35 000 Verteidiger kamen ..."

Was hier an schützendem Militär fehlt, wird kurz darauf die Zivilbevölkerung aushalten müssen.

Doch während den Königsberger Bewohnern die furchtbarsten Momente noch bevorstehen, ist das Samland bereits von der 3. Panzerarmee überrollt.

Seine Bewohner, darunter die nunmehr fünfjährige Brigitte Possienke mit ihren beiden Schwestern und der Mutter, sind in der Hand der Sowjets. Zunächst hatten sich Soldaten in ihrem Haus einquartiert. Nun aber sehen sie sich eingereiht in einen langen Zug von Frauen, Kindern und alten Leuten, die aus den Dörfern der Umgebung zusammengetrieben wurden. So wie Mutter Possienke mit ihren drei kleinen Mädchen Brigitte, Irmgard und Edith.

Was haben die Russen mit ihnen vor? Der lange Zug wird gen Osten geführt – im Zickzack-Kurs, und noch immer ist es draußen sehr kalt. Unentwegt brüllen die Soldaten „Dalsche, dalsche!" und „Dawai, dawai!". Vor allem die alten Leute schaffen das Tempo nicht. Wer nicht mehr kann und sich am Straßenrand niedersetzt, wird erschossen oder kippt von selbst erschöpft zur Seite weg.

Über Nacht werden die Menschen in Scheunen und Ställe gesperrt. Und hier gehen die allnächtlichen Vergewaltigungen los. Eine besondere Aufteilung beim Schlafen soll gegen die sexuellen Übergriffe der russischen Soldaten schützen: Die größeren Mädchen und Frauen lagern im Hintergrund, vorn am Scheunentor dagegen wird ein Schutzwall aus Kindern errichtet. An diese Nächte hat Brigitte traumatische Erinnerungen: Irgendwann wurden die Scheunentore aufgerissen, die schreienden Kinder sahen bedrohliche Männerstiefel über sich. Auch nützte es nichts – die Frauen wurden von hinten nach draußen gezerrt.

Und die Fünfjährige leidet auch unter der Kälte, die vorn am Scheunentor herrscht:

„Hinten war es viel wärmer. Ich verstand gar nicht, warum ich mit meinen Schwestern ganz vorn liegen musste, wo durch das Scheunentor die Kälte reinzog. Ich wollte immer nach hinten, doch es hieß: ‚Nein, nein, ihr Kinder müsst euch vorn hinlegen ...'

Manchmal haben sich die Soldaten von uns kleinen schreienden Kindern abschrecken lassen, meistens aber nicht ..."

Während Brigittes Vater irgendwo im ostpreußischen „Volkssturm" steckt, werden seine Frau und Kinder mit einem großen Zug samländischer Zivilisten kreuz und quer getrieben. Gelaufen wird den ganzen Tag über, die Grundrichtung bleibt Osten. Und Brigitte erinnert sich, dass sie nicht weit entfernt von Königsberg an der Festungsstadt vorbeiliefen.

Nicht immer erwartet sie abends ein Stall oder eine Scheune, manchmal übernachten sie im Wald, auch bei Kälte, Regen und Schnee:

„Wenn es regnete, spannten unsere Mütter eine Decke oben zwischen die Äste und legten unten, auf den Boden, eine Decke. Dort kamen wir Kinder drauf.

Irgendwie fand ich das toll, da draußen im Wald zu übernachten, trotz der Kälte. Ich presste mich an eine meiner Schwestern, wenn es regnete oder schneite, die Decke war ja über uns alle gebreitet. Und außerdem gab es Lagerfeuer, das war spannend, da hineinzuschauen."

Tagsüber versuchen die Frauen, irgendetwas Essbares zu organisieren, damit ihre Kinder wenigstens einmal am Tag was in den Magen bekommen.

Auch die Familie des zwölfjährigen Günter Kropp aus dem Kreis Stallupönen wird von der Roten Armee eingeholt. Dabei hatte sie es bereits über das Frische Haff und bis nach Danzig geschafft:

„Als wir in Danzig ankamen, muss es schon März gewesen sein – jedenfalls stand die Sonne bedeutend weiter oben als beim Aufbruch aus unserem Heimatdorf. Es war schon ein bisschen warm. Wir wollten eigentlich nach Berlin weiter, weil wir auch dort Verwandte hatten. Doch in Danzig entschieden wir uns, erst mal dazubleiben und zu sehen, ob der Russe bis hierher vorrückt. Wir sagten uns: ‚Wenn der Russe es bis Danzig schafft, dann kommt er auch bis Berlin.' Natürlich waren wir auch voller Hoffnung und wollten deshalb nicht so weit wegfahren von unserem Zuhause, das an der litauischen Grenze lag.

Wir blieben also in Danzig. Wir kamen bei entfernten Verwandten unter – meine Mutter, mein Bruder, meine Großmutter, meine Tante und ich. Wir hatten Gott sei Dank noch genügend Lebensmittelvorräte, es gab ja nichts zu essen, nichts zu kaufen.

Und dann kam tatsächlich die Front. Wir flüchteten alle in einen Bunker. Und hatten Angst.

Zuerst kamen zwei deutsche Soldaten in den Bunker, die waren leicht verwundet. Es waren ganz junge Männer. Die sagten immer nur hilflos: ‚Was soll'n wir denn nun machen, was soll'n wir denn nun machen?' Und ein paar Leute meinten: ‚Na, Jungs – nischt wie weg! Wenn die Russen euch hier finden, dann bringen sie uns alle um. Macht mal, dass ihr wegkommt!'

Das war natürlich nicht gerade ein Trost für die beiden Soldaten, die flogen ja quasi raus aus dem Bunker."

Dass die Rote Armee sie in Danzig eingeholt hat, bemerken die Flüchtlinge im Bunker daran, dass ringsum plötzlich ein paar Schuppen brennen:

„Und dann rief jemand: ‚Unser Bunker brennt auch!' Ich ging raus und sah das Feuer noch nicht. Der Bunker ist dann allerdings tatsächlich abgebrannt.

Wir versuchten, uns nun davonzuschleichen. Tante und Großmutter gingen vor – Mutter, mein kleiner Bruder und ich hinterher. Und weil es dunkel war, stolperte ich und blieb mit einem Bein in einer Schlinge hängen. Ich schrie auf. ‚Um Gottes willen, sei still – die hören uns doch!', flüsterte meine Mutter. Sie ließ meinen Bruder stehen, eilte zu mir und befreite meinen Fuß aus der Schlinge.

Zwei-, dreihundert Meter weiter war das Haus, in dessen Keller sich der Rest unserer Familie aufhielt, darunter die Danziger Verwandten. Bis dorthin schafften wir es.

Und nun kamen sie, die Russen. Sie durchkämmten Bunker und Häuser nach Soldaten. Mein Onkel Willy war mit uns, ein Danziger Verwandter. Er war eigentlich Rangierer bei der Bahn, ihm war aber bei einem Betriebsunfall ein Bein abgefahren worden. Er hatte also ein Holzbein und wurde dadurch nicht im Krieg eingezogen. Die Russen nahmen ihn aber trotzdem mit, weil er im wehrfähigen Alter war und eine lange Lederjacke trug. Wir waren entsetzt.

Meine Tante sagte: ‚Günter – geh doch mal hinterher, um zu sehen, was sie mit Onkel Willy machen!'

Wenn ich einen Befehl gekriegt habe, dann habe ich den auch ausgeführt. Ich bin also hinterher und stellte mich hinter Onkel Willy, um zu gucken, was sie mit ihm machen.

Sie nahmen seine Brieftasche aus der Jacke, darin war ein anderthalb Streichholz langer Packen Geld: Onkel Willy hatte nämlich kein Vertrauen zur Bank und trug das Geld immer mit sich.

Der russische Offizier zerriss das Geld und schmiss es auf die Erde. Mein Onkel rief empört: ‚Ich bin Kommunist gewesen, schon seit den Zwanzigerjahren!' Und der Offizier antwortete: ‚Du Kommunist? Du Scheißkommunist! Gute Kommunisten sind alle tot!' Dann zerriss er noch den Ausweis meines Onkels mit den Worten: ‚Du viel Geld, du Kapitalist! Und du Soldat!'

Nein, es sah nicht gut aus für meinen Onkel. Er klopfte an sein Holzbein, um zu zeigen, dass er nicht wehrtauglich sei.

Nun sollte er die Lederjacke ausziehen, das hat er auch nicht freiwillig gemacht. Ein russischer Soldat zog sich die Lederjacke an. Dann traten sie ihm so in die Seite, dass er die Treppe runtergeflogen ist, das Holzbein machte klack, klack, klack ...

Er lag unten, und ich wusste nicht, ob er noch lebte. Die

Russen zogen ab, und mein Onkel Willy war Gott sei Dank noch am Leben.

Kurz danach entging meine Mutter nur knapp einer Vergewaltigung: Zwei russische Soldaten kamen in den Raum. Einer nahm meinen kleinen Bruder auf den Arm und zeigte mit der Hand, dass er auch Kinder habe. Der andere wollte meine Mutter schnappen, da hat sich aber sofort meine Großmutter dazugestellt und etwas auf Polnisch gesagt – das wirkte! Der Russe hat tatsächlich von ihr abgelassen. Meine Mutter nahm dann meinen Bruder wieder auf ihren Arm.

Von da an hat meine Mutter ihn, wenn wieder russische Soldaten auftauchten, unauffällig gekniffen, damit er schreit. Das Kinderschreien hat bei den Russen Mitleid ausgelöst, da haben sie davon abgesehen, meine Mutter wegzuzerren. Mein kleiner Bruder hat mir leidgetan, der wusste ja gar nicht, wie ihm geschieht. Das war aber eine wirksame Maßnahme. Und später konnte er sich nicht mehr daran erinnern ...

Eine Weile haben die Flüchtlinge im Keller Ruhe. Das ändert sich gegen Ostern, als wieder russische Soldaten auftauchen. Und nun müssen alle Deutschen raus auf die Straße:

„Wir wurden in die Stadt Danzig hineingeführt, unter reichlicher Bewachung. Ich war, wie gesagt, zwölf Jahre alt, aber verhältnismäßig groß und hatte von meinem Onkel, der 1936 verunglückt war, noch 'ne Militärhose an. So. Und an der Weichselbrücke, wo es nach Danzig reinging, wurde ich plötzlich festgehalten.

Mutter hatte das nicht mitgekriegt und war schon ein

paar Schritte weitergegangen mit meinem kleinen Bruder. Ich rief nach ihr! Sie kam eilig zurück, wurde aber von einem russischen Soldaten festgehalten, damit sie nicht nach meiner Hand fassen konnte. Ich wurde zu unserem Entsetzen abgeführt! Ich habe ‚Mutter!' gebrüllt und dann, während sie mich abführten, geschrien wie am Spieß. Die trennten mich ja von meiner Familie!"

Günter Kropp wird in eine Fabrik gebracht, in einen Speicher, in dem sich viele polnische und deutsche Männer befinden. Durch eine Luke kann man das brennende Danzig sehen. Doch der Junge schaut nicht hinaus:

„Ich war völlig verzweifelt und schrie weiter, ich kriegte kaum noch Luft. Ich war bisher noch nie von meiner Mutter getrennt gewesen …

Und auf einmal sagte eine Stimme: ‚Na, Günter – was schreist du denn so?' Es war Viktor – der polnische Kriegsgefangene von dem Gehöft in Rositten, wo wir während der Flucht ein paar Wochen lang einquartiert waren. Viktor hatte uns bis nach Danzig begleitet. Der war also auch von den Russen mitgenommen worden. Es war stockdunkel in dem Speicher – die Männer auf dem Boden rückten jetzt ein bisschen zur Seite, damit ich mich zu Viktor setzen konnte. Nun beruhigte ich mich allmählich …

Ich denke, wir waren da in der Dunkelheit des Speichers ungefähr fünfzig Leute, vorwiegend Deutsche, aber auch ein paar polnische Kriegsgefangene darunter. Ich hatte noch einen Beutel mit einem Stück Speck bei mir, etwa 40 Zentimeter lang und 25 Zentimeter breit, und mindestens eine Streichholzlänge dick. Das war eingepackt in Papier und Leinen. Ich fragte Viktor nach einem Messer. Er hatte keines, aber einer der mit uns gefangenen Männer besaß eines. Ich schnitt das Stück im Dunklen in zwei möglichst gleiche Teile und gab ihm eines. Viktor verstand gar nicht, warum. Ich sagte leise: ‚Viktor – wenn die mich kontrollieren und dabei den Speck finden, dann nehmen sie ihn mir weg. Ob du kontrolliert wirst, weiß ich nicht. Aber so sind unsere Chancen, dass wir etwas vom Speck retten können, größer.' Das leuchtete ihm ein."

Nachts brennt plötzlich auch das Speichergebäude. Die Gefangenen müssen es verlassen und werden in ein anderes Gebäude gesteckt, in einen kleineren Raum:

„Da war nun so wenig Platz, dass wir Deutschen stehen mussten. Die Ausländer durften sich auf die Erde setzen oder knien, da wurde jetzt doch schon ein Unterschied gemacht. Sie wollten, dass ich in ihre Mitte komme, ich war das einzige Kind dort. Doch einige Deutsche sagten: ‚Du setzt dich nicht hin, du musst auch stehen, so wie wir!' Aber die Polen haben mich in ihre Mitte genommen, so konnte ich sitzen.

Mitten in der Nacht musste ich mal auf die Toilette. Die Polen haben das den russischen Bewachern übersetzt – ich durfte aber nicht, weil es draußen dunkel war und ihrer Meinung nach damit Fluchtgefahr bestand. Am Morgen durften alle gehen, die mal mussten. Ich traute mich aber nicht mehr, ich hatte Angst, und Viktor musste mich überreden, ganz tapfer zu sein. Er meinte, es würde mir schon nichts passieren. Er sagte den Bewachern, ich sei erst zwölf Jahre alt.

Als mich der Posten vom Klo zurückbrachte, sah ich im Vorbeigehen, wie der eine Bewacher sich wusch: Er trank

Wasser aus einer Zwei-Liter-Kanne, ließ das Wasser eine Weile in seinem Mund und wusch sich dann mit dem warmen Wasser aus seinem Mund. Ich glaube, das war ein alter Militärtrick. Ich kam wieder in den Raum zu den anderen und war erleichtert.

Nach einer Weile gab es eine Suppe aus Nudeln und Gräupchen, aber zuerst nur für die Ausländer. Im Suppeneimer konnte man sehen, dass das Fett etwa zwei Streichholzlängen dick auf der Suppe schwamm, das war wirklich eine kräftige Suppe. Die Ausländer haben losgegessen, und ich kriegte als einziger Deutscher auch schon was ab, ich saß ja zwischen ihnen.

Die deutschen Männer protestierten, einer rief, er habe schon drei Tage lang nichts gegessen. Irgendwie verkehrte sich gerade das bisherige Verhältnis ‚Herr und Knecht'. Und die Ausländer – die meisten waren wohl Polen – sagten: ‚Wenn ihr nicht Ruhe gebt, dann kriegt ihr überhaupt nichts!', und aßen weiter.

Es herrschte also dicke Luft. Die Deutschen haben mir aber auch leidgetan: Wenn mein Löffel in den Eimer fuhr und von dort zum Mund, dann gingen ihre Augen immer mit. Ich habe mich daraufhin nicht mehr getraut, weiterzuessen. Viktor fragte: ‚Na, bist du schon satt?' Und ich sagte: ‚Ja, ich kriege wirklich nichts mehr rein!'

Viel war nun nicht mehr im Eimer: Um diesen Rest haben sich die Deutschen dann fast geschlagen vor Hunger, die haben gefressen wie die Schweine. Hunger kann den Menschen wirklich verändern ..."

Kurz darauf werden die Ausländer von einem Posten abgeholt, nacheinander. Viktor, der Vertraute des Jungen aus Stallupönen, ist der Letzte von ihnen:

„Zum Abschied umarmte er mich: ‚Günter, ich werde den Offizieren Bescheid sagen, dass du erst zwölf Jahre alt bist. Ob wir uns noch mal sehen, weiß ich nicht. Ich weiß ja nicht, was jetzt mit uns passiert …‘

Als die Ausländer nun alle weg waren und auch kein Russe im Raum, sagte einer zu seinem Nachbarn: ‚Hast du denn Ausländer gehabt?‘

‚Ja‘, sagte der, ‚ich habe Polen gehabt und Russen …‘

Und der Erste antwortete: ‚Da brauchste dir gar keine weiteren Gedanken mehr zu machen, da werden se dich gleich umlegen!‘

Das Thema kam nun auf die Gräueltaten, die von den Russen bereits im Ersten Weltkrieg bekannt geworden waren. Von massakrierten Kindern wurde berichtet und von Frauen, die sie mit der Zunge am Tisch festgenagelt hatten. Und dann malten sie aus, was die Russen mit uns machen würden. Das war für mich nun nicht gerade aufbauend, und ich fürchtete mich immer doller.

Irgendwann in der Nacht verlor einer die Nerven und brüllte: ‚Ich halte das hier nicht mehr aus, ich muss jetzt wissen, was los ist! Entweder erschießen sie mich oder nicht – ich muss jetzt hier raus!‘

Einige versuchten, ihn zu beruhigen, es wurde jedenfalls etwas lauter.

Ein Russe kam rein, der Deutsch konnte, und der sah mich und sagte: ‚Wieso ist denn der Junge noch hier – der sollte doch gleich mitkommen?‘

Er nahm mich mit in eine Baracke, da war ein Offizier, der stand hinter einem Tresen. Links hatte er eine Pistole liegen, und rechts lag ein Stock mit etlichen Peitschenstreifen. Wir nannten so etwas Siebenstriemer.

Der erste Satz, den der Offizier an mich richtete und den

der Dolmetscher mir sogleich übersetzte, war: ‚Wer lügt, wird erschossen!'

Dann fragte er, ob ich in der Hitler-Jugend war. Ich sagte: ‚Nein.' Nach dieser Antwort klatschte der Offizier mit dem Siebenstriemer auf den Tresen und rief ‚Du hast doch gelogen! Du weißt doch: Wer lügt, wird erschossen!'

Ich erzählte, dass ich am Anfang drin war. Dass ich dann irgendwann aber gar nicht mehr zum Dienst der Hitler-Jugend ging, weil ich die Übungen nicht so gut brachte und weil mir mal andere Pimpfe die Fahrradventile geklaut hatten, sodass ich mein Rad den weiten Weg nach Hause schieben musste ... Ich sollte dann noch zeigen, was ich in meinem Beutel hatte: das halbe Stück Speck und ein paar polnische Uniformknöpfe – keine Ahnung mehr, woher ich die hatte. Das durfte ich wieder einpacken. Und dann sagte der Offizier noch was, und der Dolmetscher übersetzte: ‚Du jetzt gehn, deine Mutter suchen!'

Ich bin dann los, die Weichsel entlang Richtung Stadtmitte. Plötzlich brüllt jemand ‚Stoi!', das war ein russischer Posten. Ich ging weiter, denn ich sollte ja meine Mutter suchen. Auf einmal knallte der Posten vor mir aufs Pflaster eine Salve aus seiner Maschinenpistole. Ich blieb erschrocken stehen und stammelte was von ‚Kommandant' und ‚Mutter suchen' ... Da hat er mich passieren lassen – obwohl ich nicht sicher bin, dass er mich verstanden hat.

An einer anderen Stelle war die Straße mächtig erhöht, damit Segelboote unten durch fahren können. Und ich nahm gerade die Steigung in Angriff, da stehen vor mir zwei russische Soldaten – ein weiblicher und ein männlicher. Ich habe wieder mein Verslein abgespult vom Kommandanten und Meine-Mutter-Suchen – das hat aber diesmal nicht geholfen, sie haben mich nicht durchgelassen.

Ein Geländewagen kam angefahren. Dadurch waren die beiden einen Moment abgelenkt – und ich bin sofort geflohen. Ich bin gerannt, aber immer nur von Pfeiler zu Pfeiler, um ihnen kein freies Schussfeld zu bieten.

Auf einmal fährt der Wagen los, hinter dem Auto wird geschossen – ich dachte: ‚Jetzt haben sie dich!' Der Jeep bremste und schaltete den Rückwärtsgang ein. Ich rannte weiter von Pfeiler zu Pfeiler und schaffte es tatsächlich, aus ihrem Blickfeld zu kommen ...

Nun lief ich in Danzig die Straßen ab: Wo sollte ich meine Mutter suchen?

Ich traf auf Leute, die an einer Ecke etwas abkochten. Es war so um die Mittagszeit.

Kurz zuvor, so erfuhr ich später, hatte meine Mutter zu meiner Großmutter gesagt: ‚Ich muss jetzt mal rausgehen und sehen, ob ich irgendwo Günter finde!'

Meine Großmutter versuchte, ihr das auszureden: ‚Nein, die Russen warten doch nur darauf, dass eine Frau auf die Straße tritt. Die werden dich vergewaltigen!' Meine Mutter ließ sich aber nicht davon abbringen: ‚Ich weiß nicht, was mit dem Jungen ist – ich kann doch nicht hier sitzen und nichts tun!' Sie hatte so ein Gefühl ...

‚Du wirst schon sehen, was du davon hast ...', versuchte meine Großmutter noch einmal, sie davon abzuhalten, aber vergeblich.

Ich wiederum ging auf die Gruppe zu und dachte noch: ‚Wie soll ich ihnen meine Mutter beschreiben?' Ich erinnerte mich gar nicht, was sie anhatte. Ich gehe also auf die Gruppe zu – und wen sehe ich da die Straße entlangkommen: meine Mutter! Und das in der großen Stadt Danzig. Nun sage mir noch mal einer, es gäbe keinen siebten Sinn ...

Nun hatte ich sie fast alle wieder – meine Mutter, meine Großmutter, meinen kleinen Bruder. Meinen Onkel Willy mit seinem Holzbein nicht, der befand sich nun in irgendeinem Lager. Und mein Vater – das wussten wir aber zu der Zeit noch nicht – war bereits in russischer Kriegsgefangenschaft …"

Zu den Kindern, die es noch rechtzeitig aus Ostpreußen herausgeschafft haben, gehört der zehnjährige Siegfried Matthus aus Mallenuppen, was nicht weit entfernt von Nemmersdorf liegt und auch nicht weit entfernt von Stallupönen. Siegfried hatte auf der Flucht seine schwangere Mutter mit den drei kleineren Geschwistern verloren und stand weinend auf der Straße – in der einen Hand sein Akkordeon, in der anderen das Saxophon seines Vaters – als er plötzlich seine Tante und die sterbenskranke Großmutter auf einem fremden Fuhrwerk erspähte. Quer ist er mit ihnen durch Ostpreußen durch, Richtung Westen geflohen, bis in die Gegend um Elbing. Dann, in dem unübersehbaren Flüchtlingsstau vor der Weichsel, schien nichts mehr zu gehen. Eine einzige Fähre war in Betrieb, und immer wieder schoben sich zwischen die verzweifelt wartenden Zivilisten Militärfahrzeuge und Verwundetentransporte der Wehrmacht, die beim Weitertransport Vorrang hatten. Genau dort war seiner Tante eine Idee gekommen: Gemeinsam mit Siegfried band sie ihre 84-jährige, nicht mehr gehfähige Mutter auf einer abgerissenen Planwagentür fest und hängte sie an einen pferdegezogenen Verwundeten-Transport … Auf diese Art hatten sie sich bis auf die Fähre geschleust. Es war wirklich die rettende Idee, denn kurz darauf wurde der riesige, sich vor der Weichsel stauende Menschenkessel von der Roten Armee überrollt.

In Danzig angekommen, nahm die sterbende Großmutter kein Flüchtlingsschiff mehr auf. Sie mussten sie ins Krankenhaus bringen, wo sie kurz darauf starb.

Im März 1945, während Brigitte Possienke mit Mutter und Schwestern von den Sowjets Richtung Osten getrieben wird, während Günter Kropp mit seiner Familie in Danzig von der Roten Armee eingeholt wird und die Kinder der Festungsstadt Königsberg noch angstvoll in ihren Kellern hocken, ist der kleine Akkordeonspieler Siegfried Matthus schon fast in Sicherheit:

„Wir sind zu Fuß weiter und waren bald schon ziemlich verdreckt und verlaust. Meine Instrumente hatte ich längst an irgendeinem Bahnübergang stehen lassen …

Wir schlossen uns an den riesigen Flüchtlingstreck Richtung Westen an. Es herrschten noch immer Angst und ein ziemliches Chaos. An den Straßenrändern lagen Tote, doch ich hatte eine Scheu, hinzuschauen, ich habe immer weggeguckt.

Neun weitere Wochen haben wir gebraucht, um Pommern zu durchqueren und über die Oder zu gelangen. Wir wollten nach Mecklenburg. Wir kamen schließlich irgendwo westlich von Schwerin an, sozusagen eine Tagesreise von Schleswig-Holstein entfernt.

Meine Tante strebte für uns eigentlich Berlin an, doch irgendwie blieben wir nun in einem Mecklenburger Dorf hängen – meine Tante, mein Onkel und ich. Das war im Frühjahr 1945.

Doch wo waren meine Mutter und meine kleinen Geschwister? Ich hatte eine furchtbare Sehnsucht nach ihnen – wir wussten ja gar nicht, wo sie sind und ob sie überhaupt noch leben …“

Und der Vater? Zum Wintereinbruch 1944, als die russische Front zum Stehen gekommen war, wurden er und andere Männer zurück ins Heimatdorf beordert, um noch das Vieh zu versorgen und die restliche Ernte einzubringen. Seitdem hat Siegfried nichts mehr von ihm gehört …

Über das nun von Siegfried aus weit im Osten liegende Königsberg bricht Anfang April die Rote Armee herein. Bereits am 5. April 1945 schießt die Artillerie ohne Pause. Der Großangriff startet dann am Morgen des 6. April mit einem gewaltigen Feuerschlag. Anderthalb Stunden später folgt der Angriff von Infanterie und Panzern. Stalinorgeln schlagen ein, und Schwärme von Bombern und Schlachtfliegern nehmen die Stadt ins Visier. Allein am 7. April fliegen die Sowjets 4700 Einsätze und werfen dabei 1600 Tonnen Bomben ab. Die Festung Königsberg wird sturmreif geschossen.

Die darin abgeschnittenen deutschen Militärs haben dem nichts mehr entgegenzusetzen: Die auf engem Raum zusammengedrängten Flak-Batterien sind machtlos gegenüber den Geschwadermassen, es gibt keine Nachrichtenverbindungen mehr; hilflos tasten sich Melder zu Fuß durch das Trümmerfeld, um die Gefechtsstände zu erreichen. Und bald schon drängen sich unter dem Hagel der Geschosse Wehrmachtssoldaten mit der Zivilbevölkerung auf engstem Raum in den Kellern der Häuser.

Die sind darüber alles andere als glücklich: Es gab doch wohl Kapitulationsaufforderungen – wieso wurden die ignoriert?

Im Keller ihres Hauses in der Steinmetzstraße harrt die Musikerfamilie Wieck aus, die von einem fanatischen Nazi aus dem abgestützten Luftschutzkeller in ihren nicht gesicherten kleinen Keller verbannt wurde. Denn Michael Wieck und seine Mutter tragen den Judenstern.

Der Nazi ist inzwischen im Chaos verschwunden, und die Sitzordnung im Keller zeigt an, dass sich sein mörderisches Reich in Auflösung befindet: Auch zwei andere Familien haben sich irgendwohin abgesetzt. Michael und seine Eltern wiederum sind in den abgestützten Teil des Kellers zurückgekehrt. Man meidet sie nicht mehr, im Gegenteil, die Mitbewohner sind auf einmal besonders nett: Juden im Haus? Das könnte jetzt ein schützender Faktor sein, wenn die Russen auftauchen.

Vor den Russen tauchen allerdings noch einmal die Deutschen auf, wie der damals sechzehnjährige Michael sich erinnert:

„Ein Höllenlärm war am 6. April im Gange. Granaten trafen unser Haus. Trotzdem konnte man hören, dass wir noch nicht ins volle Kampfgeschehen einbezogen waren. Soldaten in Kampfausrüstung, mit Panzerfäusten, Maschinengewehren und Funkgeräten gingen durch die miteinander verbundenen Keller. Alle Häuser mussten schon vorher mit schmalen Mauerdurchbrüchen versehen werden. Dadurch konnten dann auch die Russen, ohne die Keller zu verlassen, ganze Straßenblocks durchschreiten ..."

Die Zivilisten in den Kellern beschwören die Wehrmachtssoldaten, zu kapitulieren, endlich Rücksicht auf Frauen und Kinder zu nehmen. Die Soldaten wirken nicht mehr sehr entschlossen, haben aber den Befehl, weiterzukämpfen.

Die Stadt und ihre Ruinen sind in Rauch- und Qualmwolken gehüllt, die Straßen von Pferdekadavern und Leichen übersät, und in den Kellern leiden die verzweifelten

Zivilisten. Michaels Vater gelingt es, einen Truppenführer davon abzuhalten, ihr Eckhaus zur Zielscheibe russischer Granaten zu machen.

Doch der 7. April ist auch für die Musikerfamilie Wieck wie ein Tag aus der Hölle:

„Gegen Nachmittag steigerte sich der Beschuss, unverkennbar wurde nun in unserer unmittelbaren Nachbarschaft gekämpft. Bündelweise schlugen die Granaten ein, zusammen mit Salven sogenannter Stalinorgeln. Das waren auf Lastwagen montierte Raketenwerfer, deren Geschosse in schneller Folge abgefeuert wurden und fast gleichzeitig explodierten. Auch brummten unentwegt Flugzeuge und warfen Bomben schweren Kalibers, von denen eine auf dem Hof und eine andere auf der Straßenkreuzung vor dem Haus niedergingen. Der Boden schwankte, die Wände rissen, der Kalk verstaubte den Keller, und das Krachen und der Luftdruck drohten, die Köpfe zerbersten zu lassen.

Wir hatten die Kellertür fest verriegelt und hofften, falls das Haus zusammenstürzen sollte, dass die Kellerdecke durch die dicken Balken genügend abgestützt wäre ..."

Am Abend dieses Apriltages wird es plötzlich still. Bedrohlich still. Alles wartet jetzt auf das Auftauchen der Russen. Noch passiert nichts, und so schleicht Michael sich zum Spähen hinauf: An der Haustür gegenüber hängt sichtbar ein weißes Laken. Mit dieser Nachricht eilt er in den Keller zurück, die Bewohner seines Hauses beschließen, sofort das Gleiche zu tun.

Am Tag darauf hat sein Vater den 65. Geburtstag. Das Geschenk an einem solchen Tag ist, noch am Leben zu sein.

An diesem 8. April 1945 hört Michael das Rasseln von Panzerketten:

„Es war noch ziemlich entfernt, aber näherkommend. In unseren Straßen war alles noch relativ ruhig, verglichen mit dem Höllenlärm des gestrigen Tages. Die Neugier ließ mir keine Ruhe, und so schlich ich in einen anderen Keller, von dem aus man eine gute Sicht auf die Steinmetzstraße hatte. Eine Zeitlang rührte sich nichts. Doch dann sah ich plötzlich mitten auf der Straße einen russischen Soldaten auf einem Fahrrad, völlig ungedeckt und ungeschützt, mit der Maschinenpistole im Anschlag, also einhändig fahrend. Er passierte mein Kellerfenster, unter das ich mich duckte, um nicht gesehen zu werden. Als ich wieder hinausschaute, umfuhr er einen Bombentrichter und entschwand meiner Sicht ..."

Nach dieser etwas gespenstischen Szene bleibt es in Michaels Straße noch ein paar Stunden lang ruhig. Andere haben da bereits ihre erste Feindberührung.

So zum Beispiel im Keller der Landwirtschaftskammer auf der Beethovenstraße Karla Browarzyck, die nun siebenjährige Tochter des an Herzschwäche verstorbenen Kommunisten Arthur Browarzyck. Während des mörderischen Bombardements hatte sie sich mit ihren kleineren Geschwistern an die Mutter geklammert, und die Erinnerungen an den furchtbaren Luftangriff vom August 1944 waren längst wieder in ihre Kinderseele gekrochen: Wie ihr Wohnhaus in Mittelhufen zerstört wurde und plötzlich über einen Lautsprecherwagen die Aufforderung kam, alle sollten raus aus den Kellern und raus aus der Stadt ...und möglichst in der Straßenmitte gehen! Karla erinnert sich, wie über ihr die Wände runterkamen, während sie die brennenden Straßen entlanghasteten. Ihre Mutter schob den Kinderwagen mit Monika drin, ein Brett lag darauf, auf dem Rosi saß; Frank war an Mamas Hand, sie selbst lief mit Peter und dem großen Halbbruder Dieter nebenher …

Sie wurden aus Königsberg evakuiert und kehrten über Pillau und Rauschen Monate später in ihre Heimatstadt zurück. Doch da fehlte bereits ihre kleinste Schwester: Im Krankenhaus Rauschen war die acht Monate alte Monika erfroren, nachdem das Krankenhaus von Russen beschossen und dabei die Fensterscheiben geborsten waren. Das war im tiefen Winter.

Mit vielen anderen ausgebombten Zivilisten sind Browarzycks im Keller der Landwirtschaftskammer in der Beethovenstraße untergekommen, doch die Angst hat sie auch hier längst wieder eingeholt. An diesem Tag, dem 8. April 1945, ist es – wie in ganz Königsberg – die Angst vor den Russen, die über den Magazinen im Keller liegt. Karla macht sich Mut: Hat ihr Vater nicht gesagt, vor den Russen brauchten sie keine Angst zu haben? Die Hoffnung, dass nun alles gut werden könnte, schwindet jedoch noch am selben Tag:

„Dann stürmten die Russen durch den Keller.

Deutsche Soldaten, die zuvor geflohen waren, hatten uns einen Hund zurückgelassen, damit wir uns um ihn kümmern. Es war ein Bernhardiner, und der lag meistens vor meinem Bett. Ich hatte im Keller so ein Behelfsbett mit Strick, den man runterziehen musste, wenn man rausklettern wollte. Und wenn ich nachts mal raus musste, bin ich zuerst auf den Hund geklettert. Es war ein ganz liebes Tier.

Und das Erste, was die Russen machten, als sie in unseren Keller stürmten: Sie haben den Hund erschossen! Das war ein Erlebnis, das sich mir schmerzlich eingeprägt hat, weil ich den Hund so geliebt habe. Es war ein so furchtbarer Schock, dass ich anderes erst mal gar nicht wahrgenommen habe …"

Im Keller ihres Hauses erlebt auch die achtjährige Doris Meyer mit Mutter und Großmutter das Eintreffen der Roten Armee. So richtig fürchtet sich das Mädchen aber nicht vor diesem Moment, denn in ihrem Keller gibt es einen Mann, von dem es sich beschützt fühlt und an dem das Herz aller Kinder hängt:

„Es war ein Franzose, ein Kriegsgefangener, er hieß Maurice. Wir Kinder liebten den, und der liebte uns. Wenn wir was brauchten, rannte er los. Und während meine Mutter mich sonst nie allein ließ, durfte ich im Winter mit Maurice rodeln gehen. Wie gesagt, das war ein ganz feiner Junge. Er war als Kriegsgefangener beim Bäcker eingesetzt – der war aber sehr hässlich zu ihm. Meine Mutter, meine Oma, ich und die anderen Kinder aber haben uns prima mit Maurice verstanden. Wir Kinder haben ihn natürlich auch geärgert, wie Kinder so sind. Und gesungen: ‚Parademarsch, Parademarsch – Maurice, der hat ein Loch im Arsch …' Er hat das alles mit Humor genommen, schon deshalb haben wir ihn geliebt. Wir hatten auch eine Polin im Haus, das war auch eine Zwangsarbeiterin, die hatte aber im Haus eine eigene Wohnung und wurde von den Leuten sehr freundlich behandelt. Sie lebte da mit jemandem zusammen und hatte ein Kind.

So, nun aber zum 9. April 1945, als die Russen Königsberg stürmten.

Wir saßen an diesem Tag wie fast immer im Keller. Bei den wochenlangen Schießereien zwischen der Wehrmacht und der Roten Armee war Maurice unser Botschafter gewesen: Der ging immer raus, um zu erkunden, was draußen los ist, wie gerade der Angriff verläuft. In dem Keller saßen nur wir Hausbewohner, Frauen und Kinder.

Und an diesem Apriltag – Maurice erkundete wieder draußen, wie die Lage ist – herrschte plötzlich eine gespenstische Ruhe. An den nicht endenden Beschuss hatte man sich ja inzwischen gewöhnt, aber auf einmal war alles ruhig. Es war eine ganz bedrohliche Stille. Und plötzlich stürmte Maurice herein und verrammelte sofort die Eisentüre von innen.

Im darauf folgenden Moment gab es einen Schlag, dass wir dachten, die Welt geht unter: Ein Russe war Maurice gefolgt, er hatte gesehen, wie der im Kellerloch verschwand, und eine Handgranate hinter ihm her geworfen. Daher kam dieser Knall. Aber die Tür hat das abgehalten.

Das war ja nur ein kleiner Keller. Wenn Maurice es nicht geschafft hätte, die Eisentür zu verrammeln – wir wären alle weg gewesen da unten.

Maurice ..., in meinem späteren Leben habe ich oft gedacht, dass man ihn suchen müsste, weil das so ein feiner Kerl war. Aber das ging ja dann später nicht mehr in der DDR ...

So, nun kamen die Russen plötzlich leibhaftig.

Wir hatten zu Beginn des Bombardements einen Durchbruch machen müssen, von einem Keller zum nächsten. Das war für den Fall, dass ein Haus von einer Bombe getroffen wird, damit man sich über den nächsten Keller nach draußen retten konnte. Und genau von diesem Kellerdurchbruch her tauchten sie plötzlich auf. Wir saßen wie erstarrt. Wir hatten vorher deutsche Propagandaplakate gesehen, die zeigten russische Soldaten mit einem roten Stern auf der Mütze, dazu Schlitzaugen und einen Krummsäbel in der Hand.

Und nun kamen die durch den Durchbruch – und sahen genau so aus wie auf den Plakaten.

Sie sammelten erst mal die Uhren und den Schmuck ein; die hatten keine Zeit, die mussten weiter.

Aber die danach kamen, das waren die Schlimmsten ... Die hatten keine mongolischen Züge, die sahen eher europäisch aus.

Die Polin in unserem Keller musste gleich mit denen die Treppen rauf. Sie verstand ja Russisch, und so sollte sie den Soldaten nun alle Wohnungen zeigen. Sie musste sagen, wer da lebt – es wurden auch alle Wohnungen nach Waffen durchsucht. Wenn sie irgendwo eine Waffe fanden, wurden die Leute gleich erschossen.

So, nun haben sich die Russen erst mal über die Polin hergemacht, haben sie vergewaltigt. Sie hatte sich auf ihre Befreiung gefreut – und nun das. Sie kam völlig verstört wieder runter in den Keller und hat sich bei uns verkrochen ..."

An diesem 9. April 1945 entschließt sich der Königsberger Festungskommandant, General der Infanterie Otto Lasch, nach Rücksprache mit seinen Stabsoffizieren und den noch erreichbaren Kommandeuren seiner längst nicht mehr existierenden Divisionen endlich zur Kapitulation. Die Nachricht erreicht in der Stadt allerdings nur wenige. Und für die Bewohner Königsbergs ist sie ohnehin nicht mehr von Bedeutung – sie befinden sich bereits in sowjetischer Hand.

Die Stadt gleicht zu dieser Zeit einem riesigen brennenden Trümmerhaufen. Die Straßen sind übersät mit

Granat- und Bombentrichtern, mit Leichen. Die Luft stinkt nach Brand, nach Pulver, nach den Abgasen von Panzermotoren. Menschen hetzen im Feuerschein zwischen den Trümmern umher. Gefangene deutsche Soldaten werden von sowjetischen bereits irgendwohin getrieben. Betrunkene russische Soldaten wiederum kurven auf erbeuteten Fahrrädern. In einige Vororte ziehen an diesem Tag der offiziellen Kapitulation schon Kolonnen sowjetischer Pferdewagen ein.

Und überall stürzen die niederen Ränge der Sowjetarmee durch die Keller, reißen die Uhren von deutschen Armen und behängen sich mit Dingen, für die sie Verwendung vermuten.

Schon am Tag zuvor war der erste Russe auch in jenem Keller aufgetaucht, in dem der sechzehnjährige Michael Wieck mit seinen Eltern ausharrte. Und auch Wiecks hofften als jüdische Verfolgte darauf, von den Russen nun für immer von den Nazis befreit zu werden. Und auch hier wich die Hoffnung einer ernüchternden Realität:

„Der Russe, der in den Keller kam, war offensichtlich etwas angetrunken. Fragte, ob hier irgendwo deutsche Soldaten sind, und fuchtelte mit seiner Maschinenpistole herum. Mein Vater und ich versuchten, ihn freundlich zu stimmen, konnten ihn aber kaum verstehen. Wie gut wäre es gewesen, wenn wir etwas Russisch gelernt hätten – wie hätte das diesen ersten Tag erleichtert. So aber ertönte das unmissverständliche ‚Uri, Uri', und Vater gab ihm seine silberne Taschenuhr. Stolz zeigte der Russe uns noch die mit Uhren vollgestopften Taschen.

Das war nun unser erster so lang ersehnter Kontakt mit einem Befreier. Aber uns war auch klar, dass Fronttruppen nicht sofort alles zum Besseren wenden können. Es galt, weiter zu warten und zu hoffen.

Dass wir uns aber erst im zweiten Kreis der Hölle befanden und der dritte noch bevorstand, ahnten wir nicht ..."

Im Lauf des Tages kommen immer öfter russische Kämpfer in den Keller, auf der Suche nach deutschen Soldaten, nach Armbanduhren und Alkohol:

„Viele waren ausgesprochen böse, drohten mit der MP, wenn keine Uhren mehr zu holen waren. Für den Judenstern interessierte sich keiner.

Gegen Abend kam noch ein angetrunkener Russe – wohl auf der Suche nach einer Frau. Er bedrohte Mutter, wollte aber etwas anderes. Vater war gerade im hinteren Keller. Nach mühevoller, gestenreicher Unterredung brachten wir ihn endlich dazu, die Kellertreppe wieder hinaufzugehen. Nun machte meine Mutter einen Fehler: Sie pfiff ein Thema aus dem 2. Satz des Beethoven-Quartetts Op. 59/1 – das war unser Familienpfiff. Sie hatte nämlich Angst bekommen und wollte Vater in unserer Nähe haben.

Anstatt meines Vaters stürmte jedoch der Russe wieder in den Keller, diesmal mit gezogener Pistole. Er schrie wütend herum und sah aus, als ob er sofort abdrücken wollte. Wir verstanden nicht, was ihn so rasend machte, spürten aber, dass es mit dem Pfeifen zusammenhing. Wir erklärten und gestikulierten. Er redete unaufhörlich von ‚Nemezki Soldat' und schoss plötzlich neben meinem Kopf die Pistole ab. So dicht am Ohr war es ein schmerzender Knall. Gezielt hat er an die Decke, verletzt wurde glücklicherweise niemand. Nach diesem effektvollen Abschluss zog er ab, während Vater erschreckt zurückkam ..."

Michael und seine Eltern lernen schon am ersten Tag der deutsch-russischen Begegnung, dass kein russischer Soldat sich darum kümmert, ob jemand Nazi oder Jude ist. Sie suchen versteckte Soldaten und Beutegut, und sie drücken ihren Hass in Flüchen aus, in Tonfällen voller Verachtung und Abscheu.

Die Wohnungen in Michaels Haus sind rasch demoliert. Und die Gefahr für den jüdischen Jungen ist noch keineswegs gebannt:

„Mehrfach kamen auch nachts noch Russen in unseren Keller und verdächtigten mich, deutscher Soldat zu sein. Ausweise konnten sie nicht lesen; das russische Alphabet besteht aus kyrillischen Buchstaben. Doch sehr bald wussten wir, dass die Soldatensuche meistens eine Frauensuche war …"

Am folgenden Tag sieht Michael, wie draußen Trupps gefangener deutscher Soldaten vorbeigeführt werden. Die Nachricht von der Kapitulation des Festungskommandanten eilt durch die Keller.

Viele Jahre später werden die überlebenden Zivilisten Königsbergs erfahren, dass General Lasch für diese Kapitulation von Hitler zum Tod verurteilt wurde. Den meisten wird dabei noch einmal die Bitterkeit vom April 1945 hochsteigen …, denn diese völlig verspätete Kapitulation war auf Kosten der Zivilisten gegangen, die dem dramatischen sowjetischen Bombardement absolut hilflos ausgeliefert waren.

Frau, komm!

1945

Am 10. April rücken sowjetische Truppen formierter in die Stadt ein.

Kleine Wagen mit Panjepferdchen häufen sich nun in den Straßen. Und es hält Einzug, was auf die deutschen Bewohner der Stadt irgendwie asiatisch wirkt: Soldaten und russische Zivilisten, darunter auch einige Frauen, hocken überall um kleine Feuer, auf denen behelfsmäßig gekocht wird.

Für die Besiegten ist es gefährlich, sich auf die Straße zu wagen, sie werden festgehalten und nach Brauchbarem durchsucht.

Frauen gehen möglichst gar nicht raus … Die Massenvergewaltigung deutscher Frauen ist längst im Gange.

Und dass die Russen die Königsberger Likörfabrik ausfindig gemacht haben – mit ein paar tausend Litern Alkohol –, macht es für die Frauen nicht leichter. Geschlechtskrankheiten werden zum Bindeglied zwischen Vergewaltigern und ihren Opfern. Von überall her dringen verzweifelte Frauenschreie durch die brennende Stadt.

Die nächsten sechs bis acht Tage wird es zu keiner Ordnung in Königsberg kommen, die Sieger sind außer Rand und Band; die Stadt ist ihnen freigegeben. Soldaten stürzen sich wie Wölfe auf Frauen.

Gelten die Vergewaltigungsorgien der Rotarmisten nur deutschen Frauen?

Keineswegs. Die Schändung der Frau war bereits, wenn auch in geringerem Maße, brutale Begleiterscheinung beim Einmarsch in Rumänien und bei der Einnahme Budapests. Selbst, als die Rote Armee im Herbst 1944 in Jugoslawien einrückte, um Belgrad zu befreien, kamen Vergewaltigungen nicht nur über deutsche, sondern auch über serbische Frauen. Und auch da wurden nicht wenige der misshandelten Frauen anschließend ermordet. Besonders übel ergeht es beim Vormarsch der Roten Armee den Frauen zwischen Serbien und der Slowakei, durch welche die 2. und 3. Ukrainische Front des später hoch dekorierten Armeegenerals Malinowski zieht. In diesen Truppen wirkt nicht nur die Ehrenburg'sche Hass-Propaganda, hier wurden vor dem Einmarsch auch zahlreiche entlassene Kriminelle eingereiht, um eigene Truppenverluste aufzufangen. So zieht sich mit dieser Front eine breite Spur von Vergewaltigung und Mord bis weit in die Slowakei hinein.

Der ukrainische Germanist und Schriftsteller Lew Kopelew hat mit der 2. Belorussischen Front die ostpreußische Grenze überschritten. Unmittelbar vor dem Überfall der Deutschen auf seine Heimat wurde er in Moskau noch über „Schillers Dramen und Probleme der bürgerlichen Revolution“ promoviert. Nun ist er Offizier in der Abteilung „Propaganda für die gegnerische Truppe“.

Militärs mit einem ethischen Kompass wie Lew Kopelew, der auch durch den jahrelangen brutalen Kriegsalltag nicht abhandengekommen ist, sind selten. Sie sind so selten, dass sie bis ans Lebensende im Gedächtnis jener tief dankbaren Zivilisten bleiben, die oft nur durch einen Akt persönlicher Milde überlebt haben.

35 Jahre nach Kriegsende wird Lew Kopelew sich in seinem Buch *Aufbewahren für alle Zeit* noch einmal seiner Kameraden in den Jahren 1944/45 erinnern:

„Du weißt ja, uns allen steht der Krieg bis hier! Dieser verfluchte Krieg hat uns verbittert und verdreckt, uns alle, die Soldaten im Kugelhagel mehr als die übrigen.

Solange wir im eigenen Land kämpften, war alles einfach: Wir kämpften um unsere Häuser, um den Feind zu verjagen, zu vernichten, um das Land zu befreien. Aber jetzt – du und ich, wir wissen, dass man Hitler und dieses ganze giftige Nazigezücht endgültig und mit den Wurzeln ausrotten muss. Aber der Soldat, der schon das vierte Jahr an der Front steht, mehr als einmal verwundet war, der weiß nur, dass er irgendwo sein Zuhause hat, dass seine Frau und seine Kinder hungern. Und immer noch muss er weiterkämpfen: Nun aber nicht mehr, um sein Heim, sein Dorf, sein Land zu verteidigen, sondern um im Feindesland anzugreifen – vorwärts!

Wir sind Materialisten, wir müssen uns klar darüber sein. Das heißt: Was ist zu tun, damit der Soldat Lust zum Kämpfen behält? Erstens: Er muss den Feind hassen wie die Pest, muss ihn mit Stumpf und Stiel vernichten wollen. Und damit er seinen Kampfwillen nicht verliert, damit er weiß, wofür er aus dem Graben springt, dem Feuer entgegen in die Minenfelder kriecht, muss er zweitens wissen: Er kommt nach Deutschland und alles gehört ihm – die Klamotten, die Weiber, alles! Mach, was du willst! Schlag drein, dass noch ihre Enkel und Urenkel zittern! ... Lange nicht jeder wird Kinder töten. Wir beide jedenfalls nicht. Aber wenn du schon davon anfängst: Lass die, die es in blinder, leidenschaftlicher Aufwallung tun, auch kleine Fritzen töten, bis es ihnen selbst über ist ...“

Major Kopelew hat sich dem Morden und Vergewaltigen seiner Kameraden in den Weg gestellt. Und so verschwindet er kurz nach der Kapitulation Deutschlands für fast zehn Jahre in russischen Gefängnissen. Die Anklage gegen ihn: „Propagierung des bürgerlichen Humanismus“ sowie „Mitleid mit dem Feind“ und damit „Untergrabung der politisch-moralischen Haltung der Truppe“.

Mitleid mit dem Feind hat kaum einer der Soldaten, welche die Kolonnen der Frauen, Kinder und alten Menschen bewachen, die sich in langen Zügen durch Ostpreußen schleppen – so wie die fünfjährige Brigitte Possienke aus dem Samland mit ihren Schwestern und ihrer Mutter, für die es meistens im Zickzack-Kurs vorwärts, doch insgesamt an Königsberg vorbei Richtung Osten geht. Sie erlebt Nacht für Nacht in Scheunen, wie Soldaten über schreiende Kinder hinwegstiefeln, um Frauen von hinten nach vorn und dann hinauszuzerren.

Seit dem 8. April werden nun auch in Königsberg Zivilisten aus den Kellern getrieben. Sie sollen weg aus der Stadt, denn nun ist kollektives Plündern angesagt. Die Verstörten laufen durch ein totales Chaos, sehen den Turm ihres Königsberger Schlosses der Länge nach gespalten und von tausend Geschossen zerfetzt. Sie sehen Soldatinnen, auf Autos stehend, die großen Straßen entlangfahren. Und sie sehen Deutsche durch schwelende Ruinen schleichen, sich möglichst unsichtbar haltend …

Irgendwann geht es hinaus, durch die Tore der Festung, mit „Dawai!“-, „Pascholl!“- und „Bistra!“-Rufen, unter ungeduldigen Flüchen, die sie nicht verstehen, und Schlägen mit dem Gewehrkolben auf Menschen, die das Tempo nicht zu halten vermögen.

Nicht nur in der Stadt, auch auf den Landstraßen herrscht ein unbeschreibliches Chaos.

Die Vergewaltigungen stehen meist am Ende der Tagesmärsche, ganz gleich, ob die Menschen in eine Scheune oder in den Straßengraben gewiesen werden. Versuche der Frauen, sich alt und hässlich zu machen, scheitern meist ebenso wie die Versuche, hinter irgendwelchen Strohballen unsichtbar zu werden.

„Frau, komm!" gehört nach „Uri, Uri" zu den ersten zielorientierten Vokabeln der Sowjetsoldaten bei ihrem Einmarsch in Deutschland. Und so die Soldaten irgendwo Alkohol aufspüren konnten, stehen den jungen Mädchen und Frauen furchtbare Nächte bevor.

Auf Kinder kann dabei keine Rücksicht genommen werden. Sie erleben – wie schon stets in der Menschheitsgeschichte, wenn sich Sieger über die weibliche Beute der Kriegsverlierer hermachten – all das Grauen, das in einem Kind tiefe Verzweiflung auslöst und das es nicht verarbeiten kann. Bilder bleiben oft lebenslänglich haften von einem Geschehen, das nicht zu verstehen ist, sich aber als tiefe Angst in die Seele des Kindes gräbt – besonders dann, wenn es die eigene Mutter oder die Schwester ist, die weggezerrt wird und die tränenüberströmt oder mit fremden, verhärteten Gesichtern wieder auftaucht. Die Schreie misshandelter Frauen werden Kinder nicht mehr aus den Ohren kriegen, die eingegrabene Angst, ihre Mütter könnten nicht mehr wiederkommen. Und oft kehren die erst gegen Morgen zurück, wenn sich ihre Kinder schon in den Schlaf geweint haben … Selbst wild fuchtelnde Taschenlampen werden bei nicht wenigen der später Erwachsenen düstere Erinnerungen an russische Uniformen und das kehlige „Frau, komm!" auslösen.

Mitunter werden auch Kinder selbst vergewaltigt, zwölfjährig … und jünger.

Am 9. und 10. April finden sich erneut Überlebende zu langen Kolonnen zusammengestellt und auf die Chausseen außerhalb Königsbergs getrieben. Auf den Feldern stehen russische Geschütze, die noch immer in die Stadt hineinschießen. Nur wenige Ruhepausen gibt es auf den Märschen, bei denen man sich erschöpft im Straßengraben niederlässt. Kindern machen solche Fußstrapazen meist weniger aus als den Erwachsenen. Alte und Schwache bekommen Fußtritte und Schläge mit dem Gewehrkolben, wenn sie nicht mehr können. Verängstigt laufen die Menschen weiter, so lange es geht …

Die Stadt Königsberg brennt auch am 11. April noch. Flugzeuge kreisen und werfen immer neue Brände in die Trümmer.

Am 12. April – man sieht an diesem Tag nur wenige russische Soldaten in der bereits weitgehend geplünderten Stadt – irren ausgebombte Zivilisten herum, unter ihnen viele Mütter mit kleinen Kindern. Sie haben nichts zu essen, und niemand kümmert sich um sie.

Die achtjährige Doris Meyer gehört zu den Ersten, die aus der Stadt getrieben werden:

„Wir wurden plötzlich alle aus dem Keller rausgejagt. Bei uns ging das nicht so schnell, denn meine Mutter hatte immer zu tun, meine Großmutter anzuziehen. Sie hat es auch geschafft, den Krückstock für Oma noch aus unserer Wohnung oben zu holen. Aber meine Oma konnte sich gar nicht so schnell bewegen und zitterte vor Aufregung am ganzen Leib, sodass meine zierliche Mutter sie auf dem Rücken nach oben schleppte.

Draußen hieß es: ‚Alle aufstellen, auf der Straße!'

Die Straße bestand nur noch aus Trümmern, toten Pferden, Leichen, die herumlagen, toten Soldaten zuhauf – alles lag kreuz und quer, so weit mein Auge blickte. Es war ganz furchtbar ...

Wir mussten warten, bis die Menschen aus allen Kellern herausgetrieben waren. Als alle Bewohner der Straße draußen standen, kam plötzlich ein deutscher Offizier angeritten, in voller Montur, auf einem Schimmel. Der hatte offenbar noch gar nicht mitbekommen, dass die Russen schon in der Stadt standen.

Und die Leute riefen ganz aufgeregt: ‚Sie müssen weg, die Russen sind schon da!' Der Offizier drehte sofort ab und gab seinem Pferd die Sporen. Da kam aber gerade ein Russe um die Ecke und sah das, lief auf die Straße und schoss ihm mit der Kalaschnikow in den Rücken. Der Offizier stürzte runter, blieb aber im Steigbügel hängen. Das war ein furchtbares Bild für mich als Kind: Das Pferd galoppierte weg und schleifte den Mann mit ...

Nicht lange darauf – wir standen immer noch draußen vor unseren Häusern – zogen etliche Trupps gefangener Soldaten vorüber ... alle entwaffnet, alle die Arme hoch, so in Vierer- oder Fünferreihen. Sie wurden zu einem Sammelplatz geführt, von wo sie dann nach Russland verladen wurden.

Und da stand am Rand ein einzelner russischer Soldat, der immer in die vorbeilaufenden Reihen hineinschoss: Es fielen ein oder zwei um, die anderen stolperten über die Erschossenen hinweg, dann schoss der Russe wieder einen ab. Es war grausig.

Der große Scharfmacher Koch hatte sich da schon längst abgesetzt, das haben wir erst viel später erfahren. Er hat die

Frauen und Kinder von Königsberg in diese furchtbare Lage gebracht, sich selbst aber rechtzeitig verdrückt.

Wir mussten alle den Keller verlassen. Aus allen Häusern wurden die Leute rausgetrieben. Man durfte nur mitnehmen, was man in der Hand tragen konnte. Wir mussten uns aufstellen, und dann ging es ‚Dawai, dawai!'. Wir mussten laufen, und wer nicht mitkam und zurückblieb, wurde erschossen. Die alten Leute, so wie meine Oma, die konnten ja nicht gut laufen, und am Wegrand sahen wir schon viele alte Menschen liegen, die nicht mehr weiterkonnten und liegengeblieben waren. Auch tote Säuglinge sahen wir an den Straßenrändern. Meine Oma war damals bereits weit über siebzig Jahre alt. Und nun hob meine kleine Mutti die Oma auf ihren Rücken und schleppte sie.

Ich habe geweint, als ich das sah, ich konnte ja gar nicht helfen. Ich habe noch nie einen Menschen gesehen, bei dem die Zunge vor Anstrengung aus dem Hals hing, wie bei einem Hund. Ich habe es bei meiner Mutter gesehen.

Irgendwann konnte meine Mutter nicht mehr. Die Posten immer weiter: ‚Dawai, dawai!' Sie drohten ständig, jene, die nicht mehr laufen konnten, zu erschießen. Und sie taten es auch. Ich war völlig aufgeregt und rief: ‚Mama, Mama!' Ich hatte Angst, dass auch wir es nicht schaffen und erschossen werden. Leute, die an uns vorbeiliefen, herrschten meine Mutter an: ‚Lassen Sie doch die alte Frau liegen – Sie regen ja das Kind auf!' Das hat meine Mutter aber nicht gemacht – lieber wäre sie auch gestorben, als ihre eigene Mutter zurückzulassen. Das war ja auch ein süßes Omchen, und meine Mutter liebte und verehrte sie. Es war eine furchtbare Situation, denn auch ich liebte meine Oma sehr.

Und plötzlich stand die nette Hausbewohnerin vor uns, mit der wir im Luftschutzkeller immer ‚Reise durch Deutschland‘ gespielt hatten. Die hatte sich extra zurückfallen lassen und sagte nun: ‚Frau Meyer, ich musste doch mal sehen, wie es Ihnen und Ihrer Mutter geht …‘

Ich war am Ende mit meinen Kindernerven. In meiner Verzweiflung kniete ich mich am Straßenrand nieder und flehte Gott an, er solle uns doch helfen.

Und auf einmal stand da wie bestellt ein kleiner Handwagen; den hatten irgendwelche Leute stehen lassen, weil sich da ein Seil im Hinterrad verklemmt hatte und das nicht mehr richtig zog. Da haben wir die Oma reingesetzt. Und die beiden Frauen haben das mühsam gezogen. Und dann ging es wieder weiter …“

Unterwegs müssen die Frauen mit ihren Händen die Straßen räumen, freimachen von Leichen und Pferdekadavern. Überall lauern Bomben- und Granattrichter: Da hinein haben sie die zum Teil schon aufgedunsenen Pferdekadaver zu entsorgen, um den russischen Militärfahrzeugen den Weg freizumachen. Die Leichen von Menschen haben sie an den Straßenrändern abzulegen.

Doch dann passiert Furchtbares:

„Es ging immer weiter – dawai, dawai. Und während wir weiterhasteten, kamen von der Seite auf einmal Panzer. Die mussten irgendwie quer durch – kamen aber nicht durch dieses Chaos von Leichen, Kadavern und Menschengewimmel. Und plötzlich fuhren die dort einfach hinein! Sie walzten alles nieder, was da stand – es waren ja nur noch Frauen, Kinder, alte Leute, dazu Leiterwagen … Sie sind über die Menschen drüber gefahren; ein Menschenleben zählte gar nichts, so lag eben nun noch ein zusätzlicher Haufen Leichen herum. Ein Bild kriege ich bis heute nicht aus dem

Kopf: Da zermalmte ein Panzer eine Frau, und der schlugen dabei die Röcke über den Kopf. Unter den Röcken trug sie ganz weiße, spitzenbesetzte Unterwäsche – so Hosen, wie man sie früher trug, bis übers Knie. Blütenweiß hob sich das ab in diesem schmutzstarrenden Chaos. Ich konnte gar nicht atmen vor Entsetzen. Und da hörte ich, wie Frauen, die um uns herumstanden, sagten: ‚Da können die Russen endlich mal sehen, wie ordentlich und sauber deutsche Frauen sind …' Es war furchtbar. Ich habe versucht, nicht mehr hinzugucken, aber dieser Anblick steckt für immer in meinem Kopf.

Und wieder wurden wir vorwärts getrieben. Plötzlich aber hieß es: ‚STOI!' Alle blieben stehen. Und nun lautete der Befehl: ‚Frauen mit Kindern stellen sich dorthin! Alte Männer stellen sich dort rüber! Alte Frauen dahin! Und Frauen ohne Anhang stellen sich dort hinüber!'

Wir wurden also in vier Gruppen eingeteilt. Wir drei gerieten in Panik, denn für uns hieß das, dass unsere Oma von uns getrennt werden sollte. Das wäre der Tod für Oma gewesen, die konnte ja nicht einmal drei Schritte alleine gehen …

Ich bin in Tränen ausgebrochen, habe mich auf die Straße gekniet und wieder zu Gott gebetet, er solle uns helfen. Dann habe ich den Soldaten oder Offizier oder was der war, der die Anweisungen gab, regelrecht umgarnt. Ich hatte das schon vorher ein paarmal versucht, und es hatte meistens geklappt: Ich war ja erst acht Jahre alt und hatte so ein kleines, engelhaftes Gesicht, das wirkte sich oft positiv aus. Ich ging also hin, umarmte den Offizier und rief nach oben: ‚Meine Babuschka, meine Babuschka …', dabei zeigte ich auf meine Oma. Da hat der was auf Russisch gesagt, was ich nicht verstand, mir aber Zeichen gemacht, ich könne sie mitnehmen ... Und dann strich er mir über den Kopf und sagte in gebrochenem Deutsch: ‚Na, chat der liebe Gott gecholfen?' Der hatte nämlich beobachtet, wie ich da gekniet und gebetet habe.

Wir durften unsere Oma also behalten.

Eine solche Menschlichkeit lassen nur wenige sowjetische Soldaten und Offiziere während der ersten Wochen gegenüber deutschen Zivilisten erkennen.

Durch die massiven Kriegsverbrechen der deutschen Besatzungsmacht in Russland, der Ukraine und Weißrussland traumatisiert, von den Hasstiraden der Sowjetpropagandisten aufgestachelt und oft noch von erbeutetem Alkohol aufgeheizt, rächen sie sich am Feind an dessen verwundbarster Stelle. In alle Teilen Ostdeutschlands kommt es im Frühjahr 1945 zu Massakern gegenüber Zivilisten:

„Und wieder ging es weiter, nun schon in einer dezimierten Gruppe. Die anderen Gruppen mussten warten oder wurden in eine andere Richtung dirigiert. Ich glaube, die Alten sind alle umgekommen. Ein ganz alter Professor, den kannten wir, der hatte noch im Jahr zuvor an der Königsberger Uni einen Vortrag über Dostojewski gehalten – der lag am Ende auch tot im Straßengraben.

Ich habe so unendlich viele Tote gesehen, dass ich später mal dachte: ‚Die Russen müssen Kaliningrad doch auf einem Leichenberg aufgebaut haben ...'"

Die dezimierte Gruppe der Frauen und Kinder, in der sich auch Doris mit Mutter und geretteter Großmutter befinden, wird schließlich auf einen riesengroßen Holzplatz getrieben, der am Fluss Pregel liegt. Dort müssen sich alle niedersetzen. Sich hinsetzen zu dürfen, empfinden sie als große Erleichterung. Das erschöpfte Mädchen schaut auf die noch immer brennende Stadt:

„Es wurde Nacht. Und wir saßen so dicht beieinander – ich auf dem Schoß meiner Mutter, unsere Oma daneben. Meine Mutter ahnte schon, was kommt, denn unterwegs waren immer schon mal Frauen zum Vergewaltigen rausgezerrt worden. So schmierte sie sich das Gesicht mit Schmutz ein und setzte die Brille meiner Oma auf.

Neben uns hatte sich ein sechzehnjähriges Mädchen hingelegt, die war extra in die Mitte geflüchtet. Es hat ihr nichts genützt.

Denn bald schon kamen sie, und es ging los: Mit Taschenlampen haben sie den Frauen in die Gesichter geleuchtet und pausenlos welche herausgezerrt. Es war furchtbar. Das sechzehnjährige Mädchen haben sie etliche Male rausgezerrt, sie kam immer verzweifelter und tränenüberströmt zurück, auf so etwas haben sie gar keine Rücksicht genommen. Und dann kam das Mädchen überhaupt nicht mehr wieder …

Am nächsten Tag hieß es plötzlich, wir könnten hingehen, wo wir wollen. Ja, wohin sollten wir denn gehen? Die Stadt war ein Trümmerhaufen, und ganze Straßenzüge brannten noch. Wir standen etwas hilflos in der Gegend herum und wurden plötzlich wieder zur Schlange formiert. Diesmal trieben sie uns ganz bewusst an einer Art Scheune vorbei, wo sie ein paar Fahrzeuge abgestellt hatten. Und dort sahen wir sie liegen – die Frauen, die sich gewehrt hatten: Man hatte sie völlig entstellt – ihnen die Brüste abgeschnitten, die Bäuche aufgeschlitzt … Das mussten wir uns alle ansehen, auch die Kinder, damit sich ja keine Frau mehr weigerte, mitzukommen. Wie soll ein Kind solche grausigen Bilder jemals vergessen können?

Meine Mutter versuchte, mir die Augen zuzuhalten, ich habe das aber durch die Finger gesehen, weil meine Mutter zugleich noch meine Oma stützen musste ...

Wenn man so etwas erzählt, das glaubt einem keiner. Doch diese Bilder kriegt man nie mehr aus dem Kopf heraus. Leichen hatte man als Kind ja nun zuhauf gesehen. Aber so etwas Grausiges wie die verstümmelten Frauen?! Eine Frau hatten sie angenagelt, an ein Tor ...

Ich habe das wirklich mit eigenen Augen gesehen."

Der 26-jährige Offizier Alexander Solschenizyn, der 1945 mit einer Artillerie-Division in Ostpreußen einzieht, wird in den 1970er-Jahren in seinem Poem *Ostpreußische Nächte* umreißen, was mit dem Einmarsch der Roten Armee über die deutschen Mädchen und Frauen kam:

„Zweiundzwanzig, Höringstraße.
Noch kein Brand, doch wüst, geplündert.
Durch die Wand gedämpft – ein Stöhnen:
Lebend finde ich noch die Mutter.
Waren's viele auf der Matratze?
Kompanie? Ein Zug? Was machte es!
Tochter – Kind noch, gleich getötet.
Alles schlicht nach der Parole:
Nichts vergessen! Nichts verzeih'n!
Blut für Blut – und Zahn für Zahn.
Wer noch Jungfrau, wird zum Weibe,
und die Weiber – Leichen bald ..."

Bei all dem, was jetzt über die Frauen der Besiegten kommt, werden Kinder Zeugen grausamster Verbrechen, schreien und weinen sie um ihre Mütter, starren sie verstört auf die vielen übel zugerichteten Frauenleichen.

Die Kinder des Zweiten Weltkrieges – auch die Millionen Kinder der Länder Europas, die von Deutschen überfallen wurden – werden die von Soldaten begangenen Grausamkeiten, bei denen sie zuschauen, die ihre Familien selbst erleben und erleiden mussten, länger als jede Generation zuvor mit sich herumschleppen. Denn sie werden um ein Vielfaches länger leben als alle bisherigen Generationen. Aus den Seelen der Kriegskinder wurde die Geborgenheit brutal herausgebrochen.

In allen Einheiten der Roten Armee gibt es einzelne Soldaten, die sich nicht am Marodieren und an den Verbrechen gegenüber wehrlosen Frauen beteiligen. Soldaten, die Menschlichkeit gegenüber Zivilisten beweisen – so wie der Offizier, der die Großmutter der achtjährigen Doris verschont. So wie Lew Kopelew und Alexander Solschenizyn. Sie bleiben für immer in Erinnerung der Kinder, weil sie die Ausnahme sind.

Die Angst der Frauen vor Vergewaltigung, gar anschließender Tötung wird in den Ostgebieten Deutschlands bis weit über die Kapitulation hinaus deren Gefühlswelt beherrschen.

Sie sind gezeichnet. Und nach wenigen Tagen ist die Kraft zum Widerstand bei den meisten erloschen. Schreien hilft nicht, denn da ist niemand mehr, der sie beschützt. Und sie müssen ihren Kindern erhalten bleiben.

Jahrzehnte später wird sich bei einer Umfrage der russischen Menschenrechtsorganisation „Memorial“ unter den einst in Deutschland einmarschierten sowjetischen Kriegsveteranen niemand finden, der einer Vergewaltigung beigewohnt, geschweige denn selbst Frauen Gewalt angetan hat. Kopelew und Solschenizyn bleiben die Ausnahmen.

Und die Soldatinnen der Roten Armee – hat je eine versucht, ihren männlichen Mitkämpfern in den Arm zu fallen, den deutschen Frauen zu Hilfe zu eilen?

Ostpreußischen Zivilisten werden später vor allem russische Ärztinnen in Erinnerung bleiben, die Typhus, Ruhr oder die grassierenden Geschlechtskrankheiten behandeln. Zu Soldatinnen der kämpfenden Truppe, herablassend von den Deutschen oft „Flintenweiber" genannt, haben sie kaum Kontakt. Und Krieg ist nicht die Zeit, einander seine Lebensgeschichten zu erzählen.

Und doch: Es sind schließlich nicht nur Männer in die deutschen Ostgebiete einmarschiert! Noch 1945 befindet sich ein großer Teil der insgesamt 800 000 sowjetischen Soldatinnen an der Front. Sie sind mit Stalin'scher Gehirnwäsche aufgewachsen wie deutsche Frauen mit der Gehirnwäsche eines Hitler. Doch im Unterschied zu ihren deutschen Schwestern haben sie bereits große Brutalität, großes Leid erfahren müssen – seit dem Überfall der deutschen Wehrmacht im Sommer 1941.

Viele junge Frauen wurden nach den großen Verlusten der Roten Armee in den Kriegsjahren 1941 bis 1943 mobilisiert, nicht wenige junge Mädchen meldeten sich direkt nach dem Abschluss der 10. Klasse. Sie haben die mörderischen Deutschen in deren Vernichtungsfeldzug erlebt, vor allem jene, die aus Weißrussland oder der Ukraine stammen. Gerade in diesen Gebieten schlossen sich viele Frauen der Partisanenbewegung an; vor allem in Weißrussland gibt es kaum noch eine Familie, die nicht Angehörige verloren hat. Etwa 70 000 Städte, Siedlungen und Dörfer wurden auf dem Durchmarsch durch die Lebensräume der „minderwertigen Rasse“ zerstört, etliche Millionen Zivilisten sind bereits von den Deutschen ermordet. In vielen weißrussischen Dörfern wird es nach dem Ende des „Großen Vaterländischen Krieges“ fast keine Männer mehr geben. Auch viele der Soldatinnen kehren von der Front nicht oder schwer verwundet zurück.

Rotarmistinnen findet man in verschiedenen Waffengattungen. Sie schleppen Versehrte aus dem Feuer und verbinden Wunden. Sie sind Scharfschützinnen und fliegen Kampfeinsätze, sprengen Brücken und machen Gefangene. Sie töten den Feind, der mit unerhörter Grausamkeit über ihr Land, über ihre Heime und Familien hergefallen ist.

Werden die Frauen und Mädchen, so sie diesen Krieg überleben, den Kriegsalltag jemals verarbeiten können? Wird überhaupt jemand wissen wollen, was ihnen in diesen furchtbaren Jahren widerfahren ist?

Einige wird man später auf den großen sowjetischen Paraden mit ordensgeschmückter Brust als Veteranin feiern. Die meisten der Hunderttausende von Heimkehrerinnen aber bleiben im Dunkel, werden eingereiht in die nach wie vor von Männern dominierte sozialistische Planwirtschaft.

In ihrem Mitte der 1980er-Jahre erschienenen Buch *Der Krieg hat kein weibliches Gesicht* hat die weißrussische Autorin Swetlana Alexijewitsch – im Oktober 2013 mit dem Friedenspreis des Deutschen Buchhandels ausgezeichnet – Hunderte Berichte sowjetischer Soldatinnen und weiblicher Partisanen verarbeitet. Scharfschützinnen sprechen erstmals von ihrer inneren Schwierigkeit zu töten, Sanitätsinstrukteurinnen von Erlebnissen, die später wie ein Haken in ihrer Seele stecken.

Die Partisanin Maria Matussewitsch erinnert sich an ihren Hass auf die Deutschen:

„Mein kleiner Sohn ist ums Leben gekommen. Ich war bei den Partisanen, das Kind bei meiner Mutter. Sie wurden beide verbrannt, Enkelkind und Oma. Als ich zu unserer Hofstelle gelaufen kam, war die Erde noch warm. Alles, was ich fand, war ein Häufchen Knochenasche ...

Als ich nach dem Krieg noch mal mit einem Knaben niederkam, da flehte ich zu Gott, er möge mich das Kind aufziehen lassen, dass es mich umgarnen könnte und wissen, wer seine Mutter ist. So krank war ich nach dem Krieg ..."

Es gibt Tausende solcher unvorstellbarer Grausamkeiten, bevor auch die Soldatinnen in Deutschland einmarschieren.

Eine weißrussische Krankenschwester erlebte, wie eine SS-Gruppe vor ihren Augen die geistig Behinderten im Krankenhaus Nowinki in einem Gaswagen tötet. Eine Hochschulabsolventin aus Gomel kehrt nach ihrem glücklich bestandenen Studium mit dem Koffer nach Hause zu ihren Eltern zurück:

„In der Nacht darauf warfen die faschistischen Flugzeuge Bomben auf die Stadt, auf die schlafenden Menschen. Und am Morgen fiel mir auf, dass die Natur einen schroffen Kontrast zu all dem Schrecken bot: Die Sonne stieg immer höher und strahlte über der heimatlichen Erde. Aber wir lächelten nicht mehr. Jeder wusste: Die Zeit war gekommen, Soldat zu werden."

Und dort verlernen die Frauen das Lachen.

„Eines Tages liegen wir in einem Weizenfeld", berichtet die damalige Sanitäterin Maria Garatschuk, „es ist sonnig und heiß. Die deutschen MPs – ‚ta-ta-ta-ta' – und gleich darauf Stille, nur der Weizen rauscht. Und wieder die deutschen MPs: ‚ta-ta-ta-ta'. Mir kommt der Gedanke: Werd ich je noch einmal hören, wie der Weizen rauscht?

... Ich schleppe einen Verwundeten. Plötzlich höre ich ganz deutlich ein Kind weinen. Doch, ja, ein Kind ruft um Hilfe! Ich renne auf dem Feld umher, wie von Sinnen – wo und wer kann das sein? Bis ich dann unter einem zerschossenen Panzer ein fünfjähriges Mädchen fand. Und als ich die Kleine erblickte, das Blut auf ihrer Wange, da packte mich der Schreck.

Es war grausig, dass Kinder bei lebendigem Leibe verbrannten."

Die Lehrerin Tamara Dawidowitsch absolviert bei Kriegsausbruch einen sechsmonatigen Lehrgang als Kraftfahrerin:

„Eigentlich war ich Lehrerin, aber wer braucht in Kriegszeiten Lehrer? Soldaten wurden gebraucht. Wir waren viele Mädchen, ein ganzes KFZ-Bataillon.

Ja, und eines Tages während der Gefechtsübung ... ich könnte heulen, wenn ich daran zurückdenke. Es war Frühling. Wir marschierten vom Übungsschießen zurück, und ich pflückte ein paar Veilchen. So ein winziges Sträußchen, das band ich ans Bajonett. Und so stapfte ich also weiter.

Als wir ins Lager kommen, lässt der Kommandeur antreten und ruft mich auf. Ich trete vor – und hab die Veilchen total vergessen. Da schimpft er los: ‚Ein Soldat ist ein Soldat und kein Veilchensammler!' Ihm war es unverständlich, dass man unter solchen Umständen überhaupt an Blumen denken konnte.

Aber ich warf die Veilchen nicht weg, ich nahm sie sacht vom Bajonett und steckte sie in die Tasche. Für die Blümchen kriegte ich dreimal Zusatzdienst aufgebrummt …

Als es dann an die Front ging, standen die Leute auf der Straße Spalier, Frauen, Greise, Kinder. Und alle weinten sie: ‚Die Mädchen gehen an die Front.' Wir waren ein ganzes Bataillon. Dann fuhren wir im Zug, und wie sahen wir die Welt? Noch wie Kinder."

Etliche der Interviewten erinnern sich, noch schnell so etwas Leckeres wie Pralinen gekauft oder den Lieblingsrock eingepackt zu haben. Für fast alle war es schwer, sich in den Soldatenalltag einzuleben, statt des Lieblingsrockes plötzlich grobe Langschäfter Größe 40 und schwere Feldmäntel zu tragen. Sich von den Zöpfen zu trennen, wird auch im Rückblick als schmerzlichster aller Verluste erinnert, weil der das Ende ihrer unbeschwerten Mädchenzeit symbolisierte.

In den Jahren an der Front werden sie als Soldatinnen alles erleben, wofür ihre Fantasie in Friedenszeiten nicht ausreichte: Einige stehen fast rund um die Uhr am OP-Tisch. Schwestern werden so viele abgeschnittene Gliedmaßen entsorgen müssen, dass sie sich kaum noch unverstümmelte Männer vorstellen können. Eine Köchin kocht einen Kessel Suppe und einen Kessel Brei – und nicht ein einziger Soldat kommt aus dem Gefecht zurück.

Frauen sind in der Regel keine Kampfmaschinen. Sie schlafen vor Übermüdung im Gehen ein und sehnen sich nach ihren Müttern, ihrem Zuhause. Sie besticken ihre Fußlappen aus dem Bedürfnis, etwas aus ihrer Vergangenheit zu tun.

Eine Fliegerin ist erschüttert, als sie den ersten toten Deutschen sieht – hat nicht auch der eine Mutter, die auf ihn wartet? Mädchen springen aus dem Schützengraben, legen Notverbände an und schleppen Verwundete aus der Feuerlinie, bis sie selbst zusammengeschossen werden. Sie sind ungemein tapfer … und verhärten, je länger dieser Krieg dauert.

Das hat auch mit der Grausamkeit des deutschen Feindes zu tun, von der alle weiblichen Soldaten später berichten werden: der Luftangriff auf die Sanitätskolonne mit sichtbarem Roten Kreuz; die Tiefflieger, die Jagd machen auf jeden Einzelnen; der Luftangriff auf den Verwundetenzug; zu Tode gequälte Partisanen; die neunzehnjährige Krankenschwester, die in Gefangenschaft gerät … und die sie am nächsten Tag, als sie das Dorf wieder einnehmen, finden: die Augen ausgestochen, die Brüste abgeschnitten, sie selbst auf einen Pfahl gespießt …

Es findet auf dem Heimatboden all das an Grausamkeit statt, was sowjetische Soldaten deutschen Frauen bei ihrem Einmarsch 1944/45 antun.

Eine ehemalige Infanteristin erinnert sich an den Nahkampf:

„Das ist das Grauen. Der Mensch wird da so … es ist unmenschlich. Da wird geschlagen, mit dem Bajonett zugestoßen, in den Bauch, ins Auge, da springen Menschen einander an die Gurgel. Ein Geheul, ein Schreien, ein Stöhnen … Im

Krieg ist das eine wie das andere schlimm – Nahkampf ist das Allerschlimmste. Ich hab das alles durchgemacht, ich weiß es …"

Der Krieg wird sie traumatisiert zurücklassen, wenn sie sich schon längst wieder ins Zivilleben eingereiht haben. Sie werden versuchen, ihre Erlebnisse so schnell wie möglich loszuwerden. Doch sie fühlen sich alt nach ihrer Rückkehr, alt und verbraucht. Viele von ihnen werden ängstliche Mütter, und manche kehren so schwer verletzt zurück, dass sie schon bald an den Kriegsfolgen sterben – still und unauffällig.

Die heimkehrenden Frauen der Roten Armee werden mit ihren furchtbaren Erinnerungen weiterleben müssen wie auf der Feindesseite die deutschen Frauen und Mädchen mit ihren furchtbaren Erlebnissen. Und glücklich kann sich schätzen, wer durch die unglaubliche Verrohung nicht völlig abstumpft:

„Als ich gerade einen Verwundeten wegführe", erinnert sich eine Sanitätsinstrukteurin aus dem Freiwilligen Kosakenkorps, „sehe ich plötzlich: Zwei Deutsche kommen hinter einem Spähwagen hervor. Der Panzer war angeschossen, und den beiden war es wahrscheinlich gelungen, herauszuspringen. Eine Sekunde nur, und hätte ich nicht den Feuerstoß abgegeben, die hätten uns glatt umgelegt. So unverhofft kam alles.

Nach dem Gefecht ging ich noch einmal dorthin – da lagen sie mit offenen Augen. Der eine so ein hübscher, junger Bursche. Und er tat mir leid, obwohl er doch ein Faschist war. Lange wurde ich dieses Gefühl nicht los, und man will doch nicht töten. Man müsste meinen – dieser Zorn, dieser

Hass: Wieso waren die in unser Land eingedrungen, was hatten sie hier zu suchen?! Aber versuch mal, selber zu töten, das ist schrecklich …"

Für die männlichen Soldaten sind die Mädchen und Frauen an der Front Kameraden, vor denen sie eine hohe Achtung haben. Doch eben nur an der Front. Walentina Pawlowa, die das Kriegsende in Ostpreußen erlebt, ist 25 Jahre alt, als sie heimkehrt:

„Wir sagten keinem, dass wir Frontkämpferinnen waren. Später begann man uns zu feiern, lud uns zu Treffen ein, aber anfänglich schwiegen wir. Trugen auch unsere Auszeichnungen nicht. Die Männer trugen ihre Orden, die waren die Sieger, die Helden auf Freiersfüßen. Bei ihnen war's der Krieg gewesen, aber uns guckte man mit ganz anderen Augen an.

An der Front verhielten sich die Männer großartig zu uns, sie beschützten und behüteten uns; ich habe nach dem Krieg nie wieder erlebt, dass sie die Frauen so wunderbar behandelt hätten …"

„Die Frau im Krieg", erinnert sich die Weißrussin Olga Wassiljewna, „das ist etwas, dafür gibt es noch keine Worte. Wenn die Männer in der Feuerlinie einer Frau begegneten, dann verwandelten sich ihre Gesichter, auch wenn sie bloß eine Frauenstimme hörten. Eines Nachts trat ich vor unseren Unterstand und begann leise zu singen. Ich dachte, sie schlafen alle, es hört mich keiner. Aber am Morgen sagte mir der Kommandeur: ‚Wir lagen alle wach. Man sehnt sich so nach einer Frauenstimme …'"

Von dieser Seite lernen deutsche Frauen die Soldaten der Roten Armee nicht kennen.

Kriegsende. Aber nicht für Ostpreußen
1945

Im Frühjahr 1945 steht die Rote Armee vor Berlin, in Ungarn, Österreich und der späteren Tschechoslowakei. In der letzten großen Offensive, der „Berliner Operation" – einer Schlacht um die Seelower Höhen an der Oder bis zu den letzten Straßenkämpfen in Berlin – fallen noch einmal mehr als 300 000 Soldaten der Roten Armee, bevor Deutschland am 7. Mai 1945 bedingungslos kapituliert. Allein die Erstürmung der Reichshauptstadt, die erbittert verteidigt wird, zieht sich bis zum 2. Mai hin.

Nur zwei Tage zuvor entzog sich der „Größte Feldherr aller Zeiten" Adolf Hitler, nachdem er die Regierungsgeschäfte an Großadmiral Dönitz übergeben hat, durch Selbstmord seiner Verantwortung.

Der Krieg ist vorüber, wenn auch noch nicht überall.

Am 9. Mai 1945 veröffentlicht die *Prawda,* sowjetisches Zentralorgan, auf der ersten Seite den Text der deutschen Kapitulationsurkunde; Stalin gedenkt in einer Ansprache der unermesslichen Entbehrungen und Leiden des sowjetischen Volkes und schließt mit den Worten: *„Ruhm und Ehre unserer heldenhaften Roten Armee, die die Unabhängigkeit unserer Heimat behauptete und den Sieg über den Feind errungen hat! Ruhm und Ehre unserem großen Volk, dem Siegervolk! Ewiger Ruhm den in den Kämpfen ge-*

gen den Feind gefallenen Helden, die ihr Leben hingaben für die Freiheit und das Glück unseres Volkes!"

In Moskau strömen von den Außenbezirken her jubelnde Menschenmassen auf die Innenstadt zu, um sich auf dem Roten Platz im tiefen Glücksgefühl zu vereinen – von zwei bis drei Millionen werden Historiker später berichten. Und kaum eine Familie ist unter ihnen, die nicht Angehörige in diesem wahnsinnigen Krieg verloren hat.

In London eilte schon am Tag zuvor eine große Menschenmenge an den Sitz der Regierung, um Winston Churchill zu lauschen, der mit den Sätzen schließt: „Vorwärts, Britannia! Es lebe die Sache der Freiheit! Gott schütze den König!" Und obwohl in Fernost noch gekämpft wird – erst im August 1945 wird auch Japan kapitulieren –, feiern Wildfremde am Trafalgar Square und am Piccadilly Circus ausgelassen den Sieg.

Paris hatte seinen großen Jubeltag schon ein Dreivierteljahr zuvor, als im August 1944 General de Gaulle in die befreite französische Hauptstadt einzog. Und auch da war eine unübersehbare Menschenmenge zu den Champs Elysées geströmt.

In Warschau, von den Deutschen zuvor noch systematisch in ein Ruinenfeld verwandelt, zog die Rote Armee schon zu Jahresbeginn 1945 ein ... nicht frei von eigener Absicht.

Als das offizielle Kriegsende in Europa verkündet wird, jubeln auch in Kanada, Australien und Neuseeland die Menschen, liegen sich in den Armen, laufen in die nächsten Pubs, um auf den Sieg zu trinken – und in allen Städten der siegreichen Alliierten füllen sich die Straßen mit jubelnden Menschenmassen.

Überall auf der Welt – am Ende waren mehr als fünfzig

Staaten im Kampf gegen Hitler verbündet – wird der sehnsüchtig erwartete Frieden gefeiert: mit Siegesmärschen, Dankgottesdiensten, spontanem Jubel und vielen Tränen. Die USA werden erst ausgelassen feiern, wenn auch Japan besiegt ist.

Über Europa liegt indes ein schwerer Schatten. Zerstört und entwurzelt ist ein ganzer Kontinent: Etwa fünfzig Millionen Menschen irren herum, auf der Suche nach einer Bleibe, einer neuen Heimat.

Die nächsten Jahrzehnte werden ihre millionenfachen Kriegsschicksale ans Licht bringen, samt einem unglaublichen Maß an menschlichem Leid:

Der Zweite Weltkrieg hat etwa sechzig Millionen Menschen das Leben gekostet, 67 Staaten waren ständig oder zeitweise in den Kampf involviert.

Am verheerendsten gestaltete sich der Vernichtungsfeldzug im Osten – allein in Polen geht man von etwa sechs Millionen Kriegsopfern aus, die tatsächliche Zahl wird sich auch Jahre später kaum noch ermitteln lassen. In Weißrussland ist ein Viertel der Bevölkerung ausgelöscht.

Und als rassenideologisch motivierter Vernichtungskrieg führte er zur gezielten Auslöschung der europäischen Juden; der systematische Mord von sechs Millionen Männern, Frauen und Kindern stellt eine moralische Katastrophe nie dagewesenen Ausmaßes dar.

Die Sowjetunion hat seit dem deutschen Überfall etwa 25 Millionen Menschen verloren. Hier wären die Zahlen jedoch niedriger ausgefallen, wäre zum braunen Terror nicht auch noch der rote gekommen – mit der Deportation ganzer Völker, mit Denunziationen und Erschießungen sowjetischer Soldaten wegen vermeintlicher Feigheit.

Auch werden viele sowjetische Kriegsheimkehrer in einem Gulag oder sibirischen Kohleschacht enden.

Nach amtlichen sowjetischen Erhebungen sind etwa 8,6 Millionen Soldaten der Roten Armee gefallen, vermisst oder in Kriegsgefangenschaft umgekommen. Schätzungen von Militärhistorikern zufolge liegt die Zahl noch um einige Millionen höher.

Und Deutschland selbst?

Auch das angestrebte „Großgermanische Reich deutscher Nation" liegt darnieder, als riesiger Trümmerhaufen. 161 Städte sind durch Luftangriffe verwüstet; die Berge aus Trümmern und Schutt werden später auf ein Gesamtvolumen von etwa 400 Millionen Kubikmeter beziffert. Keine Fackelzüge und Standarten mit Totenköpfen darauf sind mehr zu sehen, die Köpfe der Toten auf den Straßen sind echt.

Wer überlebt hat, versucht, den nächsten Tag zu überstehen – Trinkwasser aufzutreiben, eine Rübe, eine Kartoffel …

Die alliierten Besatzer verhängen Ausgangssperren und ernennen Bürgermeister, holen Nazis aus ihren Verstecken und befreien die letzten Zwangsarbeiter. Und zaghaft hält zwischen Bombentrichtern so etwas wie Alltag Einzug: Die Lebensmittelversorgung muss in Gang gebracht, Gas- und Wasserleitungen müssen instand gesetzt werden.

Nur wenig nach dem Tag der Befreiung, am 11. Mai 1945, feiern überlebende Berliner Juden den ersten Friedensgottesdienst im unzerstörten Eingangsgebäude des jüdischen Friedhofs von Weißensee.

Vom Kriegsende kriegt Siegfried Matthus aus Mallenuppen bei Nemmersdorf wenig mit. Der Zehnjährige, der seine Mutter mit den kleineren Geschwistern auf der Flucht verloren hat und in Danzig die sterbende Großmutter zurücklassen musste, ist mit Tante und Onkel nach einer neunwöchigen Odyssee durch Pommern schließlich in einem Mecklenburger Dorf gelandet. Es liegt westlich von Schwerin, und die geflohenen Ostpreußen sind froh, in der Britischen Besatzungszone angekommen zu sein:

„Das Mecklenburger Gebiet, in dem wir nun gestrandet waren, wurde Anfang Mai von den Engländern übernommen. Da kamen mal so zwei Tommys vorbei, das ganze verlief völlig unspektakulär.

Nicht lange darauf wurde das Gebiet aber an die Russen übergeben, und gleich gerieten wir in Panik. Meine Tante sagte: ‚Wir machen uns jetzt nach Berlin auf – ich will wissen, ob unsere Schwiegertochter dort noch auffindbar ist, mit ihren beiden Kindern.'

Also haben wir uns auf den Weg gemacht. Und da gab es eine Zwischenstation – Friesack, das liegt im nördlichen Brandenburg, das gehört zum Havelland. Dort hatte die Frau, bei der wir in Mecklenburg untergekommen waren, eine Tochter wohnen. Im Juni 1945 trafen wir in dieser Gegend ein und hatten erst mal was Essbares zum Überleben. Neun Kilometer von Friesack entfernt fanden wir dann zufällig ein nicht bezogenes Haus, im Dorf Läsikow. Und dort blieben wir schließlich hängen.

Ich dachte ständig voller Bangen an meine Mutter und die kleineren Geschwister – wo sollten wir uns wiederfinden, waren sie überhaupt noch am Leben?

Im Juni 1945 wollte meine Tante unbedingt nach Berlin aufbrechen, um zu sehen, ob ihre Schwiegertochter mit den Kindern noch lebt. Ihr Sohn war ja im Krieg gefallen, wodurch ihre Hitler-Begeisterung sprunghaft abgenommen hatte.

Wir sind also mit einem Zug von Friesack Richtung Berlin gezuckelt. Der Zug war völlig überfüllt, wir fanden nur noch auf dem Dach oder einem Trittbrett Platz ...

Ich werde nie vergessen, wie wir im Juni 1945 in Gesundbrunnen ausgestiegen sind! Wir gingen ein paar Straßen entlang – meine Tante und mein Onkel konnten sich noch gut an den Weg zum Haus ihres Sohnes und ihrer Schwiegertochter erinnern – mit klopfendem Herzen, ob das Haus überhaupt noch steht. Und als wir an die entscheidende Ecke kamen – siehe da: Es stand noch!

Wir sind hochgegangen und fanden die Schwiegertochter und die Kinder unversehrt vor. Diese Berliner Adresse war auch meinen Eltern bekannt, und darüber hat unsere Familie dann wieder zusammengefunden. Das war aber erst ein Jahr später."

Berlin ist eine Trümmerwüste, von 245 000 Gebäuden sind rund 48 000 zerstört. 78 000 Berliner sind ums Leben gekommen, ein Großteil davon als zivile Opfer des Luftkrieges. Doch der kleine Ostpreuße ist durch Trümmer nicht mehr einzuschüchtern:

„Der Krieg war vorbei, und ich war zum ersten Mal in Berlin – einer Stadt, von der ich als Kind schon immer geträumt hatte. Das war schon beeindruckend – ich bin U-Bahn gefahren, mit meinem Onkel, das war für mich als Dorfjunge ein besonderes Erlebnis.

Ich erinnere mich, wir gingen in der Wilhelmstraße vorbei, an der zerschossenen Reichskanzlei, auch an der

Schlossruine. Also, ich habe das zerstörte Berlin von 1945 hautnah erlebt. Als Junge hatte ich dabei ein abenteuerliches Gefühl."

Da erst am 4. Juli 1945 britische und amerikanische Truppen samt einer französischen Vorhut in der Reichshauptstadt eintreffen, nimmt man überall nur Angehörige der sowjetischen Besatzungsmacht wahr. Tante und Onkel hält es nicht nur aus diesem Grund nicht länger hier:

„Von Berlin aus fuhren wir dann in unser brandenburgisches Dorf zurück, weil das zudem den großen Vorteil hatte, dass man sich dort ernähren konnte."

Für die Bewohner Ostpreußens ist der Krieg noch längst nicht vorbei. Sie sind eingeschlossen und zugleich abgeschottet von jeder Information aus Deutschland und der restlichen Welt. Und nach wie vor sind Zivilisten der soldatischen Willkür ausgesetzt, es herrscht ein Rechtsvakuum. Die vielen Übergriffe sowjetischer Militärs selbst nach der Kapitulation ..., das Marodieren und Plündern und Vergewaltigen werden inzwischen auch von der Armeeführung beklagt.

Die Landwirtschaft liegt völlig darnieder. Die Höfe sind verlassen, der Boden herrenlos. Die drei Dutzend Divisionen der Roten Armee, die zum Kriegsende im nördlichen Ostpreußen stehen, sollen sich nun – da die erbeuteten Lagerbestände ebenso zur Neige gehen wie die US-amerikanischen Konservenlieferungen – aus eigener Kraft ernähren.

Auf eigens gegründeten Sowchosen werden nun deutsche Zivilisten ihre Felderfahrung einbringen, so der Plan, um wenigstens eine notdürftige Versorgung des Militärs zu gewährleisten.

Und so wird Familie Kropp wieder in ihre bäuerliche Heimatgegend umdirigiert.

Der zwölfjährige Günter Kropp aus Rauschendorf bei Stallupönen wurde mit Mutter, Oma und kleinem Bruder in Danzig von der Roten Armee überrollt. Kurzzeitig hatten Russen den hochaufgeschossenen Jungen verhaftet und interniert, dann aber wieder freigelassen. Nun macht sich Familie Kropp am 3. Juni 1945 auf den Weg nach Hause. Zuhause – das ist ihr abgelegener Bauernhof unweit der litauischen Grenze, von dem aus sie in Eile bereits im September 1944 Richtung Westen aufgebrochen waren.

Was für eine Odyssee haben sie hinter sich. Und was hat es ihnen gebracht? Nichts.

Immerhin: Es soll heimgehen. Werden sie jetzt unter Russen leben müssen? Vielleicht taucht ja auch der Vater wieder auf.

Mit ihnen kommt die Danziger Tante, deren Mann trotz Holzbein von den Sowjets mitgenommen wurde:

„Wir bekamen ein russisches Dokument ausgehändigt, mit einem Stempel drauf, um das wir ständig Sorge hatten, dass es uns weggenommen wird. Viele russische Militärposten konnten nicht lesen und drehten den Stempel auf den Kopf. Glücklicherweise endeten solche Kontrollen für uns immer mit Rückgabe des Dokuments und einem ‚Dawai, dawai!'.

Wir waren also auf dem Rückweg und durften einen Zug Richtung Osten benutzen. Die Rückreise war mit langen Wartezeiten auf irgendwelche Züge verbunden, von denen niemand so recht wusste, ob die überhaupt noch fahren. Zwischenrein wurden wir auch mal ausgeraubt. Am Ende fuhr der Zug, in dem wir schließlich saßen, durch bis Eydtkuhnen – das war die letzte Station vor Litauen. Der passierte also Stallupönen, ohne zu halten; wir fürchteten schon, dass er bis Moskau durchfährt oder sogar Sibirien ... Von Eydtkuhnen aus machten wir uns nun zu Fuß auf, zurück nach Stallupönen. Wir haben ziemlich gehungert unterwegs, es gab so gut wie nichts zu essen. Manchmal hat uns irgendjemand ein Stück Brot gegeben oder es wurde irgendwo eine Kartoffelsuppe ausgeteilt.

Am 17. Juni 1945 kamen wir schließlich in unserer Kreisstadt Stallupönen an, die zu der Zeit noch Ebenrode hieß. Das Datum weiß ich noch genau, denn das war der Geburtstag meines Vaters.

Wir mussten uns auf der Kommandantur melden, und ich wurde gefragt: ‚Wer bist du und woher kommst du?'

Ich antwortete: ‚Mein Name ist Kropp, Günter. Ich bin zwölf Jahre alt und komme aus Rauschendorf bei Stallupönen. Meinen Vater werden Sie nicht kennen ...'

Wir durften plötzlich nicht auf unseren Hof in Rauschendorf zurück. Wir hätten es auch gar nicht gekonnt, wie wir später feststellten: Unser abgelegenes Gehöft war unmittelbare Kampfzone gewesen und bis auf die Grundmauern zusammengeschossen ...

Viele Häuser waren zerschossen, gerade in dieser Gegend. Inzwischen waren die Straßen aber schon freigeschippt von Trümmern. Überall standen russische Posten, und überall mussten wir unser Dokument zeigen, das, wie gesagt, keineswegs alle lesen konnten.

Von Stallupönen aus wurden wir jetzt nach Pillupönen weiterdirigiert – dort gebe es Arbeit, sagte der Dolmetscher des Kommandanten, Arbeit in der Landwirtschaft.

Wir sind also mit unserem Handgepäck nach Pillupönen

aufgebrochen – meine Mutter, meine Oma, meine Tante, mein kleiner Bruder und ich. Auf dem Weg dahin entdeckten wir am Wegrand etwas Essbares: Rhabarber!

Wir haben den gierig abgebrochen, die Fäden davon rausgezogen und dann gegessen. Wir waren ja total ausgehungert. Johannisbeeren fanden wir – die waren zwar noch etwas hart, man konnte sie aber trotzdem essen.

In Pillupönen wurden wir mit einem Viertelliter Milch empfangen – von den Leuten, bei denen wir einquartiert wurden. Das waren deutsche Dorfbewohner, die vor uns zurückgekehrt waren.

Nicht lange darauf donnerte es wie verrückt an die Tür unseres neuen Quartiers. Ich war gerade allein, bekam nun mächtig Angst, und statt die Tür zu öffnen, versteckte ich mich unterm Bett. Draußen brüllte ein Russe, der kurz darauf die Türe eintrat. Ich hatte Lebensangst, ich war ja erst zwölf Jahre alt! Der Russe durchsuchte das Zimmer und schaute auch unters Bett, wo er mich entdeckte – ich aber starrte halbtot vor Angst in ein zerstörtes Auge. Es war ein Auge mit einer Binde davor. Ich musste nun rauskommen, aber getan hat er mir Gott sei Dank nichts. Er kam, um mich zur Heuernte abzukommandieren …"

Und wo befindet sich zu dieser Zeit die achtjährige Doris Meyer mit Mutter und Oma?

Nachdem sie in Königsberg die verstümmelten Frauenleichen passieren mussten, wurden sie – schwer traumatisiert – in eine noch weitgehend intakte Wohnsiedlung einquartiert:

„Scheiben waren da natürlich nicht mehr drin, doch die Häuser standen noch. Da haben sie uns reingetrieben. Man suchte sich in Gruppen Quartiere. Zu unserer Gruppe gehörten eine Frau mit zwei Jungs sowie meine Mutter, meine Oma und ich. Wir richteten uns in einer ganz kleinen Küche ein, da gingen ohnehin nicht mehr rein als wir sechs. Dort lagerten wir auf dem Küchenboden. Andere richteten sich in anderen Räumen ein, es waren ja viele Zivilisten."

Doch Ruhe kehrt auch dort nicht ein:

„Meine Mutter hatte noch ihren Ehering um – der saß so fest, dass man den nur sehr schwer abziehen konnte. Eines Tages saß sie mal am Herd; ich erinnere mich nicht mehr, ob sie etwas kochen wollte oder irgendeine Kleidung ausbessern. Genau in diesem Moment aber kam ein Russe rein – sobald einer auftauchte, wurde man ja schon steif vor Angst. Der sah den Ring an der Hand meiner Mutter und wollte ihn haben! Meine Mutter war so überrascht von seinem Kommen, dass sie diese Hand gar nicht mehr verstecken konnte. Den hatte bisher noch niemand an ihr entdeckt. Also, der wollte den Ring und nahm ihre Hand in seinen Griff. Der Ring ging total schwer ab, meine Mutter sollte das jetzt alleine übernehmen. Als sie ihn schließlich ab hatte, warf sie ihn dem Russen vor die Füße. Das war ziemlich tollkühn, da hätte sie auch Pech haben können. Der hat ihr aber nichts weiter getan."

Auch die Vergewaltigungen setzen wieder ein, und damit das Schreien und Wimmern und Klagen – auch das der völlig verängstigten Kinder:

„Meiner Mutter reichte es. Sie sagte plötzlich: ‚Nein, hier bleiben wir nicht länger! Wir versuchen, hier wegzukommen.'

Ihr fiel plötzlich ein, dass eine ihrer Schwestern in einem Nebendorf von Königsberg wohnte, sie besaß dort eine Imkerei und Gärtnerei. So ungefähr fünf Kilometer von Königsberg entfernt, das Dorf hieß Laut. Und dorthin haben wir uns nun zu dritt durchgeschlagen. Wir sind sofort in die Büsche, sobald irgendwo ein Militärfahrzeug auftauchte.

Wir kamen dort an, doch von der Tante war weit und breit nichts zu sehen. Auch von anderen Menschen nichts. Die Häuser des Dorfes standen noch, die Gewächshäuser der Gärtnerei waren allerdings völlig zerstört. Es war gespenstisch …

Wir schauten in die leeren Häuser: In einem Wohnzimmer lag noch die Tischdecke auf dem Tisch, und darauf stand eine wunderschöne Glasschale! Nachdem wir seit Monaten nur noch Dreck und Trümmer und Feuer und Leichen gesehen hatten, wirkte das wie ein Märchen auf uns … In diesem Wohnzimmer war ein winziges Stück Zivilisation zurückgeblieben.

Doch in diesem verlassenen Dorf konnten wir natürlich nicht bleiben. Wir zogen weiter, in ein Vordörfchen von Laut, das hieß Lieb. Da trafen wir wieder auf andere vertriebene Zivilisten, wir wohnten dann alle zusammen in einer Stube."

Tagsüber strolchen die Kinder draußen herum, auf der Suche nach etwas Essbarem. Nachts verbarrikadiert sich die Wohngemeinschaft. Doch was sie auch vor die Türe stellen – die Soldaten, meistens betrunken, schieben alles beiseite.

Wenigstens die Tage bieten jetzt ab und zu erfreuliche Momente:

„Tagsüber bekamen die russischen Soldaten aus einer Gulaschkanone Essen. Das fand ein paar Häuser weiter statt, auf einem freien Platz. Dorthin zog es uns ausgehungerte Kinder natürlich. Es gab dort so einen kleinen Koch: Der hat uns immer ein Zeichen gegeben, näher zu kommen. Er hatte einen abgeschossenen Finger, und den hielt er hoch und rief zu uns: ‚Eure Väter haben mir meinen Finger abgeschossen!'

Aber er war sehr musikliebend. Und so forderte er uns jeden Tag auf, etwas zu singen. Also haben wir gesungen, die Volkslieder, die wir kannten. Und wenn wir ein paar Lieder gesungen hatten, kriegte jeder von uns einen kleinen Schlag Essen.

Fast konnte man von einer Verbesserung unserer Lebenssituation sprechen, als meine Mutter plötzlich die Ruhr kriegte. Unterwegs gab es ja nichts zu trinken, also haben die Leute aus den Pfützen getrunken, und die waren zum Teil verseucht durch die toten Pferde und all die Leichen, die da rumlagen. Meine Mutter wurde richtig krank und konnte lange nicht aufstehen.

Eines Tages, als es mit ihr physisch schon etwas aufwärtsging, schleppte sie sich mal ein bisschen vor die Tür. Dann ging sie langsam die kleine Dorfstraße entlang, als plötzlich ein Russe um die Ecke kam, mit einem Eimer in der Hand. Der sah meine Mutter und rannte auf sie zu; meine Mutter wiederum rannte weg und versuchte irgendwie, das Haus zu erreichen. Der Russe brüllte: ‚Stoi! Stoi!' Meine Mutter geriet in Panik, denn der war natürlich schneller und holte sie ein.

Und was tat er? Er drückte ihr den Eimer in die Hand. Und wissen Sie, was da drin war? Kartoffelbrei! Der Eimer war bis zum Rand voller Kartoffelbrei. Für die Russen bedeutete Kartoffelbrei, dass sie da ganze Klumpen Butter reinschmissen.

Mein Gott, was hat das gut geschmeckt ... Das war ein richtiges Fest für uns Frauen und Kinder; aber auch unsere alten Menschen, so wie meine Oma, langten endlich mal kräftig zu.

Ja, es gab auch gute Menschen unter den Russen. So wie der eine, der ‚Na, hat der liebe Gott geholfen?' gesagt und mir dabei über den Kopf gestrichen hat.

Aber es gab eben auch die anderen.

Vor ihrem Einmarsch in Ostpreußen hatte Stalin den Soldaten versprochen, sie dürften drei Tage tun und lassen, was sie wollen. Das hat sich dann aber auf drei Jahre ausgedehnt ... Und da hat sich keiner drum gekümmert, wenn Soldaten Verbrechen an der Zivilbevölkerung begingen. Ich erinnere mich, zwei Pastoren sollten mal zu einer kleinen Menschengruppe gehen, um dort eine Andacht zu halten. Die mussten über so ein Trümmerfeld. Die kamen aber nie an. Später hat man sie beide erschlagen auf diesem Trümmerfeld gefunden ...

Das war alles im Sommer 1945."

Doris Meyer, ihre Mutter und Oma bleiben vor allem wegen des warmherzigen russischen Kochs in Lieb, der den Kindern fast täglich etwas zu essen gibt. Doch als die Truppe abzieht, ist wieder Hunger angesagt. Die drei kehren zurück nach Laut und treffen auf eine Kompanie russischer Frontsoldaten, die sich dort erholen soll:

„Meine Mutter suchte eine Arbeit – Arbeit aber gab es 1945 in Ostpreußen nur noch bei den Russen. Meine Mutter konnte ja wunderbar nähen, und irgendwie hat sie das zum Ausdruck gebracht: Plötzlich brachte einer der Soldaten ihr das obere Stück einer Nähmaschine, das hatte der aus irgendeinem der Häuser rausgeholt. Und kurz darauf brachte er meiner Mutter noch aufgetrennte deutsche Soldatenmäntel – daraus sollte sie ihm Bridges-Hosen nähen. Meine Mutter hatte gar kein Garn und musste erst mal aus alten Kleiderresten selbst welches herstellen. Kurz darauf wurde auch das Unterteil der Nähmaschine herbeigeschleppt. Meine Mutter hat sich sehr gequält, denn das waren dicke Stoffe, die eigentlich ungeeignet für diese Art Nähmaschine waren. Die Nadeln brachen ...

Aber irgendwie hat sie es geschafft. Und als der Erste so eine Hose fertig hatte, stolzierte er wie ein Spanier über die Dorfstraße, damit alle seine Hose bewundern konnten. Und er wurde bewundert. Die russischen Uniformen waren ja durch die lange Kriegszeit auch schon ziemlich ramponiert."

Ist das jetzt der Frieden? Fast über Nacht lebt Doris in einer russischen Welt. Und weil ihre Mutter als Näherin anerkannt ist, verbessert sich schlagartig die Lebenssituation:

„Mit diesen Frontsoldaten, die sich dort erholen sollten, habe ich mich angefreundet. Die waren lieb zu mir! Weil meine Mutter nun auch für sie nähte, durfte ich mir jeden Tag einen halben Liter Milch bei ihnen abholen. Auch zu essen haben sie mir gegeben.

Meine Mutter kriegte für jede Hose ein Säckchen mit Hirse. Die Russen kochten viel mit Hirse, was wir gar nicht kannten. Oder sie bekam Graupen, das war in Königsberg auch nicht gerade gängig. Wenn es hoch kam, kriegte sie auch mal ein bisschen Mehl.

Das hat meine Mutter immer vorausschauend aufgehoben. Denn ich wurde von den Soldaten mit ernährt und brachte manchmal sogar noch etwas Essen nach Hause ...

Eines Tages spielte ich irgendwo mit Kindern. Ich kam nach Hause und sah meine Mutter nähen, so wie jeden Tag. Und sie sagte zu mir: ‚Du, hier war ein Russe, der wollte unbedingt zu dir und du warst nicht da.'

‚Was wollte der denn?', fragte ich.

‚Er hat ein Stückchen Torte für dich gebracht. Und war ganz traurig, dass du nicht da warst ...'

Ein Stückchen Torte – so etwas kannten wir gar nicht mehr! Tatsächlich hatte er ein Stück Torte für mich abgegeben.

Meine Mutter bekam gleich etwas Angst, die wollten mich nämlich immer mit nach Moskau nehmen. Wenn die Soldaten Gruppenbilder machten, sollte ich mit drauf und saß dann vorne in der Mitte. Ich habe leider nie so ein Bild gekriegt ...

Diese Soldaten hatten nun den Befehl bekommen, alle Sachen zu packen – für sie ging es nach Hause, es war ja Kriegsende. Das war nun schon Juni oder Juli 1945. Sie wollten sich von mir verabschieden und haben mir ein Stück Torte dagelassen ..."

Mit ihrem Weggang versiegt nicht nur die Milch. Bei der Einheit, die nun eintrifft, muss man sich wieder vorsehen ... und wieder verbarrikadieren. Doris' Mutter näht nicht mehr. Und manchmal schreien nachts wieder Frauen ...

Eines Tages aber passiert etwas besonders Furchtbares:

„In dem Stübchen, in dem wir untergekommen waren, hausten wir auf einer Art Lumpenlager, es gab ja keine Betten mehr. Es war Hochsommer, und meine Mutti wusch in einer

Kittelschürze draußen etwas am Waschbrett. Plötzlich kam ein LKW mit Russen, und auf dem LKW befanden sich schon lauter Frauen. Sie sahen meine Mutti, stürzten auf sie zu, packten sie am Schlafittchen und zerrten sie auf den LKW ... Weg war sie! Meine Mutti!

Ich blieb mit der Oma alleine zurück und bin natürlich in Tränen ausgebrochen. Was nun machen?

Die mussten immer eine bestimmte Zahl von Menschen einsammeln: Und wenn eine ausgerissen war oder noch eine fehlte, dann schnappten sie die nächste, die sie erspähen konnten. Und das war nun meine Mutter ...

Ich habe mich von nun an allein durchgekämpft mit meiner Oma, die musste ich ja noch mit ernähren. Ich bin überall betteln gegangen bei den Russen, um wenigstens ein bisschen was zu essen zu kriegen. Meine Mutter kam wochenlang nicht wieder ... Monate lang nicht, inzwischen wurde es Herbst. Sie war verschleppt worden mit anderen Frauen – ausgeladen wurden sie auf einer Kolchose, etwa fünfzig Kilometer vom Örtchen Lieb entfernt. Sie mussten dort schwere Feldarbeit verrichten. Ernährt wurden sie mit Wassersuppe, in der manchmal tote Raupen schwammen. Dazu ein glitschiges Stück Brot.

Nachts wurden die Frauen in einer Tiefgarage eingesperrt, wo sie auf dem bloßen Zementfußboden liegen mussten – meine Mutter in jener dünnen Kittelschürze, in der sie weggeholt worden war. Ohne Decke oder ein bisschen Stroh. Die Frauen haben sich nachts mit ihren Körpern gegenseitig gewärmt.

Aber auch hier wurden sie wieder vergewaltigt.

Die Herbstkälte kam, und dort, auf dem bloßen Zementfußboden, hat meine Mutter sich dieses schwere Rheuma geholt, unter dem sie dann den Rest ihres Lebens litt.

Zusammen mit einem jungen Mädchen ist sie schließlich von dort geflohen. Die beiden legten sich eines Tages eine Hacke auf die Schultern und arbeiteten sich geschickt an einen unübersichtlichen Feldrand vor. Dann schlugen sie sich in die Büsche …

Sie wussten ungefähr, wo es langgeht in Richtung Königsberg. Sie brauchten vierzehn Tage für dieses kurze Stück dorthin, denn sie versteckten sich sofort, sobald auch nur in der Ferne ein Mensch auftauchte oder ein Fahrzeuggeräusch zu hören war.

Die Russen sind mit Pferden hinter ihnen her, um sie wieder einzufangen. Sie haben sie aber nicht gekriegt, weil die beiden Frauen keinen Fehler gemacht und sich sehr geschickt versteckt haben – im Wald, hinter Büschen, im Straßengraben …

Eines Nachts – ich lag mit der Oma auf unserem Lumpenhaufen – klopfte es. Wir erschraken, und ich fragte ganz ängstlich: ‚Wer ist denn da?' Und dann kam die Antwort: ‚Mach auf, Mutti ist da!'

Das war eine Freude! Wir haben uns wie wild umarmt, auch Oma und Mutti. Sie war total erschöpft. Sie legte sich auf den Lumpenhaufen … und stand nicht mehr auf. Sie war plötzlich nicht einmal mehr ansprechbar.

O Gott, nun wieder diese Angst!

Ich wusste aber, dass diese neue Russenkompanie im Dorf einen Arzt hatte. Diesem Arzt hatte ich mal meine Knöchel gezeigt, als ich dort große Wunden hatte und schon der blanke Knochen rauskam und die Wunden nicht heilten. Da war Mutti noch bei uns und hatte den russischen Arzt um Hilfe gebeten. Wir hatten ja keine richtige Nahrung, deshalb heilten die Wunden nicht, sondern eiterten. Und er hatte ihr für mich eine Salbe mitgegeben, die nach Lebertran roch, aber half. Zu diesem Arzt also rannte ich am nächsten Morgen hin. Und zerrte an ihm: ‚Meine Mama bolnoj! Komm! Mama bolnoj!'

Er kam auch, stellte sich aber nur an den Türrahmen – und haute wieder ab. Er ging gar nicht zu ihr hin. Und ich bin wieder in Tränen ausgebrochen: ‚Der hilft nicht, der geht einfach weg!'

Nach einer Weile kam so ein Panjewagen, mit Stroh drauf und einem Pferdchen vorne und zwei Muschkoten. Die beiden kamen rein und packten meine Mutter an den Füßen und unter den Achseln und trugen sie raus, legten sie auf den Panjewagen. Und der fuhr weg.

O Gott, nicht einen Tag war meine Mutter da gewesen ... Und jetzt verschleppten sie sie schon wieder. Ich war total verzweifelt. Ich erzählte das anderen Zivilisten in unserer Umgebung, und die beruhigten mich: Sie meinten, meine Mutter habe bestimmt Typhus und sei jetzt irgendwo in Königsberg, wo man ihr helfen könne. Auf einer Typhusstation.

Tatsächlich grassierte zu dieser Zeit der Typhus ganz schrecklich in der Stadt, und wahrscheinlich hatten sie extra Häuser für Typhuskranke eingerichtet. Wie sollte ich meine Mutter finden?"

Nach etwa zwei Wochen hält es die Achtjährige nicht mehr aus. Sie läuft die fünf Kilometer vom Dörfchen Laut in die Stadt Königsberg, um ihre Mutter zu suchen. Und sie kommt nicht mit leeren Händen: Von den Russen erbettelt sie sich ein bisschen Kartoffelbrei und packt diesen zwischen zwei Teller, die sie in irgendeinem Haus gefunden hat. Das Ganze kommt in ein Netz:

„Und damit machte ich mich nun auf die Wanderschaft, um Mutti zu finden. Ich habe mich durchgefragt, sobald ich deutsche Menschen sah.

Nun hatte ich den Kartoffelbrei zwischen den beiden Tellern. Und unterwegs traf ich auf eine lungernde Kindergruppe – die hatten keine Eltern mehr und waren ständig auf der Suche nach etwas Essbarem. Die sahen mich und fragten, was ich da zwischen den beiden Tellern hätte. Ich sagte: ‚Nischt, gar nischt habe ich da drin!'

Sie ließen aber nicht ab und hauten mit dem Fuß gegen den Beutel und zertrümmerten mir den unteren Teller. Ich heulte natürlich, weil ich das ja für meine Mutter aufgespart hatte ... Aber den Kartoffelbrei selbst haben sie mir nicht weggenommen.

Ich habe meine Mutter tatsächlich gefunden! Ich musste über einen Krankenhaushof – das Krankenhaus lag direkt am Oberteich – und kam zunächst an eine Schuppentür. Die stand offen. Und dort lagen amputierte Gliedmaßen, menschliche Beine und Arme. Die faulten vor sich hin. Irgendjemand wird das später wohl weggeräumt haben. Das stank – ich habe mich geekelt wie verrückt.

Ich bin dann rein in die Typhusbaracke, dort war noch deutsches Personal eingesetzt. Sie zeigten mir meine Mutter, und ich habe sie kaum erkannt: Sie hatte eine Glatze und war nur noch Haut und Knochen. Sie lag da und freute sich, aber sie weinte auch ständig dabei.

Sie sagte immer: ‚Ach Dorchen, ach Dorchen ...' Und weinte dazu. Ich weinte auch. Sie war ganz, ganz schwach und hatte Schmerzen beim Liegen. Die Schwestern betteten sie ständig um, aber es half nichts.

Trotz dieses Anblicks: Ich hatte sie gefunden und war überglücklich. Und sie sammelte jetzt die Keramiksplitter von dem zerbrochenen Teller mühsam aus dem Kartoffelbrei und aß ihn – was für ein Glück, dass ich ihn bis hierher gerettet hatte.

Später erzählte mir meine Mutter, dass auf dieser Typhusstation eine deutsche Ärztin war. Und meine Mutter hat immer gejammert und geweint, dass man sie doch endlich sterben lassen solle. Und da hat die Ärztin, die ihre Familienverhältnisse kannte, gesagt: ‚Frau Meyer – wenn Sie jetzt sterben, dann muss auch Ihr Kind sterben und Ihre Mutter auch! Und was ist dann? Jetzt nehmen Sie sich mal zusammen!'

Dass sie ihr so ins Gewissen geredet hat, das half. Die Ärztin hatte auch noch ein paar gute Medikamente versteckt, und damit hat sie meine Mutter wieder hoch gebracht. Durch diese Ärztin hat meine Mutter das überlebt, auch wenn sie äußerst schwach war. Die meisten Menschen sind gestorben an solchen Seuchen wie Typhus, weil sie nichts zuzusetzen hatten.

Als meine Mutter aufstehen und sich von einer Stufe mühsam zur anderen hangeln konnte, hat die Ärztin ihr in der Küche eine Arbeit besorgt. Sie durfte Kartoffeln schälen – das waren noch irgendwelche Reste aus deutschen Kellern. Es war streng verboten, auch nur Kartoffelschalen zu entwenden. Das haben natürlich alle gemacht, die in der Schälküche arbeiteten. Die musste man aber geschickt verstecken, denn die Russen machten ab und zu Razzien und untersuchten die Kleidung der Frauen, wenn die die Küche verließen, ob sie irgendwas haben mitgehen lassen. Andere Frauen konnten schnell weglaufen, wenn so eine Razzia begann – nicht aber meine Mutter. Die war so schwach, dass sie wie eine Schnecke die Stufen hochkroch. Demzufolge haben sie sie öfter erwischt und ihr alles weggenommen. Eine zusätzliche Strafe gab es aber nicht.

Sie überlebte den Typhus und kam irgendwann wieder nach Laut zurück.

Aus dem Haus mussten wir dann aber raus – russische Zivilisten wurden nun in die Häuser reingesetzt. Nun wussten wir wieder nicht, wohin. Dann erinnerten wir uns, dass es da ein kleines Wäldchen hinter Laut gab. Wenn man das durchquerte, war dann so eine kleine Enklave mit drei, vier kleinen Siedlungshäuschen – ‚Anbau Laut' hieß das. Dorthin haben wir uns dann geschleppt, mit unserer Oma – die lebte da noch. Und dort kam auch der bittere Winter über uns …"

Doris' Großmutter überlebt diesen Winter nicht mehr. Die alte Frau, die von ihrer Tochter unter äußerster Kraftanstrengung auf dem Rücken aus Königsberg herausgeschleppt wurde, stirbt im Dezember 1945.

„Meine Mutter besorgte aus einem Lumpenhaufen des Nachbarhauses eine alte Decke und nähte unser geliebtes Omchen darin ein.

Langsam bekamen die Russen Angst, da sich durch die vielen Leichenstapel Seuchen verbreitet hatten. So bekamen alte deutsche Männer den Auftrag, täglich die Leichen einzusammeln. Meine Mutter legte unser eingewickeltes Omchen an die Straße und wartete auf die Männer. Die kamen irgendwann mit ihrem Leichenkarren vorbei, auf dem schon mehrere Tote lagen.

Keiner wusste, wohin sie gebracht wurden. Viel später nahmen wir an, dass man sie wohl auf einen Haufen geschmissen und verbrannt hat.

Wir trauerten sehr lange um unsere Oma und hatten ja nie ein Grab, um sie zu besuchen ..."

Richtung Osten wird seit April auch der Zug samländischer Zivilisten getrieben, in dem Mutter Possienke aus dem Dorf Schuditten mit ihren drei kleinen Mädchen mitläuft. Schuditten liegt westlich von Königsberg, nicht allzu weit von Pillau entfernt. Doch längst geht es Richtung russische Grenze, Königsberg liegt weit hinter ihnen.

Wochenlang sind sie bereits unterwegs, und der lange Zug hat sich durch das Sterben derer, die nicht mehr laufen konnten, ausgedünnt. Auch hier werden die Frauen noch immer nachts vergewaltigt und müssen sich tagsüber kümmern, um etwas Essbares für sich und die Kinder aufzutreiben.

Den Gewaltmarsch haben nicht nur die achtjährige Edith und die sechsjährige Birgit bisher überstanden, sondern auch die vierjährige Brigitte, meist an der Hand ihrer Mutter oder einer ihrer Schwestern:

„Wochen waren vergangen, wir Frauen und Kinder aus dem Samland befanden uns inzwischen weit östlich von Königsberg. Schloßberg lag jetzt in der Nähe, das war kurz vor der russischen Grenze. Das heißt, wir waren über die vergangenen Wochen etwa 180 Kilometer gelaufen – von unserem Heimatdorf Schuditten aus an der Bahnstrecke Königsberg-Pillau bis fast zur russischen Grenze.

Untergebracht wurden wir inzwischen in leerstehenden Bauernhäusern. Alte Frauen gab es kaum mehr in unserer Kolonne, die meisten waren schon am Beginn dieses Gewaltmarsches gestorben ..."

Die als arbeitsfähig gelten, müssen tagsüber zum Einsatz – meist auf irgendeiner Sowchose. Die schwerkranken, arbeitsunfähigen Frauen dürfen bei den Kindern bleiben. Brigittes Mutter, die ursprünglich aus Masuren kommt, ist zunächst in einer relativ günstigen Position: Sie kann etwas Polnisch und auch ein paar Brocken Russisch, dadurch wird sie öfter zum Dolmetschen eingesetzt.

Doch so, wie es auch die achtjährige Doris Meyer aus Königsberg erinnert, wird plötzlich der Zug der Samländer in verschiedene Gruppen unterteilt. Auch aus ihrer Mitte werden jetzt Arbeitskräfte für sowjetische Arbeitslager rekrutiert. Jeder Heeresführer hat ein Kontingent zu liefern, und in Ermangelung arbeitsfähiger Männer trifft es in sämtlichen deutschen Ostgebieten vor allem Frauen und junge Mädchen.

Nicht weit entfernt von der russischen Grenze werden sie aussortiert und von Sammellagern aus Richtung Sowjetunion deportiert.

Zumindest unter den samländischen Zivilisten verschont man weitgehend die Mütter:

„Frauen mit kleinen Kindern", so erinnert sich Brigitte, „durften auf der einen Seite bleiben. Junge Mädchen und Frauen aber, die keine Kinder hatten, mussten sich auf die andere Seite stellen.

Der Weg gabelte sich an dieser Stelle, daran erinnere ich mich noch deutlich. Ein junges Mädchen, das bei uns als Magd gearbeitet und mich immer sehr liebevoll behandelt hatte, war bis dahin auch mit uns gelaufen. Und nun sah ich sie plötzlich auf die andere Seite wechseln. Sie winkte uns noch einmal zu. ‚Die kommen jetzt alle nach Sibirien', sagte eine Frau neben uns …"

Die Vierjährige sieht den langen Zug sich in Bewegung setzen. Brigitte erinnert sich, dass es ein trüber Tag war, dass es nieselte.

Sie selbst laufen in eine andere Richtung. Doch die Rettung ist das nicht, im Gegenteil: Ihnen geht es von Tag zu Tag schlechter, vor allem den Erwachsenen. Seuchen sind inzwischen ausgebrochen, darunter der gefürchtete Flecktyphus. Dass viele Frauen auch unter Geschlechtskrankheiten aufgrund der Vergewaltigungen leiden, erfahren die Kinder nicht. Sie leiden wie die Erwachsenen unter Läusen, Wanzen, Krätze und unter katastrophalen hygienischen Bedingungen. Es gibt keinerlei Medikamente.

Am Typhus sterben immer mehr Frauen. Und eines Tages vermag auch die Mutter von Brigitte, Birgit und Edith Possienke nicht mehr aufzustehen. Nur wenige Tage später ist sie tot. Sie liegt vor ihren Kindern mit starrem Blick. Die drei kleinen Mädchen stehen weinend vor ihrer Mutter, doch die antwortet nicht mehr.

Von nun an sind sie auf sich allein gestellt. Edith, die Achtjährige, fasst ihre beiden kleinen Schwestern fest an der Hand:

„Edith sagte: ‚So, jetzt müssen wir uns verstecken, damit uns die Russen nicht finden. Denn sonst kommen wir ins Lager, und dort geht's uns schlecht.'

Daraufhin sind wir drei Mädels in einen Keller gekrochen, tagsüber, und haben uns da versteckt. Wenn es dunkel wurde, haben wir uns auf die Suche nach Essbarem gemacht. Wir befanden uns in irgendeinem kleinen Dorf, aus dem die Deutschen offenbar geflohen waren …

Manchmal sahen wir aus unserem Versteck irgendwelche

Menschen herumlaufen, doch niemand kümmerte sich um drei kleine Mädchen – jeder hatte doch mit sich zu tun ..."

Im Keller der Königsberger Landwirtschaftskammer in der Beethovenstraße 24/26 haust mit vielen anderen Zivilisten noch immer auch die Familie des an Herzversagen verstorbenen Kommunisten Browarzyck. Die Mutter hat keine Arbeitsmöglichkeit, muss aber ihre vier Kinder durchbringen – Peter, Karla, Frank und Rosi ... zwischen zwei bis zehn Jahre alt. Auch Dieter wohnt bei ihnen, der Sohn des Vaters aus erster Ehe. Und der jugendliche Dieter ist der Einzige, der in diesem späten Jahr 1945 Arbeit hat – die Russen setzen ihn in einem Sägewerk ein.

Doch wovon leben die anderen?

Spärlich von dem, was die beiden Kinder Peter und Karla erbetteln. Die damals gerade siebenjährige Karla erinnert sich:

„Wir haben gebettelt und, wenn es ging, irgendwas gestohlen, womit wir dann irgendwelche kleinen Tauschgeschäfte machen konnten – davon lebten wir nun alle.

Das Jahr war furchtbar. Und doch erinnere mich auch an eine lustige Begebenheit – da waren wir noch alle zusammen. Einige Villen in der Umgebung waren unzerstört geblieben; sie gehörten Leuten, die aus Königsberg geflohen waren, als die Russen heranrückten. Und wir, die wir kein Zuhause mehr hatten, gingen nun ‚organisieren' – so nannten wir das, wenn wir klauen gegangen sind. Die Häuser waren ja verlassen. Da schlichen wir uns rein, um mitzunehmen, was man noch brauchen konnte – wir brauchten so ziemlich alles, vor allem Essbares und Decken zum Zudecken. Der Winter kam.

Einiges mussten wir auf Geheiß unserer Mutter, die sehr ehrlich war, wieder zurückschaffen – Kleidung, Schmuck und so … Nur Lebensmittel durften wir anschleppen. Jedenfalls kamen wir – mein Bruder Peter und ich – eines Tages in einen leeren, verlassenen Bäckerladen rein. Der war wirklich leer. Doch da lag in irgendeiner Ecke so eine uralte, muffige Nougatstange, die haben wir mitgenommen. Meine Mutter hat die Augen verdreht, als wir damit ankamen, doch immerhin war es was Essbares. Das war einer der seltenen Momente, wo wir mal alle gelacht haben. Ansonsten gab es nicht viel zu lachen.

Wie gesagt, betteln bin ich immer mit meinem Bruder Peter gegangen. Er war zwei Jahre älter als ich – wir waren ein Herz und eine Seele, wir klebten wie siamesische Zwillinge aneinander.

Unser großer Halbbruder Dieter wohnte da auch noch bei uns, der war aus der ersten Ehe unseres Vaters. Dieter wurde von den Russen zur Arbeit eingesetzt.

Und dann passierte es: Dieter sägte sich mit der Kreissäge zwei Finger ab. Der hatte von nun an völlig mit sich und seinen Schmerzen zu tun. Er hat mir furchtbar leidgetan. Im Winter kam dann auch noch Frost rein, und so hatte er wahnsinnige Schmerzen. Er weinte die ganze Nacht. Das hat meine Mutter, die zunehmend schwermütig wurde, dann nicht mehr ausgehalten, und so ging Dieter zu seinen Großeltern väterlicherseits zurück.

Nun waren es nur noch mein Bruder Peter – zu der Zeit zehn Jahre alt – und ich, gerade sieben Jahre alt, die die Familie am Leben erhielten. Wir sind, so oft es ging, klauen gegangen in die Russenmagazine – Kartoffeln und Weißkraut. Mein Bruder hat geklaut und ich habe meistens Schmiere gestanden. Wie ich schon sagte, wir waren unzertrennlich.

Frauen blieben möglichst den ganzen Tag im Keller, weil ständig die Gefahr einer Vergewaltigung drohte."

Aus dem Keller ihres Wohnhauses in Königsberg-Hufen steigt Mitte April 1945 auch die Geigerfamilie Wieck ans Tageslicht. Mit allen anderen Hausbewohnern reiht sie sich in eine Kolonne ein, die aus der Stadt getrieben wird. Die stigmatisierenden und schließlich lebensgefährlichen Judensterne haben der sechzehnjährige Michael und seine Mutter endlich von der Kleidung getrennt: Die Russen interessieren sich nicht für gelbe Sterne – für sie sind Michael und seine Eltern Deutsche und damit verhasste Angehörige des Tätervolkes. Dementsprechend werden sie auch behandelt, wie sich Michael erinnert:

„Wir begriffen, dass keine Ausnahmen gemacht wurden und es jetzt unser Schicksal war, das Los aller zu teilen. Doch das kam mir entgegen: Ich wünschte nämlich auch, keine Sonderstellung mehr zu haben, immer wieder außerhalb zu stehen. Nein, ohne Unterschied waren wir für die Russen verhasste Deutsche.

Doch wie gingen sie mit den eigenen Leuten um?

Vermutlich auch nicht viel anders: Die Soldaten trieben ja sogar die von den Nazis als Arbeitssklaven verschleppten russischen Mädchen wie Gefangene vor sich her – als wenn diese armen Geschöpfe freiwillig nach Deutschland gegangen wären. Niemand konnte das begreifen ..."

Der wache Sechzehnjährige erlebt den ganzen Wahnsinn, der sich jetzt auf den Straßen und in den Kellern Königsbergs austobt:

„Einige Soldaten probierten Fahrräder aus, von denen sie aber herunterfielen. Sie kamen wohl aus Gegenden, in denen es weder Fahrräder noch Wasserklosetts gab. Als ich nämlich vor unserem Abmarsch eine der noch funktionierenden Toiletten im ersten Stock unseres Hauses aufsuchte, hatten sie ihr Hauptgeschäft auf den Boden gemacht und das Handtuch benutzt, wofür wir das Papier nehmen. Es stank erbärmlich. Die jahrelangen hohen Verluste der Roten Armee zwangen sie offenbar, Menschen aus den abgelegensten Gegenden der Sowjetunion zu mobilisieren, und bei der Einnahme Königsbergs erlebten diese Steppenkinder wohl ihre erste moderne Stadt. Aufgehetzt bis zum Äußersten, ausgelassen in ihrer Siegesfreude, erstaunt über eine Zivilisation voller Luxuseinrichtungen und meistens alkoholisiert, gaben sie sich unkontrolliert und völlig enthemmt im Ausleben sämtlicher Triebe, ob Sex-, Macht-, Besitz-, Fress-, Sauf- oder Mordtrieb; ohne Angst vor Bestrafung oder anderen Folgen.

Was für ein Hass! Aber – wer so erbarmungslos angegriffen hat wie die Deutschen, wird eben auch erbarmungslos bekämpft und besiegt …"

Am sichersten fühlt Michael Wieck sich noch in der Nähe höherer russischer Offiziere. Die scheinen ihm am berechenbarsten.

Seine Gefühlswelt entspricht auch nach der Kapitulation Deutschlands kaum der Gleichaltriger, die sich in der NS-Gesellschaft bisher gut aufgehoben sahen: Er teilt mit ihnen Hunger und die Angst ob einer latenten täglichen Bedrohung. Doch spürt er eben auch ein gewisses Glücksgefühl, endlich nicht mehr ausgestoßen zu sein, wie er es aufgrund seines Jüdisch-Seins von Kindesbeinen an schmerzlich ertragen musste.

Die Bilder, denen sein Trupp beim Marsch aus der Stadt ausgesetzt ist, wird allerdings auch er nie wieder aus seinem Gedächtnis löschen können:

„Es sah aus wie nach einem modernen Dreißigjährigen Krieg. In der Luke eines wohl von einer ‚Panzerfaust' getroffenen russischen Panzers hatten sich beim Versuch, schnell herauszukommen, zwei Russen verklemmt. Nun hingen ihre Oberkörper nach verschiedenen Seiten herunter. Nicht weit davon, an einem Baum, hing ein alter Volkssturmmann. Und schon am nächsten Baum kauerte zusammengesunken ein Erschossener. Alles war von Geschossen zerlöchert, von Granattrichtern übersät, die Bäume zersplittert und geborsten.

Wenige Meter weiter saßen zwei ländliche Frauen – wahrscheinlich Mutter und Tochter – am Wegrand. Die lebten noch. Mit blutigen Lippen starrten sie bewegungslos vor sich hin. Der Hölle ihres abgelegenen Hauses entflohen, versuchten sie vielleicht, auf freiem Feld mehr Schutz zu finden.

Sie waren ein so bedauernswerter Anblick, dass mir die zerrissenen oder aufgedunsenen Körper der Gefallenen dagegen wie Erlöste vorkamen ..."

Wie auf fast jeder Marschpause werden den Königsbergern mal wieder Gepäckstücke weggenommen. Viel ist ohnehin nicht mehr da, und der musikbegabte Jugendliche spürt mittlerweile eine zunehmende Apathie, was den Verlust persönlicher Dinge betrifft.

Das allerdings betrifft nicht sein Instrument:

„Es war wie ein Wunder, dass wir unsere Geigen bis dahin behalten hatten. Wir versteckten sie aber auch, so gut es ging. Mutters Bratsche war unter ihrem Mantel gar nicht zu sehen. Doch als wir gerade weiterziehen sollten, entdeckte ein Russe Vaters Geige, die er auf dem Rücken geschnallt trug! Er kam in unsere Gruppe hinein und zeigte auffordernd auf Vaters Geige. Vater verweigerte sie ihm. Daraufhin zog der seine Pistole und setzte sie Vater an die Backe. ‚Bitte, schieß', sagte mein Vater. Ich winkte dem Russen zu, das keinesfalls zu tun.

Er schoss nicht und ließ verärgert, aber wie mir schien, auch etwas respektvoll von uns ab. Obwohl mein Vater aus großer Verzweiflung heraus handelte und von Natur aus sicher kein Held war, hat mir seine Haltung sehr imponiert ..."

Der Vater verliert am Tag darauf dennoch seine Geige. Der Verlust seines Instrumentes ist für den bekannten Königsberger Musiker Kurt Wieck, als habe er einen Teil seiner Seele verloren.

Der sowjetische Geheimdienst NKWD beschließt eine „Säuberung von feindlichen Elementen" in Ostpreußen. Zu diesem Zweck trifft im Mai 1945 eine hochrangige NKWD-Delegation aus Moskau in Königsberg ein. Doch schon im Monat zuvor setzt die Suche ein; auch deshalb werden Menschenkolonnen durchs zerstörte Land gescheucht. Hinter diesen umherirrenden Zügen, die sich manchmal begegnen und aus unverständlichen Gründen in entgegengesetzte Richtungen ziehen, steckt nicht nur das System des Plünderns: Irgendwann und irgendwo erwartet die meisten ein Bauernhof, eine Scheune oder ein Gutshof mit NKWD-Offizieren, die alle Deutschen vernehmen und aussortieren, wer Nazi, Werwolf oder Kriegsverbrecher gewesen sein könnte.

Von diesen Verhören kehren viele nicht zurück. Es trifft neben NS-Funktionären und einfachen Mitläufern der NSDAP auch Postbeamte in ihren blauen Uniformen, Beamte überhaupt, Pfarrer, Hitlerjungen, Soldaten in Zivilkleidung, Kriegsversehrte …

Und es trifft am NS-Terror völlig Unbeteiligte. Der sechzehnjährige Michael Wieck gar wird plötzlich nahtlos von einem Opfer Hitlers zu einem Opfer Stalins: In einem Ort mit dem Namen Quanditten wird seinem Trupp in einem verlassenen Gutshof ein größerer Raum zum Schlafen zugewiesen. Niemand wird hier vergewaltigt – wenn Frauen weggeholt werden, dann höchstens zu Küchenarbeiten.

Doch in diesem Gehöft befindet sich eine Kommandantur, und alle werden hier einzeln verhört:

„Sie schienen Personalakten anzulegen und versuchten, militärische Geheimnisse zu erfahren wie Waffenverstecke oder geplante Aktionen der ‚Werwölfe'. Davor schienen sie Angst zu haben.

Die Vorlage unserer jüdischen Kennkarten war für uns nun keine Erleichterung, sondern machte uns eher verdächtig. Der dolmetschende Offizier meinte dazu: ‚Wir wissen, dass alle Juden von Hitler umgebracht wurden. Wenn Sie trotzdem am Leben sind, müssen Sie für die Nazis gearbeitet haben.'

So einfach war das also. Glücklicherweise sagten unsere Wohnungsnachbarn für uns aus …"

Michael steht vor der Trennung von seinen Eltern. Doch das weiß er noch nicht. Am Abend hören sie draußen die Russen ihre heimatlichen Lieder singen – unglaublich schön. Und er kann nicht begreifen, wie Menschen, die so schön singen, zugleich so brutal und herzlos sein können:

„Es war schon Nacht, als plötzlich der Oberleutnant zu mir kam und verlangte, ich solle auf der Geige spielen. Erst dachte ich, es sei reine Musikliebe und der Wunsch nach Unterhaltung. Das war es wohl auch, aber hauptsächlich schien er sich für die Geige und ihren Klang zu interessieren, denn er fragte, wie alt sie sei und wer sie gebaut habe. Uns schwante nichts Gutes. Mutter konnte einige Salonstücke von Kreisler und Wieniawski mit Charme vortragen, was sogleich viele Zuhörer anlockte. Mit ihrem Spiel weckte sie spürbar Wohlwollen und belebte einige bisher nur versteinert dreinblickende Soldatengesichter …"

Am Ende hilft es nicht, auch Michael verliert seine Geige.

Nach zwei Tagen und weiteren Verhören wird ein Trupp Männer für einen Arbeitseinsatz in Königsberg zusammengestellt. Ohne Gepäck, doch mit schwerem Herzen marschieren sie los.

Überall sehen sie jetzt schon Richtungsschilder und Ortsnamen in kyrillischer Schrift. In der noch einmal mutwillig abgebrannten Stadt, die noch immer voller toter Zivilisten ist, sollen sie Häuser, Keller, Straßen und Gärten nach Leichen absuchen und diese „beseitigen" – möglichst in den nächsten Bombentrichter kippen, der am Ende von Russen zugeschippt wird.

Michael wird krank, vor Hunger und psychischem Stress. Das schützt ihn nicht davor, eines Nachts von seinem Lager gezerrt zu werden, um mit einem wartenden Trupp männlicher Zivilisten erneut loszumarschieren, diesmal streng bewacht:

„Von diesen bereits registrierten Deutschen war einer entflohen, und um die Kopfzahl der Personen, welche die Bewacher abzuliefern hatten, wieder aufzufüllen, ergriff man mich. Die Anzahl stimmte nun, nicht aber die Namen. Daraus sollten sich verhängnisvolle Schwierigkeiten für mich ergeben ..."

Der Marsch endet diesmal in Rothenstein – einem berüchtigten Internierungslager des NKWD. In diesem ehemaligen Kasernenkomplex versucht der sowjetische Geheimdienst, zwischen Wachtürmen und Stacheldraht noch untergetauchte Parteibonzen herauszufiltern. In den Kellern unter allen Gebäuden sind etwa 4000 Männer und Frauen extrem zusammengepfercht, um, so sie nicht im Verhör erschlagen werden, unter der Erde zu verfaulen: Es gibt keine Liegemöglichkeit, es gibt keine Sanitäreinrichtungen, die Gefangenen sterben massenhaft vor Hunger und Kälte, an der Ruhr oder infolge von Verhörmisshandlungen. Das ist das Los, das auch den jüdischen Jungen Michael Wieck hier erwartet.

Über persönliche Dokumente verfügt er nicht mehr; wie soll er die Russen nun überzeugen, dass er weder Nazi noch Soldat noch Werwolf war? In einem völlig überfüllten Keller wird er mit zwei älteren Männern in einen Verschlag geschoben – unter einer so niedrigen Treppe, dass man nicht aufrecht stehen kann. Die Ecke ist stockdunkel, der Boden mit stinkendem Schweinekot bedeckt, der sich in Haut und Kleidung schmiert:

„In diesem dunklen Verschlag fing ich plötzlich zu träumen an. Ich dachte an meine Eltern und hoffte, sie wären noch in dem vergleichsweise paradiesischen Gut außerhalb Königsbergs ...

Ich dachte an das Musizieren mit einer mir lieben Freundin und wünschte mich zurück in irgendeine Wohnung oder in ein Bett aus dem früheren Leben. Ich stellte mir die Sonne und frische Luft vor, irgendwo am Meer. Ich begann diese Vorstellung zu genießen, als wäre sie reine Wirklichkeit. Meine beiden ‚Stallgefährten' waren freundliche ältere Männer, die mich – als den Jüngsten – bedauerten und zu trösten versuchten. Sie waren wertvolle Kameraden für eine kurze Zeit ..."

Wochenlang wird der Sechzehnjährige sich nun unter Tage befinden, in wechselnden, stets modrigen und völlig überfüllten Kellerräumen, in denen man dichtgedrängt stehen und sich beim Hinlegen übereinander stapeln muss. In denen man kaum atmen kann. Mit einem heimlich abgeschraubten Lampenschutz als Suppenschüssel kann er teilhaben an der täglich wässrigen Brühe, die er noch mit denen teilt, die gar kein Gefäß haben. Die Gefangenen hausen unter permanentem Sauerstoffmangel. Für die Notdurft gibt es einen überlaufenden Eimer, von dem die hilflosen Ruhrkranken nicht mehr herunterkommen ...

Michael liegt Körper an Körper mit einem netten Tuberkulosekranken, der immer wieder in breitem Ostpreußisch mahnt: „Jungche, halt dich wech von mir!" Aber wie soll man sich weghalten, wenn man dicht aneinander quetscht?

„Alle Augenblicke kam ein Russe an die Kellertür und brüllte irgendwelche Namen. Manchmal war einer aus unserem Keller unter den Aufgerufenen. In der Hoffnung, aus dieser Hölle erlöst zu werden, folgte er freudig. Nach Stunden kehrte er blutig geschlagen wieder zurück, nicht mehr in der Lage zu sprechen; ein Kiefer schien gebrochen, ein Auge war zugeschwollen. Der nächste, der aufgerufen wurde, ging schweren Herzens mit und erschien gar nicht mehr wieder. Ein anderer kam unversehrt zurück. Wie die Mächtigen es wollten ..."

Wenn Namen verlesen werden, müssen alle Gefangenen vom Boden aufstehen. Und dabei verliert der sechzehnjährige Königsberger mehr und mehr den Lebensmut – denn er wird niemals aufgerufen werden, weil sein Name auf keiner Liste steht! Er muss sich bemerkbar machen ...

„Einmal fragte ein Russe, ob jemand Kunstmaler sei. Sofort meldete ich mich und wurde zu einem Offizier geführt. Der lächelte skeptisch und gab mir Buntstifte und Papier. Ich zeichnete sein Profil, so gut ich konnte. Es war sogar etwas ähnlich, aber ihn überzeugte es nicht. Bevor ich wieder in den Keller zurückgeschickt wurde, gab er mir noch ein Stück Brot. Wenigstens etwas ..."

Die Gefangenen dürfen zum Austreten inzwischen ins Freie, dabei schleppen sie ihre Toten aus dem Keller, wozu nun auch der warmherzige Tuberkulosekranke gehört. Als Michael Wieck einmal den Anschluss Richtung Keller verpasst, bekommt er einen Gewehrkolben mit solcher Wucht in den Rücken, das etwas in seinem Inneren zerreißt.

Auch sein Lebenswille ist gebrochen. Er nimmt den Tod als eine positive Realität an; beim Sterben der anderen hat er beobachtet, dass alle ihren Tod schließlich als Erlösung empfanden.

Dann plötzlich begegnet er im Kellergang noch einmal dem Offizier, den er malen sollte. Und noch einmal wird sein Lebensmut geweckt:

„Ich versuchte nun mit großer Intensität, ihm meine Lage klarzumachen. Er hörte auch – widerwillig zwar – zu und schien am Ende doch verstanden zu haben, dass ich auf keiner Liste stehe und deshalb auf eine Vernehmung meiner Person warten kann, bis ich tot bin. Als er ging, hatte ich so ein Gefühl, als würde er etwas für mich unternehmen. Ich hoffte wieder …"

Eines Tages werden die noch Lebenden unter Bewachung nach Königsberg zurückgeführt. Michael Wieck kann kaum noch gehen. Er knickt ständig zusammen, er fühlt sich sterbenskrank. Erneut sollen die Männer arbeiten, doch er kann keinen Spaten mehr halten. Gnädig lässt ihn der russische Bewacher sich auf ein ausgebranntes Bettgestell legen. Am Tag darauf bekommt er sogar etwas Graupensuppe:

„In winzigen Portionen aß ich diese Köstlichkeit, glücklich und gerührt. Überhaupt gab es immer mehr Anzeichen dafür, dass einige Russen anfingen, in uns auch Menschen zu sehen, was umgekehrt bewirkte, dass wir Herz und Gemüt der Russen entdeckten. Ganz schlimm blieben nur die nächtlichen Ausschreitungen gegenüber Frauen …"

Das NKWD-Lager Rothenstein hat den Sechzehnjährigen an den Rand des Todes gebracht. Davon erholt er sich nur sehr langsam.

Doch findet er seine Eltern wieder – die brechen beim Anblick ihres Sohnes in Tränen aus. Die Mutter versteckt ihn tagelang unter dem Bett, damit nicht irgendwelche Russen auf der Suche nach Arbeitskräften ihn wieder verschleppen. Und doch wird er eines Tages gefunden und unter dem Bett hervorgezerrt. Wacklig auf den Beinen beginnt Michael wieder zu arbeiten. Und am Ende erweist sich das als Glück … Denn nur, wer arbeitet, bekommt 400 Gramm Brot am Tag.

Stilles Sterben
1946

Europa ist 1946 ein umgepflügter Kontinent, und keineswegs nur in Deutschland beherrschen Trümmerfrauen das Straßenbild. Der Krieg und die Verbrechen der nationalsozialistischen Diktatur sind überall noch stark präsent – nicht nur in den Nürnberger Prozessen, die das Grauen des NS-Regimes in erschütternde Einzelvorgänge zerlegen und diese per Presse und Rundfunk in alle Welt übertragen.

In das zerstörte Kernreich drängen auch 1946 massenhaft Flüchtlinge, vorwiegend Deutsche aus Osteuropa und den Gebieten östlich von Oder und Neiße. Im zerstörten Berlin trafen schon im Sommer und Herbst 1945 täglich etwa 30 000 Menschen ein, bis Oktober 1945 waren es 1,3 Millionen.

Nun, im Jahr darauf, wächst die Zahl der Flüchtlinge und Heimatvertriebenen in den Besatzungszonen auf 9,6 Millionen an …

Im brandenburgischen Dorf Läsikow, nördlich von Berlin, wartet der zwölfjährige Siegfried Matthus, der seine Mutter und die kleineren Geschwister im September 1944 auf der Flucht in Ostpreußen verloren hatte. Er wartet seit dieser Zeit sehnsüchtig auf ein Lebenszeichen von ihnen. Auch vom Vater hat er seit fast zwei Jahren nichts mehr gehört.

Doch plötzlich fügt sich alles zu einem für die Kriegs- und Nachkriegsjahre extrem seltenen Glücksfall: Die auseinandergerissene Familie findet wieder zusammen! Siegfried, seine Tante und der Onkel bekommen plötzlich einen Brief von den Berliner Verwandten, die sie im vergangenen Jahr aufgesucht hatten:

„Dort meldete sich auf einmal mein Vater! Er war im Januar 1945 mit unseren Pferden und einem Wagen von unserem Heimatdorf, wo man ihn hinkommandiert hatte, wieder Richtung Westen aufgebrochen. Da die näher rückende russische Front aber schneller war als er, ließ er kurzerhand Pferde und Wagen stehen und organisierte sich ein Fahrrad, um schneller flüchten zu können.

Und mit diesem Fahrrad ist er bis nach Verden an der Aller gekommen! Dort arbeitete er in einer Stellmacherei und versuchte gleichzeitig herauszufinden, wo seine Frau und seine Kinder geblieben sind. Nachdem er nun meinen Brandenburger Aufenthaltsort erfahren hatte, setzte er sich sofort wieder auf sein Fahrrad und strampelte Richtung Osten zurück – bis ins Dorf Läsikow, wo wir untergekommen waren.

Was für eine Wiedersehensfreude! Doch was war mit meiner Mutter und meinen drei Geschwistern?

Wie wir kurze Zeit später herausfanden, hatten auch sie überlebt und waren inzwischen in Köln gelandet! Auch sie fanden schließlich, obwohl die Post in diesem Chaos mehr oder weniger zusammengebrochen war, über unsere Berliner Verwandten zu uns …“

Im Sommer 1946 kommt es bei Familie Matthus aus dem ostpreußischen Mallenuppen zu einer tränen- und umarmungsreichen Wiedervereinigung. Und endlich erfährt

Siegfried auch, was für eine dramatische Odyssee hinter seiner Mutter Luise Matthus und den Geschwistern liegt:

„Nachdem ich verlorengegangen war, hat sie meine drei kleineren Geschwister immer dicht bei sich behalten. Sie versuchte, im Treck Richtung Westen noch über das zugefrorene Haff zu kommen. Doch dann hieß es: ‚Ihr kommt hier nicht mehr rüber, das Eis taut schon!' Meine Mutter stand mit meinen drei Geschwistern davor und wusste nicht, was tun – hinter ihnen die Russen, vor ihnen die Gefahr, vielleicht durchs Eis zu brechen …

Hinzu kam, sie war schon fast hochschwanger.

Meine beiden kleinen Brüder waren damals sechs und zwei Jahre alt. Meine Schwester war acht, sie hat stärkere Erinnerungen, und es muss eine traumatische Erfahrung für sie gewesen sein. Sie hat es später als Erwachsene immer abgelehnt, dort noch einmal hinzufahren.

Meine Mutter hat es dann doch riskiert, um nicht den Russen in die Hände zu fallen, und ist am Ende mit meinen Geschwistern tatsächlich noch heil über das bereits tauende Haff gekommen. Aber meine Schwester kann sich erinnern, wie dort vor ihren Augen Fuhrwerke untergingen und mit ihnen Menschen …

Meine Mutter und Geschwister konnten solchen Gefahrenstellen glücklicherweise ausweichen. Sie sind auf die Frische Nehrung gelangt und haben es dann auch über den oberen Teil der Weichsel geschafft. Sie kamen gerade noch bis Pommern, dann – in einem Dorf – wurden sie doch noch von den Russen eingeholt!

In diesem Dorf in Pommern setzten bei meiner Mutter die Wehen ein. Dort ist das Baby zur Welt gekommen, also meine jüngste Schwester. Und dort ist sie auch gleich gestorben, an Unterernährung und den katastrophalen hygienischen Bedingungen. Das kleine Mädchen ist dort auf dem Friedhof in Pommern beerdigt.

Viele Jahre später, als Pommern schon zu Polen gehörte, bin ich mit meiner Mutter einmal dorthin in dieses Dorf gefahren. Das werde ich nie vergessen, wie meine Mutter über den Friedhof gegangen ist und vergeblich das Grab gesucht hat. Da war kein Grabhügel mehr zu finden … Sie hatte wohl auch keine konkrete Erinnerung mehr.“

Bald nach der Geburt wird die Mutter vom Typhus heimgesucht. Rasant geht es mit ihr plötzlich abwärts:

„Man hatte sie bereits in einer Sterbekammer abgelegt – meine drei kleinen Geschwister standen dort vor ihrem Bett. Und meine schwerkranke Mutter dachte beim Anblick ihrer Kinder: ‚Die kann ich doch jetzt nicht zurücklassen …‘ Ihr starker Wille hat ihr geholfen, diese Todeskrankheit zu überwinden. Aber auch meine damals achtjährige Schwester hat ihr geholfen: Während unsere Mutter darniederlag, hat sie für ihre zwei- und sechsjährigen Brüder die Mutterrolle übernommen. Und das kleine Mädchen hat seiner Mutter auch noch Lebensmut zugesprochen.

Meine Schwester war sehr stark während der Flucht. Aber sie ist auch die am stärksten Traumatisierte von uns vier Matthus-Kindern …

Meine Mutter schleppte sich dann, so schwach sie auch war, mit den Kindern bis zur nächsten Bahnstation. Dort ließen sich die vier in einem Güterwaggon nieder. Und irgendwann fuhr der Zug auch los, Richtung Westen. Sie fuhren und fuhren – und schließlich kam der Zug an, in Köln am Rhein …

Weil meine Eltern nun beide im westlichen Teil Deutschlands waren, wäre es naheliegend gewesen, dass ich mich auf den Weg zu ihnen mache. Aber meine Tante war sehr resolut und praktisch. Die hatte uns ja schon über die Weichsel gebracht, indem sie meine sterbenskranke Großmutter auf einer ausgehängten Tür an einen Transport verwundeter Soldaten anhängte ... Also, diese Tante sagte: ‚Kommt hierher nach Brandenburg – hier können wir uns ernähren!' Das stimmte auch, denn mein Onkel besaß inzwischen Pferde, und die verlieh er an Bauern. Dadurch bekamen wir im Gegenzug Milch und andere Grundnahrungsmittel.

So traf dann erst mein Vater ein und ein paar Monate später meine Mutter mit meinen drei kleinen Geschwistern. Sie kamen heimlich über die Grenze, die damals noch so eine Art grüne Grenze war.

Doch irgendwie gelang es, sodass dann im Sommer 1946 unsere ganze Familie nach dieser furchtbaren Flucht wieder zusammen war. Es war ein unbeschreiblich schönes Gefühl ..."

Von solch einer glücklichen Wendung kann der dreizehnjährige Günter Kropp 1946 nur träumen. Der hoch aufgeschossene Bauernjunge aus Rauschendorf bei Stallupönen wurde mit Mutter, Oma, dem kleinen Bruder und einer Tante von den Russen zurück in die Heimat gelenkt – mit einem Papier, auf dem ein Stempel prangte. Sie durften aber nicht auf ihren Bauernhof zurück, wurden stattdessen in Pillupönen einquartiert – bei Deutschen, welche die Russen auch zurück in die Heimat geschickt hatten:

„Es war dort bei ihnen im Quartier alles sehr eng – wir wohnten zu fünf Familien in anderthalb Zimmern. Aber wir waren froh, überhaupt ein Dach über dem Kopf zu haben. Und die

Besitzer des Hauses waren nicht unfreundlich zu uns. Es wurde gekocht, auch für uns – das war etwas ganz Seltenes in dieser Zeit. Und es ging unter uns fünf Familien ziemlich menschlich zu.

Wir arbeiteten nun auf einer Kolchose – oder Sowchose, wie die Russen das nannten, waren eingeteilt zum Getreidedreschen.

Wir mussten aber aus Pillupönen nach kurzer Zeit schon wieder weg – das war zwischen Weihnachten und Neujahr 1945 – und kamen nun auf eine andere Kolchose. Der Grund dafür: Meine Mutter war eine gute Landarbeiterin, das hatte der eine Kommandant mitgekriegt und hat sie gleich für sein Dreschkommando angefordert."

Nicht nur für Erwachsene, auch für Kinder gilt: Wer nicht arbeitet, bekommt auch nichts zu essen. Günter arbeitet zwar hart, doch wird er von dem Essen nie satt:

„Wer arbeitete, bekam eine kleine Menge Mehl – damit konnte man sein eigenes Brot backen. Das reichte aber nicht für mehrere Personen. Wir hatten ständig Hunger.

So brachte meine Mutter heimlich immer ein paar zusätzliche Roggenkörner zu unserer Unterkunft mit, manchmal auch Weizen, so etwa ein Handarbeitskörbchen voll. Der russische Posten sah das natürlich und ließ sie meistens durch. Manchmal aber befand er: ‚Heute nix Zappzerapp!' Dann kam meine Mutter eben ohne was an.

Brachte sie Körner mit, habe ich sie im Ofen trocknen lassen und dann in der Kaffeemühle gemahlen. Dazu sammelten wir Brennnesseln, Melde, Spinatblätter – das kochten wir, allerdings hatten wir kein Salz.

Bis zum Frühjahr 1946 haben wir uns damit ganz gut

über Wasser gehalten. Mein kleiner Bruder Gerhard, der war nun vier Jahre alt, mochte das Erwachsenen-Essen nicht so – er deponierte deshalb unauffällig Brot in einem Loch im Sessel. Ich sah ihn dann immer mal kauen und fragte ihn: ‚Na, was isst du denn da immer?'

‚Brotkrusten', sagte er und guckte mich groß an. Da musste ich lachen.

In Pillupönen waren wir noch alle zusammen – meine Mutter, meine Oma, die war erst etwa 53 Jahre alt, meine Tante, mein kleiner Bruder und ich."

Zu ihrem abgelegenen Gehöft in Rauschendorf ist es gar nicht so weit. Warum durften sie nicht dorthin zurückkehren? Es drängt Familie Kropp, nachzusehen, wie es bei ihnen zuhause aussieht:

„So sind wir eines Tages unauffällig nach Rauschendorf aufgebrochen und von dort die Landstraße entlang zu unserem Gehöft gegangen. Das fanden wir dann komplett niedergebrannt – dort haben offenbar Kämpfe stattgefunden. Es war ein großer Schock für uns alle!"

Im Herbst 1946 wird Günter zur Heuernte eingeteilt und dann noch einmal für vierzehn Tage zur Getreideernte. Es ist ein Außenkommando, doch allzu unmenschlich läuft das jetzt, anderthalb Jahre nach Kriegsende, nicht mehr ab:

„Bei starkem Regen durften wir uns zum Beispiel unterstellen. Es regnete allerdings in dieser Zeit fast durchgehend – ich wurde in den vierzehn Tagen gar nicht mehr richtig trocken. Wir haben dort alle hart gearbeitet, aber es gab kaum einen Ertrag. Eben, weil es ständig regnete. Es war immer nass, und das Getreide faulte. Das war deprimierend.

Ich steuerte einen Kastenwagen, obwohl ich noch nicht volljährig war, doch das ging gut. Dazwischen aber musste ich auch schwere Garben schleppen. Und das hat meinen Körper überfordert: Plötzlich stand mein Nabel vor, ich hatte einen Nabelbruch und starke Schmerzen. Und dann bin ich zusammengebrochen ... Ich hatte furchtbare Angst, dass ich nicht geheilt werden könnte, denn es gab ja keine ärztliche Versorgung ...

Mit einem Wagen wurde ich nach Pillupönen zu meiner Familie gebracht.

Während dieser Zeit waren wir alle völlig verlaust – auch ich hatte nicht etwa Läuse, die Läuse hatten mich! Und nun wurden mir von meiner Mutter die Haare kurz geschnitten und ich wurde entlaust. Was für ein gutes Gefühl ... Bisher war es ja so, dass – wenn ich mit dem Kamm durchs Haar fuhr und ein Stück Papier vor mir liegen hatte – es darauf Läuse regnete ..."

Doch dann grassiert auch hier der Typhus. Die Körper der schwer arbeitenden und ständig hungrigen Familie haben dem nichts dagegenzusetzen. So wird einer nach dem anderen krank: erst die Großmutter, dann liegen die Mutter und die Tante darnieder und schließlich auch der dreizehnjährige Günter. Sein Großvater kehrt plötzlich aus der Kriegsgefangenschaft zurück, doch Günter ist nicht imstande, ihn nach dem Ort seiner Gefangenschaft zu fragen:

„Ich hatte schweren Typhus, habe lange das Bett gehütet. Und in dieser Zeit starb mein Großvater an einem

Schlaganfall – ohne, dass ich mit ihm groß gesprochen hätte. Das war am 6. April 1946. Meine Großmutter war schon längere Zeit schwer krank, sie hatte auch Typhus, und wir rechneten damit, dass sie bald stirbt.

Tatsächlich starb sie dann acht Tage nach meinem Großvater. Es war ein schwerer Schicksalsschlag für uns, vor allem für meine Mutter und meine Tante – es waren ja ihre Eltern."

Günter – selbst noch unter Typhus leidend – stemmt sich aus seinem Lager hoch, um das Totenkommando mit dem Karren seiner Großeltern zum Friedhof zu begleiten. Doch er ist so schwach, dass er es immer nur von Chausseestein zu Chausseestein schafft.

Der Hunger bleibt im ganzen Jahr 1946 übermächtig. Günter und seine Mutter stehlen winzige Kartöffelchen von den Feldern der Kolchose, um überhaupt etwas im Magen zu haben – und es soll ja auch noch für den vierjährigen Bruder Gerhard reichen. Doch sie müssen höllisch aufpassen, von den Russen nicht erwischt zu werden:

„Das wurde auf einmal alles sehr streng. Eine Frau haben sie mal erwischt, die hatte sieben Kinder, die hat natürlich ständig versucht, heimlich was einzustecken. Die wurde dann nach Sibirien abtransportiert, wir haben sie nie wieder gesehen."

So kann es nicht weitergehen, auf diese Art werden sie nicht überleben. Als der Junge wieder einigermaßen auf den Beinen stehen kann, beschließen Günter und seine Mutter, dass er in Litauen auf Nahrungssuche gehen soll. Das fällt nicht auf, denn die Felder, auf denen sie jetzt arbeiten, reichen direkt bis an Litauen heran:

„Zu der Zeit, als die Roten Bete so fünf Zentimeter dick waren, bin ich nach Litauen rüber, zum Betteln. Das war so im Mai 46. Es war eine richtige Entscheidung, denn zu essen habe ich dort immer was gekriegt. Die Bauern haben oftmals Zwei-Zentner-Säcke voller Kartoffeln in kleinen Einzelportionen verteilt, wenn es Abend wurde. Ich war ja nicht das einzige ausgehungerte deutsche Kind dort. Auch viele Erwachsene bettelten.

Die Litauer Bauern waren sehr freundlich zu uns – das war eine verdeckte Form des Widerstandes gegen die Russen, die schließlich auch Litauen okkupiert hatten.

Ich entwickelte nun einen eigenen Rhythmus. Ich ging mit meinem Rucksack rüber, immer so für vierzehn Tage: Sieben Tage lief ich nach Litauen rein und sieben Tage wieder zurück. Und dann hatte ich immer etwas im Rucksack, damit meine Mutter, mein kleiner Bruder und meine Tante auch etwas zu essen abbekamen. Ich war so eine Art Wolfskind, hatte es aber nicht so schwer wie die wirklichen Wolfskinder, weil ich noch eine Mutter hatte, zu der ich immer zurückkehren konnte.

Meine Tante brach dann selbst nach Litauen auf, zum Arbeiten, damit sie nicht verhungert. Und ich war irgendwann mehr oder weniger bei demselben Bauern – der hat mich buchstäblich vor dem Verhungern gerettet.

Plötzlich kommt bei Familie Kropp Hoffnung auf: Günters Mutter erhält während der Ernte im Sommer 1946 auf einmal Post vom Vater – Post! Wo doch sonst niemand hier Post kriegt! Die Karte kommt aus Berlin-Spandau …

„Wir waren alle furchtbar aufgeregt und haben ihm gleich zurückgeschrieben. Und ich erinnere mich, dass ich ihm schrieb: ‚Lieber Papa, wir kämpfen hier ums Überleben. Unsere Hauptnahrungsmittel sind Brennnesseln und Melde.' Das stimmte ja …"

Brennnesseln und Melde sind auch die Hauptnahrungsmittel der drei kleinen Mädchen, als sie weit östlich von ihrer samländischen Heimat ihre Mutter durch Typhus verlieren – Brigitte, Birgit und Edith Possienke – vier, sechs und acht Jahre alt …

Die achtjährige Edith hat sich nach dem Tod der Mutter der beiden kleineren Schwestern fürsorglich angenommen. In einem fremden, fast leeren Dorf verstecken sie sich, um „nicht in ein Lager zu kommen, weil es uns da schlecht geht!" – wie Edith ihre Geschwister immer wieder ermahnt.

Sie werden zu „Wolfskindern", die sich als elternlose Kinder inzwischen allein durchs Leben schlagen müssen – in Ostpreußen und dem benachbarten Litauen.

Bald schon sind die drei Mädchen geübt darin, sich tagsüber unsichtbar zu machen:

„Wir versteckten uns den ganzen Tag – mal in einem Keller, mal unter einem Treppenabsatz. Doch abends, wenn es dämmrig wurde, sind wir rausgekrochen und haben uns in Scheunen oder auf Misthaufen gelegt. Inzwischen war es schon Frühling.

Und nun sahen wir bereits die ersten russischen Menschen ohne Uniform. Ich weiß nicht mehr, ob die mit den Soldaten mitgekommen waren – jedenfalls beobachteten wir Frauen, die da gekocht haben. Wir sahen, wie sie Kartoffelschalen auf den Misthaufen warfen und angefaulte Möhrenstückchen. Wir behielten das genau im Auge. Und wenn die Frauen dann weggingen, sind wir drei aus unseren Verstecken gekrochen, zum Misthaufen hinüber geschlichen und haben die Kartoffelschalen gierig in uns reingestopft. Danach sind wir wieder in unseren Löchern verschwunden ..."

Es dauert nicht lange, und Brigitte, Edith und Birgit – inzwischen verdreckt und verlaust – fühlen sich völlig verlassen. Die Keller, in denen sie hausen, sind sehr kalt, trotz des beginnenden Sommers. Und so schlafen sie stets eng umschlungen – und immer auf der Hut, dass niemand sie sieht:

„Edith, sie war die Älteste von uns dreien, mahnte immer wieder, wenn wir anfingen zu weinen: ‚Wir dürfen uns nicht erwischen lassen, sonst kommen wir ins Lager!' Dass Lager etwas Schlimmes ist, hatte sie von den Erwachsenen aufgeschnappt, vielleicht sogar noch von unserer Mutter ..."

Natürlich bleibt den neuen russischen Dorfbewohnern nicht verborgen, dass da abends drei kleine Elendsgestalten aus irgendwelchen Löchern auftauchen. Eines Tages werden die Kinder geschnappt:

„Wir wurden auf einen LKW gepackt und weggefahren", erinnert sich Brigitte. „Und wo kamen wir hin? In ein Lager! Das Erste, was sie dort mit uns machten – sie haben uns Glatzen geschoren. Wir haben nach unserer Mama gebrüllt wie am Spieß. Ich dachte: ‚Erst schneiden sie uns Glatzen, dann bringen sie uns um!' Ich konnte mich ja nicht selbst sehen, doch ich sah meine Schwestern. Sie sahen furchtbar aus."

Es ist ein Lager für deutsche Kinder, die 1945/46 elternlos herumlaufen und eingesammelt werden. In diesem Lager in Schloßberg unweit der russischen Grenze verbringen die beiden kleineren Mädchen Birgit und Brigitte auch das restliche Jahr 1946. Alle Altersgruppen sind hier vertreten, und die Aufpasser der Kinder – russische Zivilpersonen – sprechen deutsch.

Brigitte mit ihren vier Jahren ist keineswegs das jüngste Kind, das hier eintrifft: Auch Zwei- und Dreijährige sind darunter. Die Ältesten mögen zwölf Jahre alt sein. Ob größer oder kleiner – alle wurden sie verstört und verlassen und völlig verwahrlost aufgegriffen –, Strandgut eines barbarischen Krieges, der sie plötzlich ohne den Schutz von vertrauten Erwachsenen zurückließ.

Brigitte Possienke, die irgendwann im Jahr 1946 – ohne davon zu wissen – fünf Jahre alt wird, hat fetzenhafte, doch dabei sehr einschneidende Erinnerungen an diese Kinderheimzeit:

„Es war ein großes Haus, voller Kinder. Wir waren so zehn bis zwölf in einem Raum: Auf der einen Seite war ein Strohlager, auf dem wir nachts wie die Heringe lagen, auf der anderen Seite nur der Fußboden.

Wir blieben den ganzen Tag in diesem Raum. Und bekamen so wenig zu essen, dass mehrere Kinder irgendwann nicht mehr aufstanden und starben. Sie wurden dann rausgetragen, dafür kamen neue Kinder rein …"

Nach kurzer Zeit wird auch ihre Schwester Edith krank. Es scheint, als falle der Körper der Achtjährigen aus einer monatelangen Verantwortung für ihre kleineren Geschwister. Edith wird derart krank, dass es heißt, sie könne nicht im Kinderlager bleiben, sie müsse in ein Lazarett.

Die kleinen Schwestern verlieren den letzten Halt. Sie fragen ständig nach ihrer Schwester. Und eines Tages heißt es, sie dürften sie noch einmal im Lazarett besuchen:

„Es muss so Mai, Juni gewesen sein, denn es grünte und blühte jetzt überall. Wir hatten uns für Edith eine halbe Brotscheibe vom Mund abgespart.

Dann fanden wir sie, in einem Saal voller Metallbetten: Sie hatte keine Matratze, nur das Metallgestell des Bettes, auf dem eine Zeitung ausgebreitet war. Darauf saß sie. Über die Zeitung krochen die Läuse. Wir haben unsere Schwester angeschaut und nur noch geweint: Edith war völlig abgemagert. Sie saß da auf der Zeitung, rüttelte an den Eisenstäben des Bettes und sagte ununterbrochen, mit schleppender Stimme: ‚Das sag ich alles meinem Papa ... Das sag ich alles meinem Papa ...' Sie erkannte uns gar nicht mehr ...

Unsere Schwester hatte den Verstand verloren."

Was war dem Mädchen geschehen? Bekam es überhaupt noch was zu essen? Hat jemand es vergewaltigt? Hat das Kind all das erlebte Grauen nicht mehr verarbeiten können? Die achtjährige Edith Possienke verreckt einsam auf dem Metallgestell eines Lazarettbettes.

Die beiden Schwestern erfahren es auf brutale Weise: Etwa zwei Wochen später bitten Brigitte und Irmgard noch einmal darum, ihre Schwester besuchen zu dürfen. Mit barschem Ton wird ihnen mitgeteilt: „Da braucht ihr nicht mehr hinzugehen, die ist schon lange tot!"

„Tot“, erinnert sich Brigitte, „war normal für uns – was ‚tot‘ war, das hatten wir ja zur Genüge gesehen. Auch, als unsere Mutter da lag und die Augen nicht mehr öffnete, war sie ja tot.

Und im Kinderlager waren am Anfang täglich Kinder tot. Gerade in den ersten Wochen waren es sehr viele, die starben. Es wurden dann von Woche zu Woche weniger, die da lagen und einfach ihre Augen nicht mehr öffneten.

Und ich kann mich gut erinnern, wie manche schon halbtot herumsaßen – die konnten kaum noch sitzen, so schlecht ging es ihnen. In solchen Momenten habe ich gedacht: ‚Wieso kriegen sie jetzt noch Suppe ab, die können sie doch sowieso nicht mehr essen!‘

Wir waren absolut verroht, absolut, weil wir ständig Hunger hatten: Wenn ein Kind weinend den Kopf von der Suppe, die ohnehin schon jämmerlich war, wegdrehte, hat das danebensitzende Kind sofort die Suppe an sich gerissen und reingelöffelt. Ich hab das auch gemacht. Das jeweils schon kranke Kind konnte oft gar nicht mehr schlucken. Und ich fand es mit meinen fünf Jahren empörend, wieso man ihnen da überhaupt noch etwas hingestellt hat.

Man hatte keinen Gedanken mehr daran, wie es den Kindern um einen herum ging. Selbst meiner Schwester Birgit gegenüber war ich gleichgültig geworden. In meinem Kopf kreiste ein einziger Gedanke: Essen! Jedes Kind kämpfte nur noch für sich allein, auch ich. Es war mir egal geworden, ob ich eine Schwester habe oder nicht. Es ging um Leben und Tod – es ging nur darum: Bleibst du am Leben oder stirbst du.

Nein, die Verrohung während der Hungerjahre in Ostpreußen hat auch vor Kindern nicht Halt gemacht …“

Zu essen gibt es inzwischen morgens ein paar Löffel Kascha – ein grau-schwarzer Brei, der furchtbar schmeckt, den aber die Kinder gierig reinschlingen. Tagsüber gibt es nichts, abends dann noch eine Wassersuppe mit ein paar Kohlblättern darin. So reißen die kleinen Insassen des Kinderlagers Schloßberg unreife Früchte von den Bäumen und stopfen alles in sich hinein, was essbar scheint.

„Wir steckten in den Mund, was uns in die Hände fiel. Und schafften es meistens nicht bis zum Plumpsklo – dann lief die Scheiße an den Beinen runter, sie klackte auf die Treppen, und dann wurde man bestraft. Es existierte eine einzige Strafe: Entzug von Essen! Das heißt, von diesen jämmerlichen Portionen pro Tag wurde noch die Hälfte gestrichen. Das bedeutete für etliche Kinder das Todesurteil ..."

Erschwerend hinzu kommen die hygienischen Zustände. Da die Kinder auf Strohschütten dicht aneinanderliegen, haben die Läuse es leicht, von einem Kopf zum anderen zu springen. Krätze, Läuse, Durchfall – davon sind alle Kinder befallen. Brigittes Schwester Birgit hat außerdem Geschwüre und Furunkel an den Beinen und am Körper – so wie andere Kinder auch.

Das Aufsichtspersonal des Kinderheimes besteht im Herbst 1946 nun schon aus zusammengewürfelten Deutschen. Sie sind weder liebevoll noch pädagogisch geschult:

„Man durfte kein Kind sein in dieser Zeit. Es gab auch keinerlei menschliche Wärme mehr, keine Umarmungen. Man hatte nur ein Ziel: Essen! Was anderes war überhaupt nicht mehr im Kopf drin."

Schon seit 1945 werden im Kinderlager in Schloßberg Arbeitstrupps zusammengestellt. Sie bestehen aus Kindern, die älter als sechs Jahre alt sind:

„Da gab es so einen Hof, da mussten sich die ‚Arbeitskinder' morgens aufstellen. Das habe ich oft gesehen. Dann hieß es: ‚Ihr müsst zur Ziegelstein-Enttrümmerung!' Und dann sind die kleinen Elendsgestalten los, zum Ziegelsteine-Abklopfen und -Aufschichten. Das war ihre Arbeit.

Nun waren die aber so schlecht ernährt, dass sie das nicht lange durchgehalten haben. Etliche sind vor Hunger umgefallen, manche sind gar nicht wieder aufgestanden. Als Arbeitskräfte waren die Kinder also nicht viel wert; trotzdem sind sie zum Arbeiten gezwungen worden, wenn sie älter als sechs waren ..."

Irgendwann wird auch Birgit, die inzwischen siebenjährige Schwester von Brigitte schwer krank. Sie kann nicht mehr aufstehen, liegt nur noch in der Ecke, mit tief eingefallenen Augen. Wenn Brigitte in die Ecke zu ihrer Schwester geht, schaut sie ein dunkles Augenpaar reglos an:

„Sie hat gar nicht auf mich reagiert, wenn ich sie angesprochen habe. Dann bin ich wieder weggegangen. Und immer, wenn ich wieder in die Ecke ging, war es dasselbe ... Ich sehe sie heute noch da in der Ecke liegen, mit ihren dunklen Augen".

Birgit Possienke wird das Kinderlager Schloßberg trotz schwerer Krankheit überleben.

Kinderlager, Kinderheim, Waisenhaus … Wie viele davon gibt es im russisch besetzten Teil Ostpreußens zu dieser Zeit?

Der Bedarf ist groß, schließlich ist die Anzahl der verlassenen Kinder enorm hoch. Väter sind im Allgemeinen im Krieg gefallen oder befinden sich in Kriegsgefangenschaft. Viele Mütter sind tot oder wurden zur Zwangsarbeit verschleppt. Kinder haben ihre Angehörigen auf dem Treck verloren … Tausende deutscher Kinder brauchen somit ein Dach über dem Kopf und regelmäßige Nahrung.

Mit einer Kapazität von 650 Plätzen existierten Ende 1945 insgesamt acht Kinderheime. Nach dem Beschluss von NKWD und der Abteilung Volksbildung der Sowjetunion im April 1946, ihre Anzahl aufzustocken, werden noch einmal sechs Kinderheime auf dem Land für knapp 1400 Kinder eingerichtet, um weitere elternlose Kinder aufzuspüren und sie dort unterzubringen. Damit, so viel ist klar, sind bei weitem nicht alle Waisenkinder erfasst. Geschätzt werden etwa 6000 verlassene Kinder im „Kaliningrader Oblast“, wie der russische Teil Ostpreußens jetzt heißt. Gezählt hat sie niemand …

Irgendwann im Jahr 1946 heißt es plötzlich im Kinderlager Schloßberg, die größeren Kinder sollten jetzt in die Schule gehen. Brigitte ist da noch etwa fünf Jahre alt, für sie gilt das nicht:

„Also, die Größeren sind dann in die Schule gegangen. Sie hatten nichts bei sich, keine Schulhefte, Stifte oder sowas. Und wenn sie zurückkamen, habe ich sie gefragt: ‚Na, was habt ihr denn gelernt?‘ Und dann haben sie mir das russische F in den Sand gemalt, das hatte so schöne Kreise. Auf jeden Fall fanden sie Schule viel besser als die furchtbaren Arbeitseinsätze zuvor.

Für alle Kinder in unserem Heim galt: Es wurden jetzt russische Lieder gelernt. Zunächst ‚Kleine-Kinder-Liedchen' auf Russisch, dann lernten wir die russische Nationalhymne auf Deutsch: ‚Mit Russland, dem großen, auf ewig verbunden, steht machtvoll der Volksrepubliken Bastion. Es lebe Stalin ...' usw. Die Hymne also auf Deutsch – die war bereits übersetzt –, aber Kinderlieder auf Russisch. Ich weiß bis heute nicht, was die bedeuten, aber ich habe sie gelernt, so wie alle ..."

Da ab 1946 mehr und mehr russische Familien als Neusiedler in den „Kaliningrader Oblast" ziehen, geraten mit der Einrichtung von Schulen auch Prügeleien zwischen russischen und deutschen Jungen auf die Tagesordnung. Bei diesen Handgreiflichkeiten, die vonseiten der russischen Kinder mit permanenten „Faschisti!"-Rufen eingeläutet werden, haben die abgemagerten deutschen Jungen keine Chance.

Was wird aus Ostpreußen, was aus Königsberg, was aus den besiegten und nun dahinvegetierenden Deutschen?

In einem der üblichen Kuhhandel von Siegermächten wurde vom Sowjetdiktator langfristig die Verschiebung des polnischen Staatsgebietes um etwa 200 Kilometer Richtung Westen auf die Agenda gesetzt und schließlich vereinbart, dass die Sowjetunion ihre 1939 eroberten Ostgebiete Polens nach dem Sieg über das Deutsche Reich behalten dürfe, Ostpreußen dafür an Polen fallen solle. Teilweise.

Denn schon während der Konferenz in Teheran 1943 geriet ein Nachkriegsplan auf die Tagesordnung, nach dem der Sowjetunion das nördliche Ostpreußen samt Königsberg zufallen solle.

Auf der Jalta-Konferenz 1945 feilschte Stalin weiter mit Präsident Roosevelt und Premierminister Churchill um europäische Einfluss-Sphären, die neuen Grenzen Polens sowie die Aufteilung Deutschlands. Doch die endgültige Neuordnung Europas und das künftige Schicksal Deutschlands blieben als verankerter Wunsch und Anspruch bis zur Potsdamer Konferenz der „Großen Drei" im Sommer 1945 offen.

Realität war lediglich bis zum Kriegsende die massenhafte Verschleppung arbeitsfähiger deutscher Zivilisten jenseits der Oder-Neiße-Grenze in sowjetische Arbeitslager.

Realität waren zwischen April und August 1945 wilde Vertreibungen von etwa 300 000 Deutschen durch die neuen polnischen Behörden.

Fluchtwellen und Vertreibungen beherrschten das südliche Ostpreußen, Westpreußen, Pommern, die Neumark, Schlesien und Danzig. Auch hier gerieten Raub und Plünderung auf die Tagesordnung, in abgeschwächter Form auch Vergewaltigung und Mord.

Was jedoch die zukünftigen Grenzen betraf, wurden erst im Potsdamer Schloss Cecilienhof Nägel mit Köpfen gemacht. Stalin setzte die politische Anerkennung der westlichen Neiße als deutsch-polnische Grenzlinie mit ein paar Tricks und Finten durch. Und auch gegen seinen Anspruch, das nördliche Ostpreußen samt Königsberg unter sowjetische Verwaltung zu bekommen, regte sich kein Widerstand. In einer protokollarischen Mitteilung über die Drei-Mächte-Konferenz von Berlin („Potsdamer Abkommen") vom 2. August 1945 heißt es im umständlichen Bürokraten-Deutsch:

„Die Konferenz prüfte einen Vorschlag der Sowjetregierung, dass vorbehaltlich der endgültigen Bestimmung der territorialen Fragen bei der Friedensregelung derjenige Abschnitt der Westgrenze der Union der Sozialistischen Sowjetrepubliken, der an die Ostsee grenzt, von einem Punkt an der östlichen Küste der Danziger Bucht in östlicher Richtung nördlich von Braunsberg-Goldap und von da zu dem Schnittpunkt der Grenzen Litauens, der Polnischen Republik und Ostpreußens verlaufen soll.

Die Konferenz hat grundsätzlich dem Vorschlag der Sowjetregierung hinsichtlich der endgültigen Übergabe der Stadt Königsberg und des anliegenden Gebietes an die Sowjetunion gemäß der obigen Beschreibung zugestimmt, wobei der genaue Grenzverlauf einer sachverständigen Prüfung vorbehalten bleibt.

Der Präsident der USA und der britische Premierminister haben erklärt, dass sie den Vorschlag der Konferenz bei der bevorstehenden Friedensregelung unterstützen werden."

Mit dem Jahr 1946 verschwindet der deutsche Name eines seit dem 13. Jahrhundert historisch höchst aufgeladenen Ortes: Aus Königsberg wird Kaliningrad. Seine städtebaulichen Wahrzeichen liegen da längst schon in Schutt und Asche – nun erlischt mit dem Namen auch die vielseitige Geschichte zwischen Pregel, Schloss und Universität.

Aus dem „Kenigsbergskaja Oblast", wie das sowjetisch besetzte Ostpreußen bereits seit einem Jahr offiziell heißt, wird kurz darauf zu Ehren des soeben verstorbenen stalinistischen Funktionärs auch noch der „Kaliningradskaja Oblast".

Von Königsberg bleiben die deutschen Bewohner, von denen nicht einmal mehr die Hälfte lebt. Doch auch die noch nicht gestorbenen stehen dem Tod näher als dem Leben. Das Bombengeheul von 1944 und 1945 – längst ist es einem schleichenden Sterben gewichen.

Nach einem NKWD-Geheimbericht gab es nach dem Einmarsch der sowjetischen Truppen etwa 137 000 deutsche Zivilisten in der Stadt.

Seitdem wurden bereits mehrmals Registrierungen durchgeführt, doch die erfassten keineswegs alle Deutschen, da viele den Aufrufen zur Registrierung sicherheitshalber nicht Folge leisten. Denn noch immer werden Deutsche zur Zwangsarbeit verschleppt, von denen viele nicht wieder auftauchen. Andererseits bekommt nur Brot, wer registriert ist …

Im Mai 1946 wird im „Kaliningradskaja Oblast“ die Militärverwaltung durch eine Zivilverwaltung ersetzt.

Durch diese scheinbar positive Umstellung gerät der Jugendliche Michael Wieck erneut in eine lebensbedrohliche Lage. Er war noch gar nicht richtig auf die Beine gekommen. Und dass er den letzten Winter überstand, verdankte er vor allem seiner Mutter:

„Eines Morgens konnte ich mich nicht mehr rühren, redete wirr und hatte alle Anzeichen eines hohen Fiebers, später zeigte das Thermometer 41 Grad. So begann bei den meisten das Ende. Nachdem sich die Menschen verzweifelt darum bemühten, nicht zu verhungern, kam immer irgendwann eine Krankheit, die dann den Tod brachte. So wäre es auch bei mir gewesen, hätte nicht Mutter stumm und verbissen gekämpft. Sie suchte und fand eine russische Ärztin, und die überführte mich sofort in das Krankenhaus ‚Barmherzigkeit‘, von dem ich gar nicht wusste, dass das noch existiert.“

Michael wird geröntgt, er hat eine doppelseitige Lungenentzündung (trocken – damit hat er eine Überlebenschance), samt Rippenfellentzündung. Fast täglich kommt seine Mutter mit Schwarzmarkterträgen – eine Scheibe Brot, etwas Pferdefett, eine Konserve oder wiederum etwas Brot:

„Meine Mutter war von morgens bis abends auf den Beinen, mit dem Ziel, Brot oder andere Lebensmittel zu ergattern. Sie schaffte das nur unter Aufbietung all ihrer Kräfte; sie hatte schnell erkannt, dass ich ohne ihre Zusätze niemals gesund werden würde. Sie bot auf dem Markt heißen Kaffee in der Kanne an; mein Vater musste Holz suchen, das Feuer unterhalten und Kaffee kochen, während Mutter ihre heiße Erfrischung unermüdlich anpries und verkaufte ..."

Um den Ertrag zu vermehren, verwandelt sich die Geigerin in eine Kleinhändlerin, die auf dem Schwarzmarkt höllisch aufpassen muss, als Deutsche nicht allzu sehr aufzufallen.

Nach fünf Monaten Aufenthalt im Krankenhaus wird Michael auch noch von der inzwischen grassierenden Malaria heimgesucht. Und als er die fast überwunden hat, holt ihn ein neues Malheur ein:

„Ganz große Not brachte der Monat Mai 1946. Es gab wirklich nichts mehr zu essen. Zuerst wurde die Krankenhaussuppe immer dünner, dann blieb sie völlig aus. Was war geschehen?

Die bisherige Militärverwaltung sollte von einer neu eingesetzten Zivilverwaltung abgelöst werden. Aber die übernahm die Verantwortung erst am 1. Juni. Und da das Militär sich schon im Mai um nichts mehr kümmerte, entstand ein todbringendes Interregnum. Sie belieferten das Krankenhaus einfach nicht mehr und überließen alle ihrem Schicksal. Die Verzweiflung war groß, die Not unbeschreiblich. Wer jetzt keine zusätzlichen Lebensmittel von draußen bekam, war verloren.

Ungefähr eine Woche nach Einstellung der Lebensmittellieferungen durch die Rote Armee stieg die Sterblichkeitsrate der Patienten so dramatisch an, dass es täglich bis zu vierzig Tote gab. Ständig starben um mich herum Menschen, und die Handlung der über die Gesichter der gerade Gestorbenen gelegten Tücher wurde zur stereotypen, sich immer wiederholenden Geste.

In einer Verzweiflungsaktion ordneten die Ärzte an, dass alle Krankenhauspatienten und Schwestern auf Wiesen und in den Ruinen essbare Pflanzen sammeln sollten. Alle, die ohne fremde Hilfe auf die Toilette gehen konnten, mussten mithelfen ..."

Im selben Krankenhaus kämpft auch die Mutter von Doris Meyer ums Überleben. Die Oma war bereits vor der Jahreswende verhungert. Nun sieht die neunjährige Doris, wie auch ihre Mutter – vor Monaten beinahe an Typhus verreckt – erneut an ihre physischen Grenzen kommt:

„Im Frühjahr 1946 war meine Mutti durch Hunger und den vorherigen Typhus so geschwächt, dass ich große Angst bekam: Wir waren in dieser einsamen Gegend untergekrochen, in der nur drei Häuser existierten, in Abbau Laut. Wir mussten irgendwie Königsberg erreichen, und auch ich war bereits ziemlich schwach.

Mutti und ich nahmen nun unsere ganze restliche Kraft

zusammen und schleppten uns ganz langsam in die Stadt Königsberg. Wir hatten nämlich gehört, dass dort das Krankenhaus ‚Barmherzigkeit' am Schlossteich noch existierte, wenn auch schwer beschädigt.

Das Gerücht erwies sich als wahr. Als wir mit letzter Kraft das Tor des Krankenhauses erreichten, wurden wir erst einmal vom deutschen Personal taxiert, ob es sich noch lohnte, uns aufzunehmen. Menschen, denen der Tod schon aus den Augen schaute, wurden gar nicht erst aufgenommen.

Wir zitterten vor Angst, abgewiesen zu werden. Wir hatten aber Glück: Meine Mutter kam auf die Erwachsenenstation – sie hatte eine Brustfellentzündung, wie sich herausstellte – Gott sei Dank eine trockene; nass wäre ihr Tod gewesen, man hätte sie nicht behandeln können ohne Medikamente. Sie hatte inzwischen schweres Rheuma, und beim Röntgen wurden auch noch zwei Knoten in der Brust festgestellt …

Ich selbst kam auf die Kinderstation – ich hatte einen Schatten auf der Lunge und war total unterernährt. Man steckte mich zu zwei anderen Kindern, die gerade den Scharlach überwunden hatten, ins Bett. Das ekelte mich furchtbar, denn das ganze Bett war voller Hautschuppen.

Die barmherzigen Schwestern waren selbst durch Hunger und Seuchen stark dezimiert – so war die Arbeit durch die wenigen noch arbeitsfähigen kaum zu schaffen. Zusätzlich zur Krankenversorgung suchten sie aber noch zwischen den Trümmern nach Brennnesseln, um den Kranken wenigstens eine warme Suppe am Tag zu kochen.

Ich erholte mich auf der Kinderstation. Nach ein paar Wochen war meine Gesundheit so stabilisiert, dass ich wieder laufen konnte.

Für die Kinder der bettlägerigen Frauen hatten sie eine

Kinderstube eingerichtet, dort kam ich jetzt hin. Ich unterstützte die Schwestern beim Brennnessel- und Kräutersuchen in den Trümmern. Sie waren nämlich froh, wenn sie Kinder bei sich hatten, um wenigstens ein bisschen geschützt zu sein vor den Überfällen russischer Soldaten.

Im Hof des Krankenhauses gab es ein Grab, das von den Schwestern ständig mit neuen Wildblumen geschmückt wurde. Es war das Grab eines Frauenarztes und einer Schwester, die bei der Einnahme der Stadt durch die Russen gerade eine Frau entbunden hatten. Sie waren gerade dabei, sie erstzuversorgen, als sich eine Horde auf die wehrlose Frau stürzte und sie pausenlos vergewaltigte. Arzt und Schwester entkamen in einen Nebenraum. Der Arzt hatte dort eine Pistole versteckt und erschoss erst die Schwester und dann sich selbst …

Nach einigen Monaten – der Herbst 1946 ging bereits zu Ende – wurde das Krankenhaus geräumt. Alle deutschen Patienten mussten es verlassen. Russisches Personal und russische Patienten zogen ein. Wo sollten wir nun unterkommen?"

Doris und ihre noch keineswegs geheilte Mutter finden Aufnahme in einem winzigen Zimmer, dessen Bewohnerin gerade den Hungertod gestorben ist. „Was für ein Glück!", sagen die beiden noch Lebenden.

Unten im Archivkeller der Landwirtschaftskammer auf der Beethovenstraße haust im Frühjahr 1946 noch immer die Witwe des verstorbenen Königsberger Kommunisten Arthur Browarzyck mit vier kleinen Kindern.

Akten gibt es nicht mehr hier unten, die letzten wurden in diesem eisigen Winter verheizt.

Ellen Browarzyck ist jetzt 43 Jahre alt und bereits dünn wie ein Skelett. Monika, ihr jüngstes Kind, war im Rauschener Krankenhaus erfroren, sie hat das noch immer nicht verkraftet. Und jetzt kommt neues, furchtbares Leid über sie, wie sich die damals achtjährige Tochter Karla erinnert:

„Wir hausten im Keller und hatten 1946 wirklich nichts mehr zu essen. So starb nach Monika nun auch unser fünfjähriger Bruder Frank. Er starb am Hungertyphus. Ich erinnere mich, der Kleine war plötzlich ganz aufgequollen. Frank war ein sehr niedlicher Junge gewesen – ganz blond, hatte blonde Locken. Er war ein fröhliches und freundliches Kind, lachte viel.

Und plötzlich konnte er gar nicht mehr. Als Frank starb – das hat meine Mutter sehr mitgenommen … und mich auch, trotz des beißenden Hungers, den ich hatte."

Der Tod greift zu diesem Zeitpunkt bereits nach dem dritten Kind – der noch nicht dreijährigen Roswitha-Anne, von Mutter und Geschwistern nur Rosi oder Röschen genannt. Die Beine des Mädchens eitern, sodass man ihm die Strümpfe nicht mehr ausziehen kann. Es hat einen Trommelbauch … und übersteht höchstens noch ein paar Wochen …

Roswitha-Anne Browarzyck wird überleben. Doch nur, weil ein Engel sie plötzlich aus dieser Stadt trägt, aus diesem zum Sterben darniederliegenden Land:

Die Schwester der Mutter, die zeitweise mit ihnen im Keller haust, hat eine Estin kennengelernt, die sich mit ihrer Tochter gerade in Königsberg aufhält. Die Frau, Selma Avik aus Tallinn, erklärt sich bereit, das Mädchen heimlich mit nach Estland zu nehmen – will aber erst prüfen, ob Roswitha-Anne überhaupt noch reisefähig ist.

Karla erinnert sich:

„Sie hat meine Schwester an die Hand genommen und lief mit ihr um den Zaun herum. Sie ging so mit meiner Schwester draußen spazieren, und da sagte ich noch zu meinem Bruder Peter: ‚Weißt du, weshalb sie mit Röschen spazieren geht? Sie passt auf, ob Röschen sich kratzt, ob sie Läuse hat!' Wir hatten alle Läuse, dazu die Beine voller Geschwüre. Daran konnte sich auch Rosi später erinnern.

Es gab keine Möglichkeit zum Waschen – was meinen Sie, wie weit wir laufen mussten, mein Bruder und ich, zum Hydranten?

Wir beide waren die Älteren – mein Bruder war 1935 geboren, der war elf und ich war acht Jahre alt –, also mussten wir die Wassereimer schleppen. So war das ...

Aber zurück zu Rosi: Die estnische Frau nahm sie mit, und sie war weg. Mein Bruder scherzte noch darüber und sagte: ‚Na, die werden ihr blaues Wunder erleben ...', und wir lachten. Aber meine Mutter sagte: ‚Gott sei Dank, dann bleibt sie wenigstens am Leben.' Wir Kinder wussten nicht, wohin die fremde Frau unsere Schwester mitnahm. Und wir wussten auch nicht, dass sie nicht wiederkommen wird. Trotzdem haben wir alle sehr geweint, vor allem unsere Mutter. Doch nach kurzer Zeit berührte es uns Geschwister nicht mehr, wir hatten ja voll mit dem Kampf ums Überleben zu tun!"

Wie aber gerät die 45-jährige Estin Selma Avik mit ihrer jugendlichen Tochter Ursula 1946 überhaupt nach Königsberg? Roswitha Browarzyck wird dies viel später – als sie längst Anne Avik heißt – erfahren:

„Es war ein privater Grund. Sie hatte sich in einen jungen Polen verliebt, der eine Zeitlang in Tallinn ihr Untermieter gewesen war. Und den hatten die Russen nun ins Gefängnis nach Königsberg gebracht, er wurde an der russisch-polnischen Grenze verhaftet. Den Grund dafür weiß ich nicht, doch die Russen mochten die widerständischen Polen ja weder vor noch während noch nach dem Krieg. Irgendwie war es dem jungen Polen gelungen, aus dem Gefängnis eine Nachricht nach Tallinn zu schicken, zu meiner Pflegemutter. Und ihr wiederum gelang es nun, Fahrkarten für sich und ihre damals jugendliche Tochter Ursula zu besorgen – um ihn im Gefängnis in Königsberg zu besuchen.

Sie fuhren von Tallinn mit einem Militärzug mit. Dass die beiden Frauen 1946 überhaupt in Königsberg eintrafen, grenzt schon an ein Wunder. Aber meine Pflegemutter wollte eben unbedingt ihren Liebhaber besuchen. Sie hatte Lebensmittel eingepackt, eine ganze Einkaufstasche voll.

In Königsberg angekommen, liefen hungrige Kinder hinter den beiden Frauen her, weil ein Brot aus deren Tasche lugte. Schlagartig wurde ihnen bewusst, wie groß die Not in Königsberg sein musste. Sie sahen, dass die deutsche Stadt komplett von Russen okkupiert war: Königsberg wurde 1946 in Kaliningrad umbenannt und war nun Teil des großen sowjetischen Reiches – so wie bereits Estland!

Meine Pflegemutter war tief geschockt bei diesem Anblick. Sie hatte erwartet, Atmosphäre und Stadtbild der Vorkriegszeit vorzufinden …, hatte erwartet, dass zwar die Regierung gewechselt hat, die Stadt aber optisch noch dieselbe ist – so wie in Tallinn …"

Unterkunft finden die beiden Estinnen bei einer Frau, deren zehnjährige Tochter vor Hunger bereits apathisch da-

Roswitha-Anne Browarzyck im Alter von dreieinhalb Jahren mit ihrer Adoptivmutter Selma Avik

liegt. Und als sie aus dem Gefängnis zurück in die Unterkunft kommen, macht die Estin der Mutter des Mädchens den Vorschlag, ihre Tochter mit nach Estland zu nehmen, da dort die Lebensmittelsituation zwar auch nicht gerade rosig sei, jedoch die Menschen nicht verhungerten. In Estland gebe es Arbeit, man verdiene dort Geld, und Nahrungsmittel gebe es zu kaufen:

„Die Mutter bedankte sich sehr, meinte aber, ihre Tochter werde die lange Reise nicht mehr überstehen. ‚Lasst sie lieber hier zuhause sterben als auf dem langen Weg nach Estland …‘ Sie selbst war auch völlig erschöpft.

Doch war es nicht ein übermenschliches Angebot, das ihr die fremde Frau aus Tallinn gemacht hat? Die Mutter kannte eine andere Frau, die bereits zwei ihrer fünf Kinder verloren hatte. ‚Nun ist die Reihe schon am dritten Kind‘, so sagte sie, ‚einem Mädchen, das nur drei Jahre alt ist und bestimmt auch nicht mehr lange durchhalten wird.‘

Dieses Mädchen war ich. Roswitha-Anne, in unserer Familie vor allem ‚Röschen‘ genannt. Die Frau aus Tallinn war meine Rettung …

Zuerst nahm sie mich mit auf einen Spaziergang, um festzustellen, ob ich die lange Reise auch durchhalten würde. Fröhlich plappernd ging ich an ihrer Seite mit – an ihrer und der meiner zukünftigen großen Schwester – so jedenfalls hat sie es mir später erzählt. Am nächsten Morgen kamen sie, um mich abzuholen. Meine Mutter reichte mich durchs Kellerfenster hinaus. Dann gab sie meiner zukünftigen Pflegemutter einen Zettel mit, auf dem meine Daten aufgeschrieben waren, die Namen meiner Eltern sowie die Namen meiner Geschwister.

Hoffte sie, mich noch einmal wiederzusehen? Wer weiß …

Für mich war es die Rettung vor dem fast sicheren Hungertod. Meine Schwester Karla, die damals acht Jahre alt war, erzählte später, dass unsere Mutter, nachdem ich von ihr weggebracht worden war, zusammenbrach. Sie saß nur noch da, weinte und wurde immer apathischer. Zwei ihrer fünf Kinder waren ihr noch geblieben – Karla und Peter …

Und ich war nun auf dem Weg nach Estland.

Als meine Pflegemutter mich im Zug nach Tallinn ausziehen wollte, um mich schlafen zu legen, bemerkte sie, dass meine Strümpfe so fest mit den Wunden an meinen Beinen verklebt waren, dass man sie nicht ausziehen konnte. Meine Beine eiterten, eine Folge des Hungers. Mein Bauch war vom Hunger geschwollen, sodass das Röckchen vorn hochstand. Ich war geschwächt, und einige Wochen später wäre ich sicher nicht mehr am Leben gewesen. Hatte der Herrgott mich erblickt, fühlte er Mitleid ..., hatte er Laune, in diesem Kriegschaos etwas Gutes zu tun?

Und warum gerade ich? Diese Frage habe ich mir ein Leben lang gestellt, eine Antwort darauf habe ich nie gefunden."

Spezialisten müssen noch bleiben!
1947

Mehr als fünfzehn Millionen Menschen werden insgesamt von den Bevölkerungsverschiebungen in Folge des Zweiten Weltkrieges betroffen sein.

Die Massenflucht, die einherging mit erschütternden Tragödien, beherrschte dabei in den Siedlungsgebieten des deutschen Ostens vor allem die Jahre 1944/45. Wer es wie der zehnjährige Siegfried Matthus geschafft hatte, die Weichsel als rettenden Grenzfluss zu überqueren, wer ein Schiff Richtung Dänemark oder Schleswig-Holstein besteigen konnte, gelangte in den meisten Fällen in Gebiete der physischen Sicherheit und lebt mittlerweile in einer der vier Besatzungszonen, in West- oder Mitteldeutschland.

Nun, im Jahr 1947, ist die Zeit der panischen Flüchtlingsströme, der unzähligen Trecks und der die Landstraßen säumenden Toten nahezu vorbei. Die Vertreibung der Deutschen aus ihrer Heimat ist in geregeltere Bahnen gelenkt, doch im Resultat für die Betroffenen nicht minder schmerzhaft. Die Vertreibung aus Südosteuropa neigt sich ihrem Ende zu. Die Sudetendeutschen sind bereits weitgehend enteignet und vertrieben. Auch in Polen, wo sich Vertreibungen noch bis zum Jahr 1950 hinziehen werden, ist die große Exoduswelle im Jahr 1947 abgeflaut. Die Menschen aus dem östlichen Brandenburg warten in ihren neuen Behausungen westlich der Oder darauf, recht bald wieder in ihre alte Heimat auf der anderen Seite der Oder zurückkehren zu können.

Und was ist mit den noch mehr als hunderttausend in Kaliningrad Eingeschlossenen? Nur sehr wenigen von ihnen gelang bisher die Flucht in den polnisch besetzten Teil Ostpreußens.

Im April 1947 fasst der Leiter der Königsberger Abteilung des Innenministeriums, Generalmajor Trofimow, in einem Schreiben an Innenminister Kruglow und Außenminister Molotow in Moskau deren Situation zusammen:

Von den 110 217 erfassten Männern, Frauen und Kindern, so heißt es da, sei „der größte Teil infolge starker körperlicher Schwächung nicht arbeitsfähig" und gehe „keiner gesellschaftlich-nützlichen Arbeit nach ..." Nur 36 000 Deutsche seien im Einsatz, zumeist in Militärsowchosen und Industriebetrieben Kaliningrads.

Durch dieses erst nach dem Ende der Sowjetunion aufgefundene, streng geheime Papier lässt sich das große Leid der eingeschlossenen deutschen Zivilbevölkerung erahnen. Der Generalmajor berichtet, außer den Kindern und Invaliden in Waisen- und Altenheimen beziehe die deutsche Bevölkerung keinerlei Lebensmittelzuwendungen und sei daher äußerst ausgezehrt. Er beschreibt für seine Moskauer Vorgesetzten auch die Folgen dieses gezielten Aushungerns – eine gestiegene Kriminalität und vereinzelter Kannibalismus.

In der nunmehr russischen Enklave leben zum Zeitpunkt des Berichtes nur noch 31 112 Männer, 42 806 Frauen und 36 600 Kinder. Sie sollen nun ausgesiedelt werden, was einem Kursschwenk von 180 Grad gleichkommt.

Der Hintergrund der geplanten Massenaussiedlung ist

nicht etwa die Sorge um das Überleben der ausgezehrten Zivilisten. Es ist die Sorge um deren störendes Dasein angesichts der Absicht Moskaus, das Gebiet Königsberg zu einem geheimen militärischen Brückenkopf auszubauen. Generalmajor Trofimow schätzt deshalb ein, die Anwesenheit der Deutschen wirke „zersetzend auf Angehörige der im Gebiet stationierten Einheiten der Sowjetarmee und Kriegsmarine ..." Und er warnt, das Eindringen der Deutschen in sowjetische Haushalte durch deren Verwendung als schlecht bezahlte oder gar kostenlose Bedienstete trage zur „Entwicklung von Spionage bei ..."

Ein halbes Jahr später, am 14. Oktober 1947, erteilt der sowjetische Innenminister Kruglow den entscheidenden Befehl zur Aussiedlung.

Bereits im April 1947 dürfen 265 Personen ausreisen: Es sind Angehörige von SED-Funktionären in der SBZ, die dort von Moskau eingesetzt wurden und die man jetzt nicht verprellen möchte.

Mit der Aussiedelung geht auch eine Abkehr von jenem Kurs einher, der noch im Sommer 1946 vorherrschte, als es so aussah, als sollten die Deutschen doch schrittweise unter den sowjetischen Neusiedlern aufgenommen werden. Die Militärverwaltung hatte bereits damit begonnen, über ihre politischen Abteilungen den bisherigen Feind umzuerziehen: Nach dem Muster der antifaschistischen Agitation in den Kriegsgefangenenlagern wurde auch im „Kaliningradskaja Oblast" vorgegangen.

Besonders um die Intelligenz – im Unterschied zu Geschäftsleuten oder Gutsbesitzern nicht als „feindliche Gesellschaftsklasse" eingestuft – warben die Russen. Das Ganze blieb allerdings mehr ein theoretisches Unterfangen, denn die noch lebenden Angehörigen der ostpreußischen Intelligenz waren inzwischen Leichenbestatter und/ oder heimliche Schwarzmarkthändler oder schufteten auf einer Militärsowchose.

Ebenfalls mit der Absicht einer Russifizierung hatte die Militärverwaltung damit begonnen, Schulen für deutsche Kinder zu eröffnen – unter den im Juni 1946 registrierten Deutschen befanden sich immerhin fast 25 000 Kinder im schulfähigen Alter von sieben bis fünfzehn Jahren.

Keineswegs alle will man so schnell loswerden: Da in sowjetischen Arbeitslagern bereits viele der 1945 als lebende Reparationen verschleppten Mädchen und Frauen gestorben sind, füllt man 1947 noch einmal aus der Königsberger Reserve auf: Das NKWD verhaftet zum Zweck der Deportation deutsche Frauen und Mädchen, die noch einigermaßen arbeitsfähig wirken. Gleich im Gruppenverfahren werden sie zu je fünf Jahren Straflager verurteilt. Manche kriegen auch sieben oder zehn Jahre aufgebrummt, die Sowjets sind da nicht zimperlich. Den Fassungslosen fliegt der § 58 um die Ohren – „Staatsverleumdung“. Nach einer ärztlichen Kontrolle im Königsberger Polizeigefängnis geht es für die meisten auf eine zweiwöchige Fahrt in Richtung Osten. Einige teilen die Viehwaggons mit polnisch-jüdischen Ukrainerinnen, deren Strafmaß wegen „Staatsverleumdung“ auf fünfzehn bis zwanzig Jahre hochgeschraubt wurde.

Während die große Mehrheit der Deportierten in Swerdlowsk, Gorki oder Solikamsk entladen wird, um dort die durch den Tod gerissenen Lücken in Schacht und Industrie wieder zu schließen, lässt man einige durch die Hungerjahre zu stark Geschwächte unter den 1947 Verhafteten nun doch in Königsberg. Sie werden in ein russisches Lager jenseits des Pregels verbracht. Dort sterben die meisten von ihnen. Jene aber, die sich auch nur leicht erholen, werden am Ende doch noch deportiert …, einschließlich der deutschen Krankenschwestern, die in diesem Lager als Krankenschwestern eingesetzt waren.

So lange wie möglich behalten will man auch Spezialisten jeglicher Art und Menschen, die noch richtig zupacken können oder in anderer Weise für die Russen ertragreich arbeiten.

Pech für Günter Kropp, Doris Meyer und Michael Wieck samt ihrer Angehörigen – sie kommen 1947 nicht mit dran, als die ersten Transporte Richtung Westen zusammengestellt werden …

Bei dem nun vierzehnjährigen Günter Kropp ist es die Mutter, die als unentbehrlich auf einer sowjetischen Sowchose gilt.

Es gibt für Militärs und russische Neusiedler auch zwei Jahre nach Kriegsende noch keine sichere Versorgung mit Nahrungsmitteln. Mit der Eroberung Ostpreußens durch die Sowjetarmee kam die Landwirtschaft völlig zum Erliegen. Die Höfe blieben verlassen zurück, der Boden herrenlos. Versorgungsschwierigkeiten waren damit vorprogrammiert – das Überleben der deutschen Bewohner war ohnehin kein Thema. Ernährten sich die knapp drei Dutzend Divisionen zunächst von erbeuteten Lagerbeständen und US-amerikanischen Konserven, wurden sie, als die Reserven zu Ende gingen, zur Selbstversorgung verpflichtet.

Zu eben diesem Zweck entstanden Militärsowchosen, die deutsche Frauen, Kinder, Jugendliche und Alte zur

Zwangsarbeit einzogen – darunter auf der Flucht Überrollte wie Günter Kropp, seine Mutter und seine Tante.

Doch all die sowjetischen Soldaten, Offiziere und deren nachziehende Verwandte wurden nicht satt. So erließ der Militärrat im Januar 1946 den „Befehl zur Organisation von 30 Militärsowchosen im Bereich des Besonderen Militärbezirks“ – gemeint war Ostpreußen/Kaliningrad. Nun wurde flächendeckend erweitert. Gesichert werden sollte der Bedarf des Militärs an Kartoffeln, Gemüse und Getreide. Und zu leiten waren sie von Offizieren, die Erfahrungen in der Landwirtschaft besaßen. Eine jede dieser Sowchosen hatte etwa 8000 Hektar zu bewirtschaften.

1947 sind die meisten dieser Sowchosen bereits in zivile umgewandelt und mit neuen Nummern versehen. Doch noch immer werden überall Menschen, die noch zäh genug zum Arbeiten sind, festgehalten, um ihre Arbeitskraft maximal auszunutzen.

Günters Mutter leistet nun schon seit zwei Jahren auf einer Sowchose unweit ihres Heimatdorfes an der litauischen Grenze Schwerstarbeit. Der Gegenwert an essbaren Naturalien jedoch fällt extrem gering aus; damit kann sie gerade mal sich selbst und Günters fünfjährigen Bruder Gerhard am Leben erhalten. Günter, der den Typhus und einen schmerzhaften Nabelbruch überstanden hat, geht bereits seit Mai 1946 zum Betteln hinüber nach Litauen:

„Ich hatte inzwischen einen festen Rhythmus: Sieben Tage lief ich nach Litauen rein – weit ins Land – und sieben Tage wieder zurück. Und fast immer brachte ich etwas zu essen mit. Ich blieb ein paar Tage bei meiner Mutter und meinem Bruder, dann ging ich wieder los.

Das ganze Jahr 1947 lebte ich so. Seit Jahren hatte ich keine Schule mehr gesehen, und in Litauen war ich jedes Mal völlig isoliert.

Irgendwo bei litauischen Bauern arbeitete auch meine Tante – die überlebte dadurch, sie wäre sonst verhungert.

Nein, wir gehörten nicht zu den Glücklichen, die 1947 ausreisen durften. Dafür arbeitete meine Mutter zu hart. Doch immerhin hatten wir Hoffnung, dass auch wir eines Tages dran sind. Außerdem: Wir hatten Post von meinem Vater aus Berlin-Spandau bekommen – er wartete auf uns!"

Wer bisher gute Arbeit geleistet hat, wird jetzt bestraft. So lange wie möglich festgehalten wird auch die Mutter von Doris Meyer, deren Arbeit als Schneiderin man hoch schätzt:

„1947 bekam meine Mutter für ihre Arbeit schon etwas Geld, also Rubel. Sie arbeitete in einer Schneiderstube bei den Russen. Das war eigentlich ein Glück, eine solche Arbeit zu haben.

Allerdings war sie zu dieser Zeit immer noch sehr krank. Sie hatte inzwischen alles an Krankheiten, was es so gab. Und das Unkraut, das wir hungrig in uns hineinstopften, suchten wir dort, wo die Russen ihre Kühe hüteten – das war auch nicht gerade gesundheitsfördernd.

Mutti hatte schweres Rheuma, weil die Russen sie 1945 in so ein Lager verschleppt hatten, wo die Frauen wochenlang auf blankem Beton schlafen mussten. Und sie hatte lange, schwere Würmer im Darm. Doch das kam erst heraus, als wir in der SBZ waren.

1947 gingen von Königsberg die ersten Transporte Richtung Westen ab. Und meine Mutter hatte schon eine Weile versucht, die Russen zu bestechen, mit den letzten Rubeln, die wir besaßen, damit wir noch vor dem Winter rauskommen. Es hat aber nicht geklappt – wir mussten noch einen dieser grauenvollen ostpreußischen Winter durchhalten. Der Grund war, dass meine Mutter in der Schneiderei so eine gute Arbeit machte. Es hieß dort immer: ‚Gertruda Spezialist!'

Gertrude, so hieß meine Mutter. Sie war sehr tüchtig und konnte aus einem unscheinbaren Stückchen Stoff immer etwas zaubern. Ihre Begabung wurde uns nun ein bisschen zum Verhängnis – wir kamen erst mit den letzten Transporten dran, 1948 ..."

Als „Spezialisten" gelten auch Mechaniker, Schlosser und Kraftfahrer, Schmiede, Bäcker, Tischler oder Schuster. „Spezialist" sein erhöht die Überlebenschance.

Und so kämpft Michael Wieck von dem Moment an, da er das Prinzip erfasst hat, auf alle erdenkliche Art darum, „Spezialist" zu sein. Im Konzentrationslager Rothenstein hatte er sich sofort gemeldet, als nach einem Kunstmaler gesucht wurde. Er genügte dann zwar den Anforderungen nicht, hatte sich aber dem entscheidenden Offizier eingeprägt, was ihn am Ende das Lager überleben ließ.

Später verdingt er sich als Maurergehilfe, um 600 Gramm Brot am Tag zu erhalten. Er verwandelt sich in einen Tischler, als Tischler gesucht werden. Und er gibt sich im Sommer 1946, als die elektrischen Anschlüsse erweitert werden und die Russen dringend Elektriker suchen, als Elektriker aus. Hier allerdings ist einiges Glück vonnöten:

„Das mit dem Elektriker ließen die Sowjets erst einmal nachprüfen, ob das stimmt. Ein deutscher Elektrikermeister gab mir ein Blatt Papier und einen Bleistift, mit dem ich eine Wechselschaltung aufzeichnen sollte. Er fand sofort heraus, dass ich kein Elektriker bin. Trotzdem gab er seine Zustimmung und empfahl den Russen, mich einzustellen. Das war wieder viel Glück und für den weiteren Lebenskampf von großer Wichtigkeit."

Einmal schuftet Michael als Werftarbeiter zwölf Stunden, um seine Eltern miternähren zu können:

„In dieser Zeit verließ ich das Haus um sieben Uhr in der Frühe und kam um neun Uhr abends zurück. Bald ging das über meine Kräfte, schon nach zehn Tagen musste ich aufgeben. Ein anderer Weg musste gefunden werden ..."

Im späteren Leben wird Michael Wieck ein hoch angesehener Geiger sein. Unter den jetzigen grausamen Umständen jedoch entwickelt er sich zu einem Meister der Überlebenskunst. Und das geht nicht ohne Klauen:

„Ich entdeckte einmal, dass die Russen ein relativ unzerstörtes Haus – das gab es hin und wieder – eingezäunt hatten. Sie bewachten es und wollten darin wohl zu erwartende Militärbehörden unterbringen. Natürlich war auch dieses Haus von den Kampftruppen ausgeplündert worden. Aber trotzdem war noch eine ganze Menge Brauchbares drin. An beiden Seiten des Hauses standen die Ruinen der Nachbarhäuser. Ich hatte die Idee, mich vom Keller einer der eingestürzten Ruinen zum Mauerdurchbruch vorzuarbeiten. Und das klappte: In einem der noch nicht verschütteten Kellerräume fand ich Bettwäsche, Geschirr, Kochtöpfe, Besteck und etliches mehr!

Mutter bot dann die Gegenstände den Russen zum Tausch an – und kam abends stolz mit den eingetauschten Lebensmitteln nach Hause.

Irgendwann bemerkten die Hausbewacher aber den Einbruch und verrammelten den Durchgang. Ich hatte noch Glück, dass sie mich nicht in eine Falle lockten. In solchen Fällen schossen sie sofort."

Es ist der Einstieg nicht nur in diesen ergiebigen Keller, sondern in ein Einbrecherdasein, das viele ausgehungerte Deutsche erfasst hat und das der Junge mit hoher Intelligenz ausbaut:

Er geht bald nur noch als „Spezialist" los – im Monteuranzug, auf leisen Turnschuhsohlen und mit einem professionell versteckten Dietrich. Er inspiziert die Dachböden nach Brauchbarem und bricht in Offizierswohnungen ein. Er klaut Kartoffeln und trocknende Kleidung von der Leine. Er wird öfter erwischt, wird gejagt und einmal sogar beschossen.

Irgendwann verlässt ihn sein Spürsinn: So wird er von einem Oberleutnant erwischt, der ihn brutal misshandelt und ihn dann zur nächsten Milizstation schleppt. Michael steht kurz vor der Deportation in ein russisches Arbeitslager. Und hat doch wieder einen Schutzengel ..., diesmal in Gestalt eines milden Milizionärs.

Traumatische Erfahrungen macht auch seine Mutter, die auf dem Schwarzmarkt einzelne Zigaretten verkauft oder einzelne Scheiben Brot, um wenigstens einen winzigen Gewinn zu erzielen. Mitunter nehmen der zierlichen Geigerin brutale Russen alles weg; mitunter sind es hungernde Deutsche, die ihr das Brot aus der Hand reißen. Zudem muss sie sich vor der Miliz hüten, die handeltreibende Deutsche als „Spekulanten“ verhaftet.

Eines Tages, Michael arbeitet gerade als Maurergehilfe, erfasst ihn ein starkes Verlangen, nach Hause zu gehen. Mitten am Vormittag läuft er von der Baustelle los – selbst die Gefahr, dass er damit seinen Arbeitsplatz verliert, kann ihn nicht aufhalten:

„Und als ich, von Unruhe getrieben, in unsere Straße einbog, sah ich plötzlich meine Mutter: Eigenartig torkelnd bewegte sie sich auf unser Quartier zu. Sie war kreidebleich und hatte eine schlimme Wunde am Kopf. Sie erzählte, sie sei niedergeschlagen und ausgeraubt worden. Sie wusste nicht, wie lange sie bewusstlos in der Ruine lag, in die sie ein Russe mit Versprechungen über eine besonders günstige Einkaufsmöglichkeit gelockt hatte. Dort schlug er ihr den Ziegelstein auf den Kopf …

Als sie wieder zu sich kam, musste sie sich mehrfach übergeben, dann hat sie sich schrittweise nach Hause geschleppt. Und als ich dann plötzlich in ihr Blickfeld geriet, sah sie mich an wie eine Fata Morgana – völlig überrascht, mich vor dem Haus anzutreffen. Ich brachte sie auf ihr Bettgestell …

Zum Glück erholte sich Mutter bald wieder. Doch dieser Vorfall hat mich mein Leben lang beschäftigt: Zweifelsfrei gab es hier eine Gedankenübertragung! Eine über den Raum hinweg wirkende Verbindung zweier Menschen …“

Im Unterschied zur innigen Beziehung zu seiner Mutter ist das Verhältnis zum Vater latent gespannt: Der Vater ist ihm bei diesem Kampf ums Überleben entschieden zu inaktiv. Dem Vater wiederum ist sein Sohn Michael entschieden zu kriminell:

„Er sprach vom Fluch der bösen Tat – was ich als Anspielung auf meine Diebereien verstand – und von der weltverbessernden Wirkung des Weisen, der ständig den Frieden und die Liebe mehrt.

Seine Vorbilder waren Dulder wie Gandhi und Buddha, meine Vorbilder dagegen Tatmenschen wie Moses und Wilhelm Tell. Allerdings war er nur insofern Gandhi, als er zu wenig tat – und ich Moses, weil ich die russischen ‚Ägypter' beklaute.

Aber wer hat schon seine Vorbilder erreichen dürfen? Gelten hehre Verhaltensweisen für alle Lebenslagen? Brauchten wir in unserer extremen Situation nicht andere Richtlinien? War es edel und richtig, nichtstuend zu sterben, anstatt stehlend zu überleben?"

Im eisigen Winter 1946/47 gab es für den Jungen aus Königsberg außer Hunger, dramatischen Fluchtszenen und Kältestrapazen auch Momente, die ihm das Herz erwärmten:

„Die Russen hatten inzwischen an allen Straßenkreuzungen riesige Lautsprecher angebracht. Die meiste Zeit übertrugen sie wohl Propagandareden und Nachrichten. Dazwischen aber hörte man die herrlichste Musik. Es kam vor, dass abends, wenn ich im Dunkeln unter dem klaren Sternenhimmel auf dem Heimweg war, die wie auf einer Weihnachtspostkarte verschneite Landschaft von den überirdisch schön gespielten Tönen des Bach'schen Doppelkonzertes für zwei Violinen überflutet wurde. Dawid Oistrach spielte …

Ich eilte von Straßenecke zu Straßenecke, um immer gut hören zu können. In solchen Momenten glaubte ich an das Vorhandensein einer besseren Welt.

Gleichzeitig jedoch sahen meine Augen die zusammengekauerten Gebilde erfrorener Menschen. Steif und wie versteinert saßen oder lagen sie da, manchmal mit frisch gefallenem Schnee zugedeckt. Es waren jene, die es nicht mehr bis zu einem wärmenden Herd oder etwas Essbarem geschafft hatten ..."

Mitte 1947 geht es mit Michael und seinen Eltern erneut stark bergab – der Vater liegt vor Schwäche nur noch im Bett, die Mutter vermag auf dem Schwarzmarkt fast keinen Gewinn mehr zu erzielen. Und Michael? Er schuftet ganztägig, ohne ausreichend Brot für alle drei heranschaffen zu können. Es wäre vielleicht das Ende, geschähe da nicht wieder eines dieser kleinen Wunder: Eine Nachbarin bäckt manchmal Baisers – etwas, das die Russen nicht kennen und deshalb sehr gerne kaufen. Baisers so zu backen, dass sie auch gelingen, ist sehr kompliziert. Und als der Nachbarin eine baldige Ausreisegenehmigung in Aussicht gestellt wird, gibt sie ihr Backgeheimnis an die Musikerfamilie Wieck weiter.

Lange müssen die üben, bis die Baisers gelingen, und noch komplizierter gestaltet es sich, die Zutaten zu organisieren. Dennoch haben sie – obschon der Gewinn jeweils winzig ist, zudem die Mutter mehrmals erwischt wird und die Nacht in einem Milizkeller verbringen muss – mit ihrem beliebten Produkt einen Weg gefunden, aus der schlimmsten Mangelernährung herauszukommen.

Von nun an ist Klauen für Michael passé ... und damit das stets hohe Risiko, erschossen oder deportiert zu werden. Wiecks werden, als im Jahr darauf auch für sie die Ausreise bevorsteht, noch immer Baiser-Bäcker sein.

Sehr schlecht geht es nach dem extrem kalten Winter 1946/47 Ellen Browarzyck und den beiden ihr noch verbliebenen Kindern Karla und Peter. Sie haben nichts mehr zu essen. Besonders schmerzlich für die Achtjährige und ihren elfjährigen Bruder aber ist es, ihre Mutter so leiden zu sehen.

Den Tod ihrer Kinder Monika und Frank hat sie ebenso wenig verkraftet wie den vielleicht endgültigen Abschied von Roswitha-Anne, die sie einer fremden Frau übergeben hat:

„Unsere Mutter kam mit dem Leben überhaupt nicht mehr zurande, sie saß nur noch resigniert da und rauchte. Sie weinte sehr viel. Den Verlust ihrer drei kleinen Kinder hat sie einfach nicht verkraftet.

Unsere Mutter wollte nicht mehr leben, hatte sich völlig aufgegeben. Das war für uns Kinder sehr schwer, dem zuzuschauen und nichts dagegen tun zu können.

Irgendwann saß sie nur noch auf dem Stuhl, rauchte ihre Kippen, die Peter und ich für sie aufgesammelt hatten, und sprach kein Wort mehr. Sie hat auch nichts mehr gegessen. Sie weigerte sich, auf die Kommandantur zu gehen und ihre Scheibe Brot abzuholen. Zu uns Kindern sagte sie immer wieder: ‚Nein, ihr müsst essen, ihr müsst überleben! Ich kann nicht mehr …‘ Sie muss gespürt haben, dass sie nicht mehr lange lebt.

Sie hatte für uns Kinder kleine Brustbeutel genäht – für den Fall, dass wir verloren gehen. Meine Mutter war Schneiderin von Beruf. In den Beuteln waren Fotos von uns, die

Geburtsurkunde – alles, was für unsere Identifizierung wichtig war. Ich hatte auch einen.

Unsere Mutter starb im Frühjahr 1947. Wann genau, das weiß ich nicht. Am Ende war sie ganz, ganz dünn, wie ein KZ-Häftling. Sie war erst 43 Jahre alt, als sie starb, doch sie sah aus wie siebzig.

Es kam ein Tafelwagen, auf den wurde sie draufgeladen und dann fuhr der Wagen weg. Sie kam in eines der Massengräber – so wie mein kleiner Bruder Frank auch …"

Karla und Peter Browarzyck sind auf einmal allein. Kein Mensch kümmert sich mehr um sie. Lebt ihre kleine Schwester Rosi noch, die von einer Frau mit nach Estland genommen wurde? Sie haben nie wieder etwas von ihr gehört.

Einsam wird es für das Königsberger Geschwisterpaar. Doch haben sie immerhin einander noch, die erste Zeit zumindest:

„Wir versuchten, am Leben zu bleiben – so wie alle. Dabei hatten wir schlimme, aber auch ein paar gute Erlebnisse.

Einmal sahen wir, wie Russen eine Hochzeit feierten. Als die vorbei war, haben wir uns hingeschlichen und erspähten einen Riesenberg von Kuchenabfällen und Kuchenrändern! Auf die haben wir uns wie die Geier gestürzt. Und als wir da so saßen und die Reste in uns hineinstopften, kam eine alte russische Vettel mit einem Eimer Dreckwasser und kippte den über die Kuchenreste, damit wir das nicht mehr essen konnten. Eigentlich waren die alten Russen immer gutmütig – warum die so bösartig war, weiß ich nicht. Aber diese Geschichte vergess ich mein Lebtag nicht … Sogar die Kartoffelschalen, die unter den Kuchenrändern vorlugten, konnte man nicht mehr essen. Da war irgendwas drin, das stank wie Jauche mit Petroleum.

Doch es gab auch die anderen. Zu dieser Zeit existierte schon der Schwarzmarkt, auf dem Russen und Deutsche miteinander handelten. Und da fragte uns eines Tages eine russische Oma – meinen Bruder und mich –, ob wir ihre Piroggen auf dem Schwarzmarkt verscherbeln könnten. ‚Na klar!', haben wir gesagt. Wir wussten ja, da kriegen wir was ab.

Wir haben sie also mit dem Schlitten hingezogen, das waren so etwa zwanzig Piroggen. Aber irgendwie war an dem Tag Tauwetter, Matsch, es fing plötzlich an zu regnen, und die ganzen Piroggen waren im Eimer. Die waren zusammengeklatscht vom Regen, die konnte man nicht mehr verkaufen. Wir kriegten sie nicht los auf dem Schwarzmarkt. Da haben wir uns schließlich in eine Ruine gesetzt und die ganzen Dinger aufgegessen.

Aber dann ging es los – wir kriegten die Scheißerei. Die Piroggen waren nämlich mit Sauerkraut gefüllt. Und dazu das Fettgebäck ...

Als wir ohne Piroggen und Geld – dafür aber mit Bauchschmerzen – zurückkamen, haben die Russen nicht mit uns geschimpft, sondern sich halb kaputtgelacht. Das war mal eine lustige Episode. Viele gab es nicht davon ..."

Manche der zurückgelassenen Kinder in Königsberg haben sich zu kleinen Gruppen zusammengeschlossen, stets auf der Suche nach trockenen Plätzen in der Ruinenstadt. Manche hausen für sich allein. Karla und Peter Browarzyck sind wenigstens zu zweit. Und inzwischen sind sie die letzten Bewohner des Archiv-Kellers in der ostpreußischen Landwirtschaftskammer:

„Doch schon bald kam die Zeit, in der wir wirklich nichts mehr zu essen fanden. Sich waschen, das gab es ohnehin schon lange nicht mehr, man verdreckte einfach und kriegte die Krätze. Wir hatten Geschwüre an den Beinen. Und eines Tages sagte mein Bruder: ‚Karla, du bleibst jetzt hier und rührst dich nicht von der Stelle! Du wartest auf mich, hast du verstanden? Ich versuche, mit anderen rüber nach Litauen zu kommen!' Er wollte auf den Puffern eines Zuges mitfahren – so, wie die anderen das auch machten.

Litauen, das klang nach Rettung. Die Litauer waren ja antirussisch, die haben den Deutschen fast immer geholfen. ‚Du brauchst keine Angst zu haben, ich bringe was zu essen mit!', rief er mir noch zu, als er aufbrach.

Und nun habe ich gewartet. Aber er kam nicht wieder. Ich habe gewartet und gewartet – es war ganz furchtbar. Ich war acht Jahre alt und plötzlich völlig allein.

Ich habe mich zwei, drei Tage und Nächte vor unseren Keller gesetzt und nicht von der Stelle gerührt. Ich saß auf einem Steinpodest … und blieb wie angewurzelt sitzen – aus Angst, Peter könnte genau in dem Moment zurückkehren, in dem ich nicht am Platz bin. Ich habe ein paar Tage lang nichts gegessen, nur geweint und gewartet. Ich war ja bis zu dem Moment auch noch nie allein betteln gegangen – wir waren immer zusammen gewesen.

Der Hunger wurde immer größer, und auch die Frage: Wo kriege ich jetzt was zu essen her?

Für mich war sein Nicht-wieder-Kommen eine Katastrophe. Ich habe in den Ruinen von Königsberg gehockt und auf ihn gewartet. Ich habe nicht verstanden, warum er nicht wiederkommt. Ich dachte – und das viele, viele Jahre lang – dass er mich einfach zurückgelassen hat und allein seinen Weg weitergegangen ist.

Viel später habe ich erfahren, dass mein elfjähriger Bruder Peter von Russen erschossen wurde. Er hatte ein Koppel um, da war ein Nazi-Emblem drauf, also ein Hakenkreuz. Er muss das irgendwo gefunden haben, vielleicht um seine Hose festzuhalten, vielleicht war das von einem toten Soldaten. Das Koppel hat ihn das Leben gekostet …

Woher konnte ich das damals wissen? Ich war völlig verzweifelt …

Und irgendein Rest dieser Verzweiflung ist bis heute in mir. Wenn er jetzt plötzlich auftauchte – ich könnte ihm nicht verzeihen, dass er mich damals allein zurückgelassen hat …

Nein, nein – ich glaube, dass er umgekommen ist auf seinem Weg nach Litauen. Er hat mich ja auch sehr geliebt, er hatte ja nur noch mich von unserer siebenköpfigen Familie …

Ich war also nun völlig auf mich allein gestellt. Ich lebte vom Betteln, ging jeden Tag in die Nähe der Villen, dort wohnten die russischen Offiziere mit ihren Frauen. Wenn die Frauen mich allein stehen sahen, habe ich fast immer was bekommen. Als mein Bruder noch dabei war, lief das nicht so gut, meinen Bruder mochten sie nicht – der war mit seinen elf Jahren schon ein richtig gewiefter Kerl, hatte die große Klappe. Er musste schon sehr früh erwachsen sein, er war ja nach dem Tod meines Vaters der Versorger unserer Familie geworden. Ich hatte ihn total bewundert.

Doch nun musste ich es allein schaffen.

Und ich versuchte zugleich, mich so gut es ging zu verstecken. Denn oft liefen Soldaten durch die Trümmer, und wenn sie ein weibliches Kind erblickten, riefen sie: ‚Mädchen komm: fick, fick!'

Ich bin ihnen fast immer entkommen … Doch dann hat auch mich ein russischer Offizier erwischt und vergewaltigt.

Der war auf der Suche, um irgendwas zu klauen, und dabei entdeckte er mich. Ich hatte mich in diesem Moment auf das Fensterbrett unseres Kellers gelegt – weithin sichtbar. Denn ich wartete ja auf meinen Bruder, und der sollte mich gleich sehen, wenn er kommt. Nun kam aber nicht mein Bruder, sondern dieser Offizier. Er hat mich gesehen und sich auf mich gestürzt. Er nahm mich auf den Schoß und schmuste mit mir und versprach mir eine Tüte voll Essen. Dann vergewaltigte er mich. Ich schrie vor Schmerz, und da ließ er mich los ...

Bei all dem Grauen hatte ich noch Glück, dass er mich am Leben gelassen hat. Ich wurde verletzt, blutete und hatte wahnsinnige Schmerzen, doch es war niemand da, der mir helfen konnte.

Da kann ein Kind verrückt werden ... Man versteht die Welt nicht mehr, alle Gewissheiten aus meiner frühen Kindheit existierten nicht mehr. Auch gab es keinen Menschen mehr, zu dem ich gehörte. Die noch lebten, hatten damit zu tun, selbst zu überleben.

Ich habe nur noch geweint. Ich war erst acht Jahre alt, der furchtbare Schmerz hörte nicht auf, und ich blutete. Ich saß mutterseelenallein in den Trümmern. ‚Wo ist denn mein Bruder Peter?', habe ich immer wieder gefragt, ‚warum ist er nicht zurückgekommen und hat mich beschützt?' Ich wusste ja nicht, dass er bereits umgebracht worden war.

Es waren eben auch Offiziere, die Kinder vergewaltigten, nicht nur die einfachen Muschkoten. Die Offiziere hatten sich in den Villen am Rande der Stadt einquartiert, die standen noch.

Ich wurde immer verängstigter draußen. So habe ich dann auch eine kurze Zeit bei einem steinalten Opa gewohnt, der mich in den Ruinen aufgegriffen hatte. Bei dem habe ich in einem Liegestuhl geschlafen. Er war nett, doch die Decke, die er mir zum Zudecken gegeben hat, die war so voller Flöhe – ich habe das einfach nicht ausgehalten und bin dort wieder abgehauen.

Eigentlich war ich nur noch auf der Flucht: Ich bin vor Flöhen geflohen und vor Russen – und beides vergeblich. Ich habe mich immer in irgendwelche Ruinen reingeflüchtet. In den zerbombten Häusern gingen teilweise noch die Treppen hoch. Dort habe ich dann die Nächte verbracht.

Und eines Tages hat mich dann die alte Russin mit den Piroggen aufgegabelt. Sie gab mir in gebrochenem Deutsch zu verstehen, dass ich viel zu dünn angezogen sei. Sie hat mich in ein schwarzes Wolltuch eingehüllt wie eine Babuschka, so von oben bis unten. Das war ein tolles Gefühl, ich konnte aber die Arme nicht mehr bewegen, die waren ja auch eingewickelt.

Sie hat mir Piroggen gegeben, wenn sie welche gebacken hatte, das waren diese gefüllten Teigtaschen.

Die alte Russin – ich nehme an, sie war die Angehörige eines Offiziers – wohnte offenbar in einem der nicht komplett zerbombten Häuser, manchmal war noch das Parterre heil geblieben oder der Keller. Und dort wohnten dann schon Russen drin.

Sie war sehr nett, ging aber bald darauf zurück nach Leningrad, wo sie her kam. Sie wollte mich unbedingt mitnehmen, ich habe das aber abgelehnt und immer den Kopf geschüttelt …

Russisch, das war ja eine Sprache, die ich kaum verstand. Außerdem wartete ich nach wie vor auf meinen Bruder Peter!“

Und wie ergeht es ihrer Schwester Roswitha-Anne, einige hundert Kilometer weiter nördlich?

„Ich war gerettet. Frau Selma Avik aus Tallinn hat mich adoptiert. Nach dem Krieg war so etwas in der Sowjetunion möglich, denn es gab sehr viele Waisenkinder. Wiederum: Hätte sie mich nicht adoptiert, hätte ich nicht in ihrer Familie bleiben dürfen, sondern man hätte mich in ein Waisenhaus gebracht.

Meine Pflegemutter hatte ein großes Risiko auf sich genommen, als sie mich einfach mit sich nahm. Nun, in Tallinn, bekam sie die Probleme damit zu spüren: Ich besaß keinerlei Dokument, das meine Identität auswies – und ich sprach nur Deutsch! So bat mich meine Pflegemutter, beim Einkaufen im Laden oder auf der Straße gar nicht zu sprechen.

Innerhalb eines Sommers machte man aus mir eine Estin.

Meine ersten Erinnerungen an mein neues Zuhause in Tallinn: Ich stehe vor meiner Pflegemutter, die sich am Ofen den Rücken wärmt, schaue sie von unten her an und nenne sie ‚Tante' ...

Später habe ich zu ihr immer nur ‚Mutti' gesagt, obwohl die eigene Tochter sie immer ‚Mama' rief.

Nach kurzer Zeit vergaß ich meine Herkunft, meine Muttersprache, meine leibliche Mutter. Ich vergaß meine Schwester, meinen Bruder und auch meinen großen Halbbruder Dieter. Das war gut so, denn sonst wäre meine Kindheit sehr traurig verlaufen. Ich hätte unentwegt Sehnsucht nach meinen Lieben gehabt.

Ich schleppte ein paar Gewohnheiten aus der Kellerzeit in Königsberg mit. So knabberte ich am Anfang, nachdem ich in Tallinn angekommen war, abends im Bett an der Oberkante der Bettdecke. Das gab Ärger, denn Bettwäsche war ja etwas sehr Kostbares damals, und meine Bettdecke war nun voller kleiner Löcher. Der Hunger in meinen ersten Jahren war derart unerträglich gewesen, dass wir Kinder vor Verzweiflung alles Mögliche anknabberten."

Wie die meisten Nachbarn Russlands wurde Estland gewaltsam in die Union der Sozialistischen Sowjetrepubliken gepresst.

Nachdem die baltischen Staaten im Pakt zwischen Hitler und Stalin 1939 der Sowjetunion zufielen, sah sich die erst zwanzigjährige unabhängige Republik Estland von den Russen 1940 erstmals annektiert. Die Deutschbalten wurden zuvor von Hitler „heim ins Reich" beordert und im neu geschaffenen Reichsgau Wartheland angesiedelt, das wiederum zuvor den Polen entrissen wurde.

Mit dem Einmarsch von Stalins Truppen im Juni 1940 wurden jetzt zielgerichtet estnische Intellektuelle verfolgt und deportiert.

Mit dem Überfall auf die Sowjetunion 1941 rückten die Deutschen ein und errichteten in Estland Ghettos und Konzentrationslager, in denen neben estnischen auch deutsche, tschechische, lettische und ungarische Juden schwerste Zwangsarbeit verrichten mussten. 1944 wiederum fiel das gebeutelte Land an Stalin zurück, der nun erneut die Elite des Landes deportieren ließ. Zwei Jahre, bevor das deutsche Kind Roswitha-Anne Browarzyck in Tallinn eingeschmuggelt und mit einer neuen Identität versehen wird, sahen sich etwa 100 000 Einwohner Estlands nach Sibirien verschleppt.

Im Gegenzug ließ Stalin 200 000 russische Arbeiter in Estland ansiedeln.

Den sowjetischen Diktator und seine Funktionäre drängt es, das nationale Bewusstsein der Esten zu zerstören – ähnlich den Vorgängen in Lettland und Litauen: Estnisch ist bereits Zweitsprache hinter dem Russischen …; viele Bücher wurden vernichtet, das öffentliche Singen nationaler estnischer Lieder ist verboten.

Mit solchen Besatzer-Attitüden erzeugen die Russen unter den Esten eine breite Aversion. In diesem die Gesellschaft beherrschenden Spannungsverhältnis wächst Roswitha-Anne Browarzyck – die nun Anne Avik heißt – in Tallinn auf:

„Es war eine sehr harte Zeit, nachdem sie 1944 wieder einmarschiert waren, eine Zeit voller Furcht und Schrecken. Die russischen Besatzer nahmen sich auch hier, was sie wollten: erst Uhren, dann Gold und alle Wertsachen, die sie kriegen konnten. Es kam auch zu einigen Vergewaltigungen. Doch obwohl die estnische Regierung nun von Moskau aus ernannt wurde, blieb der Staat zunächst Estland. Zu Moskaus Funktionsgehilfen wurden vor allem Russland-Esten und solche Esten, die sich gern für die eigene Karriere als Marionetten hergaben. Alle Bewohner bekamen jetzt Sowjetpässe. Alle Häuser wurden verstaatlicht und damit mehr oder weniger beschlagnahmt: Wer eine Wohnung besaß mit mehr als einem Zimmer, musste Untermieter aufnehmen. Oft kamen russische Familien und okkupierten die besten Räume für sich. Sie waren eben die Besatzer …“

Für Annes achtjährige Schwester Karla, die noch immer in Königsberger Ruinen zu überleben versucht – auf den Bruder wartend, seelisch und physisch von einem Offizier schwer verletzt – naht die Rettung. Sie kommt durch die

Entscheidung russischer Behörden, die Deutschen endlich ausreisen zu lassen. Denn nun werden in ganz Kaliningrad verwahrloste und halb verhungerte deutsche Kinder eingesammelt:

„Ich weiß nicht, wodurch ich das völlige Ausbleiben von Nahrung überlebt habe: Ich sog mir die Haut von den Lippen vor Hunger. Ich hatte keine Fingernägel mehr – die hatte ich vor Hunger abgeknabbert. So ging es auch den anderen allein gebliebenen Kindern in Königsberg. Ich sah das bei den anderen, als wir dann alle in einem Auffangheim zusammengeholt wurden. In Maraunenhof stand dieses Heim – das ist ein nördlicher Ortsteil von Königsberg. Dort kamen alle deutschen Kinder, die sie noch aufgegriffen hatten, zusammen.

Mich hatten sie in einer Ruine gefunden. Ich lag da auf so einer weißen Sauerkrautplatte, da haben sie mich gleich entdeckt.

Es waren Soldaten, eine Art Suchtrupp, sie leuchteten mit Taschenlampen in die Keller, in Vorgärten und Ruinen rein. Und so haben sie mich da liegen sehen.

Und dann sagten sie nur ‚Djewotschka!', also ‚Mädchen', nahmen mich an die Hand, ohne noch etwas zu erklären, und liefen mit mir zu einem Militärwagen. Sie fuhren mich zum Maraunenhof. Daran kann ich mich noch sehr gut erinnern, denn ich hatte eine wahnsinnige Angst in dem Auto, dass ich wieder vergewaltigt werde.

Als ich im Maraunenhof ankam, wurde ich erst mal entlaust und geduscht. Ich musste mich nackt ausziehen und habe mich furchtbar geschämt – ich hatte am Körper Hautausschlag aufgrund der Mangelernährung. Zur Heilung dieses Ausschlages schmierten sie mir so eine dicke Paste auf den Körper.

Meine Mutter hatte, als es losging mit der Bombardierung, für uns Kinder kleine Brustbeutel genäht – für den Fall, dass wir verloren gehen. Meine Mutter war Schneiderin von Beruf. Da drin waren Fotos von uns, die Geburtsurkunde – alles, was für unsere Identifizierung wichtig war. Ich hatte auch einen. Und wie ich nun nach Maraunenhof kam, in dieses Auffanglager, von wo aus wir die Fahrt nach Deutschland antreten sollten, da haben die russischen Frauen mir den Brustbeutel abgemacht – mich geduscht und entlaust … und ihn mir danach nicht wiedergegeben.

Weg war mein Brustbeutel – und damit meine Geburtsurkunde und alles, was wichtig war, über mich zu wissen!"

Karlas spätere Pflegeeltern in der DDR werden sich die Finger wund schreiben, um wenigstens eine Zweitschrift der Geburtsurkunde des Mädchens herbeizuschaffen. Es wird am Ende gelingen. Doch zunächst einmal lernt die inzwischen Neunjährige den Alltag in einem Lager für deutsche Kinder kennen – so wie Brigitte Possienke und ihre Schwester im Kinderlager Schloßberg. Doch gibt es im Herbst 1947 für die deutschen Waisenkinder schon etwas mehr zu essen – vorausgesetzt, das Essen gelangt auch in deren Mund:

„Im Maraunenhof waren wir insgesamt so zwanzig, dreißig Kinder. Es waren Kleine, Mittlere und Halbwüchsige zusammen. Ja, auch Fünfzehn- und Sechzehnjährige, eben alle Altersstufen durcheinander.

Und das Schlimme war, dass die Großen uns Kleineren alles wegaßen. Da gab es ein aufgebocktes langes Brett, auf dem die Essensschalen für alle aufgereiht wurden. Die Halbwüchsigen kriegten aber eher mit, wann Essenszeit war, sie lauerten darauf: Als es losging, haben sie sich die breite Holztreppe runtergeschlichen und die Schalen mit der Suppe eine nach der andern geleert. Und die Brotscheiben, die es dazu gab, haben sie auch gleich mit vertilgt – die waren übrigens ganz, ganz dünn.

Da griff keiner ein. Es gab nur eine Frau dort für alle, die passte aber nicht auf so etwas auf, die war völlig überfordert.

Wenn wir also runterkamen, starrten wir Kleinen nur noch auf leere Schüsseln. Wir saßen dann auf der Erde und hatten nichts. Und dann ging das Weinen los.

Gott sei Dank war das nur vorübergehend. Denn es war ein Übergangsheim; wir Kinder wurden ja aufgelesen, um nach Deutschland gebracht zu werden, in die Sowjetische Besatzungszone. Aber es waren auch ein paar andere Jungs dabei, deren Sprache wir nicht verstanden – keine Ahnung, wo sie die aufgegriffen haben. Wir waren in dem Heim vielleicht vierzehn Tage ..."

Auch im Schloßberger Kinderlager treffen das ganze Jahr über noch aufgegriffene Kinder ein. Für einige der ausgezehrten kleinen Gestalten aber kommt die Rettung zu spät, wie sich Brigitte Possienke erinnert:

„Einige trafen ein, legten sich hin und standen nicht mehr auf. Noch immer auch starben Kinder um mich herum, die schon länger da waren. Im Sommer 1947 waren es schon nicht mehr so viele wie im Winter davor: Es gab ja keine Heizung, keine Kohlen für die Öfen, kein Holz ... Wir haben furchtbar gefroren. Ich habe mir fast die Füße erfroren. Dann haben wir so eine Art Klopapier bekommen, das habe ich mir um Füße und Beine gewickelt – um die Beine vor allem, weil die voller Wunden waren. Ich hatte richtige Schwären, die nicht heilen wollten.

Vor dem nächsten Winter hatte ich furchtbare Angst. Der vergangene von 1946 zu 1947 war ein extrem kalter gewesen, und noch bei –25°C draußen blieben drinnen die Öfen kalt. Die Fensterscheiben waren immer voller Eisblumen, doch wir Kinder waren mittlerweile so stumpf, dass wir nicht einmal mehr vor Kälte jammerten.

Ich erinnere mich, dass eine der netteren Aufseherinnen mit uns Kindern aus alten Zeitungen Muster ausschnitt und die an die Scheiben klebte, um die Trostlosigkeit wenigstens etwas zu lindern. Was für ein selten schöner Moment ..."

Als die ersten Züge Richtung Deutschland fahren, ist Brigitte vermutlich sechs, vielleicht auch schon sieben Jahre alt. Werden sie und ihre zwei Jahre ältere Schwester Birgit noch einen weiteren Winter im Schloßberger Kinderlager überstehen müssen? Ein älterer Junge hat berichtet, es sei ein Zug „heim ins Reich" gefahren, er habe das irgendwo bei der Arbeit draußen aufgeschnappt ...

Heim in ein Reich, das schon seit zwei Jahren nicht mehr existiert?

Wie die Welt draußen aussieht, weiß keiner der seit Jahren in Königsberg/Kaliningrad Eingeschlossenen – nicht die Erwachsenen und erst recht nicht die Kinder ..., von denen viele nicht einmal ihr genaues Alter kennen.

Die geplante Massenaussiedelung der Deutschen aus dem nördlichen Ostpreußen steht im September 1947 tatsächlich vor ihrem Beginn: Die Aktion wird in drei Schüben durchgeführt, sie dauert von Oktober 1947 bis Oktober 1948.

Die lang ersehnte Ausreise geht für die ersten dann aber ziemlich überstürzt vor sich: Eines Abends klopfen Angehörige der Miliz an die Tür der ersten Ausgesuchten. Die völlig Überraschten erfahren nun, dass sie ihre Sachen zu packen und sich am nächsten Tag an einem Sammelpunkt einzufinden hätten. Sie würden von dort aus zum Bahnhof gebracht und nach Deutschland abtransportiert. Tatsächlich steht dann auf dem Königsberger Güterbahnhof der Zug mit Waggons in europäischer Spurbreite bereit.

Ausgesiedelt werden zunächst aber nur Menschen, die keine „gesellschaftlich nützliche Arbeit" verrichten. Das sind meist Ältere oder schon sehr Geschwächte: Die meisten von ihnen wurden bisher von Familienmitgliedern mit über Wasser gehalten, die zum Beispiel als Arbeitskräfte auf irgendeiner Sowchose im Umland eingesetzt sind. Sie werden überhaupt nicht informiert. Kommen sie nun ahnungslos mit Nahrungsmitteln in die Kellerbehausungen, finden sie ihre Angehörigen plötzlich nicht mehr vor. Familien werden so erneut zerrissen. Denn die sowjetischen Behörden verraten nicht, dass bald alle Deutschen ausreisen dürfen, so brechen viele der Angehörigen in Verzweiflung aus.

Mit den ersten Transporten wollen die Behörden auch möglichst viele der deutschen Waisenkinder abschieben – im Kaliningrader Gebiet auf insgesamt achtzehn Auffanglager verteilt. Jene in Königsberg und Umgebung gehören zu den ersten, die auf Transport gehen werden. Abgebrochen wird in den Heimen die Erziehung zu „sowjetischen Patrioten" …, abgebrochen der ganze Schulunterricht.

Zu den Kindern, die offenbar noch vor Jahresende in

die Züge gesetzt werden, gehören jene aus dem Königsberger Maraunenhof. Unter ihnen ist auch Karla Browarzyck:

„Plötzlich lag auf dem Hof ein riesiger Berg mit Sachen. Uns wurde gesagt: ‚Schaut mal, was euch passt, das könnt ihr anziehen …‘ Es passte nichts, es war alles viel zu groß, aber auch wunderbar warm. Es war ja inzwischen wieder tiefer Winter. Schuhe und Strümpfe wurden auch gebracht, und die waren passend für uns Kinder.

Dann irgendwann ging es plötzlich los: Wir wurden in Güterwaggons verladen, und der Zug fuhr ab. Es lag sauberes Stroh auf dem Boden der Waggons. Man konnte sich darauf ausstrecken. Natürlich war es saukalt, es zog überall rein, es herrschte Winter.

Viele Kinder befanden sich in den Waggons, sie wurden wahrscheinlich von überall her zusammengeholt.

Wir kriegten auch was zu essen rein, jeder von uns kriegte jetzt einzeln was zu essen – ich glaube, es war Brot. Wir waren alle unterernährt, besonders die Kleineren. In schlimmer Erinnerung habe ich da ein Mädchen, so zwei bis drei Jahre alt. Die war extrem unterernährt; sie war zusammen mit ihrer älteren Schwester, die etwa so alt war wie ich. Wenn wir mal mussten, bekamen wir leere Konservendosen in die Waggons. Und wenn sich die Kleine auf diese Dose setzte, bekam sie einen Mastdarmvorfall.

Das war furchtbar – der Darm der Kleinen stülpte sich nach außen und die Schwester musste den jedes Mal wieder in den Popo hineinschieben, die Kleine hat natürlich geschrien vor Schmerz. Ich nehme an, dass das mit dieser Unterernährung zu tun hatte …

Ich weiß nicht genau, wie lange wir unterwegs waren, ich schätze mal, so mindestens drei, vier Wochen. Viele

Gleise waren zerschossen – und so standen wir mehr, als dass wir fuhren.

Wenn wir irgendwo standen, wurden die Türen aufgemacht, dann kriegten wir etwas zu essen und zu trinken: meistens Tee, die Russen trinken ja sehr viel Tee.

Ich vermute, so Anfang 1948 kam unser Transport in Eisenach an, auf jeden Fall lag noch Schnee. Wir wurden in ein Waisenhaus gebracht – interessanterweise lag es auf einer Straße, die Waisenstraße hieß. Es war ein ganz tolles Heim, so eine alte Villa mit einem Riesenpark drum herum ..."

Nicht nur deutsche Kinder hat dieser furchtbare Krieg zu Waisen gemacht, auch viele russische Kinder haben beide Eltern verloren.

Ein Teil von ihnen wird jetzt in Kaliningrad angesiedelt. Und so treffen gegen Ende 1947 hier die ersten Transporte mit russischen Waisenkindern ein. Sie belegen die Plätze der deutschen Kinder, doch auch ihnen wird es nun ein wenig besser gehen. Eingebunden in eine Erziehung zu sowjetischen Patrioten sind sie bereits ...

Ende 1947 beginnt – nach der Umbenennung Königsbergs im vergangenen Jahr – nun auch der Namenswechsel aller anderen Städte und Ortschaften Ostpreußens vom Deutschen ins Russische. Die Umbenennungskampagne wird sich bis zum Sommer 1950 hinziehen.

Die letzten Kinder Ostpreußens
1948

Siegfried Matthus, der kleine Akkordeonspieler aus Mallenuppen, ist inzwischen in einem Brandenburger Dorf zuhause, in Läsikow.

Noch immer bildet die vertriebene Ostpreußen-Familie eine Ausnahme, denn trotz dramatischer Flucht und dem vorübergehenden Verlust von Mutter und Geschwistern hat sich Siegfrieds Familie 1946 fast komplett wieder zusammengefunden; nicht lebensfähig war auf der Flucht der Mutter das Neugeborene …

Von der ausgeprägten Hitler-Gläubigkeit ist bei Familie Matthus nichts mehr übrig. Drei Jahre nach Kriegsende geht es nicht um Ideologien, sondern um die Grundversorgung – Essen, Unterkunft, Arbeit beherrschen die Gedanken. Ausreichend Nahrung für eine sechsköpfige Familie in der brandenburgischen Fremde zu organisieren, ist für die Flüchtlingsfamilie eine tägliche Herausforderung.

So half der Zwölfjährige schon 1946 mit, die Bäuche zu füllen:

„Wir sechs – meine Eltern und wir vier Kinder – wohnten in den ersten Monaten zusammen in einem kleinen Zimmer, unterm Dach. Und mein Vater ernährte uns dadurch, dass er gleich wieder anfing, Musik zu machen. Die Nachkriegszeit war ja eine regelrecht tanzwütige Zeit.

Siegfried Matthus (Mitte hinten) 1947 mit Eltern und Geschwistern

Mein Vater spielte Geige und Trompete. In der Nähe gab es noch einen Klarinettisten und einen, der Schlagzeug spielte – dann haben die drei sich zusammengetan und Musik gemacht! Zum Beispiel auf Bauernhochzeiten – da gab's dann auch immer reichlich zu essen, was ja nicht unwichtig war in dieser Zeit.

Meine Eltern hatten inzwischen für mich ein kleines Akkordeon gegen Lebensmittel oder was auch immer eingetauscht.

So musste ich mit meinen zwölf Jahren die Dorfkapelle verstärken. Meine Lehrer haben da ein Auge zugedrückt, denn die gingen ja auch gerne abends zum Tanz.

1947 wurde meinem Vater als Neubauer ein kleines Stück Land zugeteilt. Dadurch konnten wir uns in dieser schweren Nachkriegszeit einigermaßen ernähren. Wir bekamen nun auch für unsere sechsköpfige Familie eine größere Wohnung. Das ließ sich also alles ganz gut an in Brandenburg. Einige

Jahre später mietete mein Vater dann ein eigenes Haus für unsere Familie. Das steht heute noch, und dort ist mein Vater im Jahr 1985 schließlich auch gestorben.

Ich ging inzwischen zur Schule, in der Mark Brandenburg. Zunächst in die Dorfschule in Läsikow und später dann im Nachbardorf, in Nackel.

Und nun, 1948, war ich bereits vierzehn Jahre alt und wollte eine Oberschule besuchen. Die für uns nächste Stadt war Neuruppin mit der Fontane-Oberschule. Ich bin dort hingefahren, um mich anzumelden, aber alle Plätze waren besetzt. Man verwies mich nach Rheinsberg, wo gerade eine Oberschule im Aufbau war; Oberschule – das entsprach in etwa dem bisherigen Gymnasium.

Und so bin ich nach Rheinsberg gekommen. Das war nun natürlich etwas weiter von unserem neuen Zuhause weg.

Meine Klassenstufe war die allererste dort. Dementsprechend wurden wir als Älteste von Jahr zu Jahr immer mehr die Kings. Politische Dinge spielten für uns keine Rolle: Es ging in der Nachkriegszeit darum zu überleben, ständig musste ja irgendwas Essbares organisiert, musste der Alltag bewältigt werden. Deshalb wurde die Sehnsucht nach unserer Heimat, die wir verlassen mussten, damals völlig verdrängt. Wir hatten keine Zeit für solche Gefühle. Die Sehnsucht nach unserem Dorf in Ostpreußen, die kam erst später auf, als es uns schon ein wenig besser ging …"

In jenem Teil Deutschlands, in dem Siegfried Matthus und seine Familie sich schon ein wenig eingerichtet haben, trifft im Lauf des Jahres 1948 allmählich auch der zweite Teil der überlebenden Ostpreußen ein.

Der Massenaussiedelung wird in Moskau inzwischen höchste Bedeutung beigemessen. Denn in der Sowjetischen Besatzungszone sind bereits die ersten Züge aus Königsberg eingefahren, und die schockierenden Berichte der Ankommenden gab der „antisowjetischen Propaganda in Deutschland" neue Nahrung, wie der stellvertretende Innenminister Serow dem mit der Aussiedelungsaktion beauftragten General Wladimir Djomin schreibt. Dessen Aktion verläuft in drei Etappen und durchaus generalstabsmäßig, gemäß der streng geheimen Befehle 00167 für das Jahr 1947 und 00205 für 1948, erteilt von Innenminister Kruglow. Allein für den Antransport der Menschen zum Güterbahnhof von Königsberg werden von den Streitkräften innerhalb eines Jahres 160 Autos eingesetzt, von Wirtschaftsorganisationen des Gesamtgebietes 196 Autos bereitgestellt.

Insgesamt 48 Züge verlassen innerhalb eines Jahres Kaliningrad Richtung Deutschland – im Schnitt sitzen und liegen darin jeweils 2000 Männer, Frauen und Kinder.

Unter den Auszusiedelnden befinden sich auch die etwa 4500 Insassen der Kinderheime und Kinderauffanglager. Zielgerichtet spürt man jetzt im ganzen Kaliningrader Oblast noch die letzten verlassenen deutschen Kinder auf, um sie in Richtung Deutschland zu schicken.

Die Waisenkinder vom Lager Schloßberg werden – nachdem der Transport den Winter über eingestellt war – im März 1948 nach Königsberg transportiert. Noch im Lager fiel ein Satz, der für die nun schon fast achtjährige Brigitte Possienke und ihre zwei Jahre ältere Schwester Birgit wie ein Stern am Himmel aufging:

„Für uns Kinder hieß es plötzlich, wir kämen nun alle nach Deutschland. ‚Deutschland?' Das Wort wurde immer mit einem Lächeln gesagt, es klang nach Essen ...

Bevor es losging, bekamen wir tatsächlich alle so ein viereckiges Kastenbrot. Jedes Kind bekam eines unter den Arm geklemmt So etwas hatte ich noch nie gesehen vorher! Das war die absolute Glückseligkeit ... Jemand sagte ‚Esst es nicht gleich auf – das muss für eine lange Zeit reichen!'

Und dann kamen wir in einen Viehwaggon, so etwa fünfzig Kinder in einen ... Erwachsene waren nicht mit im Waggon. Aber auf einer Seite aufgestapelt waren Mehl und Fett. Auf der anderen Seite war im Boden ein Loch – wer mal musste, hat sich über das Loch gehockt ..."

Zwei der Schloßberger Waisenkinder kommen nicht in Deutschland an. Und sie werden am Ende auch nicht auf der Liste stehen, die jene 48 Personen verzeichnet, die den Transport aus gesundheitlichen Gründen nicht überlebt haben ... Darunter drei Kinder, die 1948 während der Transporte an Lungenentzündung gestorben sind. Brigitte gehört zu den Letzten, die die zwei unglücklichen kleinen Wesen noch lebend gesehen haben, bevor sie als anonyme Kinderleichen auf irgendeinem Gleisbett zurückbleiben:

„Es gab so ein Gestell im Waggon, das die größeren Kinder, clever wie sie waren, beim Einstieg sofort erklettert haben. Sie wussten, dass es da oben am wärmsten ist.

Unten waren die Kleinen. In der Mitte lagen die ganz Kleinen, so vier bis fünf Jahre alt. Ich lag mehr an der Seite, ich war ja nun schon sieben oder acht.

Und während des Transportes, der aus meiner Erinnerung über mehrere Wochen ging, ist das Gestell mit den großen Kindern plötzlich runtergekracht und auf die Kleinen gefallen. Zwei wurden regelrecht erschlagen.

Wir hatten plötzlich zwei tote Kinder im Waggon. Die

mussten nun raus. Die Waggons waren aber von außen zugemacht, wir konnten uns nicht bemerkbar machen.

Oben war so eine größere Luke. Und da haben die Großen dann die zwei kleinen toten Kinder durchgeschoben, haben sie einfach rausgeschmissen …

Wir fuhren und fuhren, es nahm kein Ende. Meine Schwester Birgit war nicht in meinem Waggon, die war irgendwo anders drin.

Ich kaute ab und zu auf meinem Brot herum. Wie gesagt, so ein Brot hatte ich noch nie gesehen. Ich habe ganz sparsam gegessen, wie man es uns gesagt hatte. Auf der anderen Seite hatte ich ständig Angst, dass mir das Brot jemand klaut …"

Eines Tages heißt es „Wir sind in Deutschland!" Brigitte wird später vermuten, der Zug könnte in Frankfurt/Oder eingetroffen sein. Die Waggontür wird geöffnet, und nun sollen alle aussteigen:

„Dort kamen wir in ein Haus rein, da gab es einen Waschraum mit weißen Kacheln an der Wand! Das war ein schöner Anblick. Und wieder sagte jemand: ‚Jetzt sind wir in Deutschland …'

Das Wort ‚Deutschland' und weiße Kacheln an der Wand gehören für mich seitdem zusammen.

Der Raum hatte hohe Wände, und an den Seiten waren mehrere Waschbecken, das weiß ich noch. Wir wurden dort in dem Haus gewaschen, wir wurden entlaust.

Und dann die Kleidung: In Ostpreußen, in den drei Jahren unserer Gefangenschaft, sind uns ja die Sachen unterm Hintern zerfallen, das waren irgendwann nur noch Fetzen. Man kriegte dann hin und wieder von irgendwoher etwas anderes zum Anziehen. So hatte ich bis zum völligen Zerfall mein Sommerkleid an – ein blaugeblümtes, und im Winter bekam ich was Wärmeres drüber. Unterwäsche war ohne Gummi; ich hielt den ganzen Tag meine Schlüpfer mit der Hand fest, damit sie nicht rutschen. Das hatte ich mir von den anderen abgeguckt.

So kamen wir in Deutschland an. Und nun passierte Folgendes: Da wir durch die Läuse und die Krätze total entzündete Rücken hatten und ja unsere Sachen nie auszogen, hatten sich die Kleidungsstücke mit vergrindet, die waren in die Grinde mit eingewachsen.

Und nun sollten wir das ausziehen, um uns zu waschen! Das ging natürlich nicht, die Klamotten klebten fest. Und dann wurden die uns runtergerissen ... Das war ein einziges Schreien: Grinde brachen auf, unsere Rücken begannen zu bluten ..."

Fast alle Waisenhäuser der SBZ bekommen 1947/48 noch einmal Zuwachs durch die aus Ostpreußen eintreffenden elternlosen Kinder. Jene aus Schloßberg werden u. a. auf die Waisenhäuser im sachsen-anhaltinischen Bernburg verteilt. Brigitte Possienke und ihre Schwester Birgit können diesmal zusammenbleiben:

„Wir landeten nun nach drei furchtbaren Jahren in einer völlig anderen Welt – die Zimmer waren sauber, und es war warm! Es war geheizt – nach Jahren des ständigen Frierens war ich plötzlich in einem warmen Raum! Wir haben in Schloßberg immer nur in eiskalten Löchern gehaust. Und wir bekamen regelmäßig was zu essen, das war das Größte ..."

Was sich außerhalb ihrer neuen Heimwelt abspielt, davon haben die Kinder aus Ostpreußen keine Vorstellung. Ihre Gedanken werden nach jahrelanger Entbehrung noch lange um Essen und warme Kleidung kreisen … und um jedes noch so kleine Zeichen menschlicher Wärme.

Viele der längst Schulpflichtigen sind noch immer Analphabeten, auch das ist ein Problem. Und etliche sind körperlich unterentwickelt.

Das gilt auch für Karla Browarzyck, die mit einem der ersten Transporte in der sowjetischen Besatzungszone eintraf und seitdem in einem kirchlichen Waisenhaus in Eisenach untergebracht wurde. Das Mädchen aus Königsberg – dessen wahres Alter zum Zeitpunkt seiner Ankunft neun Jahre betrug – wurde auf fünf Jahre geschätzt:

„Mich haben sie in ein Gitterbett gelegt, als ich ankam, weil ich so klein war. Körperlich war ich durch den extremen Nahrungsmangel sehr zurückgeblieben. Die Amtsärztin hat später zu meinen ersten Pflegeeltern gesagt: ‚Das Kind braucht noch nicht in die Schule, die ist nicht älter als fünf Jahre.' Sie haben sich um vier Jahre verschätzt, weil ich so klein war. Mein Körper erholte sich nur sehr langsam vom jahrelangen Hunger; selbst mit sechzehn war ich noch völlig unentwickelt, meine Mensis habe ich erst mit siebzehn bekommen …"

Um Mangelerscheinungen auszugleichen, werden schwächlichen und kranken Kindern – auch den Tuberkulose-Gefährdeten – Traubenzucker und Biomalz-Kuren verabreicht. Die hilfreichen Gaben bringt meist der Handel vorbei – nach Beschlagnahmungen auf dem Schwarz- und Tauschmarkt. Hilfreich sind auch einige Auslandsspenden.

Mitteldeutschland ist drei Jahre nach Kriegsende übersät von Kinder- und Jugendheimen. Sie sollen die „anhanglosen Kinder" ebenso auffangen wie jene, die besonders geschwächt sind, die als „milieugefährdet" gelten oder durch den Krieg völlig aus der Bahn geraten sind.

Allein in Sachsen-Anhalt existieren 1948 insgesamt neununddreißig solcher Kinder-und Jugendheime – die meisten von ihnen zu dieser Zeit in kirchlicher oder städtischer Trägerschaft. Aufbewahrt sind in diesen Heimen knapp 2600 Kinder und Jugendliche. Und betreut werden sie von insgesamt 265 pädagogischen Kräften.

Fünfundzwanzig der Einrichtungen Sachsen-Anhalts gelten als Normalheime. Hinzu kommen elf Spezialheime – teils mit Hilfsschule und Lehrlingswohnheim – ein Durchgangsheim, ein „Krüppelheim" für behinderte und kriegsverletzte Kinder sowie ein Erholungsheim. Etliche der aus Ostpreußen eingetroffenen Kinder werden direkt in ein Krankenhaus eingewiesen.

Zu dieser Zeit arbeiten alle politischen Strömungen zum Wohl der Kinder noch einigermaßen Hand in Hand. Und so waltet in der Praxis zwar noch reichlich alter Erziehungsgeist, doch ist seit 1946 beispielsweise das Schlagen von Kindern schon gesetzlich untersagt. Und da gibt es durchaus Kontrollen. Auch Unterbringung und Verpflegung werden regelmäßig geprüft.

Dass Kinder in eine glückliche und friedliche Zukunft hineinwachsen, ist in den Nachkriegsjahren breiter Konsens.

Andererseits erinnert im März 1948 die „Deutsche Verwaltung für Volksbildung in der Sowjetischen Besatzungszone" die untergeordneten Ämter in Sachsen-Anhalt, Sachsen, Thüringen und Mecklenburg daran, wer hier langfristig den Zugriff auf Kinder und Jugendliche hat:

„Nach Befehl Nr. 225 des Oberbefehlshabers der SMA, Ziffer 3, unterliegt der Deutschen Verwaltung für Volksbildung in der sowjetischen Besatzungszone Deutschlands, Abt. Zentraljugendamt, die Leitung der Kinderanstalten aller Art bezüglich der Erziehung, Auswahl und Ernennung von Leitern und Erziehern sowie die Kontrolle über ihre Arbeit, und zwar unabhängig davon, von wem sie unterhalten werden."

In diesem Berliner Zentralamt sitzen bereits die pädagogischen Kader der Sowjets. An der Basis wiederum wurden bisherige Jung- und BDM-Mädel in die FDJ umgeleitet.

Doch diese Weichenstellungen werden so deutlich erst ab 1949 erkennbar sein, dem Gründungsjahr der DDR ... – ihre langfristigen Folgen noch wesentlich später.

Für die Waisen aus Ostpreußen geht es jetzt darum, möglichst schnell ein neues Zuhause zu finden. Ein Gesetz über die vorübergehende Erleichterung der Adoption von Kriegswaisen existiert bereits seit 1946.

Kaum sind die Schloßberger Kinder also etwas aufgepäppelt, kommen plötzlich fremde Leute in das Waisenhaus. Auch Brigitte Possienke und ihre Schwester werden jetzt aufgereiht:

„Es war kalt draußen, es muss so in der Vorweihnachtszeit gewesen sein. Die Kinder saßen in den warmen Zimmern, gewaschen und gekämmt. Dann kamen Erwachsene rein, um sich Kinder auszusuchen. Das muss in der Zeitung gestanden haben, dass neue Eltern für die Waisen gesucht werden ... Und dann haben sich Leute gemeldet."

Nicht alle Kinder haben die gleichen Chancen. Drei Jahre nach dem verheerenden Krieg mit vielen gefallenen deutschen Soldaten haben Jungen jetzt große Nachteile:

„Ich beobachtete, dass die Jungs meistens zur Seite geschoben wurden. Die Erwachsenen wollten fast alle Mädchen haben. ‚Da hinten, die kleine Blonde!', sagte eine Frau. Und auf die Frage der Erzieherin, wieso keinen Jungen, sagte sie: ‚Es kommt wieder Krieg, dann verlieren wir wieder den Jungen – wir wollen nur noch Mädchen!'

Ich wusste noch nicht einmal, was das Wort ‚Krieg' bedeutet. Ich habe dann irgendjemanden gefragt, ob immer noch Krieg ist. Und bekam die Antwort: ‚Der Krieg ist schon seit drei Jahren aus!'

Und auf diese Weise bekam ich nun Pflege-Eltern. Die hatten, so stellte sich heraus, ihren einzigen Sohn im Krieg verloren, der war 1941 gefallen – und die wollten deshalb nun auch keinen Jungen mehr. Bei den Pflege-Eltern meiner Schwester war es genauso: Die hatten sogar zwei Söhne – und beide waren im Krieg gefallen. Und auch die haben gesagt: ‚Nie wieder einen Jungen!'

So, die kleinen Jungs wollten aber auch Eltern haben – die wurden zur Seite geschoben, die wollte keiner. Das war furchtbar – sie mussten zusehen, wie die Mädchen eines nach dem anderen mitgenommen wurden und sie unbeachtet stehen blieben. Sie haben das gar nicht verstanden ..."

Für Brigitte wiederum gerät das Auswahlverfahren zum Glücksfall:

„Die meisten Eltern hatten ihre guten Sachen an. Manche waren sogar ein wenig dick – das war ein Zeichen, dass es bei ihnen was zu essen gab. Essen war für mich das einzige Kriterium, also hielt ich Ausschau nach dicken Eltern, weil ich mir dachte, dort gibt es was zu essen – bei dünnen Eltern nicht.

Und dann kam so eine Bauersfrau mit ihrem Mann – die hatte ein richtig schönes rundes Bauersfrauen-Gesicht. Und die wählte ausgerechnet mich aus!

Ich war glücklich und dachte: ‚Jetzt bist du auf der sicheren Seite, jetzt kriegst du regelmäßig was zu essen …' Ich muss sehr glücklich aus der Wäsche geschaut haben.

Zur gleichen Zeit wurde auch meine Schwester ausgesucht – von so einem alten Mann. Der war allein gekommen, zuhause wartete aber noch eine Frau. Also, ich würde sagen: Der Mann war vielleicht fünfzig, für mich als Kind sah er aber aus wie hundert … Und ich habe gedacht: ‚Ach Gott, geht's der Birgit jetzt schlecht …'"

Die Papiere werden fertig gemacht, den neuen Eltern die Pflicht auferlegt, die beiden Schwestern in regelmäßigem Kontakt zu halten:

„Dazu wurden sie verpflichtet, denn zwei Kinder zusammen hat damals kein Mensch genommen. Das Waisenhaus musste andererseits die Kinder so schnell wie möglich wieder loswerden – es kamen ja damals ständig irgendwelche Transporte mit neuen Waisenkindern an.

Also, diese Verpflichtung bedeutete für mich, dass ich zu

Weihnachten und zu Birgits nächstem Geburtstag ihr eine Karte schreiben musste. Ich konnte aber noch gar nicht schreiben: Obwohl ich nun schon acht Jahre alt war, hatte ich bisher noch keine Schule von innen gesehen. Und als meine Pflegemutter sagte: ‚So, nun schreibe mal an deine Schwester!', da habe ich gedacht: ‚So ein Mist, dass ich eine Schwester hab – wenn ich keine hätte, müsste ich jetzt nicht schreiben …'

Sagen will ich, dass ich durch diese schrecklichen Jahre zuvor jegliche innere Bindung an meine Schwester verloren hatte …"

Nicht alle Kinder werden glücklich im neuen Elternhaus. Mitunter gibt man sie zurück wie eine Ware, die schließlich doch nicht gefallen hat.

Dieses Schicksal ereilt die neunjährige Karla Browarzyck, deren einzige noch lebende Schwester in ein Land mitgenommen wurde, das sich Estland nennt. Auch in Karlas Waisenhaus im thüringischen Eisenach werden die Kinder eines Tages interessierten Ehepaaren angeboten:

„Wir wurden eines Tages wie die Hühner auf der Stange aufgereiht. Erwachsene kamen und durften sich Kinder aussuchen. Wir selbst hatten da nichts zu melden – wir mussten denen folgen, die uns haben wollten.

Und so kam ich zu einem Ehepaar – er irgendwie bei der Zeitung, sie war Hausfrau –, das hatte mich als Pflegekind auserkoren …

Es war keine Freude. Die Frau war dermaßen streng! Wenn sie abends ins Schlafzimmer kam, zog sie mir jedes Mal im Bett die Beine lang und mahnte: ‚Du sollst nicht mit angezogenen Beinen schlafen!'

Ich hatte ein Lieblingslied und mir angewöhnt, das abends zu singen: ‚Guten Abend, gute Nacht – von Englein bewacht …' Das hatten wir abends immer im Waisenhaus gesungen, das ja ein christliches Heim war. Und dieses Lied hat sie mir jedes Mal verboten, wenn sie mich hörte. Dann rief sie: ‚Diese Singerei, das ist ja furchtbar!' Ich habe mich unglücklich gefühlt …

Ich kam jetzt auch in die Schule, gleich in die 2. Klasse. Aber zunächst nur kurz …

Die Volkssolidarität gab mir ein kleines Eimerchen, da stand mein Name drauf. Das war für das Schulessen. Außerdem bekam ich ein kleines Taschentuch geschenkt – es war umhäkelt, mit Spitze, das fand ich ganz toll. Das habe ich dann mal gewaschen, wie Kinder halt so sind, und habe es auf den Ofen zum Trocknen gelegt. Da hätte ich bald noch einen Zimmerbrand verursacht. Die Frau, die jetzt meine Pflegemutter war, ist bald ausgerastet.

Und in der Schule? Ich hatte noch eine Glatze, wegen der Läusebehandlung. Und da wurde ich von dem Mädchen in der Bank vor mir gehänselt. Der habe ich gleich in die Hand gebissen.

Ich war zu dieser Zeit sehr aggressiv – dieses ständige Hin und Her hatte stark an meinen Nerven gezerrt. Kinder haben auch Nerven, das vergessen die Erwachsenen oft. Gott sei Dank war die Lehrerin sehr nett – sie hat mir eine Brücke gebaut, damit ich nicht zum Außenseiter wurde.

Doch wie gesagt, ich blieb nicht lange bei diesen ersten Pflegeeltern. Der Mann war sehr nett, aber die Frau wurde mit mir nicht fertig. Sie war nie zufrieden und irgendwie sehr demagogisch. Ich hatte meine eigene Welt, habe mich ziemlich abgekapselt, weil sie so streng war. Sie sagte immer nur: ‚Mach das nicht! … Du machst jetzt das! …'

Und dann wurde sie plötzlich krank – da hat mich das Ehepaar einfach wieder zurückgegeben ..."

Das Mädchen aus Königsberg kommt nicht mehr zurück ins Waisenheim; es wird jetzt nach Wilhelmsthal gebracht – ein anderes Kinderheim, direkt neben einem Schloss gelegen. Karla atmet auf, doch bleibt sie auch dort nur etwa vierzehn Tage:

„Das war damals eine sehr hektische Zeit. Es kam erneut zur ‚Kinderschau', wo wir uns alle ordentlich gekämmt wieder wie die Hühner auf der Stange aufreihen mussten. Erneut kamen fremde Erwachsene, die sich ein Kind abholen wollten. Wir wurden von ihnen begutachtet. Ich kannte das ja nun schon. Das war nicht sehr angenehm, denn inzwischen fühlte ich mich im Kinderheim fast besser aufgehoben, nach dieser Erfahrung mit der ersten Pflegemutter.

Ich wurde wieder ausgesucht – dieses Mal von einem Ehepaar, das auf einem Dorf bei Erfurt wohnte.

Die Frau bekam dann aber schon bald selbst noch ein Kind ..., und nun wollte sie mich auch nicht mehr haben. Ich musste also erneut zurück ins Heim.

Da war ich nicht so traurig drüber, denn eine große Freude war das bei ihnen auch nicht gerade gewesen: Der Mann hat mich mal so mit dem Rücken an die Gosse geschmissen, dass ich mir hätte das Rückgrat brechen können. Der war bei der Straßenbahn beschäftigt und hat ziemlich viel getrunken.

Vielleicht haben sie es nur des Geldes wegen gemacht: In der SBZ gingen pro verlorenem Elternteil eines Kindes an die Pflegeeltern 80 Mark. Wer beide Eltern verloren hatte – so wie ich – für den wurden 160 Mark bereitgestellt; eine große

Summe für die Nachkriegszeit. Und so haben sich wohl viele vor allem des Geldes wegen zur Aufnahme eines Kindes gemeldet …"

Während die Tochter des Königsberger Kommunisten erst einmal lieblos herumgeschoben wird, hat das Bauernmädchen aus dem Samland auf Anhieb Glück. Brigitte verlor mit vier Jahren zuerst die Mutter, nicht lange darauf ihre achtjährige Schwester Edith. Das war, nachdem die drei kleinen Possienke-Mädchen, die eine Zeitlang als Wolfskinder in Kellerverstecken gehaust hatten, aufgespürt und in einem Kinderlager abgeliefert worden waren. Es folgten zwei weitere Jahre Dauerhunger. Seit dieser Zeit ist die inzwischen Achtjährige von einem einzigen Gedanken beseelt – sich endlich regelmäßig satt essen zu können:

„So, meine Schwester kam nun zu Eltern, die in einer Kleinstadt wohnten – in Zahna, das liegt zwischen Jüterbog und Wittenberg, also südlich von Berlin. Und ich kam zu Eltern, die bei Leipzig wohnten, auf einem Dorf – Starsiedel, das war zwischen Weißenfels und Leipzig, ein richtiges Bauerndorf.

Meine Pflege-Eltern waren sogenannte Nebenerwerbsbauern. Sie arbeiteten hauptberuflich woanders: Mein Pflegevater zum Beispiel war Schlossermeister in einem Braunkohlewerk. Zuhause hatten sie eine Ziege, 'n paar Hühner, ein Schwein … Und damit war die Ernährung gesichert! So kurz nach Kriegsende gab es damals kaum etwas zu essen.

Als ich im Dorf ankam, in meinem neuen Zuhause, bekam ich zur Begrüßung – daran erinnere ich mich noch – Kartoffeln und selbstgemachten Quark. Und ich konnte so viel essen, wie ich wollte! So etwas hatte ich über Jahre nicht mehr erlebt ...

Und meine neue Mutter sagte: ‚Du kannst von nun an Mutti zu mir sagen!' Ich habe sofort Mutti zu ihr gesagt – ich wusste gar nicht, was dieses Wort bedeutet. Doch wenn sie zu mir gesagt hätte: ‚Nenn mich von heute an Kaiserin von China', hätte ich das auch getan.

Meine Mutter deutete meine sofortige Bereitschaft, Mutti zu sagen, nun so, dass ich glücklich sei, endlich wieder eine Familie zu haben. Dabei ging es mir in dem Moment nur darum, abzusichern, dass ich auch weiterhin satt zu essen bekomme ..."

Im fernen Königsberg besteigt im März 1948 endlich auch Doris Meyer einen Zug nach Deutschland, zusammen mit ihrer Mutter. Weil die eine bei den Russen beliebte Schneiderin war, musste sie noch einen weiteren Winter an ihrer Nähmaschine verbringen:

„Wir hatten uns dann am Güterbahnhof zu melden, dort standen die Züge bereit. Und da waren Sperren – davor mussten wir alles, was wir noch an Dokumenten besaßen, abgeben. Es durften auch keine Rubel mitgenommen werden. Dort wurden dann alle geimpft.

Meine Mutter hat das gesehen – es waren lange Schlangen – und hat daraufhin ein Loch im Zaun gesucht. Sie wollte nicht, das wir geimpft werden: Wir waren zu der Zeit bereits extrem schwach – und dann noch eine Impfung? Das hätten wir vielleicht gar nicht überlebt.

Meine Mutter hat also den Zaun erkundet, das musste unauffällig passieren. Sie sagte zu mir: ‚Du bleib mal da sitzen und pass auf unsere Decke auf!' Mehr besaßen wir nicht, nur noch zwei Pungelchen, zwei kleine Beutel.

Und nun fand sie tatsächlich ein Loch, durch das man unbeobachtet schlüpfen konnte. Sie rief von weitem: ‚Dorchen komm, ich habe ein Loch gefunden!'

Ich schnell die Beutel genommen und hingerannt. Wir gelangten nun ohne Impfung auf die andere Seite des Zaunes.

Und als wir schließlich im Zug waren, in einem Güterwaggon mit 48 Leuten drin, da merkte ich plötzlich, dass ich die Decke liegen gelassen habe! So lumpig die auch war, das war damals eine große Kostbarkeit ... Nun konnten wir ja nicht wieder zurück. Was für ein Unglück ...

Wir suchten einen Platz im rappelvollen Waggon, was nicht einfach war. In diesen Zug wurden etliche hundert Menschen reingestopft – Frauen und Kinder in allen Altersstufen, dazu alte Männer ..."

Auch in diesen Waggon ist das typische Zwischengeschoss eingebaut, sodass ein Teil der Menschen sich nun auf den oberen Brettern ausstrecken kann.

Doch im Unterschied zum Pfusch im Waggon von Brigitte Possienke, der kurz zuvor Richtung Westen rollte, und durch den zwei kleine Kinder erschlagen wurden, ist dieses Gestell hier stabil:

„Die meisten Menschen waren krank und versuchten, sich lang hinzulegen. Wir hatten Glück und fanden da oben einen Platz mit Stroh, da konnten wir ruhig lagern. Ich war inzwischen elf Jahre alt, als der Transport losging. Meine Mutti war 41 Jahre alt.

In der Mitte, das weiß ich noch, stand eine Tonne – die war für alle, die aufs Klo mussten. Hatten wir auch ein Öfchen im Waggon? Ich kann mich nicht erinnern, glaube aber, dass es das nicht gab. Es war ja schon März.

Wir Kinder spähten immer durch die Ritzen der Bretterwand, um herauszufinden, wohin wir fahren. Es wusste keiner, wohin es geht. Es gab nichts zu essen, die gesamte Fahrt über nicht. Essbares hatten sich die Leute vor der Zugfahrt selbst organisieren müssen. Und wer nicht daran gedacht hatte, der hungerte sich durch die Fahrt – in der Hoffnung, dass es am Ziel – welches immer das sein sollte – irgendetwas Essbares gibt.

Sobald dann der Zug mal hielt, sind wir Kinder vorgelaufen zur Lokomotive und haben um Wasser gebettelt. Die Lokomotivführer waren eigentlich sehr gütig und haben uns jedes Mal Wasser gegeben.

Außerdem wurden, wenn der Zug hielt, die Menschen aus den Waggons herausgetragen, die unterwegs auf der Fahrt gestorben waren. Die wurden am Bahndamm abgelegt. Hauptsächlich Ältere sind gestorben. Das war schon traurig, denn die hatten es mühselig über drei Jahre hinweg geschafft und starben nun so kurz vor der Freiheit. Unsere Oma war nicht mehr darunter, die war schon 1946 verhungert.

Mich schmerzte es, an meine Oma zu denken. Ich habe sie so innig geliebt, ich hatte immer neben ihr geschlafen. Daran musste ich während der langen Fahrt denken. Meine Mutter hat sie auch sehr geliebt; wir haben furchtbar geweint, als sie starb. Und jetzt weinte ich leise, weil ich niemals an ihrem Grab würde stehen können …

Als wir durch den polnischen Korridor fuhren, wurden alle Abteile abgeschlossen, wir durften die Waggontüren nicht mehr aufmachen, die wurden verplombt.

Sonst haben wir Kinder, wenn draußen die Sonne schien, immer die Waggontüren aufgemacht und die Beine nach draußen baumeln lassen. Meine Mutter war ziemlich krank, sie lag fast während der ganzen Fahrt apathisch auf dem Stroh.“

An irgendeiner der unbekannten Stationen wird die Lok ausgewechselt – eine neue Besatzung kommt, ein neuer Lokführer. Die Kinder, die nun wieder nach vorn eilen, um Wasser zu erbetteln, registrieren, dass der Lokführer plötzlich ihre Sprache spricht:

„Und als der uns ausgemergelte kleine Gestalten sah, starrte er uns erschrocken an. Der hatte plötzlich Tränen in den Augen und fragte uns, woher wir kommen. Der Krieg war ja in Deutschland schon seit drei Jahren beendet, so ausgehungert lief da wahrscheinlich niemand mehr herum.

Und der nahm jetzt sein gesamtes Brot, das ihm seine Frau für eine lange Schicht auf der Lok wahrscheinlich als Proviant fertiggemacht hatte, und verteilte es an uns Kinder. Er gab uns alles, was er hatte, auch sein Trinkwasser."

Der Zug, in dem sich Doris Meyer und ihre Mutter befinden, überquert die Oder und fährt dann nach Berlin. Von dort wiederum geht es weiter nach Thüringen. Am 25. März 1948 können die ausgesiedelten Ostpreußen endgültig ihre Waggons verlassen.

Sie befinden sich nun in Obermaßfeld bei Meiningen. Es ist ein kleiner Ort mit einem riesigen Gefängnis, das für die Ankömmlinge extra geräumt und zu einem Quarantänelager umgebaut wurde:

„Sämtliche Insassen unseres Transportes wurden jetzt in diesem Gefängnisbau für fünf Wochen untergebracht, zur Quarantäne. Wir sollten dort eventuell mitgebrachte Krankheiten ausbrüten. Wir wurden ausreichend versorgt, brauchten endlich nicht mehr zu hungern.

Ich erinnere mich noch: Das waren große Schlafsäle, die hatten nicht nur Doppelstockbetten, sondern jeweils drei Betten übereinander. Wir Kinder fanden das herrlich, wir haben gleich die oberen Betten besetzt.

Aber ich hatte zu dieser Zeit bereits Malaria-Anfälle. Das hatte ich von den Russen, von denen hatten in Königsberg viele Malaria. Und auch etliche Deutsche waren davon inzwischen angesteckt.

Ich hatte öfter einen Malaria-Anfall, und das war schon ziemlich heftig: Ich bekam dann ganz hohes Fieber, 42 Grad, und starken Schüttelfrost, da musste man fast das Bett festhalten. Und ich musste erbrechen, dauernd erbrechen.

Ich weiß nicht, wie lange so ein Anfall dauerte, ich war ja im Fieber und habe, was um mich herum war, gar nicht mitgekriegt. Aber meine Mutter hat das in diesem Quarantänelager vertuscht. Wahrscheinlich hatte sie Sorge, dass wir länger bleiben müssen, sie sehnte sich danach, endlich in Freiheit zu sein. So hat sie mich, wenn ich einen Malaria-Anfall bekam, schnell ins Bett gesteckt. Und nach einem solchen Anfall war ich wieder für eine Zeitlang o.k.

Insgesamt waren wir abgeschirmt, niemand durfte das Gelände verlassen. Wir wurden entlaust und gründlich auf alle möglichen Krankheiten hin untersucht, die Frauen und Mädchen auch auf Geschlechtskrankheiten.

Es durfte auch niemand zu uns herein. Um das Gefängnisgebäude war ein hoher Zaun, und dort standen nun die Einheimischen und guckten, was da für Jammergestalten ausgeladen worden waren. Wir sahen aus wie KZ-ler, auch unsere Kleidung war ziemlich zerlumpt.

Das Personal versucht in dieser Quarantänezeit, die verunsicherten Ankömmlinge ein wenig aufzuheitern. Kulturveranstaltungen werden durchgeführt:

„Und dann wurde gesagt: ‚Jeder, der eine kleine Darbietung beitragen möchte, kann sich jetzt melden!' Es gab da so einen größeren Raum, wo eine Bühne war. Das war ganz nett.

Na ja. Und tollkühn, wie Kinder so sind, habe ich mich gemeldet: ‚Ich weiß was, ich kann was!'

‚Na, dann komm mal rauf auf die Bühne!', rief der Leiter des Hauses.

Und dann bin ich hoch und habe gesungen: ‚Da obn off dem Berge, da steht ein Klosett – das benutzen die Russen als Feldlazarett ...'

Alles klatschte, wie verrückt. Es wurde gejuchzt und gejubelt. Aber jetzt meine Mutter, völlig entsetzt: ‚Komm sofort her!'

Sie ging eilig mit mir in unseren Schlafraum, da war gerade keiner drin. ‚Weißt du, was du jetzt gemacht hast?' Sie war außer sich. ‚Jetzt schicken sie uns zurück, jetzt kommen wir nach Sibirien! Um Gottes willen ... jetzt isses vorbei ...' Sie steckte mich ins Bett und sagte aufgeregt: ‚Rühr dich da nicht wieder weg!'

Da lag ich nun. Und dann ging die Tür auf und jemand kam in den Schlafsaal. Meine Mutter totenblass, sie zitterte. ‚Frau Meyer, Ihre Tochter soll mal schnell wieder runter kommen!'

Ich nun mit meiner Mutter da runter, inzwischen war auch ich blass vor Angst. Ich habe mir ja mit meinen elf Jahren nichts dabei gedacht, so was haben wir doch immer unter uns gesungen ...

Als ich da unten ankam, musste ich auf die Bühne und

kriegte den ersten Preis! Es wurde geklatscht wie wild, das waren ja alles unsere Leidensgenossen. Der erste Preis war ein Päckchen Mondamin, so eine Art Soßenbinder. Das war was ganz Tolles, weil das beim Aufpäppeln half.

Und dann kann ich mich noch daran erinnern, dass es plötzlich sehr warm wurde, es muss Anfang April gewesen sein. Wir Kinder legten uns in Schlüpfern auf so ein Teerdach, um uns zu sonnen. Irgendwie kam allmählich ein schönes Lebensgefühl über uns.

Außerhalb des Geländes war ein kleines Bächlein. Ich weiß nicht mehr die Umstände, wieso wir dahin durften – ob mit Begleitung oder ohne. Jedenfalls war das ein munteres Bächlein, an dem so kleine, dottergelbe Blumen blühten. Das hat mich schon als Kind stark berührt. Auch die Landschaft in Thüringen war sehr schön, als wir da durchgefahren sind ..."

Im Haus liegen immer mal Thüringer Regionalzeitungen herum, für die sich ausschließlich die Erwachsenen interessieren. Gierig saugen sie die Artikel auf, können zunächst aber mit Namen und Kürzeln nicht viel anfangen:

So wird über das ferne Köln berichtet, der Vorsitzende der CDU in der britischen Besatzungszone, Dr. Konrad Adenauer, fordere in einer Erklärung „Sofortmaßnahmen für die Umorganisation der Bizone". / „In den USA streiken Telefonarbeiter" / „Sorgen haben auch die Geistesarbeiter in Westdeutschland ..." / „FDJ-Jugend überbrückt Zonengrenzen", lesen sie „mit Kontakten zu westdeutschen Städten", in denen sich sonst „Reaktionäre und Faschisten" heimisch fühlen. Was ist FDJ?

„FDGB-Delegierte reisen in die Sowjetunion". Hat jemand schon mal was von FDGB gehört? Und reisen die etwa freiwillig nach Moskau? Es bietet sich viel anregender Gesprächsstoff …

Die Nachrichten aus Thüringen klingen aber durchaus verheißungsvoll für jene, die keine Verwandten im Westen haben und wohl hier ein neues Leben aufbauen werden: Journalisten berichten von fleißiger Arbeit aus der Braunkohlengrube „Elisabeth“, andere über den planmäßigen Aufbau der Fischzucht. Lehrgänge für Jungbauern und Jungbäuerinnen werden in Volkshochschulen angeboten. Der Antifa-Frauenausschuss hat sich mit dem DFD vereinigt, dem „Demokratischen Frauenbund“. In Klein-Machnow – wo auch immer das liegt – wird die Parteihochschule „Karl Marx“ eingeweiht. Das aber ist nun schon wieder etwas Politisches, und davon haben sie erst mal genug.

Sie werden hier in der sowjetischen Besatzungszone „Umsiedler“ genannt und finden das angesichts ihres Schicksals schon mehr als beschönigend. Skeptisch bleibt auch der Blick auf die Nachricht, der Versorgungsplan für die Bevölkerung der SBZ sei durch die Sowjetische Militärverwaltung bestätigt worden. Dass der neue Befehl zusätzlich die Ausgabe von vierzig Stück Zigaretten oder vierzig Gramm Tabak monatlich bestimmt, freut wiederum die Raucher. Die Brennstoffversorgung soll gesichert werden, Neubauernhöfe werden fertiggestellt …

Nein, das klingt alles nicht so schlecht. Und haben sie, die schwer gezeichneten Ostpreußen, denn eine Wahl? Geschrieben wird hier nicht mehr in kyrillischen Buchstaben, was sie ja ohnehin nie lesen konnten, sondern in jener Sprache, mit der sie aufgewachsen sind und die sie verstehen. Das schafft Vertrauen.

Nachdem sie jahrelang von Informationen völlig abgeschnitten waren, stürzen sie sich gierig auf jeden Satz in der Zeitung, wird jede Zeile bewertet und auf die eigene Lage übertragen. Sie informieren sich, sie haben ja Zeit. Jemand will zu kleine Schuhe in größere umtauschen; ein anderer sogar Kinderhalbschuhe verschenken.

Die Mütter schöpfen Hoffnung …

Und auch ein Stück Welt leuchtet ins Quarantänelager: Marlene Dietrich wird sich demnächst zu Filmarbeiten nach Paris begeben! Aber: War die nicht zu den Amis übergelaufen?

„Jean Paul Sartre", so lesen sie, „darf nicht mehr im französischen Rundfunk auftreten, weil er in einer Sendung General de Gaulle mit Hitler verglichen hat." Kennt jemand die beiden Namen?

Sehr aufmerksam werden vor allem jene Artikel registriert, die mit ihrer nahen Zukunft zu tun haben: Es gibt Banden, die Lebensmittelkarten fälschen. Das heißt, es gibt hier in Deutschland Lebensmittelkarten! Und es gibt wohltätige Sammlungen für Heimkehrer und Umsiedler! „Jeder Vierte ist Umsiedler", lautet eine frappierende Überschrift! Und nun lesen sie, schon mehr als vier Millionen Umsiedler seien in Mitteldeutschland integriert worden – das sind knapp 25 Prozent der Gesamtbevölkerung. Und in Sperrschrift: „Den heimatlos Gewordenen muß e i n e n e u e H e i m a t geschaffen werden". Von Problemen bei der Integration wird geschrieben, aber auch von gutem Willen und viel Tatkraft. In der vergangenen Weihnachtszeit wurden hier und da Feiern für Umsiedler veranstaltet. Es geht um Bodenreform und „Neuverwurzelung" …

Sie fassen Mut – ihr über die letzten Jahre extrem geschrumpftes Selbstbewusstsein beginnt wieder zu wachsen.

Die meisten schauen, als sie nun endlich in die Freiheit entlassen werden, optimistisch in die Zukunft. Sie wird um vieles besser sein als die Vergangenheit, aus der sie kommen. Auch Doris Meyer und ihre Mutter sehen das so:

„Nach fünf Wochen Quarantäne hieß es: ‚Jeder darf nun sagen, wo er hin möchte!‘ Viele hatten Verwandte, auch in Westdeutschland. Wir hatten niemanden, zu dem wir hätten gehen können. Doch der Bruder meiner Mutter, der im Ersten Weltkrieg umgekommen ist, kam mal als Verwundeter zur Kur nach Eisenach. Also von Ostpreußen nach Eisenach. Und als der zurückkam, schwärmte er, wie schön Eisenach sei. Das hatte meine Mutter immer noch im Ohr. Und so sagte sie jetzt im Quarantänelager: ‚Wir wollen nach Eisenach gehen …‘“

Kurz darauf erhalten Doris und ihre Mutter die Nachricht, Eisenach nehme keine Flüchtlinge mehr auf – doch Arnstadt verfüge noch über eine Aufnahmekapazität. So brechen sie mit zwei anderen Frauen nach Arnstadt auf:

„Wir kamen in Arnstadt auf dem Bahnhof an, und da stand eine Rot-Kreuz-Schwester, die uns erwartete. Sie sagte, während sie uns in Empfang nahm: ‚Wissen Sie was, ich muss erst mal eine Unterkunft für Sie besorgen. Gehen Sie bis dahin schon mal ein bisschen durch die Stadt.‘ Und dann sind wir vom Bahnhof ein Stück losgelaufen … und konnten gar nicht fassen, was wir sahen: So viele unzerstörte Häuser! Und es gab Geschäfte – da lag sogar etwas im Schaufenster! Wir haben uns die Nasen plattgedrückt an den Schaufenstern und kamen uns vor wie im Paradies. Wir kannten ja seit Jahren nur noch Trümmer …

Doris Meyer nach ihrer Malaria-Erkrankung im Alter von elf Jahren in Arnstadt

Ich besonders, ich konnte mich gar nicht lösen von so einer Schaufenstereinlage. Und als ich mich umdrehte, waren meine Mutti und die beiden Frauen plötzlich weg. Die sind, ebenfalls ziemlich benommen, weitergelaufen und haben gar nicht bemerkt, dass ich nicht mehr an ihrer Seite war. Ich stand alleine in dieser fremden Stadt und wusste nicht, was ich machen sollte.

Und da kam eine Kindergruppe an. Die Kinder zeigten mit dem Finger auf mich und lachten: ‚Guck mal, wie die aussieht! Guck mal, was die anhat!' Ich hatte irgendwelche Lumpen an, was man eben so noch auf dem Leib trug. Wir hatten ja nicht richtig was zum Anziehen. Und dazu noch meine dürre Gestalt.

Ich habe mich furchtbar geschämt und gedacht: ‚Was machst du denn jetzt? Wo gehst du denn jetzt hin?'

Und dann bin ich den Weg zurückgegangen, den wir vom Bahnhof aus genommen haben ..."

Im Bahnhof angekommen, setzt sich die Elfjährige in den Warteraum – irgendjemand muss ja hier wieder auftauchen, die Rot-Kreuz-Schwester oder ihre Mutter mit den beiden Frauen.

Vor Ermattung schläft Doris ein. Ihre Mutter wiederum ist mit den beiden Frauen hoch aufgeregt zur Polizei gegangen, um nach ihrer Tochter suchen zu lassen:

„Die Polizei hat dann den drei Frauen geraten, denselben Weg, den wir zusammen gekommen sind, wieder zurückzugehen. Das haben sie auch getan. Und schließlich fanden sie mich im Warteraum, schlafend. Die hässliche Hose, wofür mich die Kinder so besonders ausgelacht haben, die hatte ich ausgezogen und über den Stuhl gelegt. Ich schämte mich nun dafür, die hatte hundert Flicken.

Dann endlich kam die Rot-Kreuz-Schwester. Die beiden Frauen wurden jetzt woanders untergebracht. Mutti und ich wiederum kamen zu einer Schneiderin, die hatte einen nervenkranken Mann. Wir wohnten dort zur Untermiete. Die Frau wollte uns nicht, sie musste uns aber nehmen, sie wurde verpflichtet, das war damals so in der Nachkriegszeit.

Wir bekamen ein winziges Zimmerchen. Wir hatten gar nichts. Und wenn wir Wasser brauchten, dann mussten wir in ihre Küche, was sie uns, so oft es ging, verwehrte. Doch immerhin waren wir jetzt in Deutschland ..."

Im Sommer 1948, während die Zahl der Deutschen in Ostpreußen bereits spürbar rückläufig ist und nur noch wenige Wochen bis zum Abschluss der Aussiedelungsaktion bleiben, befindet sich der fünfzehnjährige Günter Kropp noch zur Erntehilfe bei einem Bauern in Litauen. Wird er es rechtzeitig zur Mutter und dem kleinen Bruder schaffen, wenn es losgeht ... und von dort gemeinsam zum Güterbahnhof Königsberg?

Seit dem Frühjahr gibt es ohnehin Probleme mit seinem Aufenthalt in Litauen: 1948 existiert bereits eine litauische Partisanenbewegung gegen die russischen Besatzer – das hat sich sogar bis auf die Kaliningrader Kolchose herumgesprochen, auf der die Mutter von Günter Kropp arbeitet:

„Partisanen, das waren nicht nur Litauer, das waren auch Polen und deutsche Kriegsgefangene. Die Partisanenbewegung ging bis tief in die Fünfzigerjahre hinein und breitete sich immer mehr aus. Sogar Russen waren darin, die politisch bereits in Ungnade gefallen waren. Die haben sich zusammengetan und haben am Tage scheinbar harmlos Feldarbeit verrichtet; nachts aber haben sie Sabotage-Akte verübt."

So darf, wer sich nicht ausweisen kann und keine litauischen Papiere hat, deshalb nicht mehr über Nacht in Litauen bleiben.

Nun gilt es, auf der Hut zu sein. Denn wer ohne gültige

Papiere aufgegriffen wird, kann mitgenommen und nach Sibirien verbannt werden – auch diejenigen, die Fremden Unterschlupf gewähren. Günter ist fast schon fest bei einem litauischen Bauern untergekommen.

Was tun? Die Bäuerin bietet ihm trotzdem weiter Quartier an. Aber sie warnt den Jungen auch: „Wenn hier eine Kontrolle auftaucht und wir alle nach Sibirien kommen, dann siehst du deine Mutter nie wieder ..."

„Sie sprach deutsch", erinnert sich Günter, „und sagte dann: ‚Andererseits: Wenn der liebe Gott will, dass wir nach Sibirien kommen, dann ist es egal, ob du hier bei uns gefunden wirst oder bei deiner Mutter ...'

Daraufhin beschloss ich zu bleiben. Hier hatte ich wenigstens was zu essen. Und von hier aus konnte ich schnell zu anderen litauischen Bauern, um dort zu arbeiten. Ich passte nun allerdings besser auf.

Und dann kam im Sommer der Bescheid, dass unsere Ausreise nach Deutschland, um die sich mein Vater von Spandau aus bemüht hatte, genehmigt sei! Doch eigentlich durften ja jetzt alle Ostpreußen in den Westen ausreisen. Es war die Ausreise all derer, die noch am Leben waren ...

Ich bin dann in einer Scheune, in der ich schlief, nachts aufgewacht. Das war bei einem litauischen Bauern, der gerade jemanden zum Dreschen suchte. Und ich hatte überlegt, ob ich die Arbeit noch annehme, denn unsere Ausreise stand ja bevor, und ich musste in spätestens vierzehn Tagen wieder zurück in der Nähe von Stallupönen sein. Der Bauer merkte mein Zögern und sagte: ‚Ja – Betteln ist ja auch leichter als Arbeiten ...'

‚Da irren Sie sich aber', antwortete ich. ‚Betteln ist sehr hart.' Und Betteln war wirklich keine gute Erfahrung. Ich habe dann bei dem Bauern noch ein paar Tage gearbeitet. Aber seine Bemerkung hat mich bis in den Schlaf verfolgt.

Pünktlich nach vierzehn Tagen war ich zurück. Ich bin an der Bahnlinie entlanggegangen, das waren etwa zwanzig Kilometer. In meinem Rucksack sah es einladend aus: Kartoffeln, Mehl, Brot, Kohlrüben, Eier – am Ende hatte ich sogar noch Milch in meiner Liter-Kanne.

Bevor ich zurückkam, musste ich aber noch meine Tante finden. Denn die arbeitete schwarz in Litauen, in der Landwirtschaft. Und ich musste sie suchen gehen, um ihr mitzuteilen, dass wir nach Deutschland ausreisen dürfen ... Es hat geklappt, ich habe sie gefunden.

Und nun warteten wir darauf, dass es losgeht. Wir malten uns aus, wie es in Deutschland wohl aussehen wird.

Die Russen konnten inzwischen auch ganz gut Deutsch. Und als die Nachricht aufkam, wir könnten ausreisen, machten sie meiner Mutter gegenüber einen Spruch: ‚Komm, Paninka, schlafen – morgen Sacharin. Kleine Kinder machen – fahren nach Berlin.'

Übrigens haben wir erst in Berlin erfahren, dass Königsberg schon seit 1946 Kaliningrad hieß. Die Russen haben das immer ‚Keenigsberga' genannt.

Bevor es losging, mussten wir nach Stallupönen, das immer noch Ebenrode hieß, und wurden geimpft – keine Ahnung, wogegen.

Im Spätherbst 1948 brachen wir endlich auf, von Stallupönen aus. Wir gehörten fast zu den Letzten. Der Kommandant hat uns begleitet, wir fuhren in einem offenen Jagdwagen mit abgerissenen Polstern. Auf den Sitzen lag Stroh. Der Kommandant sagte: ‚Ja, es war hier nicht gut für euch, aber wenn es euch in Berlin noch schlechter geht, dann kommt sofort zurück. Ihr seid hier jederzeit willkommen!'

Anderen wurde vorgeschlagen, gleich dazubleiben. Dafür wurden 2000 Rubel angeboten. Ein Brot kostete ungefähr 9 Rubel, das war also eine ganze Menge. Die Russen hatten inzwischen mitgekriegt, dass die Deutschen tüchtig arbeiten, und so wollten sie, dass welche dableiben. Ich kenne aber niemanden, der dortgeblieben ist. Vielleicht die Wolfskinder in Litauen, die hatten niemand mehr und wussten ohnehin nichts von der politischen Entwicklung. Oder meine Tante: Die war ja in Litauen und arbeitete dort schwarz bei verschiedenen Bauern, um nicht zu verhungern. Wenn ich die nicht rechtzeitig erreicht hätte, um ihr die Nachricht von unserer genehmigten Ausreise zu überbringen, dann hätte sie auch dort bleiben müssen.

In dem Zug, mit dem wir Richtung Westen fuhren, gab es sowohl Güterwaggons als auch normale Abteile. Und es waren viele Spezialisten unter den Reisenden: Die waren 1945 verschleppt worden und kehrten nun heim, mit ihren Familien. Die durften zuerst einsteigen. Und sie haben die normalen Zugabteile in Beschlag genommen. Wir anderen kamen in die Güterwaggons – da konnten wir uns aber gemütlich hinlegen, denn der Boden war mit Stroh ausgelegt ..."

Günter Kropp und sein kleiner Bruder Gerhard gehören zu den letzten Kindern, die ihre Heimat Ostpreußen für immer verlassen – eine Heimat, die es nicht mehr gibt.

Jene Kinder, die jetzt in Stallupönen, Königsberg oder dem Samland heranwachsen, sind bereits die ersten Kinder Kaliningrads. Und ihr Elternhaus wird in Orten stehen, die den Kindern vertraute russische Namen tragen.

Die Transporte Richtung Westen funktionieren im Herbst 1948 auch schon reibungsloser:

„Sieben Tage waren wir bis Berlin unterwegs. Der Zug war verplombt. Wir fuhren quer durch Polen, und immer mal wieder hielt der Zug irgendwo. Die Waggoninsassen wurden bei jedem Halt neu gezählt, beim Entplomben der Abteile und dann wieder – manchmal nach einem halben Tag –, wenn der Zug weiterfuhr. Es ist aber keiner von uns verschwunden. Mehrmals, als der Zug hielt, kamen nun Spezialisten an unsere Waggontür und fragten, ob wir nicht mal tauschen wollten. Das haben wir aber abgelehnt, sie hatten ja die Wahl gehabt ... und sich für die edleren normalen Waggons entschieden. Wir aber konnten uns nach Belieben ausstrecken.

Nach sieben Tagen kamen wir in Görlitz an, das war bereits eine geteilte Stadt. Dort steckte man uns für ein paar Wochen ins Quarantänelager. Die Kinderlähmung war ausgebrochen, deshalb stockte nun der Weitertransport.

Wir gingen dort tagsüber raus aus dem Lager und zu irgendwelchen Bauern, um uns zu erkundigen, wie hier die politische Lage sei. Die fragten uns mit großen Augen: ‚Wo kommt ihr denn her?' Wir haben es ihnen erzählt, aber die wussten noch gar nicht, dass Ostpreußen von den Russen besetzt war. Sie wussten nur, dass sie selbst von den Russen besetzt sind und der östliche Teil von Görlitz jetzt polnisch war ... ‚Der Russe – der ist auch hier!', sagten sie, und wir schauten ziemlich entgeistert, uns wurde ganz schummrig. Denn wir waren ja Richtung Westen aufgebrochen, um endlich die Russen hinter uns zu lassen ...

Mit unserem Vater kamen wir rasch in Verbindung, der wohnte in Berlin-Spandau. Er war in Königsberg in Kriegsgefangenschaft geraten. Durch seine steifen Finger konnten ihn die Russen aber nicht zum Arbeiten verwenden; er sagte immer, er könne nichts anfassen mit dieser Hand – er hat das natürlich ein bisschen ausgebaut. Und so kam er mit dem ersten Transport in Deutschland an. Er ging sofort nach Spandau, weil wir dort Verwandte hatten.

Wir schickten von Görlitz aus ein Telegramm an die Adresse unserer Verwandten. Und schon am Sonntag darauf kam er uns in Görlitz besuchen. Das war natürlich ein großes Umarmen – so viel Glück hatten in dieser Zeit ja nur wenige mit ihren Vätern. Er ließ uns das nötige Geld da für die Bahnfahrt nach Berlin.

Nun bekamen wir aber keine Zuzugsgenehmigung für Berlin – obwohl unser Vater da schon wohnte! Trotzdem fuhren wir erstmal hin … und blieben in Spandau."

In Westberlin angekommen, geraten Günter Kropp und sein Bruder, seine Mutter und Tante mitten in die Berlin-Blockade …, von der seine Verwandten aber eher kampfeslustig als ängstlich erzählen. Der Fünfzehnjährige erfährt, dass statt der bisherigen Reichsmark im Juni die Deutsche Mark eingeführt wurde – in allen drei westlichen Zonen und auch in Westberlin. Er darf die Geldscheine bestaunen. Und er hört, die Russen hätten daraufhin alle Transitwege nach Westberlin abgeriegelt; denn gehe es nach den Russen, soll ganz Berlin von nun an zur Ostzone gehören … „So wie Görlitz", denkt Günter, und dabei ist ihm gar nicht wohl. Denn auch Spandau ist abgeriegelt von den Russen …

Doch deren Plan, so beruhigen ihn die Verwandten, wird nicht aufgehen, weil alle Westberliner und die Alliierten zusammenhalten! Er solle mal aus dem Fenster schauen, von wo überall her die „Rosinenbomber" nach Tempelhof geflogen kämen, um auch die Spandauer zu versorgen, mit Lebensmitteln und Kohle. Sogar Australien und Kanada helfen mit bei der Luftbrücke …

Das zerstörte Königsberg vor Augen, als sie dort zum Güterbahnhof gebracht wurden, staunt Günter, wie stark die Verwandten jetzt von den Briten und Amerikanern schwärmen.

Die Russen hingegen scheinen sie nicht ernst zu nehmen. Er aber nimmt sie ernst, denn er kennt sie gut …

Auch Michael Wieck wird noch Zeuge der Berlin-Blockade sein – zunächst jedoch muss er es schaffen, aus Königsberg herauszukommen. Aus einer Stadt, die sich dem jüdischen Nachwuchsmusiker im letzten Moment noch von einer anderen Seite zeigt als der des Hungers und Terrors.

Dem nunmehr Neunzehnjährigen ist es inzwischen gelungen, sich mit Beethoven-Romanzen ins Herz eines russischen Kulturoffiziers zu spielen. Mit dem Verkauf von Baisers auf dem Schwarzmarkt würfelte er sich einen deutsch-russischen Kleidermix zusammen und schaffte es, eine Art Stehgeiger im „Deutschen Klub" zu werden …, diesmal also eine naheliegende Variante, sich und seine Eltern als „Spezialist" über die Runden zu bringen.

Er übte wieder Geige mit einem Königsberger Musiker und spielt nun zweimal die Woche in einem Tanz-Quartett, dessen berufliche Fähigkeit 1948 wieder gefragt ist. Im „Deutschen Klub" tanzen jetzt vorwiegend russische Soldaten – zu russischer Tanzmusik, die Michael sehr mag, aber auch zu Wiener Walzern und deutschen Schlagern.

Irgendwann gibt es dafür sogar ein paar Rubel, zudem erzeugt es Lebensfreude. Und obwohl er Stalin inzwischen so sehr hasst wie Hitler, wird dem jungen deutschen Musiker durch diese Auftritte die russische Lebensart allmählich vertrauter, die Gefühlsüberschwänge ihrer Menschen und ihre Musikvorlieben.

Plötzlich eröffnet sich sogar ein erster Blick in die Zukunft:

„Eines Tages hörte mich ein Russe Geige spielen. Er klopfte an, kam herein und erzählte, dass er etwas mit dem Konservatorium in Riga zu tun habe. Er könne mir das Angebot machen, mit sowjetischem Staatsstipendium Musik zu studieren. Ich müsse mich aber auf viele Jahre verpflichten und sowjetischer Bürger werden, anders gehe es nicht.

Trotz der verlockenden Aussicht, aller Sorgen enthoben Musik studieren zu können, kam dieses Angebot nicht in Frage. Einmal waren da meine Eltern, die weiter auf Hilfe angewiesen blieben. Dann gehörten politische und vormilitärische Erziehung ebenfalls in den Stundenplan. Das war völlig undenkbar für mich, und so blieb das ersehnte Musikstudium weiterhin ein Wunschtraum."

Doch auch Michaels Vater – zweiter Geiger im berühmten „Königsberger Streichquartett", bevor das von den Nazis mit Auftrittsverbot belegt wurde, weil seine Frau Jüdin ist – lebt wieder auf: Im „Klub der Roten Armee" wurde ein Unterhaltungsorchester gegründet. Dem Vater, der ja kein eigenes Instrument mehr besitzt, hat man eine Fabrikgeige besorgt. Und wenigstens gibt es jetzt für ihn eine reichliche Abendmahlzeit pro Auftritt, dazu das Gefühl, endlich wieder Musik machen zu können.

Michaels Mutter wiederum hilft anderen Deutschen beim Ausfüllen des Ausreiseantrags, der auf Russisch einzureichen ist.

Und damit ist sie ganz dicht dran an dem, was auch die

Wiecks wollen – endlich raus, in den deutschen Westen! Drei Jahre russischer Besatzungsherrschaft lasten wie eine böse Ewigkeit auf Eltern und Sohn. Und fast ein Jahrzehnt ist es her, dass Michaels Schwester Miriam mit einem Kindertransport nach Schottland gerettet wurde. Wie ist es ihr ergangen, allein in einer sicheren, aber fremden Welt?

Allmählich verlieren die Wiecks ihren Mut – fast alle um sie herum sind schon ausgereist. Die Mutter bekommt den Rat, dem Antrag mit Bestechungsgeldern nachzuhelfen:

„So zog sie auf die zuständige Behörde, nahm alle Rubel mit, die wir momentan aufbringen konnten – das war natürlich sehr wenig –, gab das Geld dem Beamten mit den Worten, er bekäme noch einmal die gleiche Summe, wenn er die Ausreisegenehmigungen beschaffen würde. Diese Summe musste ja nun erst mal wieder mit Geigenspiel, Schwarzmarktspekulationen und den Verkauf von Baisers erwirtschaftet und vom Munde abgespart werden."

Eines Tages findet Michael seine Mutter in Tränen aufgelöst; sie hatte vergessen, die zweite Hälfte der Bestechungsgelder auszuhändigen und dafür vom Beamten auch nur zwei „Propusk“ bekommen, wie die Ausreisegenehmigungen auf Russisch heißen – einen für sich und einen für ihren Mann. Doch das Versäumte lässt sich nachholen, sodass bald auch Michael seine Ausreisegenehmigung in den Händen hält:

„Ich fühlte mich wie in einem Rauschzustand und wollte nicht glauben, dass nun tatsächlich das Ende einer über fünfzehn Jahre ständig eskalierenden Unfreiheit, Verfolgung, Diskriminierung, Not und Lebensgefährdung gekommen sein sollte. Neunzehn Jahre alt war ich inzwischen, und alle Sehnsucht nach Ausbildung war bisher Wunschtraum geblieben. Sollte ich doch noch Gelegenheit haben, das Versäumte nachzuholen?

Ein unbeschreibliches Glücksgefühl hatte uns drei erfasst. Man musste achtgeben, dass es nicht zu viel wurde. Wir spaßten, lachten und erzählten uns, wie schön alles sein würde.

Gedanken an den endgültigen Abschied vom jahrhundertealten Heimatboden mit den Gräbern unserer Vorfahren wurden verdrängt. Ohne Gefahren ein neues Leben beginnen, meine Schwester wiedersehen, studieren, sich immer satt essen können, das spukte in meinem Kopf herum. Theater, Konzerte, Kino, Reisen, Freunde, Schokolade und Apfelsinen – möglichst alles auf einmal!"

Und wieder ist es ein großer Transport mit mehr als tausend Menschen. Und wieder werden die Waggons völlig wahllos gefüllt mit Männern und Frauen. Auch gibt es erneut die hineingezimmerte obere Etage – sie wird sofort von Jüngeren geentert. Und die jungen Leute sind es auch, bei denen die Lebensgeister zuerst zurückkehren. Das gilt auch für Michael:

„Die Älteren legten sich auf den unteren Boden, während wir Jüngeren auf die obere Etage kletterten. Ich lag neben Frauen und Mädchen, die es bald recht lustig fanden, mich zwischen sich zu haben. Sie spürten meine Unerfahrenheit – man könnte es auch Keuschheit nennen – und brachten mich schon in der ersten Nacht mit wie zufällig tastenden Händen in größte Verlegenheit. Eine Verlegenheit, die meinen Glücksrausch keineswegs beeinträchtigte. Auch am Tage war es ziemlich dunkel, denn die schweren Waggontüren waren von außen verriegelt. Die hoch angebrachten Entlüftungsklappen ließen nicht viel Licht herein und gaben nur wenigen die Möglichkeit, hinauszuschauen. Die berichteten, was sie entdeckten, und nannten die Ortsnamen, die sie auf Bahnhöfen erkennen konnten ..."

Nach etwa sechstägigem Herumfahren steuert der Zugführer das Quarantänelager Kirchmöser an – einen Ort unweit der Stadt Brandenburg an der Havel.

Bis Ende Oktober haben fast alle Deutschen Kaliningrad verlassen. Am 18. November 1948 meldet der mit der Aussiedelung beauftragte Sowjet-General Djomin an Generaloberst Innenminister Kruglow in Moskau den Abschluss der Aktion nach dem Transport von 102 125 Deutschen aus Königsberg in die Sowjetische Besatzungszone, erfolgt in drei Etappen. Der General schließt seinen Bericht mit dem Hinweis, es seien während der Transporte noch 48 Menschen gestorben, obwohl jeder Zug von einem Arzt begleitet wurde.

„Brief an die Genossen Stalin, Molotow, Berija weitergeleitet", notiert Innenminister Kruglow am unteren Rand.

Die Waggon-Ältesten der letzten Züge werden noch einmal gedemütigt: Sie haben Dankesbriefe an die Sowjetregierung und besonders Genossen Stalin zu verfassen – für eine „vierjährige gute Behandlung". Als winziges Zeichen des Widerstandes schreiben einige hier als Ort „Königsberg/Ostpreußen" statt „Kaliningrad".

Niemals hatten die sowjetischen Behörden im Kaliningrader Gebiet einen lückenlosen Überblick über die verbliebene deutsche Bevölkerung; sie hatten nicht einmal einen Überblick über die inzwischen dort lebenden Russen. So bleiben auch Ende 1948 noch Deutsche zurück, die von der Miliz nicht rechtzeitig gefunden und dann einfach vergessen wurden. Einige halten sich zur Arbeit gerade in Litauen oder sogar Weißrussland auf – als sie nach Königsberg zurückkommen, sind die anderen Deutschen fort.

Die meisten Verspäteten werden 1949 nachträglich ausgesiedelt … Einige bleiben für immer zurück.

In einer anderen Welt

1949

Noch 1948 war der junge Königsberger Michael Wieck mit seinen Eltern in einem Quarantänelager zwischen Potsdam und Brandenburg a. d. Havel eingetroffen. Dass er sich in der sowjetischen Besatzungszone befand, spürte er am auffallenden Unwillen der Menschen, nähere Auskünfte über sich zu geben:

„Die Ostzone war uns von vornherein unsympathischer als die Westzonen, in denen wir uns einen demokratischen Neubeginn in unserem Sinn erhofften. Das hört sich aber jetzt kundiger an, als wir damals waren. Was eine Demokratie ist, wussten die meisten von uns nur vom Hörensagen, und die verdeckten Erzählungen von der besseren Versorgungslage der Westzonen gaben nach den furchtbaren Hungerjahren in der Regel den Ausschlag. In den Westen durfte aber nur, wer dort nachweislich Verwandte hatte ..."

Eines Tages, kurz nach ihrer Ankunft, wurde es geradezu bedrohlich. Die Lagerleitung berief eine zukunfts- und berufsberatende Versammlung für männliche Ankömmlinge ein:

„Und alle mussten hin. Wir sollten uns einen Propagandavortrag über das Leben in der russischen Besatzungszone anhören und bekamen bald zu verstehen, dass es sich hier um eine Anwerbekampagne für den Uranbergbau handelte. Nachdem man uns eine volle Stunde lang das Leben im Uranbergbau als ein Schlaraffenleben geschildert hatte, bei dem gute Bezahlung, Behausung und reichliche Verpflegung die einzigen für das Leben wichtigen Kriterien zu sein schienen – die Arbeit wurde nicht mit einem Satz erwähnt –, zogen sie vorgefertigte Listen hervor, auf denen bereits unsere Namen standen. Sie verteilten Kopierstifte und verlangten nun unsere Unterschriften. Als keiner bereit war zu unterschreiben, wollten sie uns einen weiteren Vortrag aufzwingen. Gleichzeitig versperrten sie die Ausgänge ...

Sofort hatten alle begriffen, was hier ablief, und in wenigen Augenblicken waren wir Königsberger Jungen eine Schar wütender, zu allem fähiger Individuen. Wir drohten den Männern, die den Ausgang versperrten, so fürchterliche Prügel an, dass sie um ihr Leben bangen müssten, sollten sie den Eingang nicht unverzüglich frei geben. Wir packten sie bereits mit festem Griff; wir waren nach allem Überstandenen hart geworden und zwangen sie zum widerstandslosen Nachgeben. Ungehindert kamen wir schließlich aus dem Raum ..."

Sofort beschloss Michael, aus dem Lager zu fliehen. Und da bot sich schon bald eine Gelegenheit: Seine Cousine Igna arbeitet seit Kriegsende als Reporterin bei der DEFA, der Filmgesellschaft der sowjetischen Besatzungszone. Sie initiierte einen Wochenschau-Beitrag über das Quarantänelager Kirchmöser, wobei die Ankunft des bekannten Musikerehepaares Wieck aus Königsberg besonders hervorgehoben werden sollte:

„Und so kam eines Tages ein Lastwagen mit Leuchtern, Leitern und Kameras, dazu ein Personenwagen mit imposanten Herren ins Lager hineingefahren, um den Bericht zu drehen. Cousine Igna war natürlich dabei. Nach herzlicher Begrüßung und nachdem ich mir den Lastwagen genauer angesehen hatte, stand unser Plan sogleich fest: In diesem Lastwagen werde ich ausbrechen – nach Berlin! Die Kameramänner waren bereit, mitzumachen … Nach Abschluss der Filmarbeiten stieg ich in einem unbeobachteten Moment auf den Lastwagen und verließ das umzäunte Lager in Richtung Berlin.

Meine Eltern waren bereits Rentner, sie würde man problemlos nach Berlin ziehen lassen."

Als sich Michael später im Kino die Wochenschau mit dem Bericht aus Kirchmöser anschaut, ist er überrascht:

„Man hatte meine Eltern dazu benutzt, vorzutäuschen, auch alte Menschen seien aus Ostpreußen evakuiert worden. Doch meine Eltern waren die einzigen über Sechzigjährigen von unserem Transport, die im Quarantänelager eintrafen. Sie waren die Ausnahme: Unter den Bewohnern Ostpreußens, die überlebt haben, war kaum ein Kleinkind dabei und kaum noch ein älterer Mensch …"

Bei seiner Flucht nach Berlin hatte sich Michael nicht groß von seinen Eltern verabschiedet; er glaubte, sie ohnehin bald wiederzusehen.

Doch dann kam der Schock: Sein Vater verließ plötzlich die Familie! Als die Quarantänezeit in Kirchmöser vorüber war, holte ihn eine ehemalige Geigenschülerin ab, mit der er seit einiger Zeit im Briefkontakt stand. Michaels Vater entschwand nach Norddeutschland, um dort mit einer neuen Frau noch einmal glücklich zu werden.

Seine Mutter aber folgte dem Sohn nach Berlin. Dort fand sie Kontakt zu ehemaligen Königsbergern. Den Schmerz jedoch über das nüchterne Gehen des Mannes vermochte das nicht aufzufangen. Entfernt verwandt mit einer berühmten Operettensängerin, die wiederum die Frau eines berühmten Operettenkomponisten ist, kam die Mutter bei den beiden unter – direkt am Kurfürstendamm in Westberlin. Nach jahrelangem Hausen in Königsberger Kellern und Verschlägen wirkte die noble Alt-Berliner Wohnung mit ihrem großen Musikzimmer wie ein Palast.

Der inzwischen zwanzigjährige Sohn Michael war die erste Zeit wie in Trance durch Berlin gelaufen: Keine Lebensbedrohung mehr durch einen Hitler oder einen Stalin! Er war frei – das Leben konnte endlich beginnen! Doch so einfach war das nicht: Schon bei seinem ersten Kinobesuch im „British Information Center" spürte er, dass er aus einer anderen Welt kam:

„Von dem Film verstand ich nichts. Ich konnte dem Tempo der Handlungen nicht folgen, Anspielungen nicht erkennen. Der Witz dieser ziemlich belanglosen Geschichte war mir völlig fremd.

Ich war ohnehin nahe daran, meine Identität zu verlieren. Ein bis dahin ungekanntes Minderwertigkeitsgefühl bemächtigte sich meiner. Auch kam ich mit meinen Empfindungen und Emotionen angesichts der vielen auf mich einstürmenden Eindrücke der Großstadt nicht nach ..."

Der junge Königsberger flüchtete in sein Geigenspiel – nur hier fühlte er sich wirklich frei.

Doch er musste lesen, nachholen, nachfragen – sich informieren! Und fand im amerikanischen Sektor Berlins lange vermissten Lesestoff wie das während der Berlin-Blockade von Melvin Larsky gegründete Magazin *Der Monat*, das die Besten des europäischen Geistes versammelte und in dem schon bald Autoren wie Hannah Arendt, Arthur Koestler und Max Frisch zuhause waren: Sie griffen die unmittelbare, noch immer schwer lastende Vergangenheit auf, um die Nachkriegsjahre transparent zu machen.

Auch Michael Wieck geriet in die Berlin-Blockade, auch er protestierte vor dem Schöneberger Rathaus gegen die russische Invasion. Und fuhr, als die Alliierten die Blockade durchbrachen, mit vielen anderen zum Flughafen Tempelhof, um die ständig aufsteigenden und landenden Transportflugzeuge zu sehen.

Doch der entscheidende Einschnitt für ihn war, dass er Aufnahme als Musikstudent am Berliner Konservatorium fand. Dessen Direktor – selbst ein alter Königsberger und mit Michaels Musikereltern noch gut bekannt – ließ den hochbegabten Filius noch nachträglich zur Prüfung zu. Michael bestand.

Nun, im Jahr 1949, ist er bereits Student an der renommierten Berliner Hochschule für Musik. Und er ist Schüler jenes berühmten Geigers, dem er einst als Königsberger Junge am Radio so voller Bewunderung gelauscht hatte. Welche Schicksalsmächte wirkten hier wieder zusammen?

Er hat allerdings auf seinem Instrument viel nachzuholen, gerade im Verhältnis zu anderen Studenten. So übt er bis zu zehn Stunden täglich. Sein Fleiß hat noch einen zweiten Grund:

„Heute weiß ich, dass ich unzählige Stunden mit nicht sehr sinnvollem Üben verbracht habe. Doch ich wollte mich durch Energie, Fleiß und Zielstrebigkeit meines privilegierten Schicksals als ‚Überlebender' würdig erweisen. Das ging übrigens in der Nachkriegszeit vielen so …"

Haben die Verfolgung in der Nazi-Zeit und die anschließenden Hungerjahre unter den Sowjets die Familienbande der Wiecks zerstört? Nicht nur das kühle Verschwinden des Vaters, auch das lang ersehnte Wiedersehen mit seiner drei Jahre älteren Schwester Miriam lässt Michael zunächst verstört zurück. Als dreizehnjähriges Mädchen wurde Miriam, zu der er stets eine große Nähe empfand, aus Königsberg herausgeholt – mit einem der Kindertransporte zur Rettung jüdischer Kinder. Das war 1939. Wie hat seine Schwester seitdem gelebt? Solange der Bruder und die Eltern in Ostpreußen eingeschlossen waren, wussten sie nichts von ihr. Und sooft sie sich an der Schwelle zum Tod befanden, hofften sie, dass wenigstens Miriam draußen in der freien Welt überleben würde …

Und nun wurden Michael und seine Mutter nach Edinburgh eingeladen!

Immerhin hatten sie bis dahin ein paar Briefe gewechselt: Miriam war inzwischen verheiratet und Mutter einer kleinen Tochter. Die Einladung nach Schottland hatte die Familie ihres Mannes ausgesprochen – eines jungen Mathematikers und Sohns jüdischer Emigranten aus Wien:

„Es war erschreckend, doch wir waren einander fremd geworden. Viele Jahre später, als wir uns dann besser verstanden, erzählte Miriam, wie absonderlich sie meine Briefe fand und dass sie in Angst und Sorge vor diesem Wiedersehen war. In meiner Post an sie müssen sich offenbar irreale Vorstellungen von ihrem Leben in der englischen Freiheit gemischt haben mit Andeutungen unserer Russen-Erlebnisse, was ihr wiederum völlig unverständlich blieb ...

Die Realität aber war, dass sich Geschwister begegneten, die genau zehn Jahre lang durch so extrem verschiedene Welten geprägt waren, dass selbst ihr Lachen, Gestikulieren und Aussehen, worin sie einander so ähnlich waren, die entstandene Kluft nicht überbrücken konnten ..."

Was es bedeutet, als Dreizehnjährige mutterseelenallein in einer sicheren, aber fremden englischsprachigen Welt zurechtzukommen, was die Schwester an Sehnsucht nach ihrer Familie, an Angst um sie aushalten musste, das konnte sich der Zwanzigjährige nicht vorstellen, als er mit der Mutter in Schottland eintraf. Und er wird viele Jahre und reichlich eigene Lebenserfahrung brauchen, um auch das Schicksal seiner Schwester begreifen zu können.

Er fühlt sich unwohl, trotz der großzügigen Gastfreundschaft von Miriams Schwiegereltern. Gasthausbesuche, Schlossbesichtigungen, Stadtbummel – all das bereitet ihm nicht etwa Freude, sondern Magendrücken:

„Mir war ständig, als ob mit frevelhaftem Müßiggang die so kostbare Lebenszeit vergeudet würde. Immer wieder flüchtete ich mich in eine Autogarage, in der ich so viel Geige üben durfte, wie ich wollte.

Miriam und ich begriffen damals nicht, dass die Musik und unsere Geigen – die immer Retter in seelischer Not gewesen waren – auch diesmal die sofort verbindende Brücke hätten sein können.

Ich fuhr früher als geplant nach Berlin zurück, dafür habe

Michael Wieck mit seiner Schwester Miriam 1949 in Edinburgh

ich mich später geschämt, auch gegenüber Miriams Schwiegereltern, die ja die Reise bezahlt hatten.

Mein Unverständnis hielt am Ende genauso lange an, wie ich brauchte, um mein eigenes Leben etwas distanzierter betrachten zu können. Denn auch anderen Menschen konnte ich lange nicht unbefangen begegnen. Die Horrorjahre von Ostpreußen, in denen es keinerlei Leichtigkeit gab, steckten noch tief in mir ..."

Der Bauernsohn Günter Kropp aus Rauschendorf bei Stallupönen, der nicht weit entfernt in Berlin-Spandau eingetroffen ist, hat es da leichter. Um ihn herum ist nichts menschlich Kompliziertes – Günter kam mit der Mutter, dem kleinen Bruder und seiner Tante in der SBZ an. Selbst der verschollene Vater war ja wieder aufgetaucht – er arbeitet nun in einer Bäckerei, die seiner in Spandau lebenden Schwester gehört. Damit ist die Flüchtlingsfamilie

Kropp im wahrsten Sinne des Wortes in Lohn und Brot. Apropos Brot:

„Wir hatten uns", so erinnert sich Günter, „mal in Stallupönen/Kaliningrad die Karten legen lassen, von einer Kartenlegerin. Das war im letzten Jahr der Russenbesetzung. Meine Mutter wollte wissen, ob unser Vater noch lebt. Und in den Karten hatte dann drin gestanden:

‚Vater ist gesund, es geht ihm gut ..., und er hat auch genügend Brot.' Ich weiß gar nicht, wo die Kartenlegerin herkam, eine Zigeunerin war es jedenfalls nicht. Vielleicht kam sie aus dem kaukasischen Teil der Sowjetunion, ich weiß es nicht. Aber ihre Prophezeiung war ja nun voll eingetroffen, wie wir uns nach unserer Ankunft in Spandau vergewissern konnten. Mein Vater arbeitete in der Bäckerei seiner Schwester!

Ich glaube an Kartenlegen ..."

Jetzt müssen sie nur noch eine Zuzugsgenehmigung für Spandau erwirken, was zunächst aussichtslos scheint. Doch die ostpreußische Flüchtlingsfamilie versucht es mit einem Trick:

„Es gab da in der Bäckerei noch eine Mitarbeiterin, die sich um alles kümmerte – dass genügend Mehl im Keller ist, dass im Laden alles läuft. Die hatte von allem eine Ahnung. Und die haben wir mit einem Brot und einem Antrag auf Wohnraum ins Rathaus Spandau geschickt. Sie sagte dort verabredungsgemäß, dass wir – Familie Kropp – nur Evakuierte sind und ursprünglich aus Spandau. Sie war die Vorhut; danach rückten wir selbst an, mit unserer frei erfundenen Geschichte: Wir hatten Adressen von Spandauer Häusern rausgesucht, die zerbombt waren, ihre Bewohner also nicht mehr identifizierbar. Wir behaupteten nun, wir hätten dort gewohnt und seien der drohenden Bomben wegen evakuiert worden, hätten aber den Rücktransport nicht rechtzeitig geschafft und wären so in Ostpreußen unter die Russen gefallen ... Jetzt seien wir endlich wieder in Spandau angekommen – nun zeige sich aber, dass wir ausgebombt sind ...

Der Trick klappte, wir bekamen tatsächlich eine Zuzugsgenehmigung! Die Mitarbeiterin aus der Bäckerei und die Schwester meines Vaters bürgten schriftlich für uns. Das ‚Bestechungsbrot' half natürlich auch ein bisschen ..."

Nach etlichen Jahren schwerer Arbeit sieht der sechzehnjährige Günter nun endlich auch wieder eine Schule von innen:

Günter Kropp (links außen) und seine Klassenkameraden

„Ich ging in die 21. Volksschule, ich war sofort nach unserer Ankunft in Spandau eingeschult worden. Außer mir gab es noch einen weiteren Jungen aus Ostpreußen, wir beiden waren um Jahre hinter den anderen zurückgeblieben, wir hatten ja durch die Kriegssituation viel Schule versäumt. So bekamen wir nun vom Lehrer kostenlosen Nachhilfe-Unterricht.

Im Sommer 1949 fing ich dann mit einer Tischlerlehre an."

Nicht allzu weit entfernt von Berlin – in Rheinsberg in der Mark Brandenburg – besucht zu dieser Zeit der fünfzehnjährige Siegfried Matthus aus dem ostpreußischen Mallenuppen ein Gymnasium, das eben erst gegründet wurde. Leider liegt Rheinsberg ziemlich weit weg von seinem neuen Zuhause in Läsikow. So bleibt Siegfried die Woche über in Rheinsberg, was vor allem im Winter kein Vergnügen ist:

„Ich kam in Rheinsberg die ersten beiden Schuljahre privat unter, also zur Untermiete. Das war ein ärmlich ausgestatteter Raum, in dem ich wohnte: kein Ofen drin, im Winter war es lausig kalt. Ich habe mir dann immer heißes Wasser gemacht und die Hände reingetaucht, damit wenigstens etwas Wärme in meinen Körper kroch. Und ich hatte immer furchtbaren Hunger, es war eine sehr schwere Zeit.

Doch für die Schule wurde 1949 ein Internat gebaut – und ich hoffte, da später mit reinzukommen ..."

Ebenso viele Schuljahre wie Günter Kropp fehlen auch Doris Meyer aus Königsberg. Das Mädchen ist jetzt zwölf Jahre alt. Doch bevor das Thema „Schule" überhaupt ansteht, kommt sie samt ihrer Mutter für längere Zeit in ein Krankenhaus:

„Wir waren ja bei einer Schneiderin in Arnstadt gegen deren Willen einquartiert worden, in ein winziges Zimmer. Sie hatte einen nervenkranken Mann, der war vielleicht im Krieg verschüttet gewesen, wer weiß – jedenfalls bekam er immer Schreianfälle, es war fürchterlich.

Und auch ich bekam wieder meine Malaria-Anfälle. Meine Mutter holte jetzt den Arzt. Sie selbst war auch noch ziemlich krank, und so kamen wir beide ins Krankenhaus: meine Mutter ins Erwachsenen-Krankenhaus. Und ich kam in das Arnstädter Kinderkrankenhaus: Das war wunderbar am Berg gelegen. Außerdem hatten die Zimmer Glaswände, sodass sie die Säuglinge vom ersten bis zum letzten Zimmer sehen konnten. Vor dem Haus wiederum gab es eine ganz breite Terrasse, mit einer Markise darüber, so konnten sie die Kinderbettchen bei schönem Wetter rausschieben."

Zu Beginn ihres Krankenhausaufenthaltes bekommt Doris die Schönheiten des Gebäudes nicht mit, sie befindet sich jeden zweiten Tag im Fieberdelirium ihrer Malaria-Anfälle. Die Schwestern kümmern sich fürsorglich – eine legt der kleinen Ostpreußin etwas auf den Kopf, um das Körperschütteln zu bändigen, eine andere hält ihr die Spuckschale. Unentwegt wird Blut abgenommen, an den Armen und Handrücken, später am Hals und am Fuß.

„Ich habe ein halbes Jahr in diesem Krankenhaus gelegen. Der Arzt wusste nicht, was für eine Krankheit ich hatte – Malaria gab es in Thüringen nicht. Er ging dann ins Erwachsenen-Krankenhaus zu meiner Mutter und sagte: ‚Frau Meyer, Ihre Tochter bekommt dauernd diese merkwürdigen Anfälle, und ich kann mir nicht erklären, was das sein soll …' Und meine Mutter sagte ihm dann, dass das Malaria ist.

Sie selbst hatte mit Rheuma und einem großen Bandwurm zu kämpfen. Sie haben ihr mit einem Schlauch Chloroform in den Magen geleitet, um den Bandwurm und die anderen Würmer zu betäuben. Dann musste sie ein Abführmittel trinken, und dann gingen die Würmer ab, auch der große – und ein Spulwurm, der war daumendick und einen halben Meter lang. Und danach holten sie alle Ärzte der Stadt zusammen, weil sie so etwas Kurioses noch nie gesehen hatten ...

All dieses Viehzeug hatte meine Mutter noch in sich, als sie nach Deutschland kam. Sie hat das zwangsläufig in Ostpreußen mit ernährt, wo es sowieso über Jahre kaum etwas zu essen gab. Meine Mutter war nur noch Haut und Knochen.

Das war aber noch nicht alles, sie hatte auch Knoten in der Brust. Sie stand unter Krebsverdacht und wurde operiert. Dabei stellten die Ärzte fest, dass das keine Krebsgeschwüre waren, sondern im Gewebe verkapselte Tuberkelbazillen. Meine Mutter hatte Tuberkulose. Und wenn diese Knoten aufgebrochen wären, dann hätte nichts mehr sie retten können.

Die Ärzte und Schwestern in Arnstadt haben alles versucht, um meine Mutter, die ja eine fremde Frau aus Ostpreußen war, wieder auf die Beine zu bringen. Ich weiß nicht, ob das überall so war. Die waren sehr nett. Auch der Kinderarzt: Ich wurde richtig gepäppelt! Wenn etwas Schönes auf der Station eintraf, kriegte ich das. Die Schwestern haben mich auch mit Biomalz gefüttert. Die Russen haben ja alles mit Lebertran geheilt, das setzte sich jetzt auch in Deutschland fort. Das war zum Schütteln. Später gab es dann aber Lebertran mit Himbeergeschmack, das ging schon eher runter ...“

Ist diese für die späten Vierzigerjahre ungewöhnlich großzügige und liebevolle Behandlung eine Art verdeckter Widerstand gegen die sowjetischen Besatzer?

Mehr noch als in den Westzonen Deutschlands herrscht in der Ostzone zu dieser Zeit ein Mangel an Ärzten, an Medikamenten. Doch immer wieder werden Flüchtlinge und Vertriebene aus den Gebieten jenseits von Oder und Neiße später berichten, sie und ihre Kinder seien von Ärzten und Schwestern besonders fürsorglich betreut worden – je mieser der Gesundheitszustand, desto mehr.

Den als lebende Reparationen nach Russland deportierten Frauen widerfährt Ähnliches, nachdem sie in der sowjetischen Besatzungszone eingetroffen sind: Durch langjährige Schwerstarbeit in einem sowjetischen Schacht oder beim Bäumefällen im Wald unter einer permanent extremen Mangelernährung hatte sich bei vielen der überlebenden Frauen die Gebärmutter so weit zurückgebildet, dass sie nicht mehr gebärfähig waren. Auch sie wurden – nach außen hin eher unauffällig, doch höchst effektiv – mit Hormonspritzen und Sonderkuren wieder in den Stand der Gebärfähigkeit versetzt …

Doris' Mutter, obschon noch relativ jung, wird von den Ärzten invalide geschrieben, sie gilt als nicht mehr arbeitsfähig:

„Sie wäre auch gar nicht mehr in der Lage gewesen zu arbeiten. Sie hatte, als man sie verschleppte, monatelang in ihrer dünnen Kittelschürze auf bloßem Zementfußboden gelegen und sich dabei ein schweres Rheumaleiden zugezogen. So hatte sie zu allem noch geschwollene Hände, hatte Gelenkrheumatismus am ganzen Körper. Dazu die verkapselte TBC …

Was meine Malaria betraf, sagte ihr aber eines Tages der Kinderarzt: ‚So, Frau Meyer, wir haben die Malaria Ihrer Tochter erst mal in den Griff gekriegt. Aber behüten Sie das Mädchen vor Erkältungskrankheiten! Durch eine schwere Erkältung könnten die Anfälle wiederkommen, und dann hätte sie das chronisch ...'

Meine Mutter hat mich in Watte gepackt. Sobald ich einen Schnupfen bekam, wurde sie ganz unruhig ..."

Der Arzt stellt der Mutter zugleich in Aussicht, dass mit der Pubertät ihrer Tochter die Krankheit ganz verschwinden könnte. Und genau so kommt es: Doris Meyer hat nie wieder einen Anfall. Zum Blutspenden wird sie in ihrem späteren Leben allerdings nicht herangezogen. Auch nach jeder Durchleuchtung des Brustkorbes muss sie hinterher noch einmal antreten: Auf ihrer Lunge liegt ein Schatten, denn auch das Kind Doris Meyer litt während der Hungerjahre in Ostpreußen an TBC.

Nach der Entlassung aus dem Krankenhaus geht für Doris in Arnstadt aber endlich die Schule los. Doch in welche Klasse gehört sie?

„Ich hatte in Königsberg nur ein Jahr lang die Schule besucht, weil dann mit den ständigen Fliegerangriffen 1944 – und erst recht, als die Stadt zur Festung erklärt wurde – die Schule praktisch zum Erliegen gekommen war. In der Kaliningrad-Zeit gab es keine Schule für mich: Es soll Stadtteile gegeben haben, in denen wieder Unterricht stattfand, die Russen sollen das gefördert haben, aber in meinem Stadtteil war nichts.

Und nun in Arnstadt die Angst: Was wird in der Schule, wirst du auf ganzer Linie versagen? Ich war ja schon zwölf

Jahre alt und hatte erst ein Schuljahr hinter mir. Die Lehrer wussten auch nicht, was sie mit mir machen sollten. Vom Alter her hätte ich in der 5. Klasse sein müssen.

Nee, da haben sie mich nicht reingesteckt. Sie haben jetzt ein bisschen herumprobiert: Ich kam erst mal versuchsweise in die 3. Klasse, das haben sie sich sechs Wochen lang angeschaut.

Ich wurde während dieser Zeit immer schön gefördert: Die Lehrer haben gesagt: ‚Komm mal am Nachmittag mit zu mir, ich zeige dir dann dies und jenes.' – Das lief alles unentgeltlich. Heute müsste man für diesen Nachhilfeunterricht wahrscheinlich eine Menge Geld bezahlen. Und nach ein paar Wochen meinten sie dann: ‚Weißt du, Doris, wir könnten es jetzt mal mit der 4. Klasse versuchen!'

Auch in der 4. Klasse wurde ich von den Lehrern wieder sehr engagiert einzeln gefördert, und im Unterricht selbst nahmen sie allesamt Rücksicht.

Und dann hieß es plötzlich: ‚Kind, du kannst doch ein bisschen Russisch – komm mal her! Wir glauben, du könntest es jetzt mal mit der 5. Klasse versuchen ... Wir werden schon aufpassen, dass du da mitkommst.'

So kam ich also in die 5. Klasse. Bekam wieder parallel dazu Nachhilfeunterricht.

Es war eine tolle Unterstützung, trotzdem war ich immer gehemmt: Schule, das war für mich immer Bauchkneifen, immer Angst zu versagen. Ich hatte so viele Lücken, die konnte ich ja gar nicht so schnell schließen, das war also immer dünnes Eis. Ich musste ja praktisch vier Jahre überspringen. Ich habe immer nur gezittert, dass alles gut geht und ich nicht einbreche. Aber die Lehrer haben stets auf mich Rücksicht genommen ..."

Ähnlich wie Doris Meyer ergeht es auch Brigitte Possienke aus dem Samland: Obwohl 1949 bereits acht Jahre alt, hat sie noch keine Schule von innen gesehen und bisher auch noch kein Schreibgerät in der Hand gehalten.

Bevor für Brigitte aber das Lernen losgeht, ist noch etwas zu klären:

„Als meine zukünftigen Eltern im Waisenhaus Bernburg meine Papiere ansahen, stimmte meine Körpergröße nicht mit der Angabe über mein Alter überein. Sie sind mit mir deshalb zum Arzt nach Leipzig gefahren – wir wohnten ja in einem Dorf nicht weit davon entfernt. Und dieser Arzt hatte offenbar schon mehrere Fälle so wie meinen. Der hat sofort erkannt, dass es da einen riesigen Vitaminmangel über Jahre hinweg gab und dass ich aufgrund der Mangelernährung so klein war. Und er sagte zu meiner Mutter: ‚An zwei Tagen in der Woche nur Obst und Gemüse – an den anderen Tagen normales Essen!'

So habe ich dienstags und donnerstags nur Kohlrabi, Karotten, Kohl und was alles so im Garten wuchs bekommen. Und das ging natürlich nur in der Jahreszeit, wo es das alles gab. Und wenn die anderen dann dienstags und donnerstags ihre Schnitte aus den Brotbüchsen rausholten, dann holte ich meine Mohrrübe und die Kohlrabistücke raus.

Das Ganze führte dazu, dass ich anfing zu wachsen. Am Anfang war ich die Kleinste in der Klasse, später aber, im achten Schuljahr, war ich dann die Zweitgrößte. Das war natürlich eine tolle Sache …

Doch zurück zu 1949: Ich hatte bis dahin keine Schule besucht. Als ich nun auf dem Dorf bei Leipzig in die Schule kam, stand die Frage da: ‚Was machen wir mit dem Kind?' Ich war 1949 damit kein Ausnahmefall, anderen Kindern ging es durch die Kriegs- und Nachkriegswirren genauso. Und da hat man damals Folgendes gemacht: Die Kinder wurden ihrem jeweiligen Entwicklungsstand entsprechend in die Klassen gesetzt. Das heißt, in der 3., 4. oder 5. Klasse waren manchmal ganz große Kinder, die eigentlich ins achte Schuljahr gehörten. Aber da die eben jahrelang keine Schule hatten, kamen sie beispielsweise in die 4. Klasse ...

Wenn man sehr schnell mitkam in der Schule, konnte man dann auch mal eine Klasse überspringen.

Ich selbst kam nun von vornherein in die 3. Klasse – das Lesen und Schreiben wurde mir parallel dazu von meinen Pflege-Eltern beigebracht. Ich war ein paar Wochen in der 3. Klasse, dann konnte ich springen in die 4. Klasse. Und am Ende der 4. Klasse hatten wir ‚Flüchtlingskinder', also alle, die aus den damaligen Ost-Gebieten kamen, schon den Anschluss hergestellt. Oftmals waren wir auch an der Spitze, weil wir sehr fleißig waren. Wir waren ja froh, endlich eine Schule besuchen zu dürfen!

Für mich tat sich mit der Schule eine Welt auf – ich hörte zum ersten Mal Märchen, so was kannte ich bis dahin gar nicht. Und Wissen – was man alles lernen konnte, was einem alles erklärt wurde! Ich habe alles aufgesogen wie ein Schwamm. Ich war bis zu meiner Ankunft in Deutschland völlig verwahrlost – physisch verwahrlost, seelisch verwahrlost, geistig ... Und nun legte ich los – ich hatte jahrelang nur Einsen in der Schule."

Lauter Einsen bekommt auch noch eine andere kleine Ostpreußin – Karla Browarzyck –, eine der beiden noch lebenden Töchter des früh gestorbenen und so ahnungslosen Königsberger Kommunisten. Bevor das schwer traumatisierte Mädchen endlich Zuwendung erfährt, wird sie wie ein Probestück herumgeschoben:

„Auch bei dem zweiten Ehepaar wurde es nichts, dort war ich insgesamt nur ein Vierteljahr.

Das Einzige, was mir dort Spaß machte, war die Schule. Ich ging in die Dorfschule bei Erfurt und bekam, als ich wegging von dem Dorf, ein tolles Zeugnis – lauter Einsen. Das war mein erstes Zeugnis überhaupt, obwohl ich bereits neun Jahre alt war.

Die Frau dieser zweiten Pflegeeltern in kurzer Zeit brachte mich, als sie selbst schwanger wurde, in ein Heim für Schwererziehbare in Erfurt. In der Stadt Erfurt gab es damals ein katholisches Waisenhaus, das war aber bereits völlig überfüllt. So blieb nur das Heim für Schwererziehbare. Das war gar keine böse Absicht, dass ich da hinkam. Die anderen Kinder in diesem Heim waren alle älter als ich, oft schon fünfzehn- und sechzehnjährig ... Ich war die Jüngste, und so wurde ich von der Heimleiterin nach Strich und Faden verwöhnt. Sie war eine sehr dicke Frau, aber äußerst liebevoll – wissen Sie, wie gut mir das getan hat nach allem, was ich bis dahin erlebt hatte?

Es gab im Heim da einen kleinen Jungen, so etwa drei Jahre alt, der war dunkelhäutig – so etwas hatte ich noch nie zuvor gesehen. Thüringen war ja von den Amerikanern befreit worden, und da kam es wohl auch zu ‚näheren Beziehungen‘ ... Und offenbar hatte die Mutter das Kind weggegeben. Vielleicht, weil es nicht so aussah wie die anderen Kinder? Also, dieser kleine Junge und ich, wir wurden in ein Bett verfrachtet, es gab nicht genug Betten. Es war ein niedlicher Junge, der nachts aber immer in unser Bett pinkelte.“

Noch einmal wird sie vermittelt, und 1949 befindet sich Karla Browarzyck bereits bei den dritten Pflege-Eltern. Doch diesmal hat auch sie Glück:

„Die Heimleiterin hatte mich nun an einen hochprozentigen SED-Genossen vermittelt. Das klingt jetzt schlimm, doch der war die Güte in Person! Er wurde endgültig mein Pflegevater, und ich muss sagen, ich habe nie wieder einen so guten Menschen erlebt wie den! Mein Pflegevater war Obermeister in der ‚Optima', der großen Schreibmaschinenfabrik. Er und seine Frau hatten vor mir einen Sohn, der hieß Karl und war in Stalingrad gefallen.

Zu diesem letzten Pflegevater habe ich schon bald ‚Vati' gesagt. Meine Pflegemutter dagegen habe ich noch lange gesiezt und zu ihr ‚Tante' gesagt …"

Kaum aber hat sich Karla eingelebt, taucht plötzlich eine Frau vom Amt auf, um das Kind abzuholen und nach Polen zurückzuschicken. Polen, wieso Polen? Na, es habe doch einen polnischen Namen und sei aus Stettin …

Letzteres stellt sich als Registrierfehler heraus – und das Ganze überhaupt als Irrtum. Karlas Pflegevater macht Rabatz, das Mädchen aus Königsberg darf in Erfurt bleiben.

„Doch, mit meinen neuen Eltern, die direkt in Erfurt wohnten, hatte ich Glück. Sie nahmen als Erstes schon mal das Geld nicht an, das es für die Pflege eines Waisenkindes gab! So eine Haltung war ja auch ganz selten. Mein neuer Vater sagte, er nehme ein Kind um des Kindes willen an und nicht aus finanziellen Gründen.

Ein Problem war absehbar: Die neuen Eltern waren damals bereits ziemlich betagt – als sie mich aufnahmen, war die

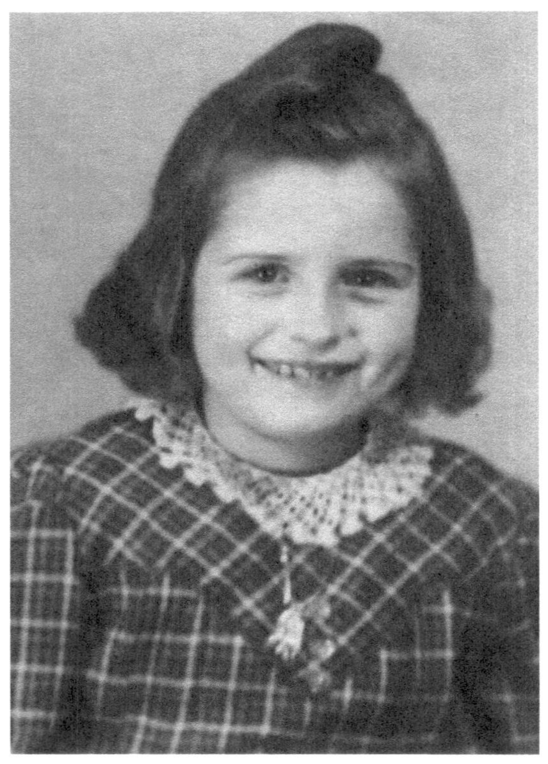

Karla Browarzyck im Alter von elf Jahren in Erfurt (1949)

Frau schon 61 Jahre, der Mann 62 Jahre alt. Würden sie das schaffen? In der Nachkriegszeit waren aber so viele Waisenkinder unterzubringen, dass Ämter, was das Alter der Pflegeeltern betraf, schon mal ein Auge zudrückten. Dennoch: Wenn meine neue Mutter später vor der Schule stand, um mich abzuholen, sagten die anderen Kinder: ‚Du, da unten wartet deine Oma!'

Das war natürlich nicht gerade schön."

Noch immer wartet die inzwischen zehnjährige Karla Browarzyck im thüringischen Erfurt auf ihren Bruder Peter. Sie spricht nie darüber, doch sie denkt an ihn, wenn sie allein ist. Und dann kommt Leid über sie: Peter – von dessen Tod sie nichts weiß. Der ihr noch immer so vor Augen steht, wie er gegangen ist. Er war der Mensch in der Familie, der ihr am nächsten stand. Wieso hat er sie völlig schutzlos in den Ruinen Königsbergs zurückgelassen? Wo ist er jetzt – hat er in Litauen ein neues Leben angefangen?

Von ihrer jüngeren Schwester Roswitha-Anne hat Karla kaum noch eine Vorstellung …

Noch das ganze Jahr über werden deutsche Kinder in Osteuropa aufgegriffen und nach Deutschland überführt: „Anhanglose" Kinder aus Polen, Rumänien und Kaliningrad, die nun im brandenburgischen Forst ankommen, im thüringischen Siebenborn, im mecklenburgischen Ludwigslust. Die deutsche Verwaltung der sowjetischen Besatzungszone (ab Oktober 1949 „Deutsche Demokratische Republik") zeigt – hier durchaus noch im Einklang mit den Instanzen der westlichen Besatzungszonen (seit Mai 1949 „Bundesrepublik Deutschland") – jene Organisationstüchtigkeit, die zu den großen Fähigkeiten der Deutschen gehört, die jedoch im Nationalsozialismus zur mörderischen Effizienz gefror.

1949 ist auch das große Vertreibungs-Chaos vorbei, sodass die verstörten Kriegskinder bereits als Individuen wahrgenommen werden können:

„Der Suchdienst (d. Dt. Rot. Kreuzes, d. Verf.) wird sich sofort beim Eintreffen der Kinder in den Quarantänelagern einschalten", so die Order der Deutschen Verwaltung für

Volksbildung, Abt. Zentraljugendamt. „Es bleibt aber notwendig, dass für die Kinder nach der Aufteilung auf die Heime und nach eingetretener Beruhigung der Reise-Erregung dort noch einmal der Fragebogen des Suchdienstes ausgefüllt wird, wozu die Heimleitungen noch durch besondere Richtlinien für die psychologische Behandlung der Kinder zur Stärkung ihres Gedächtnisses durch das Zentraljugendamt Anleitung erhalten sollen.

Es ist auch Vorsorge zu treffen, dass alle Kinder mit ihrer jeweiligen Unterbringung lückenlos in einer Kartei erfasst werden, damit bei den Nachfragen von Angehörigen nicht langwierige Suchaktionen einsetzen müssen …"

Gesucht werden verlorengegangene Kinder in alle Richtungen. Abstammungsdokumente und Nationalitätenzugehörigkeiten spielen auch gegen Ende der Nachkriegszeit eine große Rolle, doch ebenso Heimweh, Befreiung und nicht selten das große Glück des Einander-Wiederfindens!

In Litauen gibt es für Deutsche bis ins Frühjahr 1951 hinein eine Reihe von Aussiedelungsaktionen in die DDR. Vor allem 1949 sollen jene ostpreußischen Kinder Richtung Westen gebracht werden, die man später „Wolfskinder" nennt. Sie haben furchtbare Jahre von Hunger und Trostlosigkeit hinter sich, sind aber inzwischen meist recht und schlecht in litauische Bauernfamilien integriert. Ein Teil dieser Kinder meldet sich trotz der wilden Gerüchte von Deportationen nach Sibirien am vorgegebenen Sammelort und kommt nicht lange darauf in der DDR an. Andere erhalten gerade jetzt litauische Papiere und werden damit sowjetische Staatsbürger …

Rückführungen finden auch woanders statt. Die „anhanglosen“ deutschen Kinder aus den mittlerweile polnisch besetzten Gebieten jenseits von Oder und Neiße werden – vor allem durch den immensen Druck der Briten – mit Sonderzügen und mit Hilfe des Polnischen Roten Kreuzes in die britische, zum Teil auch die sowjetische Besatzungszone überführt. Ende 1949 werden es mehr als 13 000 zum Teil traumatisierte Kinder sein, die in Deutschland von ihren Müttern oder der Leitung eines Waisenheims in Empfang genommen werden. Auch hier haben viele der Kinder harte Jahre hinter sind – Hunger, schwere körperliche Arbeit und kein Schulunterricht. Bestraft wurde, wer polonisiert werden sollte und doch weiterhin Deutsch sprach.

Im Gegenzug kehren die polnischen Kinder heim, die unter dem Rassenwahn der SS aufgrund eines „arischen“ Aussehens ins Deutsche Reich verschleppt, dort mit deutschen Namen versehen und auf den Führer eingeschworen wurden. „Mindestens 20 000 polnische Kinder“, so schätzt die österreichische Historikerin Ines Hopfer, „wurden zu *Eindeutschungszwecken* nach Deutschland und Österreich gebracht. Sie kamen in deutsche Familien oder in Heime des *Lebensborn.*“

Auch sie wurden zu einem großen Teil misshandelt und wiederum bestraft, wenn sie weiterhin Polnisch sprachen.

Eine kleinere Anzahl Kinder von sowjetischen Zwangsarbeiterinnen und Kriegsgefangenen – allesamt in Deutschland geboren – werden im Lager 266 in Brandenburg, das dem sowjetischen Geheimdienst untersteht, gesammelt, um nach Russland transportiert zu werden. Hier kommen verlorengegangene Kinder der sogenannten Wlassow-Verräter hinzu oder in der Ukraine lebender Deutscher, die mit dem Rückzug der Wehrmacht versucht hatten, sich in den Westen abzusetzen, jedoch nach wie vor als Sowjetbürger gelten. Die Kinder dieses Sammellagers werden mit genau den Zügen nach Kaliningrad überführt, mit denen man die überlebenden Ostpreußen 1947/48 in die Gegenrichtung transportiert. Manche der Kinder sprechen ausschließlich Deutsch. Am Zielort angekommen, erhalten sie einen russischen Namen und eine russische Identität.

In all diesen Fällen handelt es sich um Kinder, die ihr Leben mit Identitätskrisen verbringen müssen. Oft genug mit sich allein …

Auch das Mädchen Roswitha-Anne Browarzyck aus Königsberg – die kleine Schwester von Karla Browarzyck – besitzt eine neue Identität. Sie heißt jetzt Anne Avik und lebt in Tallinn, mit einer neuen Mutter und einer viel älteren Schwester, die Ursula heißt. Für estnische und russische Beamte ist sie als deutsches Kind nicht mehr zu identifizieren.

1949 wird Anne Avik sechs Jahre alt. Die deutsche Sprache hat sie bereits vergessen, sie ist scheinbar ein estnisches Kind:

„Insgesamt war ich sehr gut aufgehoben in meiner neuen Familie. Doch ein Bedürfnis hatte ich, das nicht befriedigt wurde – der physische Kontakt mit einem lieben Menschen. Ich kann mich an keine Umarmung, keinen Wangenkuss, kein Kopfstreicheln oder Auf-den-Schoß-Nehmen erinnern. Sehr selten gab es ein Lächeln oder eine Anerkennung. Das hatte sicher mit der schweren Nachkriegszeit zu tun. Es herrschte Lebensmittelmangel und es herrschte die ständige Angst vor dem russischen Geheimdienst, die Angst, von den Russen deportiert zu werden.

Auch noch 1949. Zum ersten Mal okkupierte Stalin ja Estland 1940, es kam zu Massendeportationen in allen drei Baltenländern. Im Herbst 1944 – inzwischen hatten die Deutschen hier furchtbar gehaust – eroberten die Russen Estland zum zweiten Mal ... und blieben nun für ein halbes Jahrhundert. Im März 1949 rollte die zweite Deportationswelle an – die Russen verschleppten ungefähr 21 000 Esten nach Sibirien, meist wegen Staatsverleumdung, das war der berüchtigte § 58 ..."

So herrscht eine permanente Aversion gegenüber den russischen Besatzern. Mit dieser wächst Anne Avik in Tallinn auf:

„Die Menschen sprachen wenig, man stellte keine Fragen. Man wusste nie, was falsch verstanden werden konnte oder wer ein Spitzel war. Es herrschte in der Erwachsenenwelt eine gedrückte Stimmung: Es gab keinen Humor, keine Witze – nur Kinder lachten beim Spiel. Kinder können ja immer glücklich sein ...

Die späten 1940er-Jahre waren eine dunkle Zeit, eine Zeit voller Kriminalität. Rechte gab es nur für Russen, die Esten wurden gedemütigt. Viele estnische Familien mussten in Kellerräume umziehen, weil die hierher übersiedelten Russen die besten Wohnungen bekamen. Wer mit einem Russen verheiratet war, hatte mehr Rechte und kam heraus aus dem finanziellen Elend ..."

Aufbruchsfieber in der Ostzone

Die 1950er-Jahre

Für die baltischen Staaten Estland, Lettland und Litauen ist mit dem Ende der Kampfhandlungen im Mai 1945 der Zweite Weltkrieg längst nicht zu Ende. Sie wurden von den Sowjets besetzt, hatten nach der russischen Okkupation auch die deutsche zu ertragen.

Und seit 1944 sind die Russen wieder da ... und werden ein halbes Jahrhundert bleiben.

Beherrschend bleibt so ein Gefühl von Widerstand und eine permanente Angst vor Deportationen nach Sibirien, die nie auch vor Frauen und Kindern haltmachte. Die familiäre Aufnahme deutscher unbehauster Kinder in Litauen war ein leiser, nachhaltiger Akt des Widerstandes. Und auch, dass die 45-jährige Selma Avik aus Tallinn ein deutsches Mädchen aufnahm und mit einer estnischen Identität versah, war ein Akt des Widerstandes.

Während der 1950er-Jahre gibt es in den baltischen Wäldern und Sümpfen noch reichlich Partisanen – Männer, dazu auch einige Frauen, die sich mit der sowjetischen Unterdrückung nicht abfinden wollen. Sie nennen sich „Waldbrüder“. In Litauen werden bis in die 1960er-Jahre hinein etwa 70 000 Waldbrüder im Untergrund gegen die Russen kämpfen, in Lettland 40 000.

Im kleineren Estland gibt es um die 30 000 Waldbrüder, auf Estnisch „metsavennad“ geheißen. Sie hissen an Nationalfeiertagen die verbotene blau-schwarz-weiße Fahne Estlands. Sie schüchtern Kollaborateure ein und werden von der überwiegenden Mehrheit der estnischen Bevölkerung gedeckt und bewundert. Sie glauben an ein freies Estland und hoffen wie die meisten Balten – vergeblich – auf eine Rettung durch Briten und Amerikaner.

Doch obwohl die letzten estnischen Waldbrüder erst 1978 getötet werden, flaut doch der militärische Widerstand in den 1950er-Jahren spürbar ab. Denn nach Stalins Tod 1953 ändert sich die sowjetische Terrorpolitik: Kaum jemand wird jetzt noch nach Sibirien deportiert – stattdessen werden mehrere Hunderttausend Russen wie Kolonisatoren allein in Estland angesiedelt und den aufmüpfigen Bewohnern vor die Nase gesetzt. Ähnliches findet in Lettland und Litauen statt.

Die meisten politischen Gefangenen werden freigelassen, auch wenn sie Bürger zweiter Klasse in der Sowjetunion bleiben. Angst vor den Besatzern bleibt lange Zeit das vorherrschende Gefühl, und somit hat der Terror doch sein Ziel erreicht.

In dieser Atmosphäre wächst das ostpreußische Mädchen Roswitha-Anne Browarzyck heran, das jetzt Anne Avik heißt und in Tallinn lebt, mit einer estnischen Identität:

„Dennoch – im Vergleich zu Königsberg und eigentlich ganz Ostpreußen, wo Deutsche sich nach dem Krieg dem Hungertod ausgeliefert sahen, war das Leben in Estland leichter. Die Russen hatten wohl Estland erobert – ‚befreit', wie sie es nannten –, sie sahen aber keinen Grund für Rache und Hass wie gegenüber den Deutschen.

Und war es auch offiziell gefährlich, so machten die Esten sich doch heimlich lustig über russische bzw. asiatische Dummheit. Es war immer ein bitteres Lachen dabei, doch es hat geholfen.

Wir – das heißt die Esten und auch ich – lachen noch heute, wenn wir auf russischen Blödsinn treffen. Lachen hat etwas Befreiendes.

Ich hatte Glück, meine estnische Familie hat sehr für mich gesorgt. Doch es waren eher spröde Menschen – mir fehlte die Zärtlichkeit, die ein Kind braucht. So hatte ich ein Spiel beim Einschlafen: Ich lag im Bett und dachte mir eine schöne Familiengeschichte aus ..., in der ich ein sehr geliebtes Kind war. Ich dachte mir eine liebevolle Mutter dazu und einen männlichen, guten Vater. Sogar einen älteren Bruder dachte ich mir aus, der mich beschützte und verteidigte.

Immer fing das Spiel mit dem gleichen Satz an: ‚Und dann umarmte sie ... bzw. er mich fest ...' So konnte ich jeden Abend glücklich einschlafen mit meiner ausgedachten, zärtlichen Idealfamilie."

Das spröde Naturell ihrer Adoptivmutter und der fünfzehn Jahre älteren Schwester wird durch eine Frau im Nachbarhaus ausgeglichen, die nicht verheiratet ist, aber Kinder sehr gern hat:

„Fast jeden Abend ging ich zu ihr rüber. Sie war etwa Mitte Vierzig und eine energische, optimistische Frau. Wir balgten uns und rangen auf dem Diwan, wir scherzten und lachten uns halbtot, wir sangen und erzählten uns lustige Geschichten. Bei ihr gefiel mir alles, sogar ihr seltener Vorname – Melitta. Ich hatte sie sehr lieb. Im Sommer nahm sie mich mit zu ihrer Mutter, die wohnte auf der kleinen vorgelagerten Insel Kassari. Dort war ich richtig glücklich.

Diese Sommerfahrten mit Melitta zu ihrer Mutter auf die kleine Insel – ich glaube, das waren die schönsten Momente meiner Kindheit!"

Ihre Muttersprache hat Roswitha-Anne Browarzyck, die mit drei Jahren der fremden Frau Avik übergeben wurde, um sie vor dem Hungertod zu bewahren, längst vergessen. Selma Avik, eine Verehrerin der deutschen Sprache, der deutschen Kultur, glaubt ihr nicht und prüft sie:

„Ich mochte so etwa sieben, acht Jahre alt sein: Meine Mutter arbeitete als Strickerin in Heimarbeit. Sie musste fünf Frauenjacken pro Monat stricken. Das war ein ziemliches Pensum, so half die ganze Familie mit. Meine Arbeit bestand darin, das gesponnene Garn zu Knäueln zu wickeln.

Während der Arbeit hörte sie oft Radiosendungen aus der Schweiz. Die hatten keinen Störsender wie *Radio Freies Europa* oder *The Voice of America*. Und einmal wollte meine Mutter rauskriegen, ob ich wirklich kein Deutsch mehr kann. Als ich gerade beim Wickeln war, stellte sie das Radio ein – es lief gerade eine deutschsprachige Kindersendung. Ich sollte nun die Sendung mithören und ihr dann erzählen, was da im Radio gesprochen worden war. Ich verstand aber kein einziges Wort und weinte bitterlich, weil sie böse mit mir war. Sie dachte nämlich, ich höre nur nicht aufmerksam genug zu. Sie konnte nicht verstehen, dass ich meine Muttersprache völlig vergessen hatte, weil man mit mir ja seit Jahren nur estnisch sprach. Ich meinerseits konnte nicht verstehen, warum ich diese fremde Sprache anhören musste und warum sie mit mir böse war ... Wie gesagt, das war die Zeit, in der ich noch gar nichts von meiner Herkunft wusste."

Anne Avik im Alter von acht Jahren in Estland (1951)

Das ändert sich. Eines Tages im Jahr 1953 – die zehnjährige Anne Avik verbringt mit Tante Melitta gerade wieder die Ferien bei deren Mutter auf der Insel Kassari – passiert es … Anne erfährt, sie sei keine Estin, sondern eine Deutsche:

„Meine Adoptivfamilie versuchte immer, meine Herkunft geheim zu halten – selbst ich hatte meine frühe Vergangenheit ja vergessen und hielt die Familie für meine natürliche Verwandtschaft. Doch wohin ich auch kam, stets wussten die anderen die Wahrheit über mich. Ich wunderte mich immer, dass Leute mich so eigenartig anschauten, miteinander flüsterten und mit mir umgingen, als sei ich ein exotisches Tierchen. Doch keiner sagte mir was. Ich verspürte nicht etwa Hass oder Mitleid, doch irgendwie blieb ich immer außerhalb der Gesellschaft, war immer eine Außenseiterin. Selbst in meinem Freundeskreis hatte ich dieses Empfinden – ich wusste bloß nie, warum ...

Ich war also zehn Jahre alt, als es passierte – als ein besoffener Nachbar auf der Kassari-Insel mir auf einmal sagte, ich sei keine Estin, sondern eine Deutsche! Ich erstarrte. Und glaubte den Worten des Mannes augenblicklich: Alles lag nun an der richtigen Stelle, passte zusammen. Ich verstand plötzlich, warum ich mich so eigenartig unter meinen Freunden ausnahm, warum meine Schwester mich nicht so gern hatte, warum man mir oft Undankbarkeit vorwarf, warum ich keinen Vater hatte usw.

Ich hatte bis dahin immer geglaubt, dass meine Erinnerungen an Erlebnisse in der frühen Kindheit nur Träume gewesen sind, und wunderte mich nur, dass ich sie nicht vergessen konnte. Nun klärte es sich auf – es waren keine Träume, sondern reale Erinnerungsbilder.

Ich durfte mit niemandem über das sprechen, was ich plötzlich wusste. Doch ich war voller Gefühle und musste mich jemandem anvertrauen. So nahm ich ein Blatt Papier und faltete es mehrmals zusammen. Dann schnitt ich die gefalteten Seiten auf: Es entstand ein kleines Notizheft, so etwa 5 x 8 cm. Dort schrieb ich alles hinein, was mich bewegte – ich hatte ein riesengroßes Bedürfnis, mein Wissen mit jemandem zu teilen ... und sei es Papier.

Ich schrieb darin auf, was der alte, besoffene Mann mir erzählt hatte – das wenige, was er wusste. Dazu kamen meine sehr wertvollen eigenen Erinnerungen. Auf den Buchdeckel schrieb ich ‚Geheimnis', das Büchlein hielt ich natürlich versteckt, es war ja mein Geheimnis.

Es war eine Zeit, in der Kinder keine Fragen zu stellen hatten. Kinder sollten nicht alles wissen, sie waren ja Plappermäulchen. So trug ich zwei Jahre lang mein Geheimnis mit mir herum.

Meine Mutter hatte keine Ahnung, dass ich inzwischen meine wahre Herkunft kannte, dass ich wusste, ich war nicht ihre leibliche Tochter, sondern ein adoptiertes Kind aus Deutschland.

Von Ostpreußen wusste ich damals überhaupt nichts.

Doch dann, als ich zwölf Jahre alt war, geschah etwas: Eines Tages klingelte jemand an der Tür, und als ich öffnete, stand da ein älterer Mann, den ich nicht kannte. Er sah mich zweifelnd an und fragte nach meiner Mutter. Dann lächelte er und fügte hinzu: ‚Sie sind wohl dieses Mädchen, das Frau Avik aus Deutschland mitgebracht hat?' ‚Ja!', antwortete ich. ‚Das bin ich wirklich.'

Der Mann hatte meine Adoptivfamilie offenbar lange Zeit nicht besucht, ich konnte mich gar nicht an ihn erinnern – vielleicht war er von seiner Deportation nach Sibirien zurückgekehrt. Doch irgendwo muss er gehört haben, dass Selma Avik ein deutsches Mädchen gerettet hatte ...

Und ich hatte nun, als er gegangen war, einen Grund, meine Mutter zu fragen, warum der Mann das mit dem deutschen Mädchen zu mir gesagt hat. Und nun erzählte sie mir alles. Sie zeigte mir den Zettel von meiner leiblichen Mutter!

Ich brach daraufhin in ein so heftiges Weinen aus, dass meine Mutter verwundert fragte, warum ich denn so heftig weine – ich hätte das doch alles überlebt!

Ich weinte aber aus zwei Gründen: Erstens war das die große innere Anspannung, die sich jetzt eruptiv löste ..., mein Geheimnis, das ich zwei Jahre mit mir herumschleppte und mit niemandem teilen konnte. Und zweitens wurde mir jetzt durch den Zettel meiner leiblichen Mutter bewusst, was ich alles verloren hatte – meine Heimat, meine Muttersprache und meine Angehörigen, die ja noch lebten, als ich nach Estland mitgenommen wurde. Das waren damals meine Mutter, eine Schwester, ein Bruder und irgendwo ein Halbbruder. Ich konnte mich nicht mehr an meine Familie erinnern – trotzdem habe ich den Schmerz dieses Verlustes gespürt ...

Doch von dem Moment an lag alles offen, es gab kein Geheimnis mehr. Ich konnte nun offen über meine Herkunft sprechen, ich konnte Fragen stellen – das war für ein Kind schon sehr erleichternd."

Als Anne Avik mit zwölf Jahren erfährt, wer sie eigentlich ist, weckt das ein großes Interesse an der deutschen Sprache. Mit ihrer fünfzehn Jahre älteren estnischen Schwester Ursula hört sie oft Sendungen von Radio Luxemburg, und hier bevorzugt Udo Jürgens. Die beiden sind Fans und schicken bei einer Hitparade auch Postkarten mit ihrer Liedauswahl von Tallinn an Radio Luxemburg:

„Und als wir dann eines Tages im Radio hörten, zwei Karten aus Estland seien eingetroffen, waren wir richtig stolz: Unsere Postkarten hatten es durch den Eisernen Vorhang geschafft! Das war schon was ... Wir lebten ja wie in einem großen Gefängnis.

Einmal, als wir wieder deutsche Lieder auf Radio Luxemburg hörten, kam mir ein Wort irgendwie bekannt vor, und ich fragte meine Schwester, ob ich es richtig verstanden hätte: Das Wort hieß ‚Liebe'! Ich erkannte es wieder, ganz von selbst, es kam plötzlich aus einer dunklen, tiefen Erinnerung …

Von nun an versuchte ich, immer genauer hinzuhören. Ich suchte nach alten deutschen Kinderbüchern aus der Zeit vor 1939, als hier noch viele Baltendeutschen lebten. Ich fing an zu lesen, was ich fand. Ich besaß kein Wörterbuch, ich musste die Bedeutung der Wörter aus ihrem Zusammenhang heraus erkennen. Sehr langsam, anfangs wenig verstehend, kam die deutsche Sprache zu mir zurück. Es war mehr eine passive Sprachentwicklung, denn in meinem Umfeld sprach niemand mit mir deutsch …"

Roswitha-Anne weiß nicht, dass ihre leibliche Mutter Ellen Browarzyck 1947 in Königsberg starb, auch kann sie sich nicht an ihr Gesicht erinnern. Sie weiß nicht, dass ihr Bruder Peter auf dem Weg nach Litauen erschossen wurde. Weiß nicht, dass ihr großer Halbbruder Dieter lebt und auch ihre leibliche Schwester Karla – beide in der DDR.

Auch ein Onkel von ihr hat die Ostpreußen-Jahre überlebt – Helmuth, ein Bruder der Mutter; er wohnt inzwischen in der Bundesrepublik Deutschland. Dieser Onkel wendet sich in den frühen 1950er-Jahren an den Suchdienst des Deutschen Roten Kreuzes: Er sucht nach dem bei seinem Verschwinden elfjährigen Neffen Peter. Und er fahndet nach seiner Nichte Roswitha-Anne, von der er weiß, dass eine estnische Frau sie mitgenommen hat. Er schreibt an die Behörden nach Tallinn, dass er Roswitha-Anne Browarzyck adoptieren möchte.

Und was passiert?

Der Onkel bekommt von sowjetischen Behörden die Antwort, seine Nichte Roswitha-Anne sei bereits adoptiert und sehr zufrieden mit ihrem Leben. Unterschrift: der Adoptivvater.

Anne hat keinen Adoptivvater. Und sie erfährt von dem ganzen Vorgang nichts, ebenso wenig ihre Adoptivmutter Helma Avik.

Es ist der sowjetische Geheimdienst, der offenbar von Annes gefälschter Existenz in Tallinn weiß. Er hat sich der Sache kurzerhand angenommen … und dabei einen Fehler gemacht.

Doch Onkel Helmuth vermutet keinen Fehler. Er weiß nun, dass seine Nichte, das kleine „Röschen“, am Leben ist. Dass in Estland – so wie in allen sowjetischen Marionettenstaaten – jeder Brief aus dem Ausland geöffnet wird, kann er als Bundesbürger jedoch ahnen.

Roswitha-Annes fünf Jahre ältere Schwester Karla Browarzyck, von deren Schicksal sie nichts weiß, wurde – nach mehreren schmerzlichen Fehlversuchen – von einem Erfurter Ehepaar adoptiert, das seinen Sohn Karl im Krieg verloren hat.

Mit den neuen Eltern hat das Königsberger Mädchen großes Glück, auch wenn die bereits ziemlich alt sind. Vor allem der Vater ist sehr liebevoll – etwas lange Vermisstes für das Kind aus Königsberg. Er geht mit seiner Tochter ins Theater, ins Konzert, ins Museum. Das Verhältnis zur neuen Mutter bleibt lange schwierig, sie scheint den Tod ihres Sohnes nicht zu verkraften:

„Ich glaube, sie war auch ein guter Mensch, doch sie konnte keine Liebe geben. Ihr Karl hatte Abitur gemacht, der hatte Geige gelernt und schon gespart für ein Geschäft – und dann ist er in Stalingrad gefallen ... Nein, sie ist über seinen Tod nicht hinweggekommen.

Materiell war sie wirklich großzügig, auch sie erfüllte mir fast jeden Wunsch, aber sie war nie zärtlich zu mir. Sie hat mich nie in den Arm genommen oder mich mal gestreichelt. Nichts, gar nichts. Und wenn dann mein Vater zu Weihnachten zu mir sagte: ‚Nun nimm doch mal deine Mutter in den Arm', dann konnte ich das auch nicht. Das ging dann einfach nicht ..."

Dass Karla nun bei einem kommunistischen Adoptivvater aufwächst, ist etwas, das ihn mit ihrem leiblichen Vater Arthur Browarzyck eint, der ja auch Kommunist war, den Einmarsch der Russen in Königsberg allerdings nicht mehr erlebte.

Das Mädchen kommt gut zurecht in der neuen Welt. Die Schule der DDR ist inzwischen auf die Erziehung zum „Neuen sozialistischen Menschen" umgestellt, die Frühphase von Demokratie und Reformpädagogik längst vorbei. Und so wird Karla wie fast alle Schüler ihrer Klasse erst „Junger Pionier" und später „Thälmann-Pionier".

Im achten Schuljahr tritt die Klasse geschlossen in die FDJ ein. Fast zeitgleich erfolgt auch der kollektive Eintritt in die DSF – die „Deutsch-Sowjetische Freundschaft". Karla singt im Pionierchor.

Der Pflegevater, Obermeister in der Schreibmaschinenfabrik „Optima", ist ein treuer Parteigenosse. Doch er gehört zu den wenigen, die das auch leben, wovon sie reden. Er hatte schon das Waisengeld für sie nicht angenommen.

Nun kümmert er sich sehr um das angenommene Kind – er schreibt liebevolle literarische Briefe, wenn Karla im Ferienlager ist. Er schreibt ein eigenes Gedicht in ihr Poesiealbum. Er geht mit seiner Pflegetochter ins Theater und sorgt dafür, dass sie viele Bücher liest:

„Er wollte unbedingt, dass ich Abitur mache. Ich wollte eigentlich immer Kunstgeschichte studieren, aber das hat dann nicht geklappt. Ich war zu alt, durch die Kriegsgeschehnisse. Ich war schon fast sechzehn Jahre alt am Ende der 8. Klasse.

1954 kam ich aus der Schule. Man riet mir, Schneiderin zu lernen, um später Textilgestaltung zu studieren. Der Weg dauerte aber meinem Vater zu lange, der wollte, dass ich schon bald auf eigenen Füßen stehe. Denn mein Vater war zu dieser Zeit schon 68 Jahre alt und meine Pflegemutter 67. Also lernte ich Industriekaufmann, was anderes war nicht machbar damals. Ich lernte im selben Betrieb wie mein Vater …"

Im Unterschied zur Welt der Erwachsenen in der DDR erleben vor allem die jüngeren Kinder, die aus der grausamen Zeit Ostpreußens kommen, eine glückliche Kindheit. Sie wissen nichts von der Zwangsvereinigung von KPD und SPD. Sie wissen nichts von der Unterdrückung der Kirchen, vom niedergeschlagenen Volksaufstand am 17. Juni 1953, der Verfolgung jedes Bürgers, der öffentlich die politische Wahrheit benennt. Sie erleben noch nicht den scharfen politischen Drill, der über Kinder und Jugendliche der DDR nach dem Mauerbau kommt.

Nein, sie haben jeden Tag satt zu essen. Kein Soldat versucht, sie zu vergewaltigen. Sie bekommen im Großen und Ganzen eine ungewohnte Zuwendung von Lehrern und ihren neuen Eltern.

Die Schule macht Spaß. Sie sind fleißig und erfolgreich, denn sie sind sehr benachteiligt in der neuen Welt angekommen und haben lange das Gefühl, den „Alteingesessenen" etwas beweisen zu müssen. Sie gelten als „Umsiedlerkinder", doch was sie wirklich erlebt und überlebt haben, bleibt den Mitschülern verborgen.

Freundschaften entwickeln sich.

Es gibt sogar einen speziellen Kindertag, mit Süßigkeiten, Spielen und Transparenten, auf denen „Nur der Frieden sichert unseren Kindern eine frohe Zukunft!" steht. Es gibt auch zu anderen Anlässen viel Girlanden und schwarzrotgoldene Fahnen der Deutschen Demokratischen Republik, ab 1959 mit Ährenkranz, Hammer und Zirkel …

Manchmal ziehen sie mit bunten Kostümen durch die Stadt, manchmal in Pionierkleidung. Sie lernen beizeiten, dass ihre neue Heimat DDR ein antifaschistisch-demokratischer Staat ist, mit der Arbeiterklasse und dem kinderfreundlichen Wilhelm Pieck an der Spitze – während sich in Westdeutschland die Faschisten wieder versammeln, die Hitlers Krieg vom Zaun gebrochen haben. Westdeutschland – das sind die „Bonner Ultras", mit Konrad Adenauer und Willy Brandt an der Spitze, die im Auftrag der imperialistischen Angloamerikaner handeln … Und irgendwann lernen sie die „Zehn Gebote der sozialistischen Moral und Ethik" kennen.

Nicht nur bei Karla Browarzyck in Erfurt, auch bei Brigitte Possienke, die nun in einem Dorf bei Leipzig heranwächst, greift das sozialistische Erziehungsmodell der

Fünfzigerjahre. Und das, obwohl ihre neuen Eltern keineswegs DDR-freundlich eingestellt sind:

„Aus mir wurde ein richtiges sozialistisches Kind, ein strahlender Pionier. Meine Adoptiveltern hatten es ja nicht so mit dem Sozialismus, aber die haben mich machen lassen. Die haben sich gesagt: ‚Die muss jetzt hier leben, die Kleine, und sie muss zurechtkommen …' Die haben immer nur so 'n paar Bemerkungen gemacht, wenn ich mit einer sozialistischen Medaille heimkam. Dann hieß es: ‚Ja, ja, so hat es mit unseren Jungs auch angefangen – und jetzt sind sie tot.' In der Nazi-Zeit wurden ja auch so allerhand Medaillen an Kinder und Jugendliche vergeben.

Oder wenn ich nach Hause kam und von den tollen kommunistischen Partisanen schwärmte, sagte mein Vater:

‚Das waren doch ganz üble Heckenschützen!' Und daraufhin ich: ‚Aber wieso, das waren doch stolze Kämpfer!' – Eben so, wie wir das in der Schule gelernt hatten.

‚Nein', erklärte mir mein neuer Vater, ‚das waren ganz gemeine Mörder. Die trugen nämlich keine Uniformen und gaben sich durch nichts zu erkennen. Die schossen aus dem Hinterhalt; das hat mit einem fairen Kampf nichts zu tun.'

Später erfuhr ich, dass der Sohn meiner Adoptiveltern durch Partisanen umgekommen war.

Ich lernte durch solche Geschichten, dass man ein- und dieselbe Sache von verschiedenen Seiten sehen kann. Mir war die heldenhafte Darstellung aus der Schule geläufig, meine neuen Eltern wiederum verbanden ihr schmerzlichstes Erlebnis – den Tod ihres Sohnes – mit Partisanen. Durch solche kleinen Debatten entwickelte sich bei mir ein kritischer Blick auf viele Dinge in der sozialistischen Gesellschaft. Doch das kam erst nach und nach …

Brigitte Possienke in einem Dorf bei Leipzig 1950

Ich habe mich in den Fünfzigerjahren in zwei Richtungen eingebracht: Einerseits wurde ich Gruppenratsvorsitzende und später Freundschaftsratsvorsitzende. Auch Gruppenleiter, um anderen Kindern weiterzuhelfen. Und jedes Jahr kriegte ich das Abzeichen für gutes Wissen.

Doch andererseits ging ich auch noch in den Religionsunterricht. Und so war ich zugleich des Lehrers und des Pfarrers bestes Kind. Meine neuen Eltern waren nicht sehr gläubig, doch ich besuchte erst die Christenlehre und dann den Konfirmationsunterricht, wie fast alle Kinder in dieser Zeit. Und wurde dann konfirmiert. In die Christenlehre bin ich sehr gern gegangen, denn dort wurden auch wieder Märchen erzählt – und diesbezüglich hatte ich ja ein großes Nachholbedürfnis.

Meine neuen Eltern, die aus Sachsen waren, haben sich immer vor mich gestellt: Wenn die Leute im Dorf mich beschimpften – zum Beispiel, weil ich ein Flüchtlingskind war und anders sprach, ich hatte ja nicht den Leipziger Dialekt, sondern den ostpreußischen –, dann haben meine Eltern mich sehr verteidigt. ‚Die Flüchtlingskinder werden sowieso alle vorgezogen!', war so eine gängige Meinung, was natürlich nicht stimmte. Aber da ich sehr gut in der Schule war, kam auch noch etwas Neid hinzu. Wir Flüchtlingskinder waren übrigens zum großen Teil recht gut in der Schule, weil wir durch den jahrelangen Schulausfall richtig motiviert waren.

Es ist ja immer so, dass ein Kind, sobald es eine Besonderheit hat, gehänselt wird. Ob das eine Brille ist, ob das rote Haare sind. Und bei uns Flüchtlingskindern war das dieser ostpreußische Dialekt. Ich habe mich bemüht, sächsisch zu sprechen – so wie die anderen Kinder auch. Aber das ‚r', das rolle ich bis heute, das habe ich nicht weggekriegt. Meine Schüler haben sich oft ergötzt daran ...

Nur bei der russischen Sprache hat mir mein ‚r' Vorteile eingebracht, die Russen rollen ja auch das ‚r', und so konnte ich alle Wörter in der Klasse am besten aussprechen. Ab dem fünften Schuljahr war Russisch Pflicht für alle DDR-Schüler.

Ich konnte aber mit meinem rollenden ‚r' auch an anderer Stelle punkten: Im Dorf gab es immer mal Gemeindeversammlungen oder Ähnliches. Und dafür wurde stets ein strahlender Pionier gebraucht, der diese wunderbaren sozialistischen Gedichte vorträgt. Da ich nun sehr schnell auswendig lernen konnte, wurde ich oft als Parade-Pionier hingestellt, um diese Lobgedichte vorzutragen. Das habe ich grandios gemacht und wurde heftig beklatscht von den alten sozialistischen Opas. Dann schmatzten sie mich ab, und ich konnte wieder von der Bühne gehen. Diese Funktion habe ich immer gut ausgefüllt, den Sozialismus gestärkt.

Vor allem konnte ich noch russische Lieder vortragen – die hatten wir ja in dem ostpreußischen Kinderlager lernen müssen. Und wenn ich russisch gesungen habe, kam das dann besonders gut an. Sogar Stalin-Oden konnte ich begeistert in Russisch aufsagen ...

Meine neuen Eltern waren natürlich nicht begeistert von solchen Sachen: Mein Vater war ja hauptberuflich Schlosser im Tagebau, und er hatte ein ziemlich negatives Verhältnis zum DDR-System ..."

Ein existentielles Erlebnis hat die elfjährige Brigitte Possienke bereits im Jahr 1951:

„Da tauchte plötzlich mein leiblicher Vater auf, von dem es immer hieß, die Russen hätten ihn erschossen. Der kam eines Abends in dem Dorf, in dem ich nun wohnte, zur Tür rein! Er lachte und sagte: ‚Na, hier bin ich – dein Papa!' Mein Vater hieß Gustav.

Ich erschrak.

Es war ein Mann mit einem schlurfigen Schritt, dick, richtig aufgedunsen durch die Kriegsgefangenschaft. Er hatte einen Mantel überhängen ... Ich habe meinen Vater überhaupt nicht erkannt. Ohnehin hatte ich ihn ja das letzte Mal als vierjähriges Kind erlebt.

Ich bin zu meiner neuen Mutter hin und habe gesagt: ‚Glaub das bloß nicht, das ist nie im Leben mein Vater, der sah ganz anders aus! Der war rank und schlank, hatte schöne hohe Stiefel an und war auch viel schöner gekleidet ... Und dieser alte Schluri gibt sich nur dafür aus – das ist nie im Leben mein Vater!'

Meine Mutter hatte Angst, dass sie mich nun wieder herausgeben muss. Die hatte mich ja nun schon liebgewonnen und ich sie auch. Sie war für mich zur richtigen Mutter geworden.

Doch mein Vater sagte zu ihr: ‚Machen Sie sich keine Gedanken – ich komme gerade aus russischer Kriegsgefangenschaft. Ich weiß ja selbst noch nicht, wohin ich gehe, wo ein Platz für mich ist. Ich bin so froh, dass ich meine beiden Töchter gut untergebracht weiß. Machen Sie sich bitte keine Sorgen – ich kann das Mädchen gar nicht zu mir nehmen ...‘

Meiner Adoptivmutter fiel ein Stein vom Herzen.“

Gustav Possienke versuchte sofort nach seiner Entlassung in die Sowjetzone, herauszufinden, was aus seiner samländischen Familie geworden ist. Er erfährt durch den Suchdienst zunächst vom Tod seiner Frau Margarete im Herbst 1945 und vom Tod seiner ältesten Tochter Edith.

Doch niemand weiß, wo seine kleineren Töchter Birgit und Brigitte Possienke verblieben sind – leben sie?

Die beiden Mädchen sind nur unter ihrem Vornamen registriert und mit einer ungefähren Schätzung des Alters. Als Gustav Possienke den Weg versucht, wird er fündig – eine Birgit und eine Brigitte finden sich unter den Kindertransporten aus Königsberg:

„Alles ging gut aus: Mein leiblicher Vater ist, als er uns so prima untergebracht wusste, dann über die grüne Grenze in die Bundesrepublik geflohen, denn von den Russen hatte er die Nase voll. ‚Das russische Muster kannte ich ja nun aus leidlicher Erfahrung‘, hat er später gesagt.

Er ging nach Bremerhaven, wo noch Verwandte meiner leiblichen Mutter lebten.

Doch sein Auftauchen war wichtig: Mein Vater konnte

nun genau Auskunft geben, wie ich heiße, wo ich geboren bin und wie alt ich in Wirklichkeit bin. Und da stellte sich heraus, dass ich ein Jahr jünger war, als geschätzt und auch eingetragen worden war.

Später, im Jahr 1953 – da war ich dreizehn – fuhren wir, meine Schwester Birgit und ich, zu einer Familienfeier nach Bremerhaven, damals gab es die Mauer noch nicht. Und meine Adoptivmutter hat gezittert, ob ich wieder zurückkomme. Sie dachte immer: ‚Hoffentlich kommt das Mädchen zurück, hoffentlich kommt das Mädchen zurück ...' Das habe ich auch gemacht; das Dorf bei Leipzig war inzwischen mein Zuhause, wo ich mich sehr wohl fühlte und ausreichend zu essen hatte.

Allmählich kam auch wieder ein Verhältnis zu meiner zwei Jahre älteren Schwester Birgit zustande. Während unseres Wolfskinder-Daseins waren wir drei kleinen Possienke-Mädchen eine meistens eng umschlungene Gruppe. Doch im Kinderlager – über viele Monate näher am Hungertod als am Leben – entstand eine merkwürdige Entfremdung, die auch nicht abnahm, als meine Schwester sterbenskrank in einer Ecke lag ..."

Zwischen ihrer Ankunft in Deutschland und 1952 haben sich die Schwestern nicht mehr gesehen – sie wohnen in verschiedenen Familien und ziemlich weit weg voneinander. Die beiden Adoptiveltern erfüllen den Auftrag des Bernburger Waisenheims, den Kontakt zwischen den Geschwistern aufrechtzuhalten:

„1952 fuhr ich mit meinem Adoptivvater zur Adoptivfamilie meiner Schwester Birgit, das war südlich von Berlin. Es war ziemlich umständlich, denn ein Auto besaß damals kaum jemand. Ich war zu dieser Zeit zwölf Jahre alt, meine Schwester vierzehn – und sie hatte Konfirmation. Das war der Grund, warum wir hinfuhren. Zwei Jahre später kam meine Schwester dann zu meiner Konfirmation ...

Beziehung hatten wir eigentlich gar keine mehr zueinander. Außer, dass wir uns auf Geheiß unserer Adoptiveltern zu Weihnachten und zum Geburtstag Karten schrieben. Emotional war da nichts ..."

Fast fünfzehn Millionen Flüchtlinge und Vertriebene von jenseits der Oder und Neiße hatten das mittlere und das westliche Deutschland seit Kriegsende zu verkraften. Mehr als vier Millionen davon strandeten in der sowjetischen Besatzungszone, der späteren DDR. Aus *Vertriebenen* wurden hier „Umsiedler", aus „Umsiedlern" später „Neubürger". Sie kommen mit ihren Schicksalen und Identitätsverlusten inzwischen nicht mehr vor im SED-Klassenkampf der 1950er-Jahre; und weder in der Schule noch in den Betrieben oder auf dem Land werden die enormen Lebensbrüche der Menschen aus Ostpreußen, Schlesien, Pommern, Ost-Brandenburg, dem Warthe- oder Sudentenland noch thematisiert.

Kinder lernen jetzt in der Schule, dass *Wroclaw* schon immer polnisch war, bis die Nazis – die sind jetzt alle im Westen! – Polen überfielen, und wer dazu noch *Breslau* sagt, ist ein Revanchist. Die wahren Lebensgeschichten hinter den großen Lügen ziehen sich in die Familien und Freundeskreise zurück.

Nach dem Krieg geborene Kinder werden möglichst nicht mit der Vergangenheit belastet, die traumatischen Erlebnisse von panischer Flucht, von Hunger und Vergewaltigung kreisen lange Zeit fast nur in der Erwachsenenwelt.

Was aber ist mit den Kindern, die all das selbst erleben mussten?

Sie haben keinen Therapeuten, der diese Traumata mit ihnen bearbeiten könnte. Sie werden immer wieder von ihren Erlebnissen eingeholt. Zunächst jedoch hilft ihnen die Aufbruchsatmosphäre der Fünfzigerjahre, sie werden gebraucht.

Doris Meyer, die abgemagert und mit Malaria aus Königsberg eintraf und mit ihrer schwerkranken Mutter im thüringischen Arnstadt angesiedelt wurde, unter zunächst erbärmlichen Umständen, erlebte die Aversion der Einheimischen gegenüber Flüchtlingen und Vertriebenen aus dem Osten:

„Wir waren ein zerlumptes Volk, das da plötzlich eintraf. Wir wurden teilweise als ‚Polacken' beschimpft. ‚Was wollen Sie hier!', fragten einige wütend. Man solle uns mit dem Besen dorthin kehren, wo wir hergekommen sind ... Solche Bemerkungen schlugen uns häufig entgegen. Und einmal hat ein Mann zu meiner Mutter gesagt, nachdem er gehört hatte, dass wir aus Ostpreußen kommen:

‚Sagen Sie mal, sind denn diese Gräuelmärchen, die da über den Osten erzählt werden ..., ist denn da was Wahres dran?' Gräuelmärchen! Meine Mutter war tief getroffen, die hat diesen Mann nie wieder angeguckt.

Aber es waren nicht alle so: Wir bekamen zum Beispiel von der Kirche Care-Pakete, weil sie wussten, was für ein schweres Schicksal wir hatten, dass wir arm waren und nichts besaßen. Die Kirche in Arnstadt hat uns dann eingeladen, und wir durften uns Kleidungsstücke aussuchen ..."

Doris Meyer in der 8. Klasse, 1952 in Arnstadt

Auch Doris Meyer ist nach ihrer Gesundung vom Aufbruchsfieber erfasst. Die Jugendliche möchte Heimerzieherin werden. 1954 absolviert sie ihre Ausbildung an einem Institut für Lehrerbildung. Danach fängt sie in Erfurt an, im Kinderheim der Reichsbahn:

„Es war ein großes Objekt in Hufeisenform: Eine Seite war Altersheim, eine Seite Ingenieursschule und eine Seite Kinderheim – alles für die Reichsbahn. Die Bahnangestellten hatten ein unregelmäßiges Leben, waren manchmal die ganze Woche unterwegs. Und wenn das Einzelpersonen waren, mussten die ihre Kinder irgendwo lassen. Auch die Waisenkinder von Reichsbahnangehörigen, die im Krieg umgekommen sind, waren in diesem Heim untergebracht. Alles in allem waren es so etwa hundert Kinder, und wir hatten sie bis zum 18. Lebensjahr, unser Heim war praktisch ihre Heimat. Die haben einen Beruf gelernt, bekamen aber keine Wohnung in der Stadt – die Wohnungsknappheit war ja auch in den Fünfzigerjahren noch extrem. Die wohnten also auch während ihrer Jugendzeit bei uns ... und wurden so behandelt, als ob sie Kinder seien."

Wer neu eingestellt wird im Heim, kriegt erst mal die Problemfälle aufgebürdet. Und so bekommt Doris Meyer aus Königsberg, obwohl sie selbst gerade erst achtzehn Jahre alt geworden ist, die schwierigste Jungengruppe, die es im Heim gibt – die der Vierzehn- bis Sechzehnjährigen:

„Können Sie sich das vorstellen? Die hatten vor mir gar keinen Respekt. Die haben aber alles mir zum Gefallen getan, weil sie mich als junge Frau anhimmelten. Aber Autoritätsperson war ich für sie nicht ...

Wir hatten übrigens eine Heimleiterin, das war so eine Jungfer vom alten Schrot und Korn – überhaupt war das ein Jungfern-Club, die Frauen waren zum Teil selbst in diesem Heim groß geworden. Also, die Heimleiterin hat den großen Bengels, wenn die frech wurden, einfach eine geknallt. Und die waren ja zum Teil schon achtzehn ...

Aber noch mal zurück zu meiner Jungengruppe: Wir hatten den Auftrag, mit den Kindern immer mal rauszugehen. Das Kinderheim der Reichsbahn befand sich in einem Erfurter Villenviertel mit großen Gärten. Und kaum waren wir aus dem Heim raus, waren die vierzehnjährigen Jungs während der Erntezeit plötzlich alle weg. Die gingen Obst klauen!

Und eines Tages, sie waren mal wieder weg, und ich dachte gerade: ‚Was machste denn nun, wie könnte man das abstellen?', da kam der Besitzer eines Gartens mit einem Knüppel auf mich zugeschossen und brüllte: ‚Die schon wieder, die verdammten Heim-Bengels! Und jetzt bringen sie auch schon Mädchen mit!' Damit meinte er mich ... Ich habe mich in die Büsche geschlagen, doch der Satz hat in mir noch lange Heiterkeit ausgelöst.

Es waren mitunter schwierige Situationen. Ein Junge beispielsweise neigte zu Wutanfällen. Und dann haben die anderen ihn so lange gereizt, bis er ausgerastet ist und mit Stühlen um sich schmiss. Wenn ich dazukam, hockten die anderen schon genussvoll unter den Tischen – ich aber musste mich in Deckung begeben, damit ich nichts abbekam. Ja, Jungs in der Pubertät waren auch damals schon nicht einfach ...

Ich kann nicht sagen, dass ich mich wohl gefühlt hätte – ich war ja von ihrer Gruppenlaune abhängig. Doch ich hatte das Glück, dass sie mich anhimmelten. So waren sie meistens lieb und machten das, was ich wollte. Später, als die dann schon in der Lehre und damit nicht mehr in meiner Gruppe waren, kam immer mal wieder einer zu mir, um mir einen Heiratsantrag zu machen.

Inzwischen hatten sie einen Mann als Erzieher bekommen. Mir wiederum hatten sie die Kleineren gegeben – das war ganz einfach mit dieser Altersstufe. Ich hatte auch nette Kollegen, die mir immer geholfen haben. Ich war in diesem Kinderheim wirklich gut aufgehoben ..."

Mit Marxismus-Leninismus hat die Heimleitung nichts am Hut, im Gegenteil. Doch auf persönliche Meinungen kommt es längst nicht mehr an – dem gesamten Bildungsbereich wird seit 1952, dem Jahr der offiziellen Proklamation des Sozialismus, die sozialistische Ideologie übergestülpt. Die politischen Vorgaben kommen von oben und sind durchzuführen, will man nicht von seinem Arbeitsfeld vertrieben werden. Gibt es beispielsweise in der Stadt Erfurt einen Vortrag über Aufgaben und Vorzüge des Sozialismus, müssen alle Bildungseinrichtungen mindestens zwei Erzieherinnen dorthin delegieren. Die Jüngeren werden dazu abkommandiert, darunter eben auch die achtzehnjährige Doris Meyer.

Im Aufbruchsfieber befindet sich auch Siegfried Matthus, der kleine Volksmusiker aus Mallenuppen, der inzwischen das Gymnasium in Rheinsberg besucht.

Und ausgerechnet der Klassenausflug an seinem 17. Geburtstag im April 1951 wird das weitere Leben des jungen Ostpreußen bestimmen. Denn es geht in die Berliner Staatsoper:

„Die war damals im heutigen Admiralspalast untergebracht – das eigentliche Gebäude ‚Unter den Linden' war ja zerbombt. Wir haben die ‚Zauberflöte' von Mozart gesehen. Das war eine Art Musik, die ich bisher gar nicht kannte. Es war überwältigend …

Von nun an fuhr ich häufig mit Freunden nach Berlin, wir sahen uns viele Opern an.

In Rheinsberg gastierte auch einmal das Hans-Otto-Theater Potsdam, da gab es Mozarts ‚Cosi fan tutte' – die Oper hatte es mir nun endgültig angetan …"

Nach dem Abitur 1952 gelingt Siegfried Matthus der Sprung an die Deutsche Hochschule für Musik in Berlin – dorthin, wo drei Jahre zuvor auch der junge Geiger Michael Wieck sein Studium begann:

„Was einen Studienplatz betrifft, herrschte damals das völlige Gegenteil von der heutigen Situation: Die Studienplätze wurden uns beinahe nachgeworfen! Viele waren ja im Krieg umgekommen oder befanden sich in Gefangenschaft – um den Nachwuchs hat man sich jetzt gerissen, in der frühen DDR zumindest.

Ich hatte einerseits einen gewissen Vorlauf: In der Rheinsberger Kirche machte der rührige Kantor viel Musik – in einer seiner Uraufführungen habe ich sogar einmal den Trompetenpart geblasen. Im Spiegelsaal, so erinnere ich mich, führte er an mehreren Abenden alle Beethoven-Sinfonien auf dem Klavier vor. Für mich als musizierender Bauernjunge war das die erste Begegnung mit klassischer Musik überhaupt.

Und als der Gründer unseres Rheinsberger Schulchores, ein sehr junger Lehrer, im Alter von etwas über zwanzig Jahren an einer Kriegsverletzung starb, durfte ich die Leitung des Chores übernehmen. Hier begann ich, für den Chor zu komponieren, und 1951 haben wir bei einem Wettbewerb in Potsdam einen ersten Preis errungen!

Doch wenn ich auf der anderen Seite bedenke, was ich bei Studienbeginn alles nicht konnte: Im Grunde genommen wäre es heute unmöglich, jemanden mit einem solchen Nichtwissen für ein Musikstudium aufzunehmen. Doch die prüfenden Lehrer hatten, wie sie mir später erzählten, eine erfreuliche Musikalität bei mir festgestellt. Zum Beispiel habe ich irgendwas auf dem Klavier gespielt. Und da kam der eine Professor und sagte: ‚Nun fang mal mit dem Ton an.' Das konnte ich natürlich ...

Ich kam vorerst auf das Konservatorium der Hochschule. Jetzt brachen sehr schwere Jahre für mich an. Das alles nachzuholen, was eigentlich ein achtzehnjähriger Musikstudent wissen und kennen muss.

Noten konnte ich ja lesen, das hatte ich noch in Ostpreußen gelernt. Aber ansonsten ... Wenn ich daran denke, mit welcher Leichtigkeit in Nachbarräumen meine Kommilitonen bereits über die Klaviertasten gingen, während ich noch meine kleinen Fingerübungen machen musste – mir fehlte doch praktisch alles, ich hatte in möglichst kurzer Zeit viel nachzuholen. Die flotte Tanzmusik, die ich auf meinem Akkordeon spielen konnte – das war doch keine Grundlage für ein klassisches Musikstudium."

Der Student Siegfried Matthus hält das nur durch, weil er sich fast Abend für Abend in Berliner Opernhäusern und Theatern herumtreibt, wo er sich all das aneignet, was er bisher nicht kennengelernt hat. Denn Musikstudenten können zu dieser Zeit für einen Kulturbeitrag von lediglich 30 Pfennig in jede Vorstellung gehen:

„Vor allem in der Winterzeit war das praktisch mit den Opernhäusern. Ich hatte nämlich eine Studentenbude in Berlin-Pankow bezogen, in einem schnell hergerichteten ausgebombten Haus. Innen war zwar noch keine Tapete dran, doch stand ein ganz neuer Ofen drin. Allerdings: Da fehlte ein Stück Ofenrohr! Das heißt, ich konnte den ersten Winter nicht heizen.

Ich habe mir dann ein Klavier gemietet – die Hände immer schön in warmes Wasser gesteckt, damit sie beweglich blieben und ich üben konnte.

Meine Eltern unterstützten mich – sie waren Bauern, und auf dem Land gab es mehr zu essen als in der Stadt. Ich habe also nicht mehr so gehungert wie in Rheinsberg. Meine Eltern schlachteten ab und zu ein Schwein, dann brachte meine Mutter mal ein Glas mit eingemachter Grützwurst nach Berlin mit, mal eine Wurst, sodass ich in dieser Hinsicht gut versorgt war.

Als Arbeiter- und Bauernkind bekam ich auch ein Stipendium, ich nagte nicht am Hungertuch."

Der Eintritt in die herrschende SED erfolgt fast beiläufig – und liegt völlig in der Norm der DDR-Kulturschaffenden jener Zeit:

„1952 wurden wir Studenten zum Partei-Eintritt aufgefordert. Das fand wie nebenbei statt, und ich habe nicht dagegen protestiert. Ich war achtzehn Jahre alt und habe damals daran geglaubt, dass nun eine neue, gerechtere Welt aufgebaut wird – der Aufbauwille hatte eine große Faszination. Und da ich den Krieg auf furchtbare Weise selbst erleben musste, war die Ankündigung, es gebe nun nie wieder Krieg, eine beruhigende Aussicht. Dass ich nun in der SED war, das wurde mir dann aber schon bald unangenehm, und ich verschwieg es lieber."

Den Volksaufstand am 17. Juni 1953 verpasst Musikstudent Matthus, weil er in seinem Zimmer sitzt und Klavier übt:

„Ich bin mittags essen gegangen und hörte dann, dass irgendetwas los war. Ich ging aber wieder in meine Studentenbude zurück, um weiter zu üben. Am Abend kamen Kommilitonen zu mir, und wir sind dann – das war damals noch möglich – über die Wollankstraße in den Westsektor rein und dort bis zur Bernauer Straße gekommen. Und dadurch habe ich gesehen, wie Russen anrückten und ins Straßenpflaster schossen. Da haben wir einfach Angst gekriegt und sind wieder nach Hause gegangen."

Interessiert hier noch, ob jemand aus Sachsen kommt oder aus Schlesien? Aus Ostpreußen oder Thüringen? Und interessiert die jungen Leute der ganze politische Kram? Natürlich lernen sie im Unterricht, dass jetzt das sowjetische System des Fünfjahrplanes eingeführt wurde, verbunden mit einem „planmäßigen ökonomischen Aufschwung". Natürlich führen Parolen wie „Aus Leninschem Geist, von Stalin geschweißt" zu bitteren Kommentaren ihrer Eltern – sofern die noch leben. Auch fehlt für die soeben von der herrschenden Partei verordnete Kollektivierung der Landwirtschaft noch der nötige Bewusstseinsschub – wie sie ihn im Politischen Unterricht erfahren.

Doch während in der durchschnittlichen DDR-Bevölkerung Wut und Ohnmacht und oft noch Hunger dominieren, während jährlich Hunderttausende in Richtung Westen fliehen, hat der künstlerische Nachwuchs das Gefühl, nicht nur überlebt zu haben, sondern jetzt am Aufbau einer neuen, humanistischen Welt beteiligt zu sein. Junge Frauen kriegen Bildungschancen wie nie zuvor …

Die Last der NS-Vergangenheit ist ohnehin von den Bürgern der DDR genommen: Ob Mitläufer oder eifernder Nazi – von ein paar Schauprozessen abgesehen interessiert das während der Fünfzigerjahre niemanden mehr. Im Gegenteil: Der gesamte Nationalsozialismus wurde rechtzeitig in die Westzonen Deutschlands entsorgt. Mit der Geschichtslüge „Alle Nazis sind im Westen!" wächst von nun an der gesamte DDR-Nachwuchs auf. Das ist bequem – für die Machthaber, die ihre Diktatur zum „Hort des Antifaschismus“ umjubeln können – für NS-Mitläufer aller Couleur, die über Nacht Sozialisten geworden und für den Frieden sind. Ihre zerstörten Städte wieder aufzubauen, den schwierigen Alltag zu organisieren, bindet Jung und Alt. Und lässt nicht viel Zeit, den Toten nachzutrauern – man hat überlebt und schaut nach vorn. Ohnehin muss man auf der Hut sein: Auch nach Stalins Tod bersten die Gefängnisse der DDR vor politischen Gefangenen …

Und die Bundesrepublik Deutschland?

Die Brüder und Schwestern an Ruhr und Rhein legen mit Marshall-Plan und einer stabilen Währung, mit sozialer Marktwirtschaft, Westbindung und einem großen Aufbauwillen einen enormen wirtschaftlichen Aufschwung hin.

Eingebunden – und anfangs oft auf miesen Arbeitsplätzen – sind fast acht Millionen Flüchtlinge und Heimatvertriebene aus den deutschen Ostgebieten, der Tschechoslowakei und den südosteuropäischen Ländern (ergänzt durch 1,5 Millionen Flüchtlinge aus der SBZ).

Die jenseits von Oder und Neiße eintrafen, sind tief erschöpft, körperlich und seelisch – darin unterscheiden sie sich nicht von den vier Millionen, die in der sowjetischen Besatzungszone ein neues Zuhause fanden. Und sie verstärken zunächst die herrschende Arbeitslosigkeit. Konrad Adenauer stellt als erster Bundeskanzler der Nachkriegszeit 1949 fest: „Ehe es nicht gelingt, den Treibsand der Millionen von Flüchtlingen durch ausreichenden Wohnungsbau und Schaffung entsprechender Arbeitsmöglichkeiten in festen Grund zu verwandeln, ist eine stabile innere Ordnung in Deutschland nicht gewährleistet." Aufnahme und wirkliche Integration der riesigen Menschenmassen aus dem Osten ist also eines der drängendsten Probleme auch der jungen westdeutschen Demokratie.

Dies am Ende bewältigt zu haben, wird zu einer großen und international bewunderten zivilisatorischen Leistung. Politik, Verwaltung und kirchliche Organisationen helfen bei der Eingliederung. Doch Lastenausgleich, Bundesvertriebenengesetz und ein Bündel zusätzlicher Maßnahmen wie eine spezielle Arbeitsvermittlung für Flüchtlinge und Vertriebene ist die eine Seite – sie bilden die materielle Grundlage. Diesbezüglich erschweren fehlender Wohnraum, Mangelernährung, soziale und wirtschaftliche Ausgrenzung das neue Miteinander auch noch während der frühen 1950er-Jahre.

Die andere Seite: Ein neues Zuhause zu finden, wird vielen Flüchtlingen und Vertriebenen zusätzlich schwer gemacht. Denn die Einheimischen lehnen sie oft genug ab, und dieser Kaltherzigkeit werden sich viele Neuankömmlinge noch lange erinnern.

Teils schroffe Ablehnung und mangelndes Mitleid kriegen auch die deutschen Mädchen und Frauen zu spüren, die beim Vormarsch der Roten Armee in Ostpreußen, Schlesien, dem Wartheland oder Ostbrandenburg als lebende Reparationen in russische Arbeitslager deportiert wurden. Als sie Ende der Vierziger- und Anfang der Fünfzigerjahre neben heimkehrenden Kriegsgefangenen aus den Güterwaggons klettern – seelisch krank und gesundheitlich schwer angeschlagen –, stoßen sie bei ihren Landsleuten im deutschen Westen nicht selten auf eine unerwartete Hartherzigkeit.

Charlotte S., die 1948 aus einem karelischen Lager zurückkehrt – ohne ihre Schwester, die dort an Schwäche starb – setzt diese Kälte enorm zu:

„Nein, ich kann nicht sagen, dass wir verschleppten und geschändeten Frauen hier im Westen auf Verständnis gestoßen sind. Die Leute waren im Allgemeinen freundlich, nur auf das Thema ‚Russland' durfte man nicht zu sprechen kommen. Dann hieß es entweder: ‚Das kann ich einfach nicht glauben' oder ‚Da seid ihr wohl selbst schuld dran gewesen' oder einfach ‚Vergiss es, schau nach vorn!'

So habe ich immer nur geschwiegen, doch meine Seele kam dabei nicht zur Ruhe. Es fiel mir schwer, Freundschaften zu schließen, vor allem mit Gleichaltrigen. Ich konnte ihre Unbeschwertheit nicht teilen, ihre Interessen, konnte nicht ausgelassen sein, keinen Trubel ertragen. Immer stand mir gleich meine tote Schwester Gretchen vor Augen oder ein Leichenberg ... In den ersten Jahren saß ich fast nur zuhause, versuchte aufzuschreiben, was mir passiert war – und brach doch immer wieder nur in Tränen aus ..."

Als sich die damals Neunzehnjährige nach kurzem Lageraufenthalt im kleinen hessischen Ort Gustavsburg beim Bürgermeister als Neubürgerin anmeldet, bemerkt der vom Kriegsleid kaum berührte Mann: „Uns ging es hier immer schlecht!" Ein Satz, der Charlotte S. die Sprache verschlägt – im hessischen Gustavsburg wurde weder zerstört, noch vertrieben, noch verschleppt ...

Es sind atmosphärische Störungen, die den wirtschaftlichen Aufschwung jedoch nicht behindern. Der Export boomt, die große Binnennachfrage stabilisiert das Wachstum; durch steigende Realeinkommen wächst auch die Kaufkraft der Bevölkerung.

An diesem „Wirtschaftswunder“ aber haben alle Bürger der deutschen Westzonen ihren Anteil – Einheimische und Neubürger.

So folgt auf die größte militärische Niederlage bereits in den Fünfzigerjahren die größte wirtschaftliche Blütezeit der deutschen Geschichte. Und ist „Wir sind wieder wer!“ etwa ein Motto, sich gerade jetzt mit der eigenen Geschichte auseinanderzusetzen? Dem setzen sich ja noch nicht einmal die zahlreichen Kollaborateure zwischen Finnland und Frankreich aus, die auf einmal alle in der Resistance gewesen sein wollen!

Im Unterschied zum Aufbau des Sozialismus, mit dem die DDR-Deutschen ihre NS-Vergangenheit überspringen dürfen, bewältigen die Westdeutschen ihre Vergangenheit erst mal durch eine Kombination aus Aufbauschwung und einem Salto rückwärts in schönere Zeiten:

„Inmitten der Ruinen“, beobachtet die Philosophin Hannah Arendt 1950, „schreiben die Deutschen einander Ansichtskarten von den Kirchen und Marktplätzen, den öffentlichen Gebäuden und Brücken, die es gar nicht mehr gibt. Und die Gleichgültigkeit, mit der sie sich durch die Trümmer bewegen, findet ihre genaue Entsprechung darin, dass niemand um die Toten trauert; sie spiegelt sich in der Apathie wieder, mit der sie auf das Schicksal der Flüchtlinge in ihrer Mitte reagieren oder vielmehr nicht reagieren. Dieser allgemeine Gefühlsmangel, auf jeden Fall aber die offensichtliche Herzlosigkeit, die manchmal mit billiger Rührseligkeit kaschiert wird, ist jedoch nur das auffälligste äußerliche Symptom einer tief verwurzelten, hartnäckigen und gelegentlich brutalen Weigerung, sich dem tatsächlich Geschehenen zu stellen und sich damit abzufinden."

Da ist er wieder, der Bürgermeister von Gustavsburg …

Das Schicksal der Vertriebenen ist dennoch während des ersten Nachkriegsjahrzehnts im Bewusstsein fast der gesamten bundesdeutschen Gesellschaft präsent, der Verlust der Ostgebiete und die Nichtanerkennung der Oder-Neiße-Linie als Grenze. Davon zeugen die Statements der demokratischen Parteien und auch die Lehrpläne in den Schulen – „Ostkunde im Unterricht".

Friedlich soll die Rückgabe der verlorenen Gebiete geschehen. Die Charta der deutschen Heimatvertriebenen, vorgestellt 1950 in Stuttgart, formuliert im „Bewusstsein ihrer Verantwortung vor Gott und den Menschen, im Bewusstsein ihrer Zugehörigkeit zum christlich-abendländischen Kulturkreis" eine Handreichung, die in ihrem starken moralischen Impetus weiter ist als der tatsächliche Bewusstseinsstand vieler Vertriebener zu jener Zeit: „Wir Heimatvertriebenen verzichten auf Rache und Vergeltung. Dieser Entschluss ist uns ernst und heilig im Gedenken an das unendliche Leid, welches im besonderen das letzte Jahrzehnt über die Menschheit gebracht hat." Und: „Wir werden durch harte, unermüdliche Arbeit teilnehmen am Wiederaufbau Deutschlands und Europas." Doch auch „das Recht auf die Heimat als eines von Gott geschenktem Grundrecht der Menschheit" findet nachvollziehbaren Eingang in dieses Bekenntnis der Heimatvertrieben.

In der Welt von Menschen, die Ähnliches wie er erlebt haben, der Welt von Landsmannschaften und Ostpreußen-Treffen, und zwar denen aus dem Kreis Stallupönen, ist

Günter Kropp an seiner Konfirmation 1950

der Bauernsohn Günter Kropp aus Rauschendorf zuhause, der inzwischen in Spandau lebt und 1952 seine Tischlerlehre abschließt:

„Ich fing danach in einem kleinen Spandauer Unternehmen an, das war ein Ein-Mann-Betrieb. Der Chef war Polsterer und Tapezierer. Und der brauchte einen Tischler für die Matratzenrahmen. Die waren früher aus Holz. Ich habe die Rahmen angefertigt, und er hat dann die Bespannung drüber gemacht. Ende der Fünfzigerjahre machte ich mich als Tischler selbständig.

Ja, in Spandau begann ein gutes Leben für uns. Und unsere Familie fühlte sich nicht allein: Etliche aus unserem ostpreußischen Rauschendorf waren inzwischen auch in Berlin-Spandau gelandet. Das war wie eine Gemeinschaft von Vertrauten, man kannte einander von früher.

Und einige Gewohnheiten aus der Zeit vor der Flucht setzten sich nun auch in Spandau fort: zum Beispiel das Skatspielen. In Rauschendorf hatte mein Vater mit dem Ortsbauernführer und jenem nationalsozialistisch fanatischen Lehrer Skat gespielt, der ihn 1942 um ein Haar denunziert hätte. Und diese drei – der ehemalige Ortsbauernführer, der Lehrer und mein Vater – spielten nun auch in Spandau weiter zusammen Skat. Und wieder lief das Radio nebenbei. Eines Abends kamen irgendwelche Nachrichten über die NSDAP. Daraufhin sagte der Lehrer, der in Ostpreußen wirklich ein scharfer Nazi gewesen war und meinen Vater beinahe denunziert hatte: ‚Na, Gott sei Dank, dass wir nicht dabei waren …' Der Satz war etwas Typisches für diese Zeit.

Der Lehrer hatte aber inzwischen auch einen Pluspunkt bei uns: Er war nämlich auf der ‚Gustloff', als das Schiff von einem russischen Torpedo versenkt wurde. Und er gehörte zu den Überlebenden – er hat aber nicht nur sich selbst gerettet, sondern auch noch ein kleines Kind. Das haben wir ihm hoch angerechnet …"

Gar nicht wohl unter seinen Landsleuten fühlt sich der junge Geiger Michael Wieck, und daran hat sich seit seinem Eintreffen aus Ostpreußen nicht viel geändert. Rein äußerlich sieht alles bewundernswert gut aus: Sofort nach seinem Musikstudium übernimmt der ungarische Dirigent

Michael Wieck 1951 in der Sendung „Wer kann, wer will", RIAS Berlin

Ferenc Fricsay den jungen Musiker aus Königsberg! Michael ist von nun an für fast zehn Jahre unter den ersten Geigern im RIAS-Symphonieorchester Berlin zu finden, einem der renommiertesten deutschen Orchester. Die Arbeit macht ihn glücklich – er spielt Violine mit ganzem Herzen und oftmals tiefer Ergriffenheit. Und auch privat ist er glücklich:

„Ich verliebte mich und fand in Hildegard einen verständnisvollen Menschen, der mit Zartheit und psychologischer

Klugheit begann, mich etwas absonderlichen Fremdling an die Hand zu nehmen und ganz langsam nach und nach zu einem ‚brauchbaren' Menschen werden zu lassen. 1950 heirateten wir ... Es war eine sehr glückliche Ehe, und in nicht allzu großen Abständen kamen vier wunderbare Kinder auf die Welt ..."

Erstmals im Leben meint es das Schicksal gut mit ihm: Das Zuhause der Familie ist ein gemütliches Häuschen, an dem im Herbst Wein um das selbstgebaute Terrassendach herum wächst. Und Michael Wieck hat gute Freunde gefunden.

Dem jungen Mann, der als jüdisches Kind den NS-Terror und anschließend den Terror Stalins überlebt hat, fehlt äußerlich nichts – was denn anderes suchte er? Seine Kinder sind die beruhigende Gewissheit, dass sich Leben in seiner bisher äußerst gefährdeten Familie fortsetzen wird. Eigentlich könnte nun all das Schreckliche aus seinem jungen Leben in Vergessenheit versinken.

Eigentlich. Doch sein Inneres spielt nicht mit; Michael Wiecks Gespür für Menschen ist durch das Erlittene schmerzlich gestärkt. Sein Gehör ist nicht nur in Bezug auf Musik, sondern auch in Bezug auf Sprache von hoher Sensibilität:

„Warum regte ich mich so maßlos auf", erinnert er sich viele Jahre später, „wenn ich zu spät zur U-Bahn kam und einen im Schalterhäuschen mit Knipszange bewaffneten Beamten antraf – die gab es damals noch. Ich war überzeugt, dass der Kerl sich mit dem Lochen meiner Fahrkarte extra so lange Zeit ließ, bis er sicher war, dass ich den am Bahnsteig stehenden Zug nicht mehr erreichen würde. Ich schimpfte ihn einen KZ-Wächter und verdammten Nazi und konnte meinen Wutanfall nicht mehr bremsen. Das Gleiche passierte auf einer Behörde, deren Beamter meine Angaben bezweifelte, weil ich das Datum, an dem der Judenstern eingeführt wurde, falsch benannt hatte ...

Es gab einen Bekannten, der in jugendlichem Übermut Freude daran zu haben schien, in meinen Wunden herumzustochern. Das hörte sich dann so an: ‚Der Herr X, der selber Jude ist, behauptet, dass sich die Juden den Hass ihrer Umwelt selbst zuzuschreiben haben. Was meinst du dazu?' Oder: ‚Herr Y, der Sozialdemokrat ist, sagte, der Versailler Vertrag, die Arbeitslosigkeit sowie der Einfluss der Juden zwangen Hitler zu handeln.' Nach solchen Überraschungsangriffen ergötzte er sich dann an meiner damaligen Ungeschicklichkeit, seine Behauptungen nicht mit ein paar Sätzen widerlegen zu können. Wie sehr ich jedes Mal darunter litt, konnte er sich nicht vorstellen."

In solchen Momenten erblasst der junge Geiger aus Königsberg und fängt an zu stottern. Für ihn sind „die Juden" Menschen, die seine Kindheit behütet haben, die seine Verwandten waren, Schulfreunde und Lehrer – allesamt liebenswerte, höchst ehrenhafte, fleißige Menschen, die man dann grausam „ausgemerzt" hatte.

Unerträglich sind für ihn deshalb Reden, bei denen das Schicksal der Ermordeten wie teilweise selbstverschuldet hingestellt wird. Er sieht sich dann gezwungen, mit Fakten und Argumenten das schlimme Geschehen der NS-Zeit überhaupt erst einmal nachzuweisen.

Träume quälen ihn mitunter so sehr, dass er auf Konzertreisen in Hotels inzwischen Angst hat, durch im Schlaf ausgestoßene Schreie, durch Rufen oder Reden seine Kollegen zu beunruhigen und seine Probleme zu verraten.

Gerade, weil er so hellwach und verletzlich ist, erfasst der Violinist Michael Wieck in den Fünfzigerjahren ein wesentliches Moment seiner Mitmenschen im Umgang mit der noch keineswegs vergangenen deutschen Geschichte:

„Bedauern und Trauer existierten in der Regel nur ichbezogen", erinnert er sich später. „Hatten doch die meisten selbst schlimme Verluste erlitten, Opfer gebracht. Welche von den Opfern Ursache und welche Folgen waren, spielte keine Rolle mehr. Opfer war für sie Opfer, Leiden war Leiden. Man hat sich gegenseitig getötet und ist am Ende quitt. Schluss, aus.

Und das war noch die mildeste Form des Nichtverstehenwollens. Am liebsten versteckte ich mein Judesein, um nicht ins Herz getroffen zu werden. Wenn ich es aber versteckte, erweckte gerade das wieder Schuldgefühle. Nicht zu beschreiben ist das wochenlang andauernde gallige Gefühl, wenn ich ausnahmsweise schwieg, wo ich hätte reden sollen, wo unmittelbarer Protest hätte erfolgen müssen und fehlende Gelegenheit, Mut, Kraft oder Zeit mich daran hinderten."

Die Erfahrungen des Königsberger Musikers decken sich mit denen einer ehemaligen Geigenschülerin seiner Mutter – Hannah Arendt, die bei ihrem Deutschland-Besuch 1950 zu kleinen Experimenten übergeht:

„Das einfachste Experiment besteht darin, expressis verbis festzustellen, was der Gesprächspartner schon von Beginn der Unterhaltung an bemerkt hat, nämlich dass man Jude sei. Hierauf folgt in der Regel eine kurze Verlegenheitspause; und danach kommt – keine persönliche Frage, wie etwa: ‚Wohin gingen Sie, als Sie Deutschland verließen?', kein Anzeichen von Mitleid, etwa dergestalt: ‚Was geschah mit Ihrer Familie?' – sondern es folgt eine Flut von Geschichten, wie die Deutschen gelitten hätten (was sicher stimmt, aber nicht hierher gehört); und wenn die Versuchsperson dieses kleinen Experiments zufällig gebildet und intelligent ist, dann geht sie dazu über, die Leiden der Deutschen gegen die Leiden der anderen aufzurechnen, womit sie stillschweigend zu verstehen gibt, dass die Leidensbilanz ausgeglichen sei und dass man nun zu einem ergiebigeren Thema überwechseln könne."

Immer öfter wird der Musiker vom Wunsch erfasst, auszuwandern. Er bricht 1956 nach Israel auf, um dort zu schauen, ob das Land für ihn und seine Familie Heimat werden könnte. Vor Ort spürt er jedoch, dass die Intoleranz der orthodoxen Juden für ihn, für seine christliche Frau und die zur Toleranz erzogenen Kinder neue Probleme heraufbeschwören würden:

„Israel war letztlich keine Option. Das Bedürfnis, auszuwandern, blieb jedoch. Und es verstärkte sich drastisch, als 1961 die Mauer gebaut und wir Westberliner eingeschlossen wurden.

Aber wohin? Auf meiner Asien-Tournee mit dem Berliner Kammerorchester hatte ich Neuseeland entdeckt. Ein bezauberndes Land. So viel unberührte Natur, wo gibt es das noch? Hinzu kam das Angebot der University of Auckland, ein Lehramt zu übernehmen, was neue Aufgaben und Verantwortung für die Ausbildung junger Menschen bedeutete.

Noch 1961 wanderte ich mit meiner Frau und meinen Kindern Thomas, Miriam, David und Emanuel aus – ans andere Ende der Welt ..."

Hippies gegen Faltenrock-Ordnung

1960er-Jahre

In Millionen aus ihrer Heimat Vertriebenen schwingt auch im 1960er-Jahrzehnt noch schweres Heimweh nach. Zu Hunderttausenden versammeln sie sich jährlich auf großen und kleineren Heimattreffen – nach dem Mauerbau 1961 allerdings ohne die Brüder und Schwestern aus der DDR, die von nun an von solchen Begegnungen abgeschnitten sind. Das Vertriebenenthema ist in der DDR ohnehin tabuisiert. Entlang von Oder und Neiße, wo sich besonders viele Flüchtlinge und Vertriebene aus Schlesien und Ostbrandenburg niedergelassen haben, um schnell wieder zuhause zu sein, wenn die Grenzziehung von 1945 revidiert wird (allein in Görlitz sind vierzig Prozent der Bewohner Flüchtlinge und Vertriebene), dürfen sich die aufgewühlten Gemüter jetzt nur noch hinter verschlossenen Wohnungstüren entladen. Ohnehin schmerzt die Abtrennung von der alten Heimat hier viel stärker als die plötzlich abgeriegelte Interzonengrenze. In dieser Region will man zurück in den Osten, nicht in den Westen!

In den Westzonen dagegen halten Landsmannschaften in machtvollen Demonstrationen die Banner von Ostpreußen und dem Memelland hoch, von Danzig, Pommern, Westpreußen, Schlesien und Ostbrandenburg, von Weichsel und Warthe, dem Sudetenland, Böhmen und Bessarabien … Banater Schwaben treten ebenso in ihren Heimattrachten auf wie Donauschwaben oder Sathmarer Schwaben, die Siebenbürger Sachsen. Deutsche aus der Bukowina und aus den Karpaten fallen einander in die Arme, Dobrudscha- und Bulgariendeutsche … Die meisten sind gut vernetzt im Bund der Vertriebenen sowie dessen Verbänden und Traditionsgemeinschaften. Die wiederum sind gut mit der Politik vernetzt: Eine Anerkennung der Oder-Neiße-Grenze kann sich Mitte der 1960er-Jahre niemand vorstellen. Zumindest nicht offiziell.

Die Menschen arbeiten hart und brauchen was fürs Herz. Schöne Bildbände, mit stets hohen Auflagen, spenden Seelentrost. Vor allem, wenn sie von Wortmagiern betextet sind wie dem aus Nordhausen stammenden und nun im Odenwald beheimateten Schriftsteller Rudolf Hagelstange, einem Star der 1960er-Jahre.

Wie kaum ein anderer seiner Zunft vermag er Orte und Landschaften zu beschwören, und da stets das ganze Deutschland: Wendet sich der Blick zunächst nach Westen (allzu zerstörte Städte bleiben noch immer weitgehend ausgespart), so reist der Leser schon kurz darauf nach Mitteldeutschland. Am *Eisernen Vorhang* braucht es Ermutigung:

„Die Menschen haben ihre Sorgen und Freuden wie je, und auf eine Sache, die sie trennt, kommen hundert Dinge, die ihnen gemeinsam sind und die sie mit gleichem Wort benennen. Was als Folge des Krieges künstlich geschieden wurde, ist durch Bande des Blutes oder der Freundschaft, durch gemeinsames geistiges Gut, gemeinsame Geschichte verbunden. Und wir können diesen Bindungen trauen, so vordringlich auch das Trennende von sich reden macht. (…)

Vor allem die Jungen", so die Prophetie des Autors Hagelstange, „die gewissermaßen in die widernatürliche Teilung hineingeboren oder -gewachsen sind, müssen wissen, dass Deutschland nicht am ‚Eisernen Vorhang' endet, und einig sein mit uns Älteren in dem Wunsch und der Hoffnung, eines Tages wieder gemeinsam in Frieden und Freiheit leben zu können in diesem Land der Vielfalt, dem unsere ganze Liebe gehört ..."

Von der Mitte Deutschlands mit der Mark Brandenburg und dem Sachsenland streift der Autor, einst Kriegsberichterstatter der Wehrmacht, bis an die verwunschenen Stillen des Spreewaldes:

„Dies alles ist heute schon ‚Grenzland', und die gemächliche Oder und, hinter Fürstenberg, die zufließende Neiße, sind Grenzflüsse. Aber der Geist lässt von hier aus den Blick schweifen über die ‚Grenzen' hinweg in jene Provinzen, in denen Deutsche, mit Leib und Geist, nicht anders daheim waren, als ein Hesse es in Hessen, ein Schwabe es in Schwaben ist. Was dem Sachsen das einst königliche Dresden, was ihm das ‚Klein-Paris' Leipzig bedeutet, das ist dem Schlesier das gastliche und schmucke Breslau geblieben. Denn das Schlesische war reich an Kraft und Gemüt; ein schwerblütiger, oft stiller, dem Wunder und dem Märchen naher Menschenschlag lebte dort. Seit Angelus Silesius ist der Schlesier Bote gewesen, Bote seiner tief im Volk wurzelnden Mystik, Bote seiner Heimat und ihrer Poesie. Rübezahl und Hauptmanns ‚Hannele' sind dort zu Haus. Die Wälder rauschen dort noch wie zu Eichendorffs Zeiten und sind von Andacht erfüllt wie die Bilder, die Caspar David Friedrich von ihnen malte. Die Industrie hat in Schlesien nie Überhand über den Menschen gewonnen. Sein Gesicht blieb den Bergen zugewandt: dem Riesengebirge, dem Eulengebirge, dem Waldenburger und Glatzer Bergland. Und mit dem Oderstrom fand der Schlesier auch in die Weite ..."

Auch die Pommern und Ostpreußen dürfen ihre verlorene Heimat noch einmal in schmerzlich schönen Bildern Revue passieren lassen:

„Der Pommer hatte es schwerer; er lebte verstreut. Bis auf Stettin, das an der Westflanke lag, und das großzügige und reiche Danzig, das ihm staatlich nicht zugehörte, gab es kaum größere Städte da oben. Ein Agrarland mit einer nahezu 300 Kilometer langen Küste ohne Hafen, wenn man von der alten Feste Kolberg absieht; aber mit schönen und holzreichen Waldungen und einer dienenden Erde.

Von Pommern aus führte der Weg nach Ostpreußen in verschlossenen Eisenbahnwaggons – durch den polnischen Korridor. Der Ostpreuße stand wie der Schlesier auf Vorposten, nüchterner zwar in seiner Wesensart, aber nicht minder zuverlässig. Breit wie seine Mundart stand er auf seiner Erde, die im Norden fruchtbar, im südlichen Teil, Masuren, dagegen sumpf-, seen- und waldreich war; und im Osten träumte die Rominter Heide. Ein schönes, urwüchsiges Land, mit schwerfälliger Liebe geliebt, der ein wenig volkstümliche Selbstironie beigemischt war, weitab vom Zentrum des Reiches, aber ihm verwachsen wie eine Binnenprovinz; mit der Stadt Immanuel Kants, dem preußisch-holländisch anmutenden Königsberg. Eine Küste dazu – mit den beiden riesigen Haffs, dem Frischen und dem Kurischen –, die sich ins Meer aufzulösen scheint, ein Paradies der Vögel und Vierfüßler ..."

Es sind Bilder und eine Sprache, die für Flüchtlinge und Vertriebene zur Fluchtburg werden: Alte Postkarten anschauen, schöne Landschaften, die alten Lieder singen, fleißig arbeiten und nach vorn schauen!

Die noch immer lastenden Kriegserinnerungen werden weggeschwiegen, weggeschaufelt, weggesungen. Die Vorkriegszeit tritt hell hervor und wird mit zunehmendem Abstand zur heilen Welt.

Doch Ruhe kehrt nicht ein: Kaum ist die Gemütsstarre der 1950er-Jahre einer Heimatromantik gewichen, wird bedrohlich an den Toren der Fluchtburg gerüttelt. Und zwar gleich von zwei verschiedenen Seiten – von der Außenwelt und den eigenen Kindern. Plötzlich geht es um persönliche Schuld, um die Mitwirkung des einzelnen Volksgenossen am nationalsozialistischen Terror. Generationen stehen am Pranger, die mit Disziplin und Ordnung aufgewachsen sind, mit Gehorsam und verkapselten Gefühlen. Die nie gelernt haben, in die innere Tiefe zu schauen, wo Ängste, Leid und Schmutz sich tummeln …, geschweige denn, darüber zu sprechen.

1961 findet in Israel der Prozess gegen SS-Obersturmbannführer Adolf Eichmann statt, dem Organisator der Judendeportationen, den Hannah Arendt in ihrer brillanten Studie *Die Banalität des Bösen* entdämonisiert.

Israel aber ist weit weg, und so schlimm wie Eichmann, wie Hitler oder Himmler, Goebbels oder Göring – nein, das hat mit ihnen nichts zu tun, außer dass sie von denen verführt wurden … und ihre Söhne für diese Verbrecher im Krieg gefallen sind.

Unangenehmer sind schon die in Deutschland stattfindenden und über die 1960er-Jahre hin anschwellenden NS-Prozesse. In Ludwigsburg wurde bereits 1958 eine

Zentralstelle der Landesjustizverwaltungen eingerichtet, die der Aufklärung nationalsozialistischer Verbrechen dient und bereits Mitstreiter im ganzen Land hat.

1963 beginnt der erste von insgesamt drei Strafprozessen gegen Mitglieder der Lagermannschaft des Vernichtungslagers Auschwitz, mit zwanzig Angeklagten und mehr als dreihundert Zeugen. Und überall im Land gibt es Vorermittlungen zu diesem oder jenem NS-Verbrechen.

Neben der Presse greift auch die Kultur die brennenden Fragen der Zeit auf. Im Herbst 1965 führen mehrere Bühnen Peter Weiss' Stück *Die Ermittlung* auf – eine Theatralisierung der Auschwitz-Prozesse. Und kurz vor dem Ausbruch der Studentenrevolte von 1968 treten der Kriegsgeneration auch noch die Psychoanalytiker Margarete und Alexander Mitscherlich mit ihrer Studie über *Die Unfähigkeit zu trauern* in die Seele …

Auch dem könnte man noch ausweichen. Nicht aber den eigenen Kindern: In inquisitorischer Weise verlangen die plötzlich Rechenschaft von ihren Eltern, besonders den Vätern.

Sie klagen jene an, die ihnen elterliche Liebe gaben und oft genug auch Prügel verpassten. Sie gehören der bisher glücklichsten Generation der deutschen Geschichte an: verschont von Krieg und den Heimsuchungen einer Diktatur. Die „68er", wie sie bald heißen werden, sind entsetzt von dem, was so nach und nach über die NS-Zeit ans Licht kommt. Sie nehmen eine radikale Scheidung von Gut und Böse vor. Wie bei allen Heranwachsenden reicht die eigene Lebenserfahrung noch nicht aus, um die vielen Grautöne zwischen Autobahnbau und Auschwitz auch nur annähernd zu erfassen. So geht der Nachwuchs auch über die Gefallenen aus den eigenen Familien brutal hinweg. „Das ist die Strafe für Auschwitz!", werfen sie selbst ihren als lebende Reparationen nach Russland deportierten und schwer gezeichneten Müttern an den Kopf. Ganz schlimm wird es, wenn sie anfangen, die „Zone" zu verherrlichen, die ja streng antifaschistisch sei und wo die Arbeiterklasse herrsche. Dann knallen ihnen die Eltern ein „Na, dann geh doch rüber!" an den Kopf. Nein, so blöd sind sie natürlich auch nicht.

Den bundesdeutschen Generationenkonflikt verschärft der aus Amerika herüberschwappende „Way of Live": Hippies in Gestalt der eigenen Kinder treten jetzt gegen die deutsche Faltenrock-Ordnung an. Man konsumiert Haschisch statt Eierlikör, hört die Rolling Stones statt „Land der dunklen Wälder und kristallenen Seen". Man singt, mit Jeans und ungekämmten Haaren, „A Day In The Life" von den Beatles statt des „Ännchen von Tharau". Die Kinder der Kriegsgeneration tanzen plötzlich aus der Reihe wie nie eine Generation zuvor.

In dieser Beziehung schauen da manche Eltern schon ein bisschen neidisch rüber in die „Zone": Liederliche Pilzkopf-Frisuren sind dort verboten, bestraft wird schon jeder Ansatz „amerikanischer Unkultur". Bohrende Fragen an Eltern und Großeltern kommt dem Nachwuchs drüben gar nicht erst in den Sinn, weil sie immer wieder lernen, dass „alle Nazis im Westen sind, die DDR aber ein antifaschistischer Staat sei!"

In der Bundesrepublik kommen immer mehr Grausamkeiten ans Licht. So wird 1967 vor dem Lüneburger Landgericht der letzte Massenmord des NS-Regimes an europäischen Juden aufgerollt – jener Todesmarsch ins ostpreußische Palmnicken.

Der Prozess erzeugt keinen Aufschrei, und nie wird der Mord an mehreren tausend Häftlingen in der Mitte der bundesdeutschen Gesellschaft wirklich ankommen. Doch Zeugenbefragungen schlüsseln das Geschehen auf den Landstraßen des Samlands und in der 4000-Seelen-Gemeinde Palmnicken erstmals auf. Rekonstruieren lassen sich nun konkrete Situationen des großen Verbrechens, das am Ende nur wenige der etwa 7000 jüdischen Häftlinge überlebten.

Der Prozess bringt auch das noch immer nachwirkende Leiden der Kinder ans Licht, die unerwartet Zeugen dieses Massenmordes wurden: Auch sie gehören jener – nach Hunderttausenden zählenden – Kindergeneration des deutschen Ostens an, deren Unbeschwertheit 1944/45 auf dramatische Weise endete. Noch immer quälen sie sich mit grausamen Bildern, die sie im Januar 1945 ohne jede Vorwarnung ansprangen.

Zur Erinnerung: Als die Rote Armee am 12. Januar 1945 ihre Großoffensive eröffnete – mit einer gewaltigen Übermacht –, beschloss das SS-Oberkommando Königsbergs die Liquidierung von etwa 7000 jüdischen KZ-Häftlingen, die bereits unter unmenschlichen Bedingungen zu Schanzarbeiten an ostpreußischen Verteidigungsanlagen eingesetzt waren.

Hastig, bei Schneetreiben und strenger Kälte, wurden sie zunächst nach Königsberg getrieben. Allein die Straßen dorthin säumten bald viele Leichen, nur etwa 5000 Gefangene erreichten überhaupt die Festungsstadt.

Am nächsten Tag begann der Todesmarsch durch das Samland: Ziel war nun die Bernsteinküste, der idyllische Ort Palmnicken. Dort sollten die noch lebenden jüdischen Zeugen eines mörderischen Regimes endgültig verschwinden, bevor „der Russe“ einmarschierte. Geplant war, sie in der stillgelegten Schachtanlage Anna einzumauern. 5000 ausgehungerte Menschen in dünnen KZ-Kitteln und Holzschuhen – überwiegend Mädchen und Frauen – wurden über die verschneiten Landstraßen gehetzt.

Wie viele der dort ansässigen Kinder wurden Ohren- oder gar Augenzeugen, wenn Elendsgestalten, die nicht mehr weiterkonnten, der Todesschuss verpasst oder der Schädel eingeschlagen wurde? Allein beim Auszug aus Königsberg starrten Mütter mit ihren Kindern, die zur Evakuierung vorgesehen waren und deshalb jetzt an den Haltestellen des öffentlichen Verkehrs warteten, entsetzt auf den endlosen, sich vorwärtsschleppenden Gefangenenzug, auf Menschen, die beim Stolpern von Wachleuten geprügelt und auch hier schon erschossen oder erschlagen wurden.

Es gibt etliche Zeugenberichte: Im Bauerndorf Norgau wollte eine Frau angesichts des fernen Geschützdonners mit ihren Kindern zu Verwandten fliehen. Sie kettete alle Tiere ab, spannte die Pferde ein und verließ heimlich den abseits gelegenen Hof. Auf der Hauptstraße traute sie dann ihren Augen nicht: „Eine lange Kolonne zerlumpter, jämmerlicher Gestalten machte das Durchkommen unmöglich. Ein Anblick des Grauens. Fluchende Treiber und immer wieder Schüsse – zusammenbrechende Menschen, Tote und blutiger Schnee …“

Die Pferde scheuten, die Bäuerin kehrte um. Und hatte kaum den Hof erreicht und die Pferde in den Stall gebracht, als ein desertierender SS-Mann auftauchte: Abgerissen und völlig entnervt bat er um Hilfe. Seine Zehen waren angefroren, die Bäuerin machte ihm warmes Wasser. Sein weiteres Schicksal als Deserteur blieb unbekannt …

Einige zumindest versuchten, Häftlingen zu helfen. Im Palmnicker Krankenhaus boten Ärzte und Schwestern einem schwer verwundeten Mädchen Schutz – auch vor der Todesspritze eines Gestapo-Mannes. Die zunächst Gerettete erlag jedoch später ihren Verletzungen …

Kaum einen Bewohner dieser ostpreußischen Gegend gibt es, der nicht irgendetwas von diesem Massaker wahrgenommen hat, von leichenübersäten Landstraßen, von den am Ostsee-Ufer angeschwemmten Frauen: Volkssturmmann Gehrenbach, der sich am Morgen des 27. Januar 1945 auf den Weg zu seiner Einheit machte, stieß auf der Kreuzung einer Landstraße bei Polennen auf das Höllenbild: Straßengraben und Böschung waren mit Leichen übersät. Einige hielten noch leere Konservendosen in den Händen, die ihnen offenbar als Essnapf gedient hatten. Viele der Opfer wiesen Kopf- oder Genickschüsse auf. Der Mann begann zu zählen und stellte auf einer Strecke von mehreren hundert Metern 386 Tote fest …

Geflohen waren die Täter. Zurück blieb eine Handvoll für die Erschießung von Häftlingsfrauen missbrauchte Hitler-Jungen, wie der sechzehnjährige Küstersohn Martin Bergau …

Und immer wieder sind es Zeugen, die das Grauen damals als Kinder erleben mussten: K. Lemke – mit Mutter und Schwester von Königsberg aus ins Kuhmener Schulhaus einquartiert – spielte gerade mit Freunden auf dem Schulhof:

„Es war der 26. Januar 1945 am Nachmittag, als wir einen unendlich langen Menschenzug sahen. Wir hörten Stimmen und Anordnungen von SS-Soldaten, die aber nicht alle deutsch sprachen. Dann fielen Schüsse, Menschen schrien.

Vor lauter Angst rannten wir in das Schulgebäude, wo meine Mutter war.

Durch die Fenster beobachteten wir den unendlichen Menschenzug. Wir hörten viele Schüsse. Am Abend des gleichen Tages gingen wir nicht mehr aus dem Haus.

Doch am Morgen des nächsten Tages war das Entsetzen groß. Im ganzen Ort, rechts und links der Straße, lagen Tote. Sie wurden alle außerhalb des Ortes zusammengetragen und aufgestapelt, zu riesigen Leichenbergen. Es war ein Elend, das alles mit eigenen Augen zu sehen. Ich war damals zehn Jahre alt …"

Oft wurde Mitleid auch von Angst erstickt: Die Mutter zweier Jungen in Sorgenau gab am Rand einer Landstraße einer verletzten und bei -20 Grad schon halb erfrorenen jungen Frau etwas zu essen. Doch deren Bitte, versteckt zu werden, lehnte die Mutter mit den Worten ab: „Sehen Sie, ich habe zwei Kinder – wenn das entdeckt wird, geht es um unser Leben! Die Suchtrupps streifen schon durchs Dorf." Der ältere der beiden Jungs, zu dieser Zeit neun Jahre alt, verwies auf eine Dachluke mit Zugtreppe, wo man die Frau verstecken könnte. Doch die Mutter, nach einigem Zögern, lehnte erneut ab. Sie verband die verletzte Jüdin noch notdürftig und hing ihr eine Strickjacke um …

Vielleicht auch sie, in jedem Fall aber ihre Söhne werden für immer mit dem Bild dieser verletzten jungen Frau leben müssen, die ihrem sicheren Tod entgegensah …

Auch, was nach dem Massaker geschah, kommt zwanzig Jahre später zur Sprache – zu Protokoll gegeben bereits 1961 bei der Düsseldorfer Staatsanwaltschaft durch den ehemaligen Bürogehilfen Rudolf Folger, der durch die einrückenden Sowjets als Bürgermeister von Palmnicken eingesetzt wurde:

„Am Pfingstsonntag erhielt ich von dem russischen Kommandanten den Befehl, die Toten, die hinter dem Zechenhaus eingescharrt waren, auszubuddeln. Bei den Toten handelte es sich um Juden – und zwar meistens Frauen –, die Ende Januar 1945 von einem SS-Kommando von Königsberg nach Palmnicken gebracht und dort am Strand erschossen wurden.

Am 1. Pfingstfeiertag wurde dann von mir im Auftrage der Russen eine größere Anzahl von Frauen dazu eingeteilt, die in dem Massengrab hinter dem Zechenhaus verscharrten Juden auszugraben. Die Männer, soweit sie vorhanden waren, mussten ein neues Massengrab ausheben ..."

Wird sich das Menetekel des Güterdirektors Hans Feyerabend, die Russen würden sich für diesen jüdischen Massenmord an den Einwohnern Palmnickens rächen, bewahrheiten?

„Nachdem die Toten freigelegt waren, wurden sie auf einem freien Platz in zwei Reihen nebeneinandergelegt, und die Palmnicker Frauen, die zur Exhumierung eingeteilt waren, mussten sich hinter die Leichen stellen. Die Russen hatten zwei Maschinengewehre aufgestellt und dieselben auf die Frauen gerichtet. Anschließend hielt ein russischer Major – ein Jude – in deutscher Sprache eine Rede. Darin brachte er zum Ausdruck, dass die Russen mit den Frauen jetzt dasselbe tun könnten, was man zuvor mit den Juden getan hat ..., davon aber Abstand nehmen würden, weil sie sich nicht mit Hitlers Verbrecher auf eine Stufe stellen könnten.

Danach mussten wir die Toten in dem neuen Massengrab anständig einbetten."

Michael Wieck erlebt die 1960er-Jahre in Deutschland nicht mit. Der junge jüdische Musiker ist nach Neuseeland ausgewandert, mit seiner Frau und den vier Kindern – er hielt dieses Verdruckste und Verlogene unter seinen Landsleuten nicht mehr aus.

Auch die Berliner Mauer hielt er nicht aus.

Nun ist er ein angesehener Violindozent am anderen Ende der Welt. Doch gerade hier, in diesem fast paradiesischen Land, spürt er, dass es nicht hilft, den Ort zu wechseln:

„Zusammen mit meiner Familie hatte ich meine bisherige Heimat verlassen – in dem sicheren Gefühl, eine bessere zu finden. Unter Heimat verstehe ich hier die menschliche, die kulturelle Hülle, denn die ostpreußische Heimat hatte ich ja unwiederbringlich verloren. Vom großen Dampfer aus hafteten Blicke und Gedanken immerzu am fernen, ewig wie neu erscheinenden Horizont, an dem irgendwann ein Stück Land auftauchte, das wir zur neuen Heimat bestimmten ...

In Neuseeland schwächten sich die Gründe ab, derentwegen wir Deutschland verlassen hatten. Nicht, dass uns ferngerückte Grausamkeit weniger grausam erschien. Aber war es nicht so, dass Hitler mich zum Juden und Stalin dann zum Deutschen gebrandmarkt hatte? Kennzeichneten mich nicht auch die Jahre des mit den Ostpreußen geteilten Leids?

Nach sieben Jahren wussten wir es dann ganz genau: Die Wurzeln unseres Seins ließen sich nicht aus deutschem Grund herausreißen. Erst am anderen Ende der Welt kam uns die Bedeutung, die sie für die seelische Verfassung haben, schmerzlich zum Bewusstsein. Wünschen und Wollen konnten wenig bewirken. Die Nahrung für diese Wurzeln wurde uns auf einmal wichtiger als die Sonne auf dem Zitronenbaum und der Strand hinterm Haus.

Die schwere Entscheidung einer Rückkehr wurde gefasst. Im Musikerberuf ist es ja ein besonderes Risiko, mit vierzig Jahren wieder neu anfangen zu wollen. Unsere Kinder mussten auch zum zweiten Mal umgepflanzt werden. Inzwischen waren sie siebzehn, sechzehn, dreizehn und neun Jahre alt geworden …"

Nach seiner Rückkehr in die Bundesrepublik wird Michael Wieck Erster Konzertmeister des Stuttgarter Kammerorchesters.

Die später als er geborenen Kinder Ostpreußens werden die 1960er-Jahre naturgemäß ganz anders erleben. Denn für sie ist es die Zeit, in der sie sich verlieben und eine Familie gründen. In dieser Hinsicht unterscheiden sich Ost und West zunächst wenig.

Günter Kropp, der hoch aufgeschossene und schüchterne Bauernsohn aus Rauschendorf bei Stallupönen, ist ein junger Tischler in Berlin-Spandau, als er die Liebe seines Lebens trifft:

„Ich hatte geplant, mich selbständig zu machen. Und heiraten wollte ich auch erst, wenn ich selbständig bin und die Aussteuer zusammen habe. Ende der Fünfzigerjahre war es so weit, und ich ging auf Brautschau.

Noch im selben Jahr lernte ich meine spätere Frau kennen. Das war auf einem Ostpreußen-Treffen, hier in Berlin.

Es war ein regionales Treffen, Gebiet Stallupönen, und aus ganz Westdeutschland kamen nun die Leute an, die zuvor im Gebiet Stallupönen gewohnt hatten.

Ich bin gleich mit der Absicht hingegangen, mir eine Freundin zu suchen. Ich hatte ja noch gar keine richtige Freundin gehabt bis dahin und war nun schon 26 Jahre alt. Ich kannte zwar bereits einige Mädchen durch die Arbeit, aber zu einem näheren Kontakt war es bisher noch nicht gekommen.

Nun also das Ostpreußen-Treffen in Berlin. Meine Eltern waren auch mit auf dem Treffen, obwohl ich nun wirklich keine Verstärkung brauchte.

Aber diesmal hat es gefunkt: Es war schon nach 22 Uhr, und viele waren bereits gegangen. Ich hatte noch keine gefunden, die mir gefiel und die auch allein war. Wenn mir eine gefiel, dann saß die garantiert noch mit einer Freundin oder mit Verwandten zusammen …

Eine Cousine von mir aus Iserlohn, die ich bis dahin kaum kannte, kam dann sehr spät an unseren Tisch ran. Meine Eltern waren gerade noch mal auf der Toilette, die wollten dann nach Hause gehen.

Die Cousine fragte nun, ob am Tisch noch etwas frei sei. Ich sagte ihr, dass das meiste hier gerade frei werde. ‚Dann hole ich nur noch meine Freundin', meinte sie, ‚halte mal zwei Plätze frei für uns …'

Und dann kam sie mit ihrer Freundin zurück – und die hat mir wirklich gleich sehr gut gefallen! Sie hieß Ilse und war Näherin.

Ich wurde dann mit Ilse ein Paar. Man kann sagen: Bis heute! Ilse kam aus dem Memelland. Und so hatten wir eine Menge gemeinsamer Erinnerungen auszutauschen.

1962 habe ich Ilse, mit der ich nun schon drei Jahre zusammen war, geheiratet. ‚Drum prüfe, wer sich ewig bindet' lautet ja ein bewährter Spruch. Wir waren also drei Jahre verlobt, und das war die schönste Zeit für mich: Ich hatte noch keine Verpflichtungen, aber schon alle Vorzüge einer Zweisamkeit. Wir wohnten zwar noch nicht zusammen, ich bemühte mich aber bereits um eine Wohnung. Wohnraum war sehr knapp damals, es war ja noch viel zerbombt, auch in Berlin.

1963 kam unser erstes Kind zur Welt, ein Junge. Und 1966 bekamen wir noch einen Jungen.

Wir bezogen mit unserer Familie ein kleines Häuschen in Spandau. Dort wohnen wir noch heute."

Doris Meyer aus Königsberg ist eine hübsche, junge Erzieherin im Kinderheim der Reichsbahn in Erfurt, als Amors Pfeil sie trifft:

„Ich war mit einer Kollegin mal wieder zu einer politischen Veranstaltung delegiert. Ich kann aber nicht mehr sagen, was da erzählt wurde, denn hinter uns saßen lauter Studenten der Fachschule für Gartenbau, und ein paar von denen haben uns ständig gefoppt – in den Hintern gekniffen, an der Haarspange gezogen und so. Die haben uns hinterher noch eingeladen und uns eine Bockwurst spendiert.

Na, und dann hat man sich wieder verabredet. Der eine gefiel mir besonders gut – der war bildhübsch, ein richtiger Frauentyp. Und da war noch ein anderer, den habe ich zunächst kaum bemerkt, der ist aber dann später mein Mann geworden.

Er wollte mich wiedertreffen, doch das hatte ich schon bald vergessen, wir haben das ja gar nicht so ernst genommen. Man konnte auch nicht lange planen, denn im Heim haben wir Schicht gearbeitet.

Eben derjenige, der später mein Mann wurde – er hieß Olaf und kam aus Mecklenburg –, rief plötzlich bei der Heimleiterin an! Es gab nur ein einziges Telefon im Heim. Er rief an und sagte, er hätte gern mal Fräulein Meyer gesprochen. ‚Privatgespräche werden hier nicht vermittelt!', bekam er schroff zur Antwort. Dann hat sie mich aber doch gerufen ...

Er hat mich gefragt, warum ich nicht gekommen bin. ‚Es ging nicht', habe ich etwas einsilbig geantwortet. Er blieb aber hartnäckig dran und schlug mir gleich einen neuen Treff vor.

Ich habe steif ‚Gut, gut ...' gesagt, um dieses Gespräch in Gegenwart der Heimleiterin endlich beenden zu können.

Dann bin ich eigentlich nur zum verabredeten Treff gegangen, damit er nicht noch mal im Heim anruft.

Und der junge Mann war plötzlich ganz anders als die Freunde, die ich vorher so hatte – also, mit denen ich bisher geflirtet hatte. Die wollten immer nur tanzen oder Bier in der Kneipe trinken. Und mein späterer Mann war ein ganz anderer Typ – der hat nur vom Wald erzählt, von der Natur, von Rehen und Hirschen. Und dann bastelte er mir immer so kleine Karten, mit Bildchen von Rehen und Hirschen oder Blumenblüten, die er fotografiert hatte. Manchmal noch ein kleines Herz drauf. Und er konnte wunderbar erzählen – was er so erlebt hat im Wald. Also, der hatte sich sehr in mich verliebt. Und ich war entzückt – in meinem Herzen war ich eigentlich auch so ein Naturmensch. In Königsberg, wenn da aus den Trümmern ein Blümchen herausspross, da habe ich richtig aufgelebt.

Wie gesagt, mein Mann kam aus Mecklenburg, er war in der Nähe von Neustrelitz aufgewachsen. Und er besaß ein Motorrad, das war damals auch noch eine Sensation.

Wir waren bald schon sehr verliebt ineinander."

Doris Meyer absolviert ein Fernstudium als Unterstufenlehrerin, heiratet und zieht mit ihrem Mann Olaf nach Neubrandenburg. Die beiden haben einen Sohn.

Auch Brigitte wird Lehrerin in der DDR. Doch ist sie längst nicht mehr der strahlende Pionier, der sozialistische Gedichte vorträgt und russische Lieder aus dem Schlossberger Kinderlager. Sie ist in den 1960er-Jahren durchaus schon eine politisch kritische Bürgerin.

Brigittes Pflege-Eltern, die ihre rührende Liebe für den gefallenen Sohn unvermindert auf das fremde Mädchen aus Ostpreußen übertrugen, leben nicht mehr. Brigitte hat an der Volkshochschule das Abitur nachgeholt und nimmt ein Fernstudium am Pädagogischen Institut in Halle auf:

„Und nun stand die Frage: ‚Was studiere ich, welche Fächerkombination?' Geschichte und dergleichen kam nicht in Frage, weil meine politische Einstellung sich inzwischen völlig geändert hatte – ich war längst aufgewacht. Da ich auch immer ganz gut in Naturwissenschaften war, entschied ich mich für Physik und Mathematik.

1965 legte ich mein Staatsexamen als Physik- und Mathematiklehrerin ab. An der Polytechnischen Oberschule in Großgörschen war ich dann Mathe- und Physiklehrer, das liegt so zwischen Weißenfels und Leipzig.

Dann kam es, wie es kommen musste – man hat einen Mann kennengelernt, man hat Kinder bekommen.

Wir zogen nun als Familie mit zwei Kindern nach Leipzig. Ich hatte von meinen Pflegeeltern ein Häuschen geerbt. Das habe ich verkauft und dafür wiederum in Leipzig ein Häuschen gekauft. Mein Mann war Ingenieur, der arbeitete in

Leipzig, und ich fing nun in Leipzig als Lehrerin an – in Leipzig-Gohlis. Wir hatten zwei Söhne.

Die Arbeit hat mir total Spaß gemacht – diese Altersgruppe der Fünfzehn- bis Achtzehnjährigen, das sind ganz aufgeweckte junge Menschen, sehr offen für politische Dinge. Und es hat mir total Spaß gemacht, mit ihnen über Gott und die Welt zu diskutieren, über Naturwissenschaft und Gesellschaft …

Es gab in der DDR eine Vielzahl von idiotischen Lehrern, solche sozialistischen Hurra-Schreier, die das aber nur den Schülern gegenüber taten – und innerlich oft eine ganz andere Gesinnung hatten. Und ich dachte: ‚Neben diesen Lehrern müssen die Schüler merken, dass es auch noch ein paar vernünftige Leute an ihrer Schule gibt.' Und darin sah ich immer meine Rolle – so ehrlich zu sein, wie es gerade noch ging, um nicht von der Schule verwiesen zu werden. Später haben mir ehemalige Schüler bestätigt, dass sie das damals sehr geschätzt haben.

Ich war die einzige weibliche Mathe- und Physiklehrerin an unserer Schule."

Siegfried Matthus aus Mallenuppen erlebt als Student der Musikhochschule mehrfach Walter Felsenstein und Bertolt Brecht, ist häufig in der Komischen Oper und im Berliner Ensemble zu finden. Ost-Berlin glänzt mit Theaterversuchen, die während der 1950er-Jahre weltweit Aufsehen erregen:

„Mit diesen Namen waren zwei Strömungen verbunden: Felsenstein arbeitete mit Stanislawski, mit der Einfühlung – Brecht dagegen mit der Verfremdung. Das war auch für uns Studenten alles sehr aufregend. Es herrschte da ein militantes Pro und Contra, das ich nie so richtig verstanden habe, weil ich beides spannend fand – Brecht und Felsenstein. Ich weiß heute gar nicht mehr, wie mir das gelungen ist, doch bei den großen Brecht-Premieren hatte ich stets eine Karte ergattert und bei den großen Felsenstein-Premieren auch …

In Berlin habe ich dann auch meine Frau kennengelernt, sie studierte Gesang. Sie war in Halle auf der Hochschule, die wurde dann aufgelöst, und so kam sie im zweiten Studienjahr nach Berlin, an unser Konservatorium.

Wir sind sehr viel gemeinsam ins Theater gegangen, und ich habe an ihrem komplizierten Gesangsstudium viel von den Problemen eines Sängers mitbekommen. Das war auch ein Impuls für meine spätere Förderung junger Opernsänger.

Nach insgesamt sechs Jahren Studium für Chor- und Ensembleleitung sowie Komposition wurde ich für zwei Jahre Meisterschüler bei Hanns Eisler. Ich war einer seiner letzten Schüler, er ist ja dann schon bald gestorben.

Zuvor war ich Schüler von Rudolf Wagner-Régeny gewesen – das war ein richtig guter Pädagoge, ich habe eine Menge gelernt. Er hat mir systematisch das Komponieren mit zwölf Tönen beigebracht.

Eisler war nun nicht so ein begnadeter Pädagoge. Er war ein sehr intelligenter und belesener Mann, kannte sich nicht nur in der Musik, sondern auch in der Literatur und in der Bildenden Kunst aus. Er war da sehr bewandert und hatte ein umfangreiches Wissen. Und von dem wiederum habe ich sehr profitiert: Hanns Eisler kam nämlich rasch ins Fabulieren, und das war horizonterweiternd. Zum Beispiel fragte er einmal – da war ich gerade mit einem anderen Schüler bei ihm: ‚Kennt ihr den Mathematiklehrer von Einstein?'

Den kannten wir natürlich nicht.

‚Sein Mathelehrer war ich …', sagte er. Uns blieb der Mund offen stehen.

Und dann kam die Erklärung: Einstein hat ja Geige gespielt. Und in Amerika haben sie zusammen musiziert – Eisler hat Einstein am Klavier begleitet. ‚Und Einstein war so unrhythmisch', ließ uns Eisler nun wissen, ‚ich musste ihm immer vorgeben: Eins, zwei, drei, vier … eins, zwei, drei, vier …'

Das war eine wirklich hübsche Geschichte, und von dieser Art hatte er etliches drauf. Zu ihm hinbestellt wurden wir Schüler allerdings am Samstagnachmittag, eine etwas gewöhnungsbedürftige Zeit.

Von 1960 an war ich freischaffender Komponist, da habe ich dann schon etliche Festspiel-Musiken geschrieben und Filmmusik. Ich wollte aber immer an die Oper, das war mein großer Wunsch. Und 1968 holte mich Walter Felsenstein, der meine erste Opernvertonung im damaligen Karl-Marx-Stadt gesehen hatte, an die Komische Oper Berlin. Also, das war ein großes Glück für mich.

Ich bekam einen Vertrag als Komponist und Dramaturg an der Komischen Oper. Dort blieb ich insgesamt 39 Jahre …"

Stehen junge Leute im Arbeitsprozess, haben sie Kinder und müssen mühselig ihren Alltag organisieren, treten die eigenen Kindheitserlebnisse meist für eine Zeit in den Hintergrund. Schwere Traumata aber schieben sich immer wieder in den Alltag hinein. Öffentlich über die Erlebnisse in Ostpreußen, Pommern oder Schlesien zu sprechen, ist nach wie vor in der DDR verboten. Das gilt für Erwachsene ebenso wie für Kinder. In den Familien, hinter verschlossenen Türen, wird natürlich darüber gesprochen.

Die Verleugnung geht bis in die Absurdität. Die DDR-Ausweise der „Umsiedler“ geben deren Geburtsorte nur verstümmelt wieder: Königsberg ist da ohne Ostpreußen notiert, Glogau ohne Schlesien. Bei Siegfried Matthus steht gar in den Papieren: „Geboren in Mallenuppen, in der Sowjetunion.“

Bei Karla Browarzyck, dem Mädchen, das völlig verlassen in den Ruinen Königsbergs hauste und das von einem russischen Offizier vergewaltigt worden war, gibt es das Thema Königsberg nicht. In ihrem neuen Leben hat Karla einen gütigen Pflegevater. Er gibt ihr alles, hört ihr zu und fördert sie, geht mit ihr ins Theater und besorgt ihr Bücher. Doch sie darf nie über ihre Kindheitserlebnisse sprechen. Der Vater, ein Kommunist, lässt nicht zu, dass sie von Ostpreußen erzählt:

„Meine ganze Kindheit blieb daher unerwähnt. Immer, wenn ich davon anfing, meinte mein Pflegevater: ‚Aber jetzt hast du es doch gut bei uns, und nun schau mal nach vorn.‘ Meine Pflegemutter sagte das Gleiche.“

In den 1960er-Jahren arbeitet Karla Browarzyck im Betrieb ihres Pflegevaters, im Erfurter Schreibmaschinenwerk „Optima“. Sie ist Disponentin und verwaltet – DDR-typisch – vor allem den Mangel, in diesem Fall den Mangel an Werkzeugen. Dennoch erlebt sie die vermutlich glücklichste Zeit ihres Lebens: Sie ist eine fröhliche junge Frau, die gern tanzen geht, am liebsten ohne Schuhe. Wie andere junge Frauen näht sie sich auf der Maschine schicke Kleider, große Punkte sind angesagt. Oder Dekostoffe mit großen Briefmarken drauf. Üppiger Ausschnitt, breiter Gürtel …

Ja, sie fühlt sich glücklich. Und gerade in dieser Zeit lässt sich verdrängen, was ihr als Kind widerfahren ist.

Ihr Pflegevater, den sie längst wie ihren richtigen Vater empfindet, verbietet ihr nichts; auch wenn sie mal beschwipst nach Hause kommt, schimpft er nicht.

Über einen Freund lernt Karla ihren späteren Mann kennen, einen Studenten für Ingenieurswesen. Sie sind schon länger ein Paar, als sie 1964 die Ehe schließen. Eigentlich wollte Karla nie heiraten, doch nun ist es passiert …

1965 kommt ihr Sohn Stefan auf die Welt. Doch während der Schwangerschaft bringen physische Probleme die Erinnerung an die Vergewaltigung in ihrer Kindheit zurück. Auch die Ärzte und Schwestern sehen die Narben jener Wunden, die dem damals achtjährigen Mädchen zugefügt wurden.

1964, noch vor ihrer Schwangerschaft, erwartet sie eine riesige Überraschung. Karla Browarzyck wird Besuch von ihrer kleinen Schwester Roswitha-Anne bekommen – von Röschen, wie alle die Kleine im Königsberger Keller nannten! Röschen oder Rosi. Sie lebt jetzt unter neuem Namen in Estland – einem westlichen Teil der Sowjetunion. Dunkel erinnert sich Karla auch an die Frau, die ihre Schwester mitnahm …, trotz deren aufgequollenem Bauch und der eiternden Beine.

Anne Avik (Roswitha-Anne Browarzyck) weiß noch immer nicht, dass in den 1950er-Jahren bereits ein Onkel nach ihr gesucht hat, von sowjetischen Behörden aber eine falsche Auskunft erhielt. Sie hat selbst die Initiative ergriffen:

„Es ließ mir keine Ruhe, dass ich eine Deutsche war. Lebten noch Angehörige von mir – hatte ich noch Geschwister? Das alles wollte ich herausfinden.

Als ich achtzehn Jahre alt war, bat ich meine Adoptivmutter, doch ans Schweizer Rote Kreuz zu schreiben, um meine leiblichen Angehörigen zu suchen! Das war im Jahr 1962. Wir wussten aber, dass alle Briefe ins Ausland und aus dem Ausland vom russischen Geheimdienst geöffnet wurden. Wir wollten nicht riskieren, dass meine wahre Identität bekannt wurde. Und da bot sich eine passende Gelegenheit: Eine gute Bekannte von uns hatte eine alte Tante in Westdeutschland. Die kam eines Tages nach Tallinn, um ihre Nichte, also unsere Bekannte zu besuchen. Wir gaben ihr nun unseren Brief persönlich mit. Sie schickte ihn von der BRD aus nach Genf ...

Zwei Monate später erhielt ich Antwort. Ich war gerade nicht zuhause, als der Brief aus der Schweiz eintraf. Meine Mutter Selma Avik konnte sich nicht zurückhalten und öffnete den Brief. Dann lief sie zum Telefon und rief mich an. Ich hielt den Hörer an mein Ohr und hörte sie auf Deutsch singen: ‚Heut ist der schönste Tag in meinem Leben ...'

Was war passiert? Mein Gott, ich hatte eine Schwester, die in Erfurt lebte! Und ich hatte einen Halbbruder in Senftenberg! Das lag beides in der DDR ...

Ich kann nicht beschreiben, wie glücklich ich war. Ich eilte nach Hause ... durch die Straßen, der Mantel stand offen, meine Haare und die Mantelschöße flatterten im Wind. Ich hätte alle Menschen umarmen und vor Glück schreien können ‚Ich habe sie gefunden, meine Geschwister – ich bin nicht mehr allein!'

Als ich zuhause eintraf, weinten meine Adoptivmutter und ich vor Glück."

Die ersten Briefe aus der DDR treffen in Tallinn ein, die ersten Fotos ... Anne Aviks wahre Identität liegt nun offen. Doch es ist die Chruschtschow-Ära – die Menschen sind etwas leichter und fröhlicher, auch in Estland. Sie fassen mehr Mut, weil keine Deportationen mehr drohen:

„Auch ich konnte nun offen sagen, dass ich Verwandte in Deutschland habe, ohne gleich ein Faschist zu sein. ‚Der Feind schläft nicht', sagen allerdings die Russen. Uns war klar, dass die Briefe immer noch vom Geheimdienst geöffnet wurden. So achteten wir beim Schreiben stets darauf, Dinge, die uns wichtig waren, verschlüsselt auszudrücken.

Im Jahr 1963 besuchte mich dann mein großer Halbbruder Dieter aus der DDR. Das war wirklich ein Ereignis – damals filmte das estnische Regionalstudio unser Wiedersehen! Auch meine Adoptivmutter war dabei. Ein Ausländer kam nach Estland, das war schon eine Sensation. Wir unterhielten uns in Englisch, mein Deutsch war noch nicht so gut. Doch ich verstand alles, wenn er deutsch sprach ..."

Und 1964 folgt das nächste Ereignis, auf das sie sich ebenso freut wie ihre Schwester Karla in Erfurt: Anne Avik – geboren als Roswitha-Anne Browarzyck – darf in die DDR fahren:

„Wir hatten uns siebzehn Jahre lang nicht gesehen, und ich hatte keine Erinnerungen; ich war ja erst drei Jahre alt, als ich nach Tallinn mitgenommen wurde. Doch ein ganzes Jahr lang musste ich kämpfen, um überhaupt fahren zu dürfen. Mein Halbbruder Dieter hatte mir eine Einladung geschickt; Es gab allerdings wenig Hoffnung, von den sowjetischen Behörden eine Genehmigung zu bekommen. Ich war jung, inzwischen 21 Jahre alt, und ich hatte kein Kind. Damals erlaubte man nur denjenigen eine Auslandsreise, die garantiert zurückkamen, weil ein Kind zurück blieb.

Doch wie gesagt, ich begann zu kämpfen: Jede zweite Woche saß ich im Warteraum unseres Innenministers – er hatte nur jede zweite Woche Sprechzeit, und dann nur für wenige Stunden. Jedes Mal saß ich im Warteraum, die Einladung meines Halbbruders in der Hand. Und jedes Mal behauptete er, dass er persönlich nichts dagegen habe, dass die Hohe Kommission aber die Erlaubnis nicht geben wolle. Ich fand dann heraus, wer die Mitglieder der Kommission waren, und suchte fast alle persönlich auf. Und jeder von ihnen sagte dasselbe: ‚Ich persönlich habe nichts dagegen, aber …' So ging es ständig hin und her. Am Ende erzählte ich dem Innenminister von diesen Begegnungen. Er sah mich an, lachte auf und sagte: ‚Gut, ich sehe, Sie wollen so sehr Ihre Verwandten in der DDR besuchen – so gehen Sie denn!'

War es für ihn nur ein lustiges Spiel gewesen? Es fiel ihm doch plötzlich so leicht, Ja zu sagen. Warum hatte er mich ein ganzes Jahr lang antreten lassen, um endlich eine Erlaubnis zu erteilen? Doch nun konnte ich fahren. Es war ein unbeschreibliches Gefühl.

Ich blieb gleich zwei Monate in der DDR, in Senftenberg und in Erfurt. Es war eine aufregende, wunderbare Zeit, wir hatten uns ja viel zu erzählen. Ich lernte auch Karlas Pflegeeltern kennen. Es waren sehr liebe Menschen …"

Als sich Anne Avik wieder auf den Weg zurück nach Tallinn macht, weiß sie noch nicht, dass ihre Reise ein Nachspiel haben wird.

Königsberg von sehr weit oben

1970/80er-Jahre

Mit ihrer Denkschrift „Die Lage der Vertriebenen und das Verhältnis des deutschen Volkes zu seinen östlichen Nachbarn“ ebnet die Evangelische Kirche in Deutschland (EKD) – unter Empörung der Vertriebenenverbände – 1965 den Weg für eine erste Verständigung mit Polen. Aus Polen kommt im selben Jahr ebenfalls eine große Geste: „Wir gewähren Vergebung und bitten um Vergebung“ – so die Handreichung polnischer Bischöfe gegenüber ihren deutschen Amtsbrüdern im gleichen Jahr.

Der Auftakt zu einer neuen, der Versöhnung zugewandten Beziehung zwischen Polen und der Bundesrepublik Deutschland ist damit getan. Doch gerade diese Beziehung ist noch immer schwer belastet – und nicht nur, weil beide Staaten nun verschiedenen Blöcken angehören: Die Verbrechen Hitlerdeutschlands an den „polnischen Untermenschen“ und die anschließende Vertreibung der Deutschen, die auch mit Mord und der Misshandlung von Kindern und Jugendlichen einherging, lasten zwanzig Jahre nach dem Zusammenbruch der NS-Diktatur noch immer auf dem Verhältnis der beiden Staaten.

Dennoch: Die Bonner Große Koalition schwenkt, vorsichtig zunächst, auf eine Neuausrichtung der westdeutschen Ostpolitik um.

Willy Brandt, ab 1969 Bundeskanzler, lässt das Vertriebenen-Ministerium auflösen, fordert aber zugleich die bundesdeutsche Gesellschaft auf, „die kulturelle und geistige Substanz der Ostgebiete zu erhalten“. Nur so könne „im Innern gewonnen werden, was draußen verloren ging“.

Der versöhnende Auftakt der Kirchen setzt sich fort: Beim ersten Staatsbesuch eines deutschen Bundeskanzlers seit dem Ende des Zweiten Weltkrieges fällt Willy Brandt 1970 vor dem Mahnmal zum Gedenken an den jüdischen Ghetto-Aufstand von 1943 in Warschau spontan auf die Knie. Das Bild geht um die Welt und wird – über die beginnende Aussöhnung der beiden Staaten hinaus – zu einem Symbol der Bitte um Verzeihung für das Leid, das Deutschland anderen Völkern zugefügt hat. Nun folgen der „Warschauer Vertrag“ und 1972 die Aufnahme diplomatischer Beziehungen zwischen beiden Staaten.

Der wiederum folgt ein noch keineswegs harmonisches Jahrzehnt, woran auch die polnische sozialistische Regierung ihren Anteil hat.

Die deutschen Vertriebenenverbände kritisieren den Kniefall scharf und weigern sich, auch nur in Betracht zu ziehen, dass es Deutschland in den Grenzen von 1937 nie mehr geben wird. Die der brutalen Vertreibung der Deutschen vorausgegangene massenhafte Ermordung polnischer Bürger – darunter eines Großteils der polnischen Intelligenz – ist in der Bundesrepublik der 1970er-Jahre noch kein gesellschaftliches Thema.

Erst recht nicht in der DDR. Die stärker noch als die polnischen Funktionäre am Gängelband Moskaus hängende DDR-Regierung übernimmt nach wie vor keinerlei Verantwortung für die deutschen Gräueltaten vor 1945 … und damit auch keinerlei Entschädigung. „Vertreibung“

gar ist ein nach wie vor verfemtes Thema, die Grenzziehung von 1945 gilt nach Vorgabe des Kreml schon seit den frühen 1950er-Jahren als endgültig. Außerdem: Was heißt hier „Heimat"? Es gibt nur eine Heimat in der DDR-Propaganda – die des Sozialismus!

Die noch immer verbreitete Herablassung gegenüber den „Polacken" verschwindet damit nicht.

Viel später, im Jahr 1997, wird der polnische Historiker Wladyslaw Bartoszewski – Widerstandskämpfer im „Dritten Reich", Auschwitz-Häftling, später auch Häftling im kommunistischen Polen und nach dessen Zusammenbruch zeitweise polnischer Außenminister – sich im Sächsischen Landtag des Verhältnisses zwischen Polen und DDR-Bürgern während der 1970er-Jahre erinnern:

„Wir erben hier die böse Saat der ehemaligen DDR, wo man unter heuchlerischem Vorwand, man habe überall Freunde bei den Genossen, diese Freundschaft durch Zungenküsse der Politiker demonstrierte. Aber die Umarmungen zwischen Honecker und – sagen wir Gierek – oder anderen Ersten Sekretären haben niemanden glücklich gemacht, weder die DDR-Deutschen noch die Polen. Bereits Ende der Siebzigerjahre wurde die Bewegungsfreiheit der DDR-Bürger nach Polen begrenzt und eingeschränkt, weil der ehemalige ‚Landesvater' Honecker Angst hatte, die bösen Polen würden die DDR-Bürger möglicherweise mit dem Bazillus der Freiheit infizieren …"

Es ist die Zeit, in der sich die Gewerkschaftsbewegung „Solidarność" gegründet hat.

Westdeutschland und Polen kommen weiter ins Gespräch, auch auf Kirchenebene: Im September 1978, kurz bevor er zum Papst gewählt wird, weilt der Krakauer Erzbischof Karol Wojtyla in Deutschland. In der Liebfrauenkirche von München greift er den Gedanken einer zukünftigen Versöhnung auf, auch und gerade im gesamteuropäischen Raum …

„Gesamteuropäischer Raum“ – schließt das Kaliningrad mit ein? Noch keineswegs: Kaliningrad ist eine extrem abgeschottete Enklave der Sowjetunion. Nur gerüchteweise dringt nach außen, dass die letzten Ruinen der einst so bedeutenden Kulturmetropole Königsberg geschliffen worden seien.

Tatsächlich haben die Sowjets mit dem 1965 begonnenen Abriss der Schloss-Ruine, dem „Denkmal des deutschen Militarismus“ in „Kenigsberga“ den endgültigen Wendepunkt für den Aufbau eines neuen Kaliningrad im sozialistischen Stil geschaffen. Das Ganze auf Weisung des sowjetischen Parteichefs Leonid Breshnew und unter dem Kommando von Nikolaj Konowalow, dem Statthalter Kaliningrads. Mutig protestierte 1966 eine Gruppe von Kaliningrader Architekten und anderen Intellektuellen in einem Brief an Breshnew – sie hatten nichts mehr zu lachen.

Geographisch sehr weit weg sind die einstigen deutschen Bewohner Ostpreußens von dem Geschehen. Das Frische Haff, die Frische Nehrung sind seit Kriegsende polnisch-sowjetisches Grenzgebiet. Und genau dorthin zieht es in den 1970er-Jahren den polnischen Studenten Andrzej Mencwel – später ein bedeutender Essayist und Direktor des Instituts für Polnische Kultur an der Warschauer Universität.

Mit Freunden verbringt er seine Ferien oft unweit der russischen Grenze. Und träumt von einer zu dieser Zeit nicht möglichen Reise nach Kaliningrad:

„Die Ferien über waren wir in Piaski (Neukrug), einem kleinen Fischerdorf auf der Frischen Nehrung, kurz vor der russischen Grenze. Man erreichte es von Krynica Morska (Kahlberg) über einen Fußmarsch von gut einem Dutzend Kilometern am Meeresufer entlang oder mit dem Motorboot von Tolkmicko (Tolkemit), am anderen Ufer des Frischen Haffs.

(...) Wir lebten dort als kleine Künstlerkolonie in einem der leer stehenden, vormals deutschen Häuschen. Es war ein ansehnlicher, gemauerter, eingeschossiger Bau mit roten Dachziegeln. Er war in recht gutem Zustand. Saisonweise wohnten dort Waldarbeiter, man musste es nur saubermachen. Es gab auf der Nehrung einen herrlichen Strand, es gab Hügel mit wilden Dünen und urwaldähnliche Waldstücke. Es gab hier kaum mehr Anzeichen menschlicher Zivilisation – deshalb reizte uns dieses Gebiet so.

Wie es sich für Künstler ziemt, führten wir in unserer Abgeschiedenheit ein romantisches Leben. Wir ernährten uns schlicht und gehaltvoll, von Milch, Butter und Quark, denn dort gab es mehrere Kühe ..., und natürlich von Fisch und von Pilzen.

Genau gegenüber näherte und entfernte sich die Silhouette des Doms von Frombork (Frauenburg), wie das am Meer so ist. Mit einer gewissen Emphase könnte man sagen, wir schmausten im Schatten von Nikolaus Kopernikus. Und wenn die Nacht hereinbrach, erschien uns Immanuel Kant in besonders lichter Gestalt ..."

Die Familie des polnischen Studenten Andrzej Mencwel lebte über viele Generationen im deutsch-polnischen Kulturraum in der Region Großpolen (Wielkopolska). Nach dem Überfall der Wehrmacht auf Polen und im Zuge der NS-Germanisierungspolitik wurden seine Eltern aus ihrer westpolnischen Heimat Richtung Osten vertrieben, Andrzej kam 1940 im südostpolnischen Tarnobrzeg zur Welt. Nach dem Krieg fand die Familie eine neue Heimat im niederschlesischen Jelenia Góra. So ist auch der junge polnische Intellektuelle von Zwangsmigration und Zerstörung von über Generationen gewachsenen Erfahrungen geprägt, hat ihn das Schicksal des deutschen Kulturerbes östlich der Oder sensibilisiert, das er dennoch aus kritischer Distanz betrachtet.

Leidenschaftlich zieht es ihn nach Kaliningrad; nicht zuletzt interessiert den Polen die Kontinuität russisch-imperialer Traditionen hinter der marxistisch-leninistischen Fassade. Kaliningrad symbolisiert für ihn geradezu die Essenz der Sowjetherrschaft.

Doch an einen solchen Abstecher ist während der 1970er-Jahre nicht zu denken. Ihm bleibt lediglich die Begegnung am polnisch-russischen Grenzzaun, der nicht weit von Piaski entfernt verläuft:

„Die polnisch-sowjetische Grenze auf der Nehrung war, wie überall auf dem Festland, durch einen breiten, gepflügten Erdstreifen markiert. Man erreichte sie ungehindert, denn niemand scherte sich um den rachitischen Zaun, der auf unserer Seite den Grenzstreifen kennzeichnete, und genau auf diesem Grenzstreifen wimmelte es von Pilzen.

Direkt auf der Grenze gab es zwei Stahltürme – einen auf der Meeres- und einen auf der Haffseite. Von der Höhe des eines Turmes, dem wir uns näherten, stiegen jetzt zwei verschmutzte Grenzer hinab, mit denen wir im Niemandsland einen Plausch hielten, nachdem wir Geschenke … sprich: Zigaretten getauscht hatten. Damals lernte ich die betörende Bitterkeit der Belomor-Kanal-Papirossi kennen, deren Papierhülse – deshalb Papirossi und nicht Zigaretten – man doppelt flach drücken musste, um sich nicht an dem in der Hülse staubenden Machorka zu verschlucken.

Der eine Grenzer war zutraulich und gesprächig, der andere, wie das Berufsbild es will, misstrauisch und schweigsam. Immerhin erfuhren wir, dass es auf der russischen Seite der Nehrung keine normalen menschlichen Siedlungen oder Ferienorte mehr gibt, dass an der Stelle des alten deutschen Dorfes die russischen Grenzer stationiert sind, dass der Dienst hier drei Jahre dauert und ohne Urlaub abzuleisten ist …

Alles in allem war das – wenn auch nicht bei beiden gleichermaßen – die vielleicht einzige persönliche und freundschaftliche Begegnung von polnischen Bürgern mit sowjetischen Grenzern in dieser Zeit, die sich im Dienst gewöhnlich ganz anders verhielten. Immer, wenn sie meinen Pass in die Hand nahmen, fühlte ich mich schon verdächtig und glaubte, mein Schicksal hinge nur von ihrem gnädigen Urteil ab. Die Erniedrigung all jener, die auch nur einen Augenblick der sowjetischen Macht ausgeliefert waren, schien einen unabdingbaren Bestandteil ihres Daseins auszumachen …"

Der sowjetischen Macht im Ganzen ausgeliefert sind die Esten durch die russischen Besatzer im eigenen Land. Neugier auf Kaliningrad hat dort wohl niemand.

Königsberg – ja! Ihre Geburtsstadt besuchen würde Roswitha-Anne Browarzyck, die in allen sowjetischen Dokumenten als Anne Avik geführt wird – ein Findelkind aus Tallinn – sehr gern. Doch Königsberg heißt heute nicht nur anders, es ist auch abgeschottet.

Und Anne versucht, den Russen auszuweichen, wo es geht. Das hat einen Grund:

„Als ich 1964 aus der DDR wieder zurück in Tallinn war, versuchte man, mich als Spitzel zu werben. Das Gespräch wurde hinter verschlossener Tür in einem Hotel geführt. Drei Stunden redeten sie auf mich ein: Erst wurde gelockt – mit einem Arbeitsplatz im Intourist-Hotel in Tallinn, das sei ja der Traum eines jeden jungen Mädchens.

Es gab damals für die wenigen ausländischen Touristen nur dieses eine Hotel. Und dort sollte ich die Hotelgäste registrieren und ihre Ausweise einsehen, vor allem, wohin sie bisher schon gereist sind.

Doch als ich immer nur Nein sagte, fingen sie an zu drohen: Ich hätte ja gerade die Aufnahmeprüfung für ein Anglistik-Studium bestanden, das Studium könne ich jetzt eigentlich vergessen. Und eine weitere Reise ins Ausland sowieso …

Nun endlich brach alles aus mir heraus: Ich schrie, dass die Russen Estland okkupiert hätten und wie schlimm ich das fände usw.! Ich weiß nicht mehr, was ich da alles an Verbotenem herausgeschrien habe. Am Ende weinte ich nur noch und wiederholte mein ‚Nein, ich werde es nicht tun …'

Schließlich sagten sie mir, ich sei politisch unreif, und ließen mich mit dem Hinweis gehen, ich solle mit niemandem über dieses Gespräch reden. Ich wusste, dass von nun an mein Name auf der schwarzen Liste stand. Und Reisen in die DDR kamen für mich nun gar nicht mehr in Frage …"

Anne Avik arbeitet als ungelernte Kraft in verschiedenen Fabriken. Während der 1970er-Jahre gelingt es ihr, ein fünfjähriges Fernstudium am Pädagogischen Institut in Tallinn zu absolvieren; in dieser Zeit arbeitet sie bereits als Erzieherin in einem Kinderheim in der Nähe der Hauptstadt.

Damit übt sie nun einen ähnlichen Beruf aus wie eine andere, ihr unbekannte Frau aus Königsberg – Doris Meyer. Und ist nicht auch Brigitte Possienke Pädagogin geworden?

Von 1978 bis 1982 arbeitet Anne im estnischen Forschungsinstitut als Wissenschaftlerin. Sie wird Kindergartenleiterin und bald auch Kinderpsychologin. Die Arbeit mit Kindern macht sie glücklich. Eigene Kinder werden Roswitha-Anne jedoch versagt bleiben: Aufgrund einer schweren Diphterie als Kleinkind in den ostpreußischen Hungerjahren ist sie unfruchtbar.

Dennoch wendet sich nicht nur ihr berufliches Leben während der 1970er-Jahre sehr zum Positiven, sondern auch das private: Sie lernt den sechzehn Jahre älteren Komponisten Peeter Rekkaro kennen. Er wird die Liebe ihres Lebens:

„Uns verband von vornherein die Liebe zur klassischen Musik. Peeter hatte die Tallinner Musikhochschule als Pianist und Organist absolviert. Er spielte klassische Musik und gab auch Konzerte. Als wir uns kennenlernten, arbeitete er als Tonregisseur beim Estnischen Fernsehen; das blieb er dann auch siebzehn Jahre lang. Neben dem Musizieren war er übrigens auch Meister im Bogenschießen.

Wir waren sehr glücklich miteinander. Mein Mann war immer zärtlich und galant … vor allem konnte ich ihn küssen und umarmen, so oft ich wollte. Das ist nicht gerade typisch für nordische Menschen: Die Esten haben ein gutes Herz, sind aber im Allgemeinen äußerst sparsam im Zeigen ihrer Gefühle.

Wir kauften uns ein Häuschen in der Nähe von Rapla und gestalteten das Grundstück derart liebevoll, dass wir ein paar Jahre später eine Auszeichnung dafür bekamen.

Oft fragte ich Gott, womit ich dieses Glück verdient habe. ‚Gib mir doch ein Zeichen', betete ich, ‚was soll ich als Dank dafür tun, welches ist meine Mission?'"

Ihr überwältigendes Glück gibt Anne Rekkaro, wie sie seit 1973 heißt, an die ihr anvertrauten Kinder weiter. Ihre Mission aber wird sie Jahrzehnte später erkennen.

Bei ihrer Schwester Karla in Erfurt nehmen die psychischen Probleme zu, vor allem nach dem Tod ihres Pflegevaters, der dem seelisch schwer geschädigten Kind aus Königsberg den Glauben an das Gute im Menschen wiedergegeben hat.

Karla Browarzyck muss sich in psychotherapeutische Behandlung begeben. Sie ist sehr schnell aufgeregt, die Hände fangen dann an zu zittern.

Je mehr sich ihr Alltag normalisiert hat, desto häufiger kehren die furchtbaren Erlebnisse aus Königsberg zurück. Manche Erinnerung hat sich lebenslänglich in ihre Seele gebrannt, und keineswegs betrifft es nur das eigene Leid:

„Im Spätherbst 1946 war es besonders schlimm, da habe ich fast nur noch tote Kinder gesehen. Manchmal lagen sie im Gully, erfroren. Es gab ja keine funktionierende Kanalisation in Königsberg mehr. Und so haben Kinder die Gullydeckel abgemacht und sind da runtergeklettert, um Schutz vor den russischen Soldaten zu finden oder vor der Kälte. Da gab es fest verankerte Leitern, an denen konnte man runterklettern. Ich kann mich noch an zwei kleine Mädchen erinnern, die waren da runtergeklettert und lagen nun da unten, erfroren ...

Manchmal lagen auch nur Teile von Menschen herum, aber das muss im Jahr zuvor gewesen sein. Ein einzelnes Bein zum Beispiel, da musste ich öfter dran vorbei. Vielleicht war das bei einem Granatenbeschuss abgerissen worden. Solche zerrissenen Körper lagen massenhaft herum, von Erwachsenen und von Kindern, auch von deutschen Soldaten. Es waren so viele, dass die niemand mehr barg ...

Es ist merkwürdig: Zunächst interessieren Tote einen als Kind nicht. Man hat noch nicht die Fantasie und das Wissen, um sich ein Schicksal hinter einem abgerissenen Bein auszumalen. Man denkt nur ans Essen! Wenn man Hunger hat, konzentriert sich alles auf die einzige Frage: Wo kriege ich was zu essen her!! Der Überlebenswille ist so stark, dass sich dem alles andere unterordnet. Doch wenn man erwachsen ist, kehren die furchtbaren Bilder wieder, und nun hängt die Frage dran, was für ein Mensch wohl mit diesem Leid verbunden war ..."

In den 1980er-Jahren ist die nun etwa Fünfzigjährige physisch und nervlich am Ende – der Blutdruck steigt über 200, sie ist nur noch krankgeschrieben, die Arbeit als Disponentin kann sie nicht länger ausüben.

Ein paar Jahre arbeitet Karla Browarzyck für eine Poliklinik, darf den Schriftverkehr für den ärztlichen Direktor als Heimarbeit erledigen. Das belastet zwar ihren Mann, der neben seiner Arbeit fast täglich noch das Geschriebene

Karla Browarzyck 1984 in Erfurt

hin- und hertragen muss, doch ihr tut es gut. Jetzt kann sie auch den Vorteil nutzen, dass ihr Vater als Parteigenosse ein Telefon bekam – in seinen letzten Lebensjahren, als er bei ihnen wohnte.

Doris Meyer ist Horterzieherin und Grundschullehrerin in Neubrandenburg. Ihr Mann Olaf arbeitet als Garten- und Landschaftsarchitekt. Und weil er sich weigert, in die SED einzutreten, hat er keinerlei Aufstiegschancen.

Immerhin schaffen es die beiden, Doris' geliebte Mutter von Arnstadt nach Neubrandenburg zu holen – was in der DDR der 1970er-Jahre nur gelingt, wenn man einen Tauschpartner in umgekehrte Richtung vorweisen kann.

Für die Erzieherin mit dem sonnigen Gemüt ist die späte DDR eine Zeit der extremen Doppelbelastung. Nicht Sohn Torsten ist der Grund, er ist ein problemloses und selbständiges Kind. Es ist das Arbeitspensum, das Doris über den Kopf wächst:

„1970 wurde in Neubrandenburg eine neue Schule gebaut, und ich bekam mit einer Kollegin den Auftrag, den Schulhort einzurichten und aufzubauen. Dann organisierten wir noch andere Kollegen hinzu. Neubrandenburg war eine kinderreiche Stadt, die ständig wuchs. Wir nahmen jedes Jahr fünf 1. Klassen mit je 36 Schülern auf. Diese Schüler verlebten nun den ganzen Tag in der Schule und im Hort. Wir öffneten die Schule morgens um 6 Uhr, und die letzten Schüler gingen um 17 Uhr nach Hause. Sie mussten sauber, satt und mit fehlerfrei erledigten Hausaufgaben den Eltern übergeben werden. Bei über dreißig Schülern in der Hortgruppe war das eine Mammutaufgabe ..."

Nach der Tagespflicht ist nicht etwa Ausruhen angesagt, sondern harte Arbeit mit ihrem Mann am eigenen Häuschen. Schon die Genehmigung dafür hieß zähes Ringen und war schließlich ein extremer Glücksfall. Und bis es fertig ist, werden die beiden anderthalb Jahrzehnte Arbeitskraft investieren, ohne Geldrücklage und ohne Beziehungen zu Handwerkern oder Baumaterial – in einer Mangelgesellschaft, in der fast ausschließlich das Prinzip „Suche Hammer – biete Kneifzange" zum Erfolg führt.

Zeit für aufkommende Erinnerungen bleibt Doris Meyer damit nicht. An Ostpreußen wird sie in dieser Lebensphase vor allem durch ihre schwer geschädigte Mutter erinnert: Das Herz ist krank, die Lunge auch und bei einem Rheuma-Schub liegt sie steif und mit furchtbaren Schmerzen im Bett.

Über Brigitte Possienke, die mit ihrem Mann und den beiden Söhnen als Lehrerin in Leipzig wohnt, kommt 1980 die schlimmste Nachricht, die einer Mutter widerfahren kann:

„1980 ging mein älterer Sohn Roger zur Armee. Die ganze Klasse hatte sich nach dem Abitur für drei Jahre Armee verpflichtet – sonst hätten sie ja nicht studieren dürfen.

Er ging zur Armee – und war ein halbes Jahr später tot. Ich weiß bis heute nicht, wieso …

Er war bei einer Funkergruppe. Und ich habe noch gedacht, da wird er nicht an die Grenze kommen, das ist also ungefährlich. Er kam nach Dessau … und ist dort während einer Funker-Ausbildung bei der Armee zu Tode gekommen, nach einem halben Jahr.

Ich weiß bis heute nicht, was da passiert ist. Ich habe noch einen zweiten Sohn – der war damals fast vierzehn Jahre alt. Nach dem Tod meines ersten Sohnes wollte ich sofort die Freistellung meines jüngeren Sohnes Oliver vom Militärdienst haben. Da hat mir das Wehrkreiskommando in Leipzig gesagt: Erstens: Sie wüssten gar nicht, dass mein Sohn zu Tode gekommen ist, sie hätten keinerlei Meldung darüber. Zweitens: Jeder junge DDR-Bürger – wenn er achtzehn Jahre alt und gesund ist – habe den ‚Ehrendienst' abzuleisten. Und selbst wenn vier Söhne umgekommen wären, müsste der fünfte seinen ‚Ehrendienst' ableisten … Das war die mündliche Aussage des Wehrkreiskommandos Leipzig.

Wir kamen wie erschlagen nach Hause. Und ich habe zu meinem Mann gesagt: ‚Ich werde nicht ertragen, dass auch mein zweiter Sohn diese Uniform anzieht!' Es ging jetzt nur noch um das Leben unseres zweiten Kindes – um das zu retten, mussten wir raus aus diesem Land! Wir stellten noch

Brigitte Possienke 1962 mit ihrem Sohn Roger

1980 einen Ausreise-Antrag, was zur Folge hatte, dass ich sofort als Lehrerin entlassen wurde.

Ich hatte Familienzusammenführung mit meinem leiblichen Vater beantragt, der in Bremerhaven lebte. Und da hat man mir auf der Abteilung Inneres gesagt: ‚Schon allein die Absicht, dass Sie als sozialistischer Lehrer kapitalistischen Boden betreten wollen, disqualifiziert Sie für unser sozialistisches Bildungswesen!'

Ich durfte keine Schulklasse mehr betreten. Dann tagte

aber noch der pädagogische Rat, die Gewerkschaft, es gab eine Parteiversammlung ... Und etliche Lehrer hatten jetzt die Chance, Schmutzkübel über mich auszuschütten – was ich für eine undankbare Person sei, dass sie das nie von mir erwartet hätten, dass ich sie schwer enttäuscht habe usw.

Ich war nun arbeitslos, mit laufendem Ausreiseantrag. Mein Mann flog auf der Arbeit nicht raus. Er wurde von wichtigen politischen Informationen in seinem Betrieb ferngehalten, aber er flog nicht raus."

Brigitte und ihrem Mann wird von dem für Ausreise zuständigen Funktionär mehrmals mitgeteilt, sie kämen niemals raus aus der DDR; man gehe davon aus, dass sie sich im Westen wegen des Todes ihres Sohnes an die Medien wenden würden. Die DDR aber könne solche Schlagzeilen nicht brauchen.

„Meine Schwester Birgit und mein Schwager lebten da schon im Westen, in Bremerhaven, in der Nähe unseres Vaters. Mein Schwager betrieb nun unsere Ausreise intensiv vom Westen aus. Und wir stellten immer wieder einen Antrag.

Das zog sich hin. Ich war ja ohne Arbeit, doch mein Mann arbeitete noch. Und so gegen 1982 sagte jemand, wenn mein Mann noch arbeite, dann stärke er ja noch den Sozialismus – und das solle er mal nicht mehr machen. Daraufhin hat mein Mann im Betrieb gekündigt.

Da standen wir nun beide ohne Arbeit da. Unser zweiter Sohn war zu der Zeit so sechzehn, siebzehn Jahre alt und hatte eine Lehrstelle. Sein Betrieb hatte erst nach Unterzeichnung des Lehrvertrags mitgekriegt, dass unsere Familie einen Ausreiseantrag gestellt hatte. Und nun wollten sie ihn rausschmeißen. Er verlor die Lust, dahin zu gehen, und ich habe jeden Morgen auf ihn eingeredet: ‚Geh hin, mach deine Arbeit gut – die warten ja nur auf einen Grund, dich rauszuschmeißen!' Der ist also immer brav hinmarschiert.

Und dann war er plötzlich verliebt. Und fragte: ‚Was ist denn, wenn ich hierbleibe?' Mein Mann und ich haben ihm klar gemacht, dass wir in allererster Linie seinetwegen aus der DDR rauswollen, nachdem sein Bruder auf mysteriöse Weise bei der Armee umgekommen ist. Dass wir ihn in Sicherheit bringen, nicht auch noch sein Leben riskieren wollen. Nun ging es in seiner Gefühlswelt immer hoch und runter ..."

Bevor Brigitte mit ihrer Familie endlich das Land verlassen darf, lernt sie noch einmal die wirtschaftliche Basis kennen, von der sie bisher kaum eine Ahnung hatte:

„Ich habe mich für eine niedere Arbeit gemeldet und wurde in Leipzig zum VEB IFA-Vertrieb geschickt. Also, der Vertrieb von Autos, Mopeds, Fahrrädern. Ich musste natürlich in die Fahrradabteilung, und dort saßen auf einem Arbeitsplatz drei bis vier Leute. Wir hatten pro Tag im Schnitt nur für zwei bis drei Stunden Arbeit, den Rest saßen wir herum. Es wurde dem Alkohol zugesprochen: Wir hatten immer heftige Kundenschmiergelder, die wurden in Rotwein umgesetzt, in ‚Erlauer Stierblut'. Ich ging fast jeden Abend besoffen heim.

Der Verdienst war gering, so 480 Mark im Monat. Und einige Kolleginnen waren sehr arm, z. B. eine, die alleinstehend war mit zwei Kindern. Und ich habe gesagt: ‚Sind wir verrückt? Weshalb versaufen wir das Geld? Es wäre doch besser, wenn wir das am Monatsende aufteilen, dass die Frauen, denen es schlecht geht, ein bisschen mehr Geld haben ...' Da gab es Protest: ‚Das kommt gar nicht in die Tüte!' Dann haben sie aber wenigstens teilweise mitgemacht ...

Es war insofern eine wichtige Zeit, weil ich damals gesehen habe, was in so einem VEB abgelaufen ist. Es gab gerade Fleisch- und Wurstmangel, weil der Staat Devisen brauchte und große Mengen Fleisch in die Bundesrepublik exportierte. Die Fleischerläden waren fast leer. Also liefen die Frauen, sobald sich herumgesprochen hatte, dass es Fleisch oder Wurst gibt, mittags los. Und der Werkleiter sagte: ‚Ihr geht nicht während der Arbeitszeit in den Fleischerladen! Ich stelle mich vorn ans Werktor mit der Pistole!'

Der hatte eine Pistole, der Werkleiter des IFA-Autovertriebs, wahrscheinlich war er bei der Kampfgruppe. Die Frauen haben sich aber nicht einschüchtern lassen. Sie haben gesagt: ‚Na, dann schieß doch!', und sind einfach an ihm vorbeigelaufen ... Eine Pistole haben sie nicht gesehen.

Das war so 1982/83. Wie gesagt, es war eine wichtige Erfahrung. Ich wollte das wissen, wie so ein sozialistischer Staat an der Basis funktioniert. Ich erlebte eben, wie vier Leute auf einer Arbeitsstelle saßen, wie mancher Penner während der Arbeitszeit gemütlich seinen Rausch ausschlief. Dann wurde die eine krank, dann wurde die andere krank, die dritte war meistens besoffen – die Arbeit habe ich locker alleine geschafft für vier Personen. Ich wunderte mich allerdings, dass überhaupt noch Produktion aufrechterhalten werden konnte. Ich selbst hatte Schule hinter mir, Studium, dann wieder Schule. Das Leben außerhalb dieser Bereiche kannte ich bis dahin gar nicht richtig, ich war da bisher ein bisschen betriebsblind gewesen. Ich dachte mir: Wenn das im ganzen Staat so ist, dann kann das ja nichts werden ..."

1984 darf Brigitte Possienke mit ihrer Familie endlich ausreisen. Außer der Trauer nehmen sie Kleidung und Fotos ihres toten Sohnes mit.

Von sozialistischen Produktionsbedingungen ist der Musiker Michael Wieck weit entfernt. Er ist ein würdiger Nachfolger seiner hochbegabten Eltern: Nach seiner Rückkehr aus Neuseeland wurde er Erster Konzertmeister des Stuttgarter Kammerorchesters. Seit 1974 nun ist er Erster Geiger im Radiosinfonie-Orchester Stuttgart.

Einem solch renommierten Klangkörper anzugehören, ist mit Reisen verbunden. Zu den Gastspielen, die ihn innerlich am meisten bewegen, gehören ohne Zweifel jene in die Sowjetunion. Dann fallen ihm jedes Mal die qualvollen Wochen in einem dunklen Verschlag des Lagers Rothenstein ein, in dem er, neben einem TBC-kranken Gefährten im Schweinekot vegetierend, 1945 ein Gelübde ablegte:

„Falls ich jemals lebendig aus diesem Keller herauskomme, will ich mein Leben lang glücklich, dankbar und zufrieden sein, ganz besonders dann, wenn es mir vergönnt wäre, als Fischereigehilfe auf der seeluftigen Nehrung meinen Unterhalt zu verdienen ..."

Die Seeluft seiner Kindheit war der wohl stärkste Kontrast zum bestialischen Gestank unter der Erde. Und noch im Draufblick erscheint ihm diese Lebenswende fast unwirklich:

„Was hätte ich wohl in diesem Augenblick dafür gegeben, fünfundzwanzig Jahre vorausschauen zu können, als uns russische Konzertbesucher begeistert Beifall klatschten, wenn wir in Moskau und Leningrad Bach, Haydn und Mozart spielten, als die russische Kulturministerin und der deutsche Botschafter glanzvolle Empfänge zu Ehren des Stuttgarter Kammerorchesters gaben. Leberpasteten, gebackene Fleischkuchen, Kaviar, Sekt und andere Köstlichkeiten wurden in solchen Mengen angeboten, dass mehr als die Hälfte davon übrig blieb. Hier der KZ-Insasse, dort ein gefeierter Musiker. Kann es überhaupt größere Gegensätze geben?

Doch was das Gelübde anbelangt, habe ich es zu zwei Dritteln gehalten: Ich bin später glücklich und dankbar gewesen, nur keineswegs immer zufrieden."

Bald wird Michael Wieck auch zum Orchestervorstand des Stuttgarter Radiosinfonie-Orchesters gehören. Doch neben dem Geigenspiel und einem glücklichen Familienleben steigt er noch einmal tief in die Königsberger Leidenszeit hinunter, die ja für ihn eine doppelte war: 1989 erscheint – mit einem Vorwort von Siegfried Lenz – sein *Zeugnis vom Untergang Königsbergs. Ein „Geltungsjude" berichtet.* Es wird viele Menschen erreichen und dem Autor Michael Wieck noch im selben Jahr die „Andreas-Gryphius-Ehrengabe" bescheren. Es beschreibt das dramatische Schicksal seiner jüdisch-christlichen Familie seit 1933 und die Jahre unter russischer Herrschaft, das nicht endende Wanken an der Todeskante. Und er ist ein Chronist des qualvollen Lebens und schnellen Sterbens seiner ostpreußischen Mitmenschen; dabei zeigt sich die außergewöhnliche Beobachtungsgabe des Musikers.

Michael Wieck berichtet über Königsberg, doch gelingt ihm bis zum Ende der Sowjetzeit nie der Zutritt zu seiner Heimatstadt. Er sieht sie mitunter von sehr weit oben:

„Wieder einmal bin ich auf einer Konzerttournee, und nach einer Zwischenlandung in Moskau und weiteren Flugstunden erkennen wir auf einmal die Küste und das weite Meer. Beim genaueren Hinschauen zeichnen sich – wie auf einer Landkarte – die deutlichen Umrisse der Kurischen Nehrung ab, und schon erfasst mich ein Fiebern und Erschauern. Denn jetzt fliegen wir direkt über Königsberg hinweg, und meine Gedanken werden zurückgezogen in die frühe Kindheit und die unseligen Kriegs- und Nachkriegsjahre. Zehntausend Meter über Königsberg komme ich mir wie mein eigener Geist vor und möchte verstehen, was es mit dem Leben und dem persönlichen Schicksal auf sich hat. Da unten verlebte ich Jahre größter Not, und jetzt fliege ich luxuriös versorgt darüber hinweg, als sei alles nur ein Traum gewesen ..."

Einer der wenigen Menschen, denen es zu Sowjetzeiten gelingt, das Großgebiet Kaliningrad zu betreten, ist Siegfried Matthus, ein Musiker-Kollege aus dem Osten.

Ende der 1980er-Jahre ist der Mann aus Mallenuppen an der Komischen Oper Berlin angestellt, als Komponist und Dramaturg. Er hat spannende und arbeitsreiche Jahre hinter sich, durfte mit Götz Friedrich zusammenarbeiten und mit Kurt Masur. Und auch er hat schon einiges auf die Beine gestellt:

„Dramaturgisch habe ich an der Komischen Oper die Reihe ‚Kammermusik im Gespräch' betreut, da konnte ich zum Beispiel mal Komponisten wie Penderetzki und Lutoslawski vorstellen. Ich habe Nono eingeladen und auch zeitgenössische deutsche Komponisten, die wir Musiker zwar kannten, die ich nun aber auch mal unserem Ost-Berliner Publikum vorstellen wollte.

Anfangs war die Presse immer noch da, dann wurde den Journalisten aber verboten, über Komponisten aus dem ‚kapitalistischen Ausland' zu schreiben ..."

Siegfried Matthus im Oktober 1976 am Dirigentenpult

Siegfried Matthus arbeitet mit der Dresdner Staatskapelle zusammen, seine Werke werden im In- und Ausland aufgeführt. Er bekommt zahlreiche Preise und Auszeichnungen. Und er teilt ein Privileg mit Michael Wieck – nicht aber mit seinen DDR-Mitbürgern:

„Ich hatte das große Glück, immer mit unseren großen Orchestern in die Welt reisen zu können, wenn sie meine Stücke dort aufführten. Ein solches Glück hatte ja fast niemand in der DDR. Reisen ins westliche Ausland musste ich mir also nicht erkämpfen durch irgendwelche Ergebenheitsadressen.

Sie waren für mich – da ich wusste, dass das ja immer Ausnahmen sind – von doppelter Bedeutung. Wenn allerdings dann eine Pressekonferenz war und ich wurde als DDR-Komponist vorgestellt, korrigierte ich mit dem Satz: ‚Ich bin ein deutscher Komponist, der in der DDR lebt.'

Noch schwieriger wurde es, wenn ich nach meinem Geburtsort gefragt wurde: ‚Wo bitte, Herr Matthus, liegt Mallenuppen?'

Im Ostblock war das Thema ganz schwierig. Die DDR bestand ja immer darauf, dass Ostpreußen zur ‚Sowjetunion' gehörte. Was meine Biographie betrifft, habe ich dann aber immer gesagt, dass ich in Ostpreußen geboren bin und eben nicht in Russland oder in der Sowjetunion. Ich hätte ja nichts dagegen gehabt, in Russland geboren zu sein, doch das war eben falsch.

Ich habe anfangs immer meinen Freunden von meinen Reisen erzählt, dann merkte ich aber, dass ich das mal lieber lassen sollte. Ich habe es dann auch gelassen. Ich war in Japan, Amerika, in vielen europäischen Ländern ..."

In jungen Jahren hatte Siegfried Matthus noch kein allzu großes Verlangen nach seiner Heimat Ostpreußen verspürt – das Einleben in eine neue Welt und der Aufbau einer Existenz als Chorleiter und Komponist überlagerten derartige Gefühle.

Das änderte sich mit der Zeit, und irgendwann ließ die Sehnsucht ihn nicht mehr los: „Wie sieht es inzwischen aus in Mallenuppen?" – diese Frage beschäftigte ihn mehr und mehr.

Als die Familie fliehen musste und er als Zehnjähriger mit dem Fahrrad hinter dem Pferdefuhrwerk herfuhr, hatte er sich ein letztes Mal umgedreht:

„Ich sah, wie sich die Abendsonne in den Fenstern spiegelte. ‚Das siehst du niemals wieder', schoss es mir damals durch den Kopf. Und ich drehte mich bewusst nicht mehr um ...

Doch die Sehnsucht hat mich all die Jahre nicht losgelassen. Im Gegenteil, sie wurde mit zunehmendem Alter immer stärker …"

Matthus reist als Komponist öfter in die Sowjetunion. Und wenn er Ostpreußen überfliegt, drückt er sich an der Fensterscheibe die Nase platt, genau wie Michael Wieck. Doch hinein kommt zunächst auch er nicht – Kaliningrad ist Sperrzone. Doch er entwickelt verschiedene Ideen:

„Anfang der 1970er-Jahre habe ich für das Moskauer Satire-Theater eine Musik komponiert. Dafür wurde ich in Rubeln bezahlt. Und dann kam ich dort auf der deutschen Botschaft in Moskau auf die Idee, die Sowjets sollten mich doch mal in die Sperrzone Kaliningrad hineinfahren lassen: Ich würde nur mein Geburtshaus besuchen und dann gleich wieder zurückkommen. Die haben aber schon auf der Botschaft abgewinkt und mir keinerlei Chancen ausgerechnet. Da ging nichts."

1976 fährt er mit seinem Sohn Frank nach Polen. In Goldap, inzwischen polnisches Staatsgebiet, steigen die beiden auf die Goldaper Berge und versuchen einen Nachmittag lang, mit dem Fernglas den Kirchturm von Angerapp zu erspähen …, vielleicht sogar Mallenuppen. Doch sie sehen nichts dergleichen, zu ihrer großen Enttäuschung.

Im September 1988 – in Moskau sind bereits Glasnost und Perestrojka verkündet – gelingt dem Komponisten ein Husarenstück, gemeinsam mit der Dokumentarfilmerin Gitta Nickel, die gerade einen Film über ihn und seine Arbeit dreht und die ebenfalls aus Ostpreußen stammt:

„Gitta Nickel hatte es sich in den Kopf gesetzt, mich auch an meinem Geburtshaus zu filmen. Eine offizielle Genehmigung dafür zu bekommen, war aber sehr schwer und musste über hohe staatliche Stellen und die Sowjetische Botschaft in der DDR eingeholt werden.

Wir waren bereits über Moskau nach Vilnius geflogen und hatten noch immer keine Genehmigung. Wir saßen in Litauen fest und Gitta Nickel telefonierte ständig mit Berlin. Wir harrten dort tagelang aus und machten bereits einen Plan, heimlich ins Gebiet hineinzufahren und dort unauffällig zu filmen. Und plötzlich kam sie, die Genehmigung!

Wir brachen sofort mit einem kleinen Bus der Litauischen Filmgesellschaft Richtung Kaliningrad auf ... Wir, das waren Gitta Nickel, der Kameramann, der Dramaturg, der Toningenieur, dazu Aufnahmeleiter, Kamera-Assistent, eine Leningrader Musikwissenschaftlerin, eine litauische Begleiterin, unsere Dolmetscherin, der Busfahrer und ich."

Der überglückliche Siegfried Matthus fotografiert aus dem Bus, so viel er kann – für sich und für andere Ostpreußen unter seinen Bekannten, die auch Sehnsucht nach ihrer Heimat haben. Das Kamerateam wiederum filmt, so viel es kann.

Ersten Halt macht die kleine Reisegruppe in Stallupönen und Gumbinnen, und Siegfried Matthus erkennt hier vieles aus seiner Kindheit wieder. Auch die Straßenabzweigung nach Trakehnen erscheint ihm wie in alten Tagen. Nicht weit von hier liegt der große litauische Dichter Donelaitis begraben, doch einen Abstecher dorthin werden sie wohl nicht schaffen. Auch das, was sie sehen und erleben, hinterlässt einen tiefen Eindruck:

„Stallupönen und Gumbinnen müssen im Krieg sehr zerstört worden sein. Wir fanden nur noch wenige alte Häuser. Mitten in Gumbinnen sah ich dann plötzlich ein nach links weisendes Schild ‚Osjorsk 28 km'. Osjorsk? Das war doch der Weg in unsere Kreisstadt Angerapp! Ich bedeutete dem Fahrer, dorthin abzubiegen – von nun an war ich der Ortskundige unserer kleinen Truppe. Mit einer alten Karte auf den Knien verfolgte ich jetzt jede Straßenbiegung. Ich fotografierte eifrig, denn ich wollte möglichst viel aufnehmen und registrieren. In Nemmersdorf überquerten wir den Fluss Angerapp ..."

Irgendwann entdeckt der 54-Jährige ein leeres Plateau, auf das er nun irritiert starrt: Auf diesem Plateau stand einst jene Gaststätte, in der sein Vater und sein Großvater häufig zum Tanz gespielt, in der sich seine Eltern einst kennengelernt hatten. Keine andere Entdeckung wird ihn so überraschen wie diese. Es ist ein Schock.

Vieles hat sich über die Jahrzehnte verändert: Er findet Bahnhöfe und Schienen nicht mehr wieder, dafür vertraute Bahndämme, nun in dichtes Gestrüpp gehüllt.

Und dann ist es soweit: Der kleine Bus gibt den Blick auf Mallenuppen frei – das Dorf, in dem Siegfried geboren wurde:

„Hier ließ ich den Bus wieder halten. Ich erkannte alles wieder: Links lag ein Stück unserer damaligen Äcker, dazu eine Wiese mit einem Teich, aus dem ich als Junge mehrfach mit Blutegeln an den Beinen wieder herauskam. Ich sah: Ein kleines Wäldchen aus meiner Kindheit existierte nicht mehr, die kleinen Ackerflächen waren alle überpflügt ...

Ich stürmte nun die letzten 600 Meter nach Mallenuppen zu Fuß los. ‚Ihr könnt mir die Augen verbinden', rief ich dem

Filmteam zu, ‚ich kann mich jetzt genau orientieren!' Ich war völlig aufgelöst."

Noch vor dem offiziellen Ortseingangsschild steht eine Tafel, die auf Kyrillisch vom Beginn des Grenzgebietes kündet. Das ist nur mit einer Genehmigung zu betreten. Und dann liest Siegfried „Sadarosche". Er schlussfolgert, dass Mallenuppen inzwischen offenbar Sadarosche heißt.

Plötzlich sieht er seine alte Schule wieder – in erstaunlich gutem Zustand. Spielgeräte liegen auf dem Schulhof:

„Auf der der Straße gegenüberliegenden Seite des Hauses, der damaligen Lehrerwohnung, betrat ich mit der Leningrader Musikwissenschaftlerin, die gut Deutsch sprach, die Schule. Wir trafen auf die Leiterin des Kindergartens: Ella, die Musikwissenschaftlerin, stellte mich vor und fragte, ob wir mein ehemaliges Klassenzimmer besichtigen dürften. Die Leiterin erlaubte es, bat uns aber, leise zu sein, da die Kinder jetzt ihren Mittagsschlaf hielten ..."

Manch altes Gebäude bröckelt so vor sich hin, während ein Großteil des Dorfes Mallenuppen einfach verschwunden ist. Dafür ragen ein paar kleinere Neubaublocks aus dem für ihn verwunschenen Ort.

Matthus kommt mit weiteren Bewohnern seines ehemaligen Heimatdorfes ins Gespräch: Eine Frau lernt er kennen, die aus Leningrad stammt und nach dem Krieg hierher umgesiedelt wurde. Von ihr hört er den bedeutungsschweren Satz, den er nie mehr aus dem Ohr verlieren wird: „Auf fremder Erde kann man nicht heimisch werden."

Er trifft auf Russlanddeutsche aus Kasachstan: Sie sprechen ein Deutsch, das er kaum versteht. Und sie fragen

Siegfried Matthus mit russischer Bewohnerin seines Geburtshauses, 1988

ihn, wie man es anstellen könnte, in die Bundesrepublik Deutschland zu gelangen. Bei diesem Thema hält sich DDR-Bürger Matthus völlig zurück.

Schließlich findet der 54-Jährige die Stelle, wo einst sein Wohnhaus stand. Wo aber sind der Obstgarten und die Auffahrt zum Hof? Siegfried Matthus sieht erst mal nichts als dichtes Gestrüpp:

„Über einen kleinen Acker, den wir immer für Frühkartoffeln nutzten und der nun total überwuchert war, zwängte ich mich in ein Gestrüpp: Dort begann früher der Obstgarten. Meine Empfindung, für mich geheiligten Boden zu betreten, wurde nun arg verletzt. Denn an der Stelle, wo früher einige Bienenstöcke standen, fand ich jetzt ein roh zusammengezimmertes Holzklo vor ... Von hier aus führte ein ausgetretener Pfad auf eine kleine Lichtung, die vormals unser

Hof war und wo jetzt ein schnell gemauertes kleines Haus stand ..."

Von seinem Geburtshaus existieren nur noch ein paar Mauerreste. Da hinein stellt sich mit brausenden Gefühlen das ehemals ostpreußische Kind Siegfried Matthus:

„So stand ich nach 54 Jahren nun also wieder in den Grundmauern meines Geburtszimmers. Erinnerungen und aktuelle Anblicke wirbelten durcheinander.

Inzwischen hatten sich einige der inzwischen dort auf dem Grundstück lebenden Bewohner eingefunden, die misstrauisch schauten, welche Fremden da auf ihrem Grundstück herumliefen.

Neben mir stand plötzlich eine Frau, die vielleicht vierzig Jahre alt war. Ich teilte ihr – unterstützt von unserer Dolmetscherin Ella – aufgeregt mit, dass ich in diesem Haus hier geboren sei. Worauf die Frau erstaunt sagte: ‚Ja tosche!'

Sie war also auch hier geboren – es war ihr Geburtshaus, genauso wie meines, nur etwa fünfzehn Jahre später! Diese Auskunft musste ich erst mal verdauen ..."

Die Worte der russischen Frau werden den Musiker nicht mehr loslassen. Doch er kann an dieser Konstellation nichts Negatives finden. Spiegelt sich nicht in ihnen beiden – dem Deutschen und der Russin – der keineswegs freiwillige, gewaltige Umbruch Ostpreußens?

Oft gedenkt er seiner Eltern: Seinem Vater kann er nicht mehr von dieser außergewöhnlichen Reise berichten, er ist vor wenigen Jahren gestorben. Doch seine Mutter lebt noch, wenn auch bereits schwer krank. Seine Mutter, die unter dramatischen Umständen und hochschwanger mit drei kleinen Kindern an der Hand über das Haff musste und die irgendwo im pommerschen Land noch ein kleines Mädchen zur Welt brachte, das nicht überleben konnte …

Der Bus mit den Fremden fährt noch bis Angerapp, wo der kleine Siegfried einst seinen ersten öffentlichen Auftritt als Klavierschüler absolvierte und wo er von der zweiten Klasse an die Schulbank drückte, bis er als Zehnjähriger fliehen musste. Nun, 1988, steht anstelle des Kriegerdenkmals auf dem Marktplatz ein Denkmal von Lenin, wobei der Marmorsockel einfach weiter verwendet wurde. Osjorsk heißt die ehemalige Kreisstadt Darkehmen/Angerapp heute.

Ohne dass sie jemand behindert, laufen der Komponist und sein Filmteam durch die Stadt, zu der Ausländer 1988 ebenso wenig Zutritt haben wie zu anderen Ortschaften Kaliningrads.

Drei Jahre später – die DDR existiert nicht mehr, und auch das ehemalige Ostpreußen ist nicht mehr hermetisch abgeriegelt – wird Siegfried Matthus noch einmal nach Osjorsk zurückkehren.

Und nun wird er erfahren, dass an dem Tag, an dem das ausländische Filmteam unbehelligt durch die Straßen lief, über die Bewohner der Stadt eine Ausgangssperre verhängt worden war.

Sehnsuchtstouristen

1990er-Jahre

Ende der 1980er-Jahre beginnt das sowjetische Imperium zu wanken. Durch Glasnost und Perestrojka ist der russische Repressionsapparat aus dem Takt geraten, und überall in Osteuropa setzen sich Bürgerrechtler in Bewegung. Die Staaten des Warschauer Paktes befreien sich von ihren Unterdrückern, auch von deren Handlangern im eigenen Land. Und einer der ersten Flecken, in denen der aufrechte Gang sichtbar wird, ist das kleine, 1940 von den Russen annektierte Estland.

Von Beginn an dabei ist die aus Ostpreußen stammende Anne Rekkaro:

„1988, als unsere Freiheitsbewegung in Estland anfing, arbeitete ich an der Nordküste in einem Dorfkindergarten als Leiterin. Wir wohnten zu dieser Zeit in einem Haus, in dem unten im Erdgeschoss die Räume des Kindergartens waren und unsere Wohnung darüber. Das Dorf lag auf einer vierzehn Kilometer langen Landzunge ins Meer. Peeter und ich wohnten dort sechs Jahre lang, zwischen Meeresrauschen, Möwengeschrei und Kiefernwäldern. Es gab unendlich viele Blaubeeren und Pilze.

Und in diesem Jahr 1988 organisierte ich bereits eine Auktion mit alten Sachen, mit Trödel. Das ganze Dorf nahm daran teil. Das Geld, das wir damit einnahmen, stifteten wir für den estnischen Denkmalsschutz: Diese Organisation führte im Geheimen die Bewegung an, die schließlich in die Freiheit mündete ..."

Die Esten sind keineswegs allein: 1989 – fünfzig Jahre nach dem Hitler-Stalin-Pakt, nach dessen Geheimem Zusatzprotokoll Estland, Lettland und Litauen an die Sowjetunion fielen – schließen sich über eine Million Esten, Letten und Litauer zu einer 650 Kilometer langen menschlichen Kette zusammen, um ihre Einigkeit im Drang nach Freiheit und Unabhängigkeit von der Sowjetunion zu demonstrieren. Die Menschenkette reicht von Vilnius über Riga bis Tallinn – es ist die größte, die es bisher auf dem Erdball gegeben hat.

Im nördlichsten Teil des Baltikums wird im Jahr darauf die friedliche Revolution nicht nur sicht-, sondern auch hörbar. Estland geht mit der „Singenden Revolution" in die Geschichte ein:

„Im Sommer 1990 kam das große Sängerfest in Tallinn. Peeter und ich waren auf dem Sängerfeld, als dort 300 000 Menschen zusammenkamen, um gemeinsam zu singen: Schöne alte Heimatlieder und auch neue, mehr kämpferische Lieder, die von jungen Komponisten gerade geschrieben worden waren. Sehr viele Menschen kamen in estnischen Trachten und hatten die alte, verbotene estnische Fahne mitgebracht – blau, schwarz, weiß! Ein ungeheurer Elan lag in der Luft, nie zuvor hatten wir so begeistert gesungen, Jung und Alt. Viele Menschen weinten vor Freude. Wer das erlebt hat, wird es nie vergessen. Es schnürt mir noch heute die Kehle zu, wenn ich an diesen Tag denke.

Ein Russe versuchte, die rote Fahne auf einem hohen

Mast anzubringen; er kletterte bereits hinauf, und wir alle hielten den Atem an, denn einige Esten kletterten ihm nach: Wird es einen Kampf geben? Niemand wollte Blut fließen sehen. Doch es ging gut aus – die Esten holten den Russen ganz ruhig wieder herunter.

Peeter und ich, wir hatten keinen Sitzplatz, wir standen vom Morgen bis zum Abend, wir fühlten keinen Hunger – wir sangen.

Als das Sängerfest endlich aus war und die Menschen sich in Richtung der Ausgänge bewegten, war ich vom stundenlangen Stehen so steif, dass ich fast umfiel und nicht mehr gehen konnte …"

Moskau reagiert: Im Januar 1991 entsendet die UdSSR militärische und paramilitärische Truppen in die Baltischen Staaten. Doch als ein Staatsstreich in der Sowjetunion im August 1991 zusammenbricht, wird der Traum von der Wiederherstellung der Unabhängigkeit der baltischen Staaten über Nacht wahr.

So erlangt auch Estland noch 1991 seine Unabhängigkeit wieder, die es 1940 verloren hatte. Etwa 200 000 Menschen kamen unter der russischen und auch der deutschen Okkupation ums Leben.

Und während estnische Bürger nun fast flehentlich nach Europa schauen, dem sie sich auch in der langen Unterdrückungszeit immer zugehörig fühlten, bleibt die Enklave Kaliningrad fest im Griff Moskaus.

Sie wirkt wie die alte Sowjetunion: Kaliningrad scheint der Geist von Glasnost und Perestrojka gar nicht erreicht zu haben. Das Gebiet galt aufgrund seines hohen Militarisierungsgrades zu Sowjetzeiten als „größter sowjetischer Flugzeugträger" und war nicht nur geographisch ziemlich abgeriegelt. So wirkt es auch 1990 noch wie ein Biotop aus der Breshnew-Ära.

Umso größer die Irritation auf beiden Seiten, als 1991 plötzlich die ersten deutschen Touristen einreisen dürfen.

Kommen sie wirklich nur als Touristen? Über Jahrzehnte fürchteten nicht wenige Kaliningrader, sie würden eines Tages erneut umgesiedelt. Ist es nun so weit?

Unter den ehemaligen Bewohnern des nördlichen Ostpreußen wächst das Reisebedürfnis in die ehemalige Heimat. Sie haben große Sehnsucht und große Neugier, doch nicht die Absicht, sich nunmehr in Russland anzusiedeln.

1991 rollen die ersten Busse an, und schon bald entwickelt sich eine regelrechte Karawanserei von Sehnsuchtstouristen: Allein in dieser ersten Saison werden es 60 000 sein.

Eine der ersten und häufig wiederkehrenden Besucher ist Brigitte Possienke, geboren in Schuditten im Samland. Eigentlich wollte sie mit ihrem 89-jährigen Vater fahren, doch daraus wurde nichts:

„Mein leiblicher Vater lebte in Bremerhaven, wir standen immer im brieflichen Kontakt. Bis 1989 ging es ihm gesundheitlich ganz gut, trotz seiner fünf Jahre Gefangenschaft.

Er hatte gerade noch die Wende miterlebt. Und sagte in seinem ostpreußischen Dialekt: ‚Wir fahrn nach Ostpreißn. Und dann jehn wir immer die Bahngleise lang, nach Schuditten …'

Er hatte bis zu seinem Tod die Hoffnung, dass er noch mal in seine Heimat zurückkommt. Aber plötzlich lief er schlecht und konnte nur noch schlecht gucken. Ich habe zu ihm gesagt: ‚Aber wir wollen doch noch nach Ostpreußen fahren!' Und das waren seine letzten Worte: ‚Dat werd nu nischt mehr …' Am selben Abend starb er, an Altersschwäche."

Und ihre zwei Jahre ältere Schwester Birgit?

Birgit Possienke wird niemals an den Ort unbeschreiblichen Schmerzes und tiefer Verzweiflung zurückkehren. Denn auch sie wurde als Sechsjährige vergewaltigt: 1945, als drei kleine verlassene Mädchen sich als Wolfskinder durchschlagen mussten. Da war ihre Mutter schon tot, aber Edith lebte noch …

So macht sich Brigitte Possienke 1991 allein auf den Weg:

„Zuerst fuhr ich dorthin, wo ich auf die Welt gekommen war, nach Schuditten. Aber mein kleines Dorf existierte nicht mehr! Ich fand nur noch das Nachbardorf vor. Später erfuhr ich, dass im nördlichen Ostpreußen über 3000 Dörfer plattgemacht worden waren, weil Stalin besonders große Flächen haben wollte, für den Einsatz der großen Erntemaschinen – Mähdrescher usw.

Es wurden aus allen Gebieten Kolchosen gemacht. Und so haben sie viele Dörfer, die abseits und eingebettet in der Natur lagen, einfach plattgemacht, weil sie ihnen im Wege waren: Mühlen, Ziegeleien, Häuser, Dorfstraßen – alles wurde eingeebnet für endlos große Ackerflächen …

Und das ist auch mit meinem Heimatdorf geschehen. Als ich 1991 da stand – sprachlos vor einem leeren Fleck, eine alte deutsche Gebietskarte in der Hand –, streichelte der russische Taxifahrer meinen Arm und sagte: ‚Nje platschesch – nicht weinen …' Das fand ich rührend. Ich hatte ihn ja zuvor gefragt, wo denn nun mein Dorf sei.

Seit meiner ersten Reise fuhr ich dann immer, wenn ich das nördliche Ostpreußen besuchte, auch in das Nachbardorf – das existierte noch, wenn auch in einem jämmerlichen Zustand ... Da gibt es noch die alten Häuser, da spielen Kinder, und früher gab es hier die kleine Kirche, zu der alle aus den umliegenden Dörfern kamen. Es existiert noch heute eine winzige Schule, eine russische. Und ich habe mich dort mit der Lehrerin ein bisschen angefreundet. Immer wenn ich hinfahre, besuche ich sie und nehme Geschenke aus Deutschland mit."

Viele ehemalige Bewohner der ostpreußischen Landbevölkerung stehen nun entsetzt vor den halbverfallenen Häusern, in denen sie aufgewachsen sind, falls es das Haus überhaupt noch gibt. Das ist schwer anzuschauen und vielen „blutet das Herz" bei ihrem Eintreffen. Mitunter sieht es nach 45 Jahren in den Dörfern aus, als sei der Krieg erst ein paar Monate vorüber ...

Diejenigen aber, die sprachlich in der Lage und auch willens sind, mit den Fremden ins Gespräch zu kommen, werden mitunter herausfinden, dass die Dorfbewohner, die hier angesiedelt wurden, aus der gesamten Sowjetunion stammen. Viele sind selbst Kriegsopfer, der Mann fiel als Soldat, oder sie wurden als politisch zuverlässige Bürger nach Kaliningrad versetzt. Die meisten dieser Dorfbewohner haben kein Gemeinschaftsgefühl entwickelt in all den Jahren; jeder wurstelt sich irgendwie selbst durch in dieser noch immer eklatanten Mangelgesellschaft. Sie haben auch keine Beziehung zu den Häusern, in die sie gesetzt wurden. Oft fühlen sie sich selbst entwurzelt und sehnen sich nach der Heimat, in der sie aufgewachsen sind.

Hinzu kommt: Seit Generationen sind sie durch das sowjet-sozialistische Modell geprägt, in dem man nicht mitzureden, gar mitzudenken hat und sich lieber in selbstgebrannten Fusel flüchtet, als das Risiko einzugehen, für irgendetwas persönlich oder auch kollektiv bestraft zu werden.

Günter Kropp bricht 1992 nach Ostpreußen auf. Er hat viele Berichte in den Zeitungen gelesen, die 1991 von zurückkehrenden Sehnsuchtstouristen veröffentlicht wurden. Nun zieht es auch ihn in die ehemalige Heimat. Doch der Bauernsohn, der inzwischen als Tischler in Berlin-Spandau lebt, hat zwei Ziele:

„Ich habe mir nämlich gesagt: ‚Du musst unbedingt die Litauer Bauernfamilie wiederfinden, die dich damals vor dem Hungertod gerettet hat!' Ich hätte 1946 ohne die nicht überlebt …

So. Und nun reiste ich mit der Schriftstellerin Hildegard Rauschenbach mit, denn die konnte noch besser Russisch als ich. Litauisch nicht so gut, aber Russisch. Hildegard Rauschenbach kam auch aus meiner Gegend. Wir flogen nach Vilnius, von dort fuhren wir mit dem Bus nach Memel.

Und von dort aus bin ich dann erst mal nach Stallupönen, wo nun nicht mehr Hitler auf dem Sockel stand, sondern Lenin. Ich besuchte das Grab meines Onkels, der dort beerdigt war, und sah nach, ob unser abgelegenes und zerschossenes Gehöft in Rauschendorf wieder aufgebaut und dort inzwischen jemand eingezogen war. Da wohnte aber niemand mehr, selbst von unserer Gehöftruine war nichts mehr zu sehen. Nur unsere Felder ringsherum waren bestellt, die hatte sich vermutlich eine Kolchose angeeignet.

Dann bin ich rüber nach Litauen, das ist ja nicht weit. Die Litauer habe ich tatsächlich gefunden – die lebten aber nicht mehr, nur ihre Kinder. Inzwischen waren fast fünfzig Jahre vergangen. Und so konnte ich mich gar nicht mehr bei den Eltern bedanken. Ich hätte sie gern einmal in den Arm genommen: 1946/47 waren wir ja durch den Hunger ziemlich verroht. Wir waren freundlich, aber irgendwie hart – man nahm einander kaum mal in den Arm. Und das wollte ich nun nachholen ..."

Wovon der warmherzige Ostpreuße zu dieser Zeit nichts weiß: Im Herbst 1991 – auch Litauen hat sich unter Opfern inzwischen seine Freiheit erkämpft – gründen zunächst 65 „Wolfskinder" in Memel (Klaipeda) den Verein „Edelweiß". Sie alle sind Ostpreußen, die vertrieben wurden und in den Jahren 1946 bis 1948 als Vollwaisen in Litauen landeten. Ihre Zahl steigt rasch, denn jetzt erst können sie Kontakt miteinander aufnehmen.

Günter Kropp bricht 1994 noch einmal nach Stallupönen auf, diesmal mit seinem eigenen PKW. Das Herz ist ihm schwer, denn im Jahr zuvor ist sein Bruder Gerhard gestorben:

„Mein kleiner Bruder Gerhard, mit dem ich so viel in Ostpreußen durchlitten hatte, ist 1993 gestorben – mit gerade mal 51 Jahren. Er hat Flucht und Hungerzeit als Kleinkind durchleben müssen und ist nie richtig gesund geworden von einer aus der Kindheit verschleppten TBC ...

Meine Mutter hat ihn noch sechs Jahre überlebt."

Erneut voller Pioniergeist beim Besuch der alten Heimat ist 1991 der Komponist Siegfried Matthus. Vor drei Jahren war er bereits mit Sondergenehmigung in Mallenuppen, nun kehrt er zurück:

„Schon 1991 kam ich wieder in meine ehemalige Heimat, nun ging das ja offiziell. Die Kaliningrader waren zu dieser Zeit Fremden gegenüber nicht sehr zugänglich, vor allem Deutschen nicht.

Danach kehrte ich öfter zurück – privat oder in meinem Beruf als Komponist, mal allein, mal mit meiner Frau oder meinem Sohn. Ihm wollte ich zeigen, wo ich aufgewachsen bin. Ein bisschen haben wir gebuddelt, um vielleicht wiederzufinden, was unsere Familie Matthus damals vor der Flucht noch schnell vergraben hat. Wir fanden aber nichts.

1996 fuhr ich mit meiner Frau und unserem Sohn dann an die Weichsel – dorthin, wo ich im Januar 1945 die dramatischsten Erlebnisse hatte. Wir fuhren auch nach Danzig, um zu sehen, ob es vielleicht ein Grab meiner Großmutter gibt, die wir auf der Flucht dort zurücklassen mussten, als sie im Sterben lag.

Ich traf noch die inzwischen schon alte Krankenschwester wieder, die 1945 meine Großmutter betreut hatte. Sie ist, so erfuhren wir, kurz nach unserem Abschied gestorben. Die Leiche wurde verbrannt, die Urne dann auf einem alten Danziger Friedhof beigesetzt. Dieser alte Friedhof – das fand ich nun 1996 heraus – wurde eingeebnet, und auf seinem Gelände steht heute das Danziger Opernhaus! Nun wünsche ich mir, dass dort einmal eine Oper von mir gespielt wird, sodass ich meiner Großmutter von meiner Arbeit erzählen kann …"

Und wie ergeht es den in Königsberg Geborenen, die es in die Stadt am Pregel zurückzieht?

Sie finden sich geschockt inmitten einer sozialistischen Betonstadt wieder, wo einst ihre prächtige Ordens- und Hansestadt stand. Die hatten sie bereits als Meer von Ruinen erleben müssen. Nun ist fast alles weg, und es erwartet sie ein liebloses Blocksystem, wie es auch in Peking, Bukarest oder Berlin-Marzahn zu sehen ist. Zwei sich kreuzende monumentale Achsen durchschneiden die Betonwüste. Kalt und lieblos wirkt die Stadt.

Sie haben erste Prospekte in der Hand und lesen, Kaliningrad habe sich zu einem wichtigen Zentrum der Hochseefischerei und der Fischverarbeitung entwickelt. 47 verschiedene Nationalitäten werden hier gezählt … Sie hören: Gesprochen wird überall nur Russisch.

Erschreckend wirken die Armut der Bewohner, der Dreck und Verfall, der schon tagsüber sichtbare Alkoholkonsum. Unfassbare Zustände in den öffentlichen Toilettenanlagen. Der Anblick vergrößert den Schmerz der Erinnerung, doch da ist kein Platz für Hohn und Schadenfreude. Was ist mit diesen Menschen passiert? Etliche der aus Deutschland Angereisten waren bereits im südlichen, inzwischen polnischen Teil Ostpreußens: Landschaft und Menschen wirkten dort intakt, Verfall war auch zu sehen, jedoch auch viel liebevoll Bewahrtes und Restauriertes. Nichts davon im russischen Kaliningrad. Als Trost bleibt den Angereisten nur das Grabmal des größten Sohnes dieser Stadt, Immanuel Kant.

Michael Wieck gehört 1992 zu den Angereisten, und mit ihm seine Schwester, die 1939 mit einem Kindertransport aus Deutschland herausgebracht wurde. Dass es das alte, ehrwürdige Königsberg nicht mehr gibt, hat er unter großem Leid noch selbst erfahren müssen. Doch was er 47

Jahre später vorfindet, das macht auch ihn ratlos – selbst dann, wenn er sich tapfer vor Augen hält, dass Kaliningrad jetzt 400 000 Menschen Wohn- und Lebensmöglichkeit zu bieten scheint:

„Eine Stadt mit vielen, schnell errichteten sozialistischen Zweckbauten, wie man sie aus der Sowjetunion und ihren Satellitenstaaten her kennt, mit seelenlosen Plätzen, auf denen ein Lenin- oder Marx-Denkmal steht, mit eintönigen Straßen und vorwiegend dunkel gekleideten Menschen, die bei ihren täglichen Einkäufen lange nach Produkten suchen müssen. Autos und Busse sind so ramponiert, dass man sich wundert, wie sie es noch schaffen, über das löchrige Straßenpflaster davonzuholpern. Und wer heute das Sagen hat, die Geschehnisse dieser sanierungsbedürftigen Stadt beeinflusst, ist genauso wenig auszumachen wie ein bestimmtes Ziel, auf das gemeinschaftlich hingearbeitet wird …"

Doch der Reisende aus Stuttgart macht auch noch einmal deutlich, wem der komplette Niedergang der nach Berlin vielleicht wichtigsten deutschen Stadt für Geist und Kultur letztlich zu verdanken war:

„Der Anblick lässt mich mit großer Bitterkeit daran denken, dass Generäle, Beamte und ein ganzes Volk es nicht fertiggebracht hatten, sich einer Diktatorenclique zu entledigen, die ihren verbrecherischen Krieg für jeden erkennbar verloren hatte. Hätte der ‚20. Juli 1944' zur Beendigung des Krieges geführt, wäre Königsberg unzerstört geblieben, die ostpreußische Bevölkerung nicht geflohen und die Voraussetzungen für eine russische Totalvereinnahmung der Stadt gar nicht vorhanden gewesen …"

Doch auch in dieser verwandelten und verschandelten Stadt gibt es für Michael Wieck Inseln, in denen die Vergangenheit auflebt:

„So staunte ich, dass inmitten einer völlig zerstörten Stadt das jüdische Waisenhaus erhalten geblieben war, in dem ich nach der brutalen Schändung der großen, schönen Synagoge in die Schule ging, um dort die Schriften von Lessing, Goethe, Schiller und Shakespeare zu lesen, während draußen die Hitlerjungen mit Steinen warfen und ‚Juda verrecke' an unsere Schulwand malten. Wir begriffen nicht, warum damals dieser Hass auf uns Kinder von so vielen Erwachsenen ständig angeheizt wurde ..."

Der Musiker ist aufgewühlt. Und kommt sich mitunter vor wie in einem Fellini-Film: Er isst im Hotelrestaurant eine mehrgängige Mahlzeit für 3 DM; vor dem Hotel betteln Kinder, winken Prostituierte, warten Taxifahrer. Er besucht das KZ Rothenstein und sieht russische Bewohner Blumen am Kant-Denkmal und am Kant-Grab niederlegen. Er wird als wohl renommiertester unter den noch lebenden Bewohnern Königsbergs vom russischen Fernsehen interviewt und gefragt, was er empfiehlt, damit Kaliningrad wieder eine Kulturstadt wird. Der Kulturbürgermeister erinnert sich noch gut, wie der ausgemergelte Michael Wieck 1947 als Stehgeiger Tanzmusik spielte und er dazu tanzte ...

Erst die Reise auf die Kurische Nehrung wird ihm und seiner Schwester etwas Ruhe bringen, vor allem durch die Landschaft, die sie als Kinder schon so entzückte:

„Der weiße Ostseestrand, die großen Sanddünen am Ufer des Haffs und die freundlichen Wälder waren noch fast unverändert, wenn auch die ehemaligen Fischerdörfer vielen Erholungsheimen weichen mussten. Eine Ruderbootfahrt auf dem stillen Haff, unter wolkenbewegtem Himmel stimmte versöhnlich und ließ auch glückliche Gefühle aufkommen. Dass uns abends einmal eine Elchkuh über den Weg lief und sich etwa zwanzig Schritte von der Fahrstraße entfernt filmen ließ, das wirkte nun schon fast wie Effekthascherei ..."

Auch Doris Meyer wird Königsberg besuchen, doch nur ein einziges Mal, auch im Jahr 1992. Es wird eine furchtbare Reise für sie, denn alles, was sie mit ihrer Mutter und ihrem „Ömchen" erlebt hat, bricht jetzt vor Ort auf dramatische Weise in die Erinnerung hinein. Sie weint fast nur in Königsberg. Das wüste und zerbombte Viertel, in dem sie zuletzt hausten, existiert noch – und es sieht immer noch zerbombt und wüst aus. Sie steht in dieser Kulisse und macht mit verweintem Gesicht Fotos, weil sie das ihrer bettlägerigen Mutter versprochen hat. Und sie gedenkt all der Familienangehörigen, an die sie sich erinnert und die durch den Krieg und seine Folgen umgekommen sind: Ihr Vater gilt als vermisst / sein Bruder wurde über Kreta abgeschossen / ihr „Ömchen" ist in ihren Armen in Königsberg verhungert / auch ihre andere Großmutter ist in Königsberg verhungert / ihr Großvater ist im russischen Lager Rothenstein umgekommen / die beiden Schwestern ihrer Mutter sind in Ostpreußen verschollen / der Bruder ihrer Mutter, ein Orgelbauer, der noch im letzten Moment gegriffen wurde, fiel bei der Verteidigung Königsbergs / seine junge Frau und das

Baby, die in der Festungszeit bei ihren Eltern in Gumbinnen waren, sind seit 1945 verschollen …

Nein, Doris Meyer wird nie wieder nach Kaliningrad zurückkehren.

Doch sie ist zuhause aktiv, in Neubrandenburg. Noch 1992 wird sie Mitbegründerin des Verbandes der Ost- und Westpreußen in ihrer Stadt; jahrelang werden die Mitglieder sie als Schriftführerin in den Vorstand wählen.

Und dann ist da noch ihre bettlägerige, geliebte Mutter: 1945 lief Doris mit von den Russen erbetteltem Kartoffelbrei kilometerweit nach Königsberg hinein, um ihre typhuskranke Mutter zu suchen.

Nun, im Jahr 1992, ringt sie darum, als Pädagogin in den vorzeitigen Ruhestand entlassen zu werden, um ihre schwerkranke Mutter zu pflegen. Das gelingt, und von nun an verbringt sie fast zwei Jahre lang jeden Tag bei ihrer Mutter, um sie zu versorgen:

„Meine Mutti hatte nur 360 Mark Rente in der DDR, weil sie nach unserer Ankunft aus Ostpreußen invalidisiert worden war. Und nun, vier Jahre nach der deutschen Einheit, bekam sie plötzlich über 1000 DM Rente. Sie konnte es aber nicht mehr genießen – sie starb im Mai 1994.

Zwei Jahre lang konnte ich mich von meiner Traurigkeit nicht mehr erholen. Dann nahm mich eine ehemalige Kollegin einmal pro Woche mit zum Sport. Dadurch wurde es besser …"

Durch die deutschen Besucher ist zumindest Bewegung in die westlichste russische Enklave gekommen: Immanuel Kant wird plötzlich als Brücke zwischen Ost und West, Gestern und Heute entdeckt, der Philosoph hat Hochkonjunktur.

Doris Meyer und ihre Mutter an deren 80. Geburtstag in Neubrandenburg

Russische Künstler und Intellektuelle mischen sich in Fragen des Baubestands ein und wollen Kaliningrad aus der „geschichtlichen Bewusstlosigkeit" befreien. Für junge Leute gilt „deutsch" vorübergehend als chic, andere sehen die Chance, vielleicht im Ausland studieren zu können.

Zwar sorgen auch Rechtsextreme aus Deutschland für Unruhe, die Kaliningrad am liebsten wieder „regermanisieren" würden. Ihr Streben, so beschämend es ist, versiegt bald wieder.

Dauerhafter wirken partnerschaftliche Initiativen wie jene der Lübecker Musikprofessorin Gudrun Schmidt-Kärner, die nie etwas mit Ostpreußen zu tun hatte, doch eine Meisterin im Vernetzen ist.

Sie holt halb Schleswig-Holstein mit ins Boot, organisiert Schulpartnerschaften, Jugendaustausch, Beratungszentren – und findet immer mehr Mitstreiterinnen auch in Kaliningrad selbst.

Und dann ist da noch der Königsberger Dom: Als ein gemeinsames russisch-deutsches Projekt wird sein Wiederaufbau 1992 begonnen …

Hoffen auf Immanuel Kant

21. Jahrhundert

Brigitte Possienke hatte in den 1990er-Jahren nicht nur den Tod ihres Vaters zu verkraften, sondern auch den ihres Mannes. Der ältere Sohn war bei der DDR-Armee ums Leben gekommen, der jüngere arbeitet im Hotelfachwesen in Leipzig.

Sie selbst ist nicht mehr im Schuldienst, doch ist sie neugierig und tatkräftig wie eh und je. So fährt die Lehrerin auch nach der Jahrhundertwende noch mehrfach nach Ostpreußen. Und je öfter sie dort ist, desto konkreter schlüsseln sich ihr die Menschen auf, derentwegen die Deutschen aus ihrer Heimat vertrieben wurden:

„Ich unterhielt mich jedes Mal mit den Bewohnern, ich hatte ja in der DDR Russisch gelernt. Da bin ich mal so einer alten Oma begegnet und habe sie gefragt, wann sie denn hier ins Dorf gekommen ist. Sie sagte, sie sei seit 1947 hier, sie kam aus der Nähe von Omsk. Sie hatte sechs Kinder, der Mann war im Krieg gefallen. Und wegen ihres gefallenen Mannes gab Stalin die Devise raus: ‚Großer Dank vom Vaterland – sie kriegt ein schönes deutsches Haus!' Und dann wurde sie mit ihren sechs Kindern in einen Zug gesetzt und irgendwo in Ostpreußen ausgeladen. Und dieses schöne deutsche Haus stand auch da, am Waldesrand. Nur war sie dort nicht die Einzige – da kamen plötzlich mehrere Witwen mit ihren Kindern in diesem Haus an. Das Haus hatte fünf Zimmer – und nun hauste jede Frau mit mehreren Kindern in je einem Zimmer …

Diese Geschichte hat sie mir erzählt, dieses alte, zahnlose Mütterchen aus Omsk. Und obwohl das ein halbes Jahrhundert zurücklag, kamen ihr noch die Tränen. Die wurden da einfach ausgeladen. Da stand sie nun, ihre Kinder waren vorwiegend klein. Sie wusste nicht, woher was zu essen kriegen, sie wusste nicht, woher Kleidung für die Kinder nehmen … Das war 1946 – die Felder lagen brach, die Deutschen waren verschleppt oder vertrieben, Kolchosen wiederum gab es noch nicht überall. Es war so eine völlige Niemandszeit. Die Frau sagte: ‚Es ging uns sehr, sehr schlecht – wir haben gehungert und gefroren, und niemand kümmerte sich um uns …'

Ich habe sie gefragt, was ihre Kinder heute machen: Der eine ist Traktorist, die Töchter haben Kinder gekriegt usw. Sie leben jedenfalls alle noch.

Ich frage immer, wenn ich in Kaliningrad bin, die Leute: ‚Wo kommen Sie denn her? Woher kommen Sie?' Und auf diese Weise habe ich herausgekriegt: Sie kamen aus allen Teilen der Sowjetunion: Aus Irkutsk, aus Archangelsk, aus Odessa … von sonst wo her.

Im letzten Sommer, also 2009, kam mir eine Frau hinterhergerannt, um mir mitzuteilen, sie komme aus Kamtschatka – das liegt nicht weit entfernt von Japan. Ihr Haus war lila gestrichen, da war ein kleines Bäckerlädchen drin, und die Besitzerin kam aus Kamtschatka.

Ich sage zu ihr: ‚Wie kommen Sie denn aus Kamtschatka hierher?' ‚Meine Tochter arbeitet nicht weit von Königsberg', antwortet sie mir. Königsberg ist so was wie der Westen für Russland. Und so hat die Tochter ihre Mutter vom anderen

Ende des riesigen Russland in dieses Dorf geholt, wo sie jetzt das Bäckerlädchen hat."

So alle zwei, drei Jahre zieht es Brigitte Possienke nach Kaliningrad. Denn nicht nur die Menschen, auch die Landschaft und die Entwicklung der Landwirtschaft interessieren sie:

„Und 2007 war ich im August dort – ich fand eine goldige Landschaft, ganz Ostpreußen schimmerte golden: Überall blühte die Goldrute. Das heißt, es wächst dort nichts. Ich habe auf der ganzen Reise durch diese Gegend nur eine einzige Kuhherde gesehen und sonst nichts: keine Weidewirtschaft, keine Felder ... nichts. Ein goldener Schimmer lag über dem Land. Goldrute sieht ja schön aus, ist aber ein Unkraut. Und das lag blühend über dem Land.

Anfang der 1990er-Jahre existierten die Kolchosen noch. Nun gibt es die aber nicht mehr. Die Leute haben einerseits keine Erfahrung mit eigener Landwirtschaft. Und sie haben andererseits kein Geld, um sich irgendwelche Maschinen, Geräte, Dünger und Saatgut zu kaufen. Dieses Jahrhunderte alte Kulturland verödet, versteppt. Es ist ein Trauerspiel. Es tut weh, das zu sehen: Es ist eine phantastische Natur, ein phantastischer Himmel und Gräser und Blümchen, aber es wächst nichts.

Auch in den Dörfern selbst passiert nicht viel. Der Alkohol spielt eine Rolle: Man sieht sehr viele junge Leute – Männer vor allem –, die schon vormittags angesäuselt sind. Alte Leute sitzen da, die von einer jämmerlichen Rente leben müssen. Die Lehrerin aus dem Nachbardorf z. B. kriegt etwas mehr als 60 Euro Rente – im Monat! Die Preise auf dem Markt in Königsberg wiederum, wo es alles zu kaufen gibt, sind im Vergleich dazu extrem hoch. Die Lebensumstände für einen normalen Russen, der nicht in krumme Geschäfte verwickelt ist, sind katastrophal, nach wie vor.

Und dann wiederum gibt es auf der anderen Seite diese wahnsinnig reichen Russen, die sich dort protzige Häuser hinbauen. Deren Töchter fahren die tollsten Autos. Der Kontrast zwischen Armut und Reichtum ist ungeheuer, dazwischen gibt es fast nichts.

Letzten Sommer habe ich zum allerersten Mal – sonst sieht man immer nur Mütterchen am Wegesrand sitzen mit Beeren, mit selbstgemachter Sahne oder Quark – auch ältere Männer gesehen, die da mit einem Beeren-Töpfchen am Wegrand saßen. Ich habe in ihre Gesichter geschaut – sie machten einen sehr intelligenten Eindruck. Das heißt, die Rente, die sie beziehen, ist so minimal, dass sie davon nicht existieren können, sodass sie mit Pilzen und Beeren am Wegesrand sitzen. Wer weiß, vielleicht waren sie im Berufsleben Lehrer oder Ingenieure ..."

Auch im Sommer 2009 bricht Brigitte Possienke aus dem samländischen Schuditten wieder nach Ostpreußen auf ... Sie sucht die Lehrerin des Nachbardorfes auf, mit der sie inzwischen befreundet ist. Sie geht wie immer am Anger vorbei, die Dorfstraße entlang. Und wenn sie die Augen schließt, sieht sie ihre Mutter, ihren Vater, ihre Schwestern Edith und Birgit, den Hund ihres Bauernhofes, die Hühner, die Ziegen und all die anderen Tiere, an die sie sich dunkel erinnert.

Es ist ihre letzte Reise. Im Juni 2010 stirbt Brigitte Possienke an Krebs.

Günter Kropp, Jahrgang 1933, ist ein großer, freundlicher und sehr bescheidener Mann. Wie der Riese aus einem Märchen wirkt er und hat doch noch immer etwas Kindliches an sich. Er spricht sanft, und manchmal dauert es eine Weile, bis er die richtigen Worte gefunden hat. Bei Details wiederum wartet er mit einem phänomenalen Gedächtnis auf.

Noch immer glücklich ist er auch mit seiner Frau Ilse aus dem Memelland verheiratet. Sein älterer Sohn ist Metallschlosser und lebt mit im Haus der Eltern. Der Jüngere wohnt bei Stuttgart und ist Fernfahrer.

Ist Spandau seine zweite Heimat geworden?

„Ostpreußen sehe ich noch immer als meine Heimat – ich lebe zwar schon mehr als ein halbes Jahrhundert in Spandau, doch ein Berliner bin ich trotz der vielen Jahre nicht geworden.

Sehr oft noch muss ich an Ostpreußen denken. Und an Litauen – daran, wie ich beim Betteln im Winter 1946/47 durch Dörfer kam, in denen keine einzige Fußspur mehr im Schnee zu sehen war. Kein Rauch war aus irgendeinem Schornstein gestiegen. Man hat richtig Gänsehaut gekriegt … Da lebte kein einziger Mensch mehr. Wo waren all die Bewohner hin? Denn ein Jahr zuvor war ich ja bereits durch dieselben Dörfer gegangen – und war da noch etlichen Menschen begegnet. Dieses düstere Geheimnis hat mich sehr bewegt.

Ich habe dann in den 1990ern mal einige Litauer gefragt: ‚Was ist denn in diesen Orten passiert?' Und sie sagten: ‚Die Leute sind alle nach Sibirien gekommen …' Einige Dorfbewohner hatten Partisanen bei sich übernachten lassen – und weil das rausgekommen war, ist gleich das ganze Dorf weggekommen, Erwachsene und Kinder. Da waren die Russen rigoros.

Solche Erlebnisse träume ich bis heute. Auch Hunger und Angst vor Verfolgung kehren nachts zurück. Das geht nie weg, solange ich lebe. Ich kann auch kein aktuelles Kriegsgeschehen in der Welt mitverfolgen, das geht mir viel zu nah.

Doch auch an die positiven Zeiten meiner Kindheit denke ich oft und voller Dankbarkeit. Ich lese das Ostpreußen-Blatt – da steht immer drin, was es Neues gibt in meiner alten Heimat. Ich besuche alle ostpreußischen Regionaltreffen des Kreises Stallupönen, die gibt es jedes Mal in einer anderen deutschen Stadt. Und alle zwei Jahre fahre ich nach Litauen – zu den Familien der Bauern, die mich 1947/48 gerettet haben."

Mit dem 21. Jahrhundert verabschiede sich allmählich die Kriegsgeneration, so liest man. Es stimmt, doch betrifft das kaum die Kindergeneration des Zweiten Weltkrieges, die sich heute etwa zwischen dem siebzigsten und fünfundachtzigsten Lebensjahr befindet. Wie viele darunter aus Ostpreußen sind, ist kaum noch auszumachen. Doch trifft man sie, so spürt man: Auch siebzig Jahre nach Kriegsende leiden die meisten unter den im Gedächtnis eingebrannten dramatischen Fluchtwochen, dem ewig beißenden Hunger, dem allgegenwärtigen Tod. Viele mussten dem Sterben von Menschen, die ihnen zutiefst vertraut waren, hilflos zuschauen.

So übt Königsberg keineswegs auf alle ehemaligen Bewohner des nördlichen Ostpreußens eine Anziehungskraft aus: Karla Browarzyck, die vier Jahre ältere Schwester von Anne Rekkaro, hat nie wieder einen Fuß auf Königsberger

Boden gesetzt. Für sie ist die Stadt für immer verbunden mit dem Sterben ihrer Mutter, mit dem Tod zweier kleinerer Geschwister und dem Nie-Mehr-Zurückkehren ihres geliebten Bruders Peter …, mit tiefer Verzweiflung und völliger Verlassenheit, mit einem Offizier, der wohl fürchtete, sich bei einer vergewaltigten Zwölfjährigen mit einer Geschlechtskrankheit anzustecken und sich deshalb ein noch jüngeres Kind suchte …

Zusammen mit ihrem Mann, einem sensiblen Ingenieur für Schreibmaschinentechnik, lebt Karla Browarzyck im thüringischen Erfurt. Sie ist noch immer schwer traumatisiert aus der Zeit, in der sie als „Wolfskind" in Königsberger Ruinen hauste: Auch mit weit über siebzig Jahren vermag sie keine Höhle zu betreten. Die Angst sitzt tief, es könnte die Decke über ihr zusammenbrechen und sie unter sich begraben. Und sie hat Angst vor der Dunkelheit: Als ihr Mann vorübergehend ins Krankenhaus muss, brennt jede Nacht in der Wohnung durchgehend das Licht. Karla Browarzyck leidet unter gesundheitlichen Folgeschäden der Belagerungszeit.

Sehr oft kreisen die Gedanken um ihre Mutter und die drei Geschwister, die Bombenhagel und russische Besatzung nicht überlebten – Monika, Frank und Peter.

Wann genau ist ihre Mutter gestorben? Darüber streitet sie mit ihrer in Estland lebenden Schwester Roswitha-Anne (Anne Rekkaro). Die Beiden sind auf jeden noch so kleinen Hinweis angewiesen, denn sie waren ja noch Kinder. Auch besaß kein Deutscher nach dem Durchzug der Roten Armee 1945 noch eine Uhr und schon bald auch keinen Kalender mehr.

Nein, so lange Karla Browarzyck lebt, wird sie keinen Fuß auf Kaliningrader Boden setzen. Doch nach ihrem

Tod? Das ist etwas anderes: Nach ihrem Tod würde sie gern dort begraben werden, wo sie sich ihrer Familie nahe fühlt.

Ihre Schwester Anne Rekkaro dagegen versucht, so oft wie möglich nach Königsberg zu fahren. Sie schleppt keine Traumata aus Königsberg mit – sie hatte Glück und wurde als Dreijährige vom Hungertod gerettet. Doch inzwischen hat sie Mühe, ihre wahre Identität nachzuweisen! Der Vater als Kommunist ließ seine Kinder nicht taufen: So sind sie in keinem Kirchenbuch zu finden. Die Akten mit Annes Geburtsjahr wiederum gehören zu den Jahrgängen, die seit dem Bombenangriff 1944 nicht mehr existieren. Ihre Pflegemutter Anne Avik ist gestorben, doch ihre Pflegeschwester Ursula in Tallinn kann immerhin bezeugen, dass sie kein estnisches Findelkind ist, weil sie ja selbst dabei war, als das kleine Königsberger Mädchen mit dem Hungerbauch und den eiternden Wunden an den Beinen mit ihnen in den Zug stieg. Karla hat notariell beglaubigt, dass die Estin Anne Rekkaro ihre leibliche Schwester ist. Ihr Halbbruder Dieter aus Senftenberg hatte es beglaubigt und auch der Onkel aus Bonn, der sie in den 1950er-Jahren adoptieren wollte …

Doch nützt das was? Die deutschen Behörden bestehen auf ordentlichen Geburtsurkunden – auch wenn es die nicht mehr gibt:

„Ich besitze kein Dokument darüber, dass ich Deutsche bin und in Königsberg geboren wurde. Wie kann ich nachweisen, wer ich bin? Ich habe ans Berliner Standesamt geschrieben mit dem Wunsch, eine Kopie von meiner Geburtsurkunde zu erhalten, falls sie über eine solche Urkunde verfügen. So viele Menschen suchen ihre Dokumente … Und in meinem estnischen Personalausweis stehen bis heute die falschen Angaben, die damals meinem Schutz dienten.

Vom Berliner Standesamt bekam ich zur Antwort, dass es mindestens fünfzehn Monate dauern wird, bis mein Gesuch an der Reihe ist. Es sind jetzt aber schon viele Monate vergangen und ich drücke die Daumen, dass ich eine positive Antwort bekomme …"

Anne Rekkaro hatte eine ganze Mappe mit Zeugenaussagen und notariellen Beglaubigungen zusammengestellt. Damit ging sie zunächst zur deutschen Botschaft in Tallinn. Die fühlte sich nicht zuständig, wünschte ihr aber alles Gute. Sie schickte die Mappe mit all den Belegen an das zuständige Standesamt Berlin und bat um eine Nachbeurkundung im deutschen Geburtenregister. Zunächst musste sie Jahre warten, bevor sie überhaupt eine Antwort bekam. Die war dann auch noch negativ: Eine solche Nachbeurkundung sei nicht möglich, da sie nicht die deutsche Staatsangehörigkeit besitze. Auch hier wünschte man ihr alles Gute …

Seit dieser Absage hat Anne Rekkaro mit einer schweren Enttäuschung und Irritation zu kämpfen: Wenn sich ihre Wurzeln nicht mehr beglaubigen lassen – wer ist sie dann? Auf ihrem Grabstein sollte doch auch ihr voller Mädchenname stehen …

Die Enttäuschung über deutsche Ämter setzt ein verstärktes Reisepensum in Gang, eine intensivere Suche nach ihren Wurzeln:

„Mittlerweile bin ich mehrfach in Königsberg gewesen. Im Jahr 2005 war ich das erste Mal dort – zunächst auf der Suche nach unserem Haus, in dem wir damals alle gelebt haben. Heute heißt die Straße nicht mehr Hermannsallee 14, sondern Tschaikovski ulitsa 58.

Ich habe auch nach Gräbern gesucht, um meiner in Ostpreußen umgekommenen Familie zu gedenken. Doch ich habe nichts gefunden: Es gibt kein Grab meines Vaters, kein Grab meiner Mutter, kein Grab meiner kleinen Schwester Monika, kein Grab meines Bruders Frank ...

2007, Anfang Mai, war ich wieder da. Diesmal hatte ich eine kleine Rotbuche mitgebracht – die pflanzte ich heimlich auf jenem Friedhof, von dem ich vermute, dass meine Mutter dort ruht.

Den deutschen Friedhof gibt es nicht mehr, den haben die Russen dem Erdboden gleichgemacht. Gleichzeitig begannen sie, dort ihre eigenen Toten zu begraben. So liegen auf diesem Friedhof jetzt unten die Deutschen und oben drüber die Russen. Er ist aber inzwischen geschlossen, und keine Gräber sind dort mehr erlaubt.

Ich fand noch einen kleinen, leeren Platz – und genau dort habe ich heimlich das Bäumchen gepflanzt.

Im Frühjahr 2009 bin ich erneut in Königsberg gewesen. Diesmal hatte ich zwei kleine Eichen mitgebracht. Mit denen fuhr ich nach Rauschen – das war die Stadt an der Meeresküste, in der 1945 meine kleine Schwester Monika starb. Und genau dort an der Küste habe ich die Eichenbäumchen gepflanzt: Eines für Monika und das andere für meinen kleinen Bruder Frank, damit sie sich zusammen besser fühlen.

Und eines Tages werde ich auch nach Litauen fahren und irgendwo nahe der ostpreußischen Grenze einen Baum für meinen Bruder Peter pflanzen. Auch er hat ja kein Grab ...

Meine Identität muss ich finden, auch ohne Ämter. Ich bin eine Ostpreußin!

Ich war sehr klein damals, doch manchmal gibt es noch Erinnerungsfetzen: Wir drei Kinder – Peter, Karla und ich – schlafen schräg in einem Bett. Regenwasser tropft auf uns, genau auf uns. Aber keiner von uns ist in der Lage aufzustehen – wir sind so müde vom Hunger, so schwach … Das muss die Zeit gewesen sein, wo unser Bruder Frank schon gestorben war …

Auch ein anderes Bild kehrt immer wieder: Ich stehe direkt vor unserem Kellerfenster. An der Straßenecke erblicke ich einen großen Vogel – mit kurzen Beinen und einem großen Schnabel. Er bewegt sich nicht, steht nur.

Ich denke, es muss ein Pelikan gewesen sein, nach der Zerstörung des Königsberger Tiergartens. Der Tiergarten befand sich ja ganz in unserer Nähe, und viele Tiere liefen plötzlich in der Stadt herum …

Das sind alle Erinnerungen an Königsberg. Doch was würde ich darum geben, auch nur einen kleinen Erinnerungsschimmer an unsere Mutter zu haben! Nur Unwichtiges ist mir in Erinnerung, kein liebes Gesicht … Mir fehlt das Gesicht meiner Mutter. Ich war einfach noch zu klein …"

Zum Aneignen der ostpreußischen Wurzeln gehört auch intensives Tun:

„Ich habe mir sogar selbst eine Samland-Tracht genäht – ohne Nähmaschine, nur mit der Hand. So wie das früher üblich war. Dann ist man bei jedem Nähstich mit der Seele dabei. In Estland werden viele Trachten getragen, vor allem bei den Sängerfesten. Aber diese Tracht hatte ich auch an, als ich im Herbst 2007 in Hamburg am Treffen der Königsberger teilnahm und auch im Mai 2009 in Berlin, beim großen Ostpreußen-Treffen.

Anne Rekkaro 2007 in handgenähter Samland-Tracht

Es fügt sich am Ende alles zusammen. Ich glaube nicht an Zufälle. Jemand – Gott? – führt uns im richtigen Moment an den richtigen Ort. So ist es auch mir mehrmals geschehen: Es passiert etwas Unerwartetes, das mein Leben auf einen neuen Weg bringt. Zum Beispiel saß ich einmal – ich glaube, es war im Jahr 2000 – im Kindergarten, wo ich damals noch arbeitete, vor dem Computer. Es war Mittagsschlafzeit für die Kinder, und ich wollte meine E-Mails lesen.

Auf einmal gab ich bloß so, ohne groß nachzudenken, das Wort ‚Ostpreußen' unter ‚Suchen' ein. Sofort hatte ich die Kopfleiste einer ostpreußischen Zeitung vor Augen, dazu ein Angebot, die Zeitung kostenlos für drei Wochen zu bestellen. ‚Keine Hoffnung, dass sie ankommt', dachte ich, ‚aber lass mich trotzdem mal versuchen ...' Zu meiner großen Freude kam die Zeitung an, und jetzt lese ich sie schon viele Jahre. Ich bin informiert, bin endlich mit auf der Bahn!

Inzwischen weiß ich auch genau, was damals nach dem Krieg in Königsberg vorging. Jetzt lerne ich ostpreußische Geschichte kennen, Ostpreußens Kunst und andere Kulturwerte, Personen usw. Ich habe über den Mediendienst Bücher bestellt. Und ich bekomme immer mal Informationen, wie es meiner Heimat heute geht.

Ich kenne das heutige Königsberg – den anderen Namen nehme ich nicht in den Mund –, bin ja schon dreimal da herumgelaufen. Und ich schäme mich nicht zu sagen: Ich bin glücklich, wenn ich dort bin! Weil ich meine Stadt wiedergefunden habe. Ich fühle dort, dass es meine Stadt ist.

Weil ich gut Russisch spreche, kann ich mit den heutigen Einwohnern Königsbergs leicht Kontakt aufnehmen. Ich fühle keinen Hass, es ist, wie es ist. Ich kann das Geschehene nicht besser machen, ich kann nur meine Stadt lieben.

Die andere Hälfte meiner Seele gehört Estland. Ich kann durchaus sagen, ich bin eine estnische Patriotin. Ich habe ja die gesamte russische Besatzungszeit hier miterlebt. Die ist Gott sei Dank vorbei, Estland gehört endlich wieder zu Europa. In Tallinn und Narva kannst du auf der Straße noch sehr viel Russisch hören – etliche der Besatzer sind in Estland geblieben. Doch sie dominieren unsere Gesellschaft nicht mehr und spielen sich nicht mehr als Herrscher auf ..."

Auch ihre Mission hat Anne Rekkaro inzwischen gefunden – sie bringt den Esten die weitgehend unbekannte Welt Ostpreußens näher. Über viele Jahre hat sie wissbegierig Deutsch gelernt. Und fing irgendwann an, ostpreußische Bücher ins Estnische zu übersetzen – vor allem Bücher über die Schicksalsjahre 1945 bis 1948. Die stellt sie jeweils in der Zentralbibliothek Rapla vor, mit einer festlichen Lesung.

Die estnischen Leser schätzen ihre Arbeit sehr. Für sie ist Anne Rekkaro das, was deutschen Behörden so schwer fällt zu bestätigen – eine Ostpreußin! Ihr ursprünglicher Name: Roswitha-Anne Browarzyck, genannt Röschen …

Anne Rekkaro mäht im Sommer die Wiesen und schippt im Winter viel Schnee, und sie sorgt für ihren Mann. Der große Dachboden mit dem Heu, in dem ihre Sommergäste gern schlafen, bleibt jetzt öfter leer; viele der Freunde sind schon weggestorben. Doch dafür gehört Anne jetzt mit ihrem Cousin aus Bonn einer deutschen Gruppe an – den „Königsberger Waisenkindern“. Zu den Treffen konnte sie noch nicht fahren, wegen ihres schwerkranken Mannes. Doch sie kriegt regelmäßig die Fotos geschickt und eine ausführliche Zusammenfassung der Treffen.

Im estnischen Dorf von Anne Rekkaro trafen kürzlich Weihnachtsgrüße aus Neubrandenburg ein. Der Absender war ein anderes Königsberger Kind – Doris Meyer.

Die beiden Frauen sind sich noch nie begegnet. Doch in ihrem Engagement für die untergegangene ostpreußische Heimat sind sie einander wie Schwestern verbunden … Und das, obwohl es die eine nach Königsberg zieht, die andere dort nur einen tränenreichen Besuch geschafft hat.

Doris Meyer ist seit 2000 in die Organisation regelmäßiger Veranstaltungen für Ost- und Westpreußen in Mecklenburg-Vorpommern involviert. Sie bereitete vor Jahren eine Demonstrationsfahrt nach Bonn mit vor, um eine Entschädigung für die Vertriebenen aus der ehemaligen DDR durchzusetzen, und noch immer berät sie sie bei ihren Anträgen. Sie setzt sich für ein Mahnmal zu Flucht und Vertreibung in Neubrandenburg ein – eine aufreibende Auseinandersetzung, mal mit, mal ohne Zeitung, bis heute. Sie hat das Ehrenzeichen der Landsmannschaft Ostpreußen erhalten und zweimal die Ehrenurkunde des Bundes der Vertriebenen. Was wird, wenn sie einmal nicht mehr da ist? Manchmal organisiert sie die kleinen Treffen in Neubrandenburg fast im Alleingang. Und regelmäßig nimmt sie an den Landestreffen der Ostpreußen in Anklam teil, die es mitunter auf 700 Teilnehmer bringen. In Anklam betreut Doris Meyer dann meist den Büchertisch. Die Stimmung dort ist stets ausgelassen, auch dank eines traditionellen ostpreußischen Likörs, der Bärenfang heißt, dessen Rezept die Veranstalter aber nicht rausrücken. Doch gerade in Anklam denkt man nicht nur an das eigene Wohl, sondern auch an die alten Menschen in Kaliningrad – ein Name, den noch immer niemand gerne ausspricht, weil er an einen Mitstreiter Stalins erinnert:

„Zum Weihnachtstreffen in Anklam packt jeder Teilnehmer für einen notleidenden Bewohner der alten Heimat ein Weihnachtspäckchen im Wert von 10 Euro. Diese Päckchen werden persönlich von zwei Anklamer Organisatoren mit einem Transporter bis nach Litauen gebracht. Und im Sommer gehen dann wieder die großen Busreisen los …"

Die umsichtige und stets freundliche Mittsiebzigerin liebt noch immer den breiten ostpreußischen Dialekt, den heute kaum noch einer spricht:

„Aber manchmal kommt er bei einem alten Ostpreußen noch durch, und dann könnte ich den umarmen und knuddeln! Und ich denke ‚Mein Gott, ist das schön heimatlich ...' Manche Ausdrücke, die weiß man noch so. Zum Beispiel sagten wir zum Aufwischlappen ‚Kodder'. Den nannte meine Mutter später in der DDR immer noch so. Oder Schuhe, die man schnell draußen mal überstreifte, nannten wir ‚Schlorren' ..."

Die Erinnerungen von Doris Meyer haben eine Licht- und eine Schattenseite, die meist verborgen bleibt. Sie zeigte sich, als Doris nach einem halben Jahrhundert ihre Stadt Königsberg wieder betrat. Was man der aktiven Ostpreußin nicht ansieht: Ihr Leben lang wurde sie von Angst und Unsicherheit begleitet. Bis zum heutigen Tag leidet Doris Meyer unter einer Urangst, die bei jeder kleinen Unwägbarkeit herausbricht:

„Wenn ich irgendetwas vorhabe, dann krampft sich sofort der Magen zusammen. Das ist so geblieben, seit damaliger Zeit. Ich krieg das einfach nicht weg ..."

Bei vielen Kindern der ehemaligen Ostgebiete – die meisten sind heute weit im Rentenalter – kehrt die Vergangenheit immer wieder zurück, oft in grauenvollen Bildern. Sie leiden unter Angstzuständen, unter Albträumen und Schlaflosigkeit. Hoher Blutdruck und Herzrasen setzen ihnen zu. Und Filme über Krieg meiden sie, wenn es irgendwie geht, weil sie die Bilder nicht ertragen können.

Diese Langzeitfolgen teilen sie mit den Kriegskindern der Länder, in die ab 1939 Deutschland einmarschierte – mit Polizeieinheiten, Wehrmacht und SS. Auch sie sind oft lebenslänglich traumatisiert und zeigen die gleichen Symptome wie ihre fernen Geschwister, die deutsch sprechen und von denen sie oft nur wissen, dass das ja die Kinder der „Nazis“ sind.

In beiden Fällen haben sich Leid und Angst noch auf die nächste Generation gelegt:

„Ich bin nach dem Krieg geboren", schildert eine weißrussische Frau der Autorin Swetlana Alexijewitsch, „als die Schützengräben von Unkraut überwuchert und die im Wald verstreuten Soldatenhelme schon rostbraun waren. Aber hat der Todeshauch des Krieges nicht auch mein Leben berührt? Wir alle gehören noch Generationen an, in denen jeder Einzelne an den Krieg eine Schuldforderung hat. Elf meiner Verwandten sind ums Leben gekommen: Mein ukrainischer Großvater mütterlicherseits liegt irgendwo bei Budapest begraben; die belorussische Oma, Vaters Mutter, starb in der Partisanenblockade an Hungertyphus; zwei entfernt verwandte Familien wurden in meinem Heimatdorf im Gebiet Gomel in einer Scheune von den Faschisten verbrannt; Vaters Bruder Iwan, ein Freiwilliger, ist seit 1941 verschollen ..."

Als das Kriegsblatt sich wendete, traf es die Frauen und Kinder der Kriegsgegner. So wurden beim Vormarsch der Roten Armee durch die deutschen Ostgebiete auch Hunderttausende Frauen und junge Mädchen als lebende Reparationen in russische Arbeitslager verschleppt. Nur zwei Drittel von ihnen überlebten. Doch ihr Leid wurde in Deutschland schon bald mit 68er-Leichtigkeit vom Tisch gewischt: „Das ist die Strafe für Auschwitz!“, hieß es kollektiv aus dem Mund einer Generation, die keinen Krieg kennenlernen musste, doch schon wieder in werte und unwerte Opfer einzuteilen begann.

Zeit ist es, auch die sowjetischen und polnischen Opfer in unsere Volkstrauertage einzubeziehen. Zeit ist es, sich stärker auch denen unter uns zuzuwenden, die den deutschen Überfall ebenfalls büßen mussten – als Kinder.

Einer, der nie den jeweils unbequemen Teil der Geschichte ausgeblendet hat, ist der Musiker Michael Wieck. Auch im fortgeschrittenen Alter hört er nicht auf, zu erinnern und zu mahnen; streckt er die Hand auch denen entgegen, unter denen er kaum überlebt hat. Er beschreibt die vielen, die schrien und die NS-Diktatur auf die eine oder andere Art stützten. Doch er vergisst nicht die wenigen, die sich vom Heil-Hitler-Geschrei nicht anstecken ließen. Er beschreibt das Leid, das die Russen über Königsberg gebracht haben. Doch er vergisst nicht die russische Ärztin, ohne die er nicht mehr am Leben wäre …

Der 86-jährige Violinist Michael Wieck ist noch überaus aktiv. Er kümmert sich um den musikalischen Nachwuchs und engagiert sich im Vorstand der Mozart-Gesellschaft Stuttgart. Er besucht als Zeitzeuge Schulen. Er grübelt und schreibt über den Zusammenhang von Philosophie, Religion und Musik, über Spinoza und Kant und über menschliche Verhaltensmuster.

Unter Michael Wiecks Denkgebäude lastet eine Biographie, die aufgeladen ist mit einer außergewöhnlichen Lebenserfahrung, mit dramatischen Episoden und Phänomenen. Eines dieser Phänomene lässt ihn nicht los, weil es stets dort wiederkehrt, wo Unterwerfung herrscht:

„Wenn beispielsweise im eingeschlossenen Königsberg, kurz vor dem Ende des Krieges, der Blockwart eines sechzehnjährigen ‚Deserteurs', der die bevorstehende Kapitulation lieber im Keller seiner Eltern abwarten wollte als im Schützengraben, sofort der Militärstreife meldete, obwohl er wusste, dass dieser Junge standrechtlich erschossen oder zur Abschreckung öffentlich gehängt werden würde ..., und wenn dieser Blockwart nur wenig später im russischen KZ Rothenstein besonders servil organisatorische Verbesserungen vorschlug, um sich nun bei den russischen Eroberern einzuschmeicheln, dann waren jene Triebe aktiv, die nur als Reaktion auf eine bestimmte Situation lebendig werden, die Reaktionstriebe ..."

Dass gerade in Diktaturen solche Verhaltensmuster tödlich sein können, das hat er ausreichend erfahren. Und er wird sie weitergeben, diese Erfahrung, solange er kann: 2010 nimmt er mit seiner Frau Miriam in Königsberg an einer Gedenkveranstaltung für die etwa 500 jüdischen Männer, Frauen und Kinder teil, die am 24. Juni 1942 vom Königsberger Nordbahnhof aus nach Minsk deportiert und dort unmittelbar nach ihrer Ankunft in einem nahegelegenen Waldstück von der SS ermordet wurden.

Es ist eine spontan in die Duma verlegte, würdige Feier, an der neben dem Präsidenten der Gebietsduma auch Musiker der Kaliningrader Symphoniker zugegen sind, ein Vertreter des Deutsch-Russischen Hauses und ehemalige Teilnehmer des Dresden-Kaliningrader Jugendaustauschprogramms. Der *Königsberger Express* berichtet. Und eine sich zufällig auf „Konzerttournee" in der Region befindliche Berliner Schülergruppe umrahmt das Gedenken mit Händel.

Nachdem alle schon auseinandergegangen sind, wird Michael Wieck noch einmal massiv von diesem Abtransport 1942 eingeholt. Die Erinnerung an diesen Tag belastet ihn schon ein Leben lang. Denn er war dabei, blieb aber als „Geltungsjude" zunächst verschont. So hatte er als Vierzehnjähriger am Nordbahnhof alles mit ansehen müssen, ohne helfen zu können: Seine geliebte Tante Fanny gehörte zu den Abtransportierten, mehrere Lehrer aus seiner Schule, darunter seine Lieblingslehrerin. Immer wieder hat er seitdem die verstörten Menschen an der Festungsanlage vor Augen, die „umgesiedelt" werden sollten, wie es offiziell hieß …

Auch der Tod seiner Mutter im Jahr 1966 lässt ihn nicht los. Sie, die Tochter des Stadtbaurats von Königsberg, war eine kluge und hoch begabte Frau:

„Meine Mutter hatte ein sehr schweres Leben. Zunächst kamen der Erste Weltkrieg und die Hungerzeit danach. Nur wenige Jahre blieben ihr dann bis 1933 als Bratschistin im ‚Königsberger Streichquartett'. In der Nazizeit mit ihren 525 Verordnungen ging es nur noch ums Ausschalten und Vernichten aller jüdischen Menschen. Der Zweite Weltkrieg kam, die Russenzeit, der Neubeginn in Berlin, dann ihre Zeit bei uns in Neuseeland, wo sie sich nicht wohl fühlte. Und 1966 schließlich ihr Tod in Kanada, als sie ihre Nichte in Vancouver besuchte. Sie starb in meiner Anwesenheit – nach einem so schweren Leben, dass es mich bedrückt, wann immer ich daran denke …"

In Wisconsin/USA lebt seine Schwester Miriam, inzwischen fast neunzigjährig, mit ihrem österreichischen Mann – der an der dortigen Universität ein hochgeehrter

Michael Wieck zusammen mit seiner Mutter Hedwig, Berlin Tempelhof 1955

Professor für Mathematik wurde. Nachdem die Geschwister einander zehn lange Jahre nicht begegnen konnten, stand beim ersten Wiedersehen in Edinburgh plötzlich eine merkwürdige Fremdheit zwischen ihnen. Die ist längst überwunden, erst kürzlich hat seine Schwester ihn in Stuttgart besucht.

Auch Michael selbst, nur drei Jahre jünger, steckt noch voller Aktivität: Am 27. Januar 2009, dem Jahrestag der Befreiung des Konzentrationslagers Auschwitz, erinnert er bei einem Vortrag in der Neuen Synagoge Berlin an den in der Geschichte „einzigartigen Zivilisationskollaps" des Nationalsozialismus, bei dem er auch scheinbar ferne Opfer ins Bewusstsein rückt, denn „nie zuvor gab es ein solch ideologisch begründetes, staatlich angeordnetes und industriell organisiertes Menschenvernichtungsprogramm von diesem Ausmaß und dieser Grausamkeit. Es betraf in erster Linie die Juden, aber außer ihnen noch viele andere Menschengruppen …, zum Beispiel auch die nur selten erwähnten 3,2 Millionen russischen Kriegsgefangenen, die auch in deutschen Gefangenenlagern durch Unterversorgung und Hunger ermordet wurden …"

Und der Musiker erinnert daran, dass das Verhängnis, das am Ende auch den Untergang Königsbergs verursacht hat, mit der Machtübernahme der Nationalsozialisten begann.

Er ist in Königsberg geboren, wo einst die Sprüche Immanuel Kants zur geistigen Grundnahrung vieler Bewohner gehörten. So auch im Hause Wieck:

„Frei nach Kant sagte meine Mutter: ‚Erst die Arbeit und dann das Vergnügen.' Oder ‚Tue deine Pflichten immer mit Freuden, sonst wird das Leben schwer für dich werden, und jede Tat trägt ihren Lohn in sich.'

Sie konnte Kant aber auch genau zitieren: ‚Arbeit ist die würdigste Form, das Leben zu genießen.' – ‚Disziplin ist die Kraft, das für richtig Gehaltene auch zu tun.' – ‚Alles moralisch Gute in uns ist Wirkung des Geistes Gottes.'

Daran knüpft er an, wenn er im April 2014 im deutsch-russischen Haus in Kaliningrad einen Vortrag über die Wirksamkeit des kantischen Geistes hält. Darin schließt er

„... mit dem ehrfürchtigen Ausspruch Kants, den ich auf meinem Schulweg, auf einer Kupferplatte eingemeißelt am Königsberger Schloss, lesen konnte: ‚Zwei Dinge erfüllen das Gemüth mit immer neuer und zunehmender Bewunderung und Ehrfurcht, je öfter und anhaltender sich das Nachdenken damit beschäftigt: der bestirnte Himmel über mir und das moralische Gesetz in mir.'"

Und fügt dem Philosophen noch zwei Sätze hinzu:

„Beide darf ich nicht als in Dunkelheiten verhüllt, oder im Überschwänglichen, außer meinem Gesichtskreise suchen und bloß vermuten; ich sehe sie vor mir und verknüpfe sie unmittelbar mit dem Bewusstsein meiner Existenz."

Auch die Gedanken eines anderen Musikers kreisen oft um Ostpreußen: Siegfried Matthus, der kleine Akkordeonspieler aus Mallenuppen, der mit zehn Jahren ins Flucht-Chaos gerissen wurde.

Das war vor siebzig Jahren. Inzwischen wird dem Komponisten Siegfried Matthus eine große Ehrung zuteil:

Anlässlich seines 80. Geburtstags und unter der Schirmherrschaft von Kurt Masur richtet die „Anna Amalia und Goethe Akademie zu Weimar" im April 2014 ein mehrtägiges, internationales Symposium für ihn aus. Der Titel: „Die weiten Flügel der Musik: Von Ostpreußen nach Berlin in die Welt".

Diese weiten Flügel umfassen das Gesamtwerk von

Siegfried Matthus: große Opern, vokale Miniaturen, expressive Sinfonik, virtuose Konzerte, und auch bei ihm stehen die großen Menschheitsfragen im Zentrum des musikalischen Schaffens.

So kommen denn auf dem Symposium Auszüge aus Matthus' Opern zur Aufführung, gibt es im Großen Saal der Weimarhalle ein Sinfoniekonzert mit Orchesterwerken des Komponisten.

Im interdisziplinären Reigen sind Kurzfilme zu sehen, verschiedene Verfilmungen seiner Opern, Ausstellungen. Prof. Norbert Lammert diskutiert mit Prof. Siegfried Matthus über die Frage „Wieviel Bildung braucht das Land? Kultur und Bildung als untrennbare Einheit"; untersucht werden die literarischen Wurzeln Moderner Musik. Und auch als Gründer des „Internationalen Opernfestivals Kammeroper Schloss Rheinsberg" wird Siegfried Matthus gewürdigt …

Die Themenkreise des Komponisten haben sich erweitert seit dem Ende der DDR, er ist frei und muss keine ideologische Rechenschaft über sein Werk mehr ablegen. So rekonstruiert er ein Opernfragment von Friedrich Nietzsche und setzt die *Unendliche Geschichte* von Michael Ende in Töne. Er schafft Lieder, Ouvertüren, Hörspiel- und Fernsehmusiken, Konzerte für Harfe, für Trompete und Posaune. Er komponiert für die Münchner Philharmoniker, die Salzburger Festspiele, die New Yorker Philharmoniker … und trägt zur Weihe der Dresdner Frauenkirche im Jahr 2005 das „Te Deum" bei.

Um sich für diesen Marathon fit zu halten, tritt Siegfried Matthus morgens über fünf Kilometer seine Fahrradpedale, sprang er bis vor kurzem noch in den See bei Wandlitz – auch im Winter.

Ostpreußen, das Land seiner Kindheit, wird mehr und mehr zu einem Schwerpunkt seines Schaffens, und so gesellt sich zu seinen Auszeichnungen und Ehrenbürgerschaften bald auch ein Kulturpreis der Landsmannschaft Ostpreußen für Musik. Wie schon der Musiker Michael Wieck ist auch Siegfried Matthus im geistigen Austausch mit gleichgesinnten Russen in Königsberg:

„Ich habe einen guten Kontakt zum Leiter des Königsberger Doms, der sehr viel für die Aufführung deutscher Musik dort getan hat. Ich selbst hatte ja auch das Glück, als ostpreußischer Sohn dort Aufführungen meiner Werke zu erleben: 2004 führte die Deutsche Oper Berlin in Kaliningrad meine Oper ‚Die Weise von Liebe und Tod des Cornets Christoph Rilke' auf, 2009 im Königsberger Dom mein ‚Te Deum' …

Ich will anregen, dass die Berliner Philharmoniker dort ein Gastspiel geben. Man muss den Philharmonikern deutlich machen, dass in diesem osteuropäischen Zipfel ein Teil unserer Geschichte liegt – und gerade musikalisch ist diese Verbindung eine wichtige Sache."

In seiner ehemaligen Schule in Angerapp, heute Osjorsk, gibt es eine historische Abteilung, die an erfolgreiche und bedeutende Schüler erinnert – und eine Vitrine davon ist ihrem ehemaligen Schüler Siegfried Matthus und seinen Kompositionen gewidmet.

Doch unkritisch schaut er keineswegs auf den osteuropäischen Zipfel:

„Kaliningrad, das muss ich wirklich sagen, ist ein zurückgebliebenes Land. Und keiner kümmert sich so richtig darum. Die DDR hat in Bezug auf dieses Gebiet genauso den

Schwanz eingekniffen wie die Bundesrepublik. Die Gründe dafür: Die Litauer und die Polen wollten das Kaliningrader Gebiet gerne haben. Die Russen wiederum rückten es nicht raus. Dadurch halten sich die Deutschen mit ihrem Engagement noch immer zurück. Sie halten sich ein bisschen zu viel zurück, finde ich. Denn das Land ist doch ein fruchtbares Land. Es kümmert sich nur keiner darum.

Mein Geburtsort Mallenuppen ist inzwischen völlig verfallen. Er wird vielleicht dadurch überleben, dass in der ehemaligen Schule, die später Kindergarten wurde, heute ein Altersheim eingerichtet ist.

In solchen Momenten fällt mir der Satz von der umgesiedelten Frau aus Leningrad wieder ein: ‚Auf fremder Erde kann man nicht heimisch werden ...'

Der Satz stimmt eben: Die Russen sind nie richtig angekommen in Ostpreußen, nie heimisch geworden. Haben sich nie verantwortlich gefühlt für dieses Gebiet ...

Und weil ich traurig darüber bin, dass dieses Land so vergessen ist, versuche ich, musikalisch eine Brücke zu schlagen.

Zum Beispiel E.T.A. Hoffmann, der ja nicht nur ein großer Dichter war, sondern auch ein großer Komponist. Seine Oper ‚Undine' habe ich in Rheinsberg Ende der Neunzigerjahre aufführen lassen. Das ließe sich durchaus in Königsberg wiederholen ..."

Durch häufige Reisen bemerkt Siegfried Matthus jedoch auch kleinste Veränderungen. Seine Hoffnungen ruhen inzwischen auf der jüngeren Generation:

„Das Interessante ist ja, dass die heutigen Einwohner Königsbergs – im Unterschied zu den ersten Generationen, die dort siedelten – die Geschichte dieser Stadt erforschen wollen. Die jungen Leute von heute – die zwischen zwanzig und fünfunddreißig – wollen alles wissen und fragen, wer dort gewohnt hat und wer da …

Sie wollen ja auch die Stadt umbenennen, was wirklich gut wäre. Neben einer Rückbenennung von Kaliningrad zu Königsberg steht auch Immanuel-Kant-Stadt zur Debatte …"

Werden die letzten ostpreußischen Kinder den Weg von der Idee zur tatsächlichen Stadtumbenennung noch erleben? Es wäre eine große, versöhnende Geste … und eine Brücke zwischen Alt und Jung, Deutschen und Russen. Eine Brücke auch zwischen einem barbarischen Gestern und einem Morgen, in dem Kant wieder zur geistigen Grundnahrung für die Bewohner seiner Stadt gehört.

Karla Browarzyck erlebt das Erscheinen des Buches nicht mehr. Im Frühjahr 2014 erliegt sie einem Herzleiden. Karla wurde 76 Jahre alt.

Dank

Ich danke allen, die zur Entstehung dieses Buches beigetragen haben.

Mein besonderer Dank, Respekt und tiefe Sympathie gelten Karla Browarzyck, Doris Meyer, Anne Rekkaro und Brigitte Possienke, Günter Kropp, Siegfried Matthus und Michael Wieck für die Erinnerung oft traumatischer Kindheitserlebnisse.

Für ihre Unterstützung danke ich der Hamburgischen Stiftung für Wissenschaften, Entwicklung und Kultur Helmut und Hannelore Greve, dem Landeshauptarchiv Sachsen-Anhalt, dem Stadtarchiv Bernburg sowie Martin Bergau, Dr. Manfred Dahlke, Tamara Dolganow, Gerolf Fritsche, Dr. Frank Hirschinger, Dr. Andreas Kossert, Brunhilde Krüger, Eugen Meyer, Dr. Boris Schapiro, Helene Schmidt, Prof. Gudrun Schmidt-Kärner und Dr. Ira Spieker.

Mein Dank gilt nicht zuletzt den Angehörigen Olaf Festersen, Ilse Kropp, Reinhard Linke, Helga Matthus, Peeter Rekkaro, Oliver Walzer und Miriam Wieck für Ermutigung und Nachsicht.

Literatur

Alexijewitsch, Swetlana, „Der Krieg hat kein weibliches Gesicht", Hamburg 1989

Altrichter, Helmut/Bernecker, Walther, „Geschichte Europas im 20. Jahrhundert", Stuttgart 2004

Aly, Götz, „Endlösung. Völkerverschiebung und der Mord an den europäischen Juden", Frankfurt/M. 1995

Arendt, Hannah, „Zur Zeit. Politische Essays", Berlin 1986

Bartoszewski, Wladyslaw, „Polen und Deutsche im Europa des 21. Jahrhunderts". Rede auf dem Sechsten Gesprächsforum im Sächsischen Landtag, 1997

Beckherrn, Eberhard/ Dubatow, Alexej, „Die Königsberg Papiere", München 1994

Benz, Wolfgang, „Der Holocaust", München 1995

Benz, Wolfgang, „Geschichte des Dritten Reiches", München 2000

Bergau, Martin „Im Dunstkreis des Untergangs", Berlin 2013

Blitz, Maria/Neumärker, Uwe, „Endzeit in Ostpreußen. Ein beschwiegenes Kapitel des Holocaust", Stiftung Denkmal für die ermordeten Juden Europas, Berlin 2010

Breier, Zsuzsa/Muschg, Adolf, „Freiheit, ach Freiheit ... Vereintes Europa – geteiltes Gedächtnis", Göttingen 2011

Buxa, Werner, „Bilder aus Ostpreußen", Augsburg 1990

Dzieran, Hans, „Es begann in Tilsit. Das Schicksal der Familie Silberstein", Kiel 2010

Ewert, Erna/Pollmann, Marga/Müller, Hannelore, „Frauen in Königsberg 1945–1948", Bonn 1998

Florian, Reinhard, „Ich wollte nach Hause, nach Ostpreußen! Das Überleben eines deutschen Sinto", Berlin 2013

Friedländer, Saul, „Das Dritte Reich und die Juden. Die Jahre der Vernichtung 1939–1945“, München 2006

Gafert, Bärbel, „Krieg, Flucht und Vertreibung als Schicksal der vielen Kinder (geboren 1930–1945), Vortrag in Lübeck-Travemünde, 2005

Gafert, Bärbel, „Kinder der Flucht – Kinder der Vertreibung, 1945–1948, in: Deutschland-Archiv, Nr. 5/2007

Hagelstange, Rudolf, „Deutschland. Landschaft, Städte, Dörfer und Menschen“, Frankfurt/M. 1960

Heidenreich, Bernd/Neitzel, Sönke, „Neubürger in Hessen“, Wiesbaden 2006

Hinz, Hans-Martin, „Zuwanderungen – Auswanderungen. Integration und Desintegration nach 1945“, Symposium DHM, Berlin 1999

Hopfer, Ines, „Geraubte Identität. Die gewaltsame ‚Eindeutschung‘ von polnischen Kindern in der NS-Zeit“, Wien 2010

Klier, Freya, „Verschleppt ans Ende der Welt“, Berlin/Frankfurt/M. 1996

Kopelew, Lew, „Aufbewahren für alle Zeit“, München 1976

Kossert, Andreas „Ostpreußen. Geschichte und Mythos“, Berlin 2005

Kossert, Andreas, „Kalte Heimat. Die Geschichte der deutschen Vertriebenen nach 1945“, München 2008

Langendorf, Uwe, „Kinder – hart wie Kruppstahl. Traumatisierung von Kindern vor, im und nach dem 2. Weltkrieg in Deutschland“, Vortrag in Lübeck-Travemünde, 2005

Lasch, Otto, „So fiel Königsberg“, Stuttgart 1984

Lehndorff, Hans Graf von „Ostpreußisches Tagebuch“, München 1961

Lehndorff, Hans Graf von, „Die Insterburger Jahre. Mein Weg zur Bekennenden Kirche“, München 1969

Leiserowitz, Ruth (Kibelka), „Ostpreußens Schicksalsjahre 1944–1948“, Berlin 2000

Leiserowitz, Ruth, „Juden in Ostpreußen …“, in: „Kulturlandschaft Ost- und Westpreußen“, Deutsches Kulturforum östliches Europa, 2005

Luschnat, Gerhild, „Die Lage der Deutschen im Königsberger Gebiet 1945–1948“, Frankfurt/M. 1996

Matthes, Eckhard (Hrsg.), „Als Russe in Ostpreußen. Sowjetische Umsiedler über ihren Neubeginn in Königsberg/Kaliningrad nach 1945“, Bietigheim-Bissingen 2002

Matthes, Eckhard, „Späte Opfer. Zur Aussiedlung der Deutschen aus dem Gebiet Kaliningrad 1947–1948“, in: Deutschland-Archiv, Nr. 5/2007

Mencwel, Andrzej, „Kaliningrad, mon amour“, Deutsches Kulturforum östliches Europa, 2008

Mirtes, Hans/Fritsche, Gerolf, „Flucht, Vertreibung, Ansiedlung, Integration – Vertriebene erzählen ihre Schicksale“, Offenbach 2013

Naimark, Norman M., „Die Russen in Deutschland“, Berlin 1997

Schapiro, Boris, „Biografische Erzählungen“, Weilerswist 2010

Schlögel, Karl/Schenk, F. Benjamin/Ackeret, Markus, „Sankt Petersburg. Schauplätze einer Stadtgeschichte“, Frankfurt/M. 2007

Schmitz, Liane/Waldmann, Franz, „Flucht, Vertreibung – Neuanfang 1945“, Schwerin 1995

Schöne, Jens, „Das sozialistische Dorf. Bodenreform und Kollektivierung in der Sowjetzone und DDR“ Leipzig 2008

Solschenizyn, Alexander, „Ostpreußische Nächte“, Darmstadt 1976

Spieker, Ira/Bretschneider, Uta, „Lebens(um)wege. Flucht, Vertreibung und Neubeginn in biografischen Skizzen“, Thüringer Hefte für Volkskunde, Bd. 19, Erfurt 2011

Spieker, Ira/Friedreich, Sönke, „Fremde – Heimat – Sachsen. Neubauernfamilien in der Nachkriegszeit“, Dresden 2013

Steinbach, Erika, „Die Macht der Erinnerung“, Wien 2010

Surminski, Arno, „Das alte Ostpreußen“, Hamburg 2007

Viehs, Werner, „Flüchtlingsdrama und Kämpfe in Ostpreußen“ Bericht 1945

Wieck, Michael, „Zeugnis vom Untergang Königsbergs“, München 2005

Wieck, Michael, „Ewiger Krieg oder ewiger Friede?“, Frankfurt/M., 2008

Winterberg, Sonya, „Wir sind die Wolfskinder“, München 2012

Nachweise

S. 7: Hans Graf von Lehndorff, Ostpreußisches Tagebuch, Verlag C.H.Beck, München (ISBN: 37642 0088x)

S. 88f: General Otto Lasch, So fiel Königsberg, Stuttgart 1984

S. 116: Lew Kopelew, Aufbewahren für alle Zeit, Hamburg, Hoffmann und Campe 1976

S. 126: Alexander Solschenizyn, „Ostpreußische Nächte", Darmstadt 1976. – „Le chemin des forcats"
© Alexandre Soljenitsyne 1974

S. 130–135, 432: Swetlana Alexijewitsch: Der Krieg hat kein weibliches Gesicht. Aus dem Russischen von Ganna-Maria Braungardt. © 2008, 2013 Swetlana Alexijewitsch. © der deutschen Übersetzung: 2004 Berlin Verlag in der Piper Verlag GmbH. Alle Rechte der deutschen Ausgabe © Hanser Berlin im Carl Hanser Verlag München 2013

S. 136f: Josef Stalin, Über den Großen Vaterländischen Krieg der Sowjetunion, Berlin 1951

S. 193: http://potsdamer-konferenz.de/dokumente/potsdamer_protokoll.php#VI

S. 333: Freya Klier, Verschleppt ans Ende der Welt, Berlin, Ullstein 1996

S. 334f u. 341f: Hannah Arendt, Besuch in Deutschland, 1950, aus: Hannah Arendt: Zur Zeit. Politische Essays. Berlin, Rotbuch Verlag 1986 © BEBUG mbH / Rotbuch Verlag

S. 345–347: Rudolf Hagelstange, Deutschland. Landschaft, Städte, Dörfer und Menschen, Frankfurt/Main 1960. Mit freundlicher Genehmigung der Erben Rudolf Hagelstanges

S. 353ff: Martin Bergau, Im Dunstkreis des Untergangs, Berlin, Dt. Literaturges. 2013

S. 372: Wladyslaw Bartoszewski: „Polen und Deutsche im Europa des 21. Jahrhunderts. Sechstes Gesprächsforum am 5. Mai 1997 im Plenarsaal des Sächsischen Landtags
S. 374–376: Andrzej Mencwel: Kaliningrad, mon amour. Potsdam, Dt. Kulturforum Östliches Europa, 2008

Nachwort

„Das Vergangene ist niemals tot, es ist nicht einmal vergangen."

Diesen Satz William Faulkners greift die Philosophin Hannah Arendt im Lauf der Jahre mehrfach auf und ergänzt: „Aus dem einfachen Grund, weil die Welt, in der wir leben, in jedem Augenblick auch die Welt der Vergangenheit ist. Sie besteht aus den Zeugnissen und Überresten dessen, was Menschen im Guten wie im Schlechten getan haben."

An die Aussage der Philosophin ist umso mehr zu erinnern, als die Halbwertzeit von Wissen um historische Vorgänge im Internet-Zeitalter offenbar nur noch wenige Jahre zu betragen scheint.

Das gilt nicht für die Betroffenen selbst - sie leiden noch im hohen Alter unter dem, was sie als Kinder im Krieg aushalten mussten. Wohl auch deshalb ist unter ihnen das Mitleiden mit den syrischen, jessidischen, sudanesischen oder jemenitischen Kriegskindern besonders stark. Sie können am wenigsten fassen, dass Krieg und der rücksichtslose Umgang mit Kindern nie aufzuhören scheinen.

Oft schweifen ihre Gedanken dorthin, wo sie sich geborgen fühlten, bevor man sie aus ihrer Kindheit riss. Und ihre innere Bindung an diese Orte ist so stark wie bei fast allen Menschen, deren Wurzeln gewaltsam gekappt wurden:

Der Komponist Siegfried Matthus versuchte schon 1976, vom polnischen Grenzzaun aus mit dem Fernglas sein Heimatdorf Mallenuppen zu erspähen. Brigitte Possienke besuchte mehrfach das Dorf im Samland, in dem die Eltern mit ihren drei kleinen Mädchen wohnten – ein letzter Ort der Geborgenheit.

Michael Wieck flog für eine Konzerttournee über die Kurische Nehrung, und schon beim Hinabschauen erfasste ihn eine starke Gefühlsregung. Wie erst, als Königsberg unter ihm lag: Seine Gedanken kehrten zurück in die Kindheit – die für ihn als Geltungsjuden den Ausschluss aus der NS-Gesellschaft bedeutete und bald schon Lebensgefahr. Die unseligen Kriegs- und Nachkriegsjahre kehrten wieder, und er kam sich in einer Höhe von 10 000 Metern über Königsberg vor wie sein eigener Geist: Da unten verlebte er Jahre in größter Not – und jetzt flog er luxuriös versorgt darüber hinweg, als sei alles nur ein schlimmer Traum gewesen. Wer lebt jetzt da unten? Immer wieder sucht er den Kontakt zu den neuen Bewohnern Königsbergs.

Die neuen Siedler kamen aus allen Teilen der Sowjetunion hierher. Was wissen sie über die ursprüngliche Bevölkerung, die zunächst eingeschlossen blieb, dann aber komplett ausgesiedelt wurde?

Nach dem Ende der Sowjetunion begann ein vorsichtiges Aufeinanderzugehen der ehemaligen Kriegsgegner. Schon bald fiel die Entscheidung, in einem russisch-deutschen Projekt den Königsberger Dom wieder aufzubauen. So hätte es weitergehen können auf dem Weg der Völkerverständigung und Versöhnung. Und zwanzig Jahre später?

Herrscht eine verdruckste Stimmung zwischen Russen und Deutschen. Nur einzelne Aktivisten wie die Musikprofessorin Gudrun Schmidt-Kärner fahren noch regelmäßig nach Kaliningrad.

Im Jahr 1988, während der kurzen Gorbatschow-Ära, in der Glasnost und Perestrojka auch Kaliningrad erreichen, kommt unter den zugewanderten Sowjetbürgern auch die Frage nach ihrer eigenen Identität auf, was der russische Autor Wadim Hrappa in der Zeitung *Kaliningradski Komsomolec* so formuliert:

„Wer sind wir eigentlich – ein kleines Volk, das auf dieser von der Metropole isolierten Erdscholle am Rande des großen Imperiums wohnt?" 1994 legt ein weiterer Autor nach: „Wer sind wir auf diesem Boden? … Deutsch geartete Russen? Russenähnliche Deutsche? … Eine neue Ethnie, eine Verschmelzung? Barbaren? Helden, Pioniere, Entdecker?"

Der Autor selbst gibt keine Antwort. Doch er löst eine Debatte in den Massenmedien Kaliningrads aus: „Die Kaliningrader versuchen zu verstehen: Wer sind sie? Einfach ein Pack, das aus den verschiedensten Richtungen und mit den verschiedensten Schicksalen in diesen Landesteil gekommen ist. Oder gibt es in diesem Gebiet bereits Traditionen und bildet sich eine kulturelle Gemeinsamkeit heraus, eine eigentümliche Verschmelzung von Preußischem und Russischem?"

Und dann prasseln die Antworten herein: „Wir alle hier sind Ausgestoßene, Menschen ohne Wurzeln …"

„Das Volk hier ist überwiegend uninteressant, normal (kleinlich, gemein und grausam auf dem Niveau einer ganz durchschnittlichen Norm). Und vor diesem Hintergrund präsentieren sich die ‚grundlosen' Menschen – Säufer, Müßiggänger, Verrückte, Verbrecher – fast wie romantische Helden …"

„Meiner Meinung nach müsste im Kaliningrader Gebiet die qualifikativ hochwertigste Bevölkerung unseres Landes, vielleicht sogar unseres Planeten leben …"

„Die Überreste der hübschen deutschen Architektur müssten die geistige und psychologische Entwicklung der Bürger positiv beeinflussen …"

„Wie die Einwohner Ostpreußens ein neuer deutscher Stamm genannt wurden, so könnte man die Einwohner Kaliningrads auch einen neuen russischen Stamm nennen …"

„Eine neue Ethnie? Solche Ethnien gibt es nicht, wir sind einfach Russen, normale Russen, die in Russland leben …"

Und so weiter.

Dass Menschen sich mit ihrer Herkunft befassen, mit der realen Geschichte, aus der sie kommen – und zwar ohne gehirnwaschende Propaganda –, das ist etwas völlig Neues für Russland. Menschen öffnen sich gegenüber dem bisherigen Feind – und der tut das Gleiche. Und plötzlich stellt man fest, dass das Gegenüber kein Feind ist, sondern ein Mensch, der leidgeprüft ist wie man selbst, der verheizt wurde von Machthabern, die bestimmen, welche Informationen das Volk erreichen, welche Wahrheiten in eine Lüge gedreht werden oder einfach unter den Tisch fallen.

Russland öffnet sich, ein Stück wenigstens. Als ich 1993

in Sibirien meinen Dokumentarfilm über die nach Russland deportierten deutschen Zivilisten drehe, erfahre ich keine Ablehnung, sondern viel Hilfsbereitschaft der Bewohner vor Ort. Es kommt zu anrührenden Begegnungen, denn ich habe drei der beim Vormarsch der Roten Armee verschleppten Frauen mitgebracht.

Auch die Begegnungen der deutschen „Sehnsuchtstouristen“ mit den neu angesiedelten russischen Bewohnern in Kaliningrad führen zur Annäherung, münden mitunter in eine zarte Freundschaft: Als Brigitte Possienke 1991 ihr Heimatdorf im Samland nicht mehr findet, weil es einer riesigen Ackerfläche zum Opfer gefallen ist, tröstet der Taxifahrer die weinende Deutsche. Und die freundet sich mit der russischen Lehrerin des Nachbardorfes an.

Der Bauernjunge Günter Kropp, der längst in Berlin-Spandau lebt, bricht nach Litauen auf, um Menschen, die ihn gerettet haben, endlich in den Arm zu nehmen.

Der Komponist Siegfried Matthus bedankt sich in Danzig bei der Krankenschwester, die sich auf der Flucht seiner sterbenden Großmutter angenommen hatte.

„Heute fasziniert die Geschichte Königsbergs und Preußens viele Russen, die hier leben“, schreiben der russische Germanist Alexej Dubatow und der aus Ostpreußen stammende Journalist Eberhard Beckherrn 1994 in ihrem Buch *Die Königsberg-Papiere*. „Sie haben einen riesigen Nachholbedarf an Informationen, weil ihnen lange die Vergangenheit verschwiegen wurde und die Geschichte erst 1945 beginnen durfte. Inzwischen kennen viele Intellektuelle unter den Russen die Geschichte besser als mancher Deutsche aus der Generation der Kinder und Enkelkinder der Vertriebenen."

Die Gorbatschow-Ära mündet in die Jelzin-Ära, und die guten Kontakte zwischen Russen und Deutschen nehmen noch zu. Auch in Russland selbst geht es voran: Planwirtschaft und Einheitspartei werden beseitigt und machen den Weg frei für eine marktwirtschaftliche Ordnung und die Reform des politischen Systems. Die Verfassung von 1993 definiert Russland als einen demokratischen, föderalen Rechtsstaat – mit einem Grundrechtskatalog, der den Bürgern Gleichheit, das Recht auf Leben, Menschenwürde, politische und persönliche Freiheitsrechte wie Reisefreiheit, Informations- und Versammlungsfreiheit zugesteht, Gewerbefreiheit und das Recht auf Eigentum, das Recht auf Arbeit, Wohnung, auf Alterssicherung, Gesundheitsversorgung und eine gesunde Umwelt.

Litauen, Estland und Lettland dürfen endlich wieder eigene Staaten sein und schauen sehnsüchtig nach Europa.

Die Formen der Versöhnung und Zusammenarbeit zwischen Russen und Deutschen werden vielfältiger.

Sollte Kaliningrad nicht lieber Kant-Stadt heißen? Die Meinungen wogen hin und her. Eine Rehabilitierungswelle für deutsche Zivilisten setzt ein, die unter Stalin ermordet oder in russische Arbeitslager verschleppt wurden oder in der sowjetischen Besatzungszone aus politischen Gründen zu Schaden kamen.

Niemand kann sich in den Neunzigerjahren vorstellen, dass dies nur ein kurzer Sommer der Demokratie und damit der Annäherung zwischen unseren beiden Völkern sein würde.

Und doch ist es so. Offen sabotieren bereits Kommunisten und Rechtsradikale den Prozess der Demokratisierung. Doch das sind noch die Harmloseren: Unbemerkt von der Öffentlichkeit macht sich der mächtige russische Geheimdienst bereit für eine erneute Machtübernahme. Seine Schlüsselfigur ist Wladimir Putin. 1999 ist es soweit: Der siechende Jelzin und seine Vertrauten hieven Putin ahnungslos in das Amt des Präsidenten.

Die weitere Entwicklung des politischen Russland ist bekannt.

Die russischen Archive schließen sich unter Putin und Medwedew, nichts soll mehr erforscht werden. Menschenrechtsorganisationen werden kriminalisiert und peu à peu geschlossen, immer mehr unbequeme Journalisten werden ermordet. Der russischen Zivilgesellschaft stehen schwere Zeiten bevor. Der erste von mehreren Putin-Kriegen trifft Tschetschenien.

„Das Vergangene ist niemals tot, es ist nicht einmal vergangen.“

Diese Erkenntnis hängt bald nur noch an einem dünnen Faden. Immerhin, er reißt nicht:

Im Juni 2016 erscheint in Moskau und Petersburg eine Dokumentensammlung unter dem Titel *Kinderbuch des Krieges. Tagebücher 1941-1945*. Zusammengetragen wurden Notizen und Tagebuchaufzeichnungen russischer Kinder während des Zweiten Weltkriegs, von denen etliche diesen Krieg nicht überlebten.

Siebzig Jahre lang interessierte sich niemand dafür, was Kinder in tiefer Not verfasst haben. Und es ist das Verdienst von Journalisten der russischen Wochenzeitung *Argumenty i Fakty*, die plötzlich begannen, nach Aufzeichnungen von Kriegskindern zu suchen, um sie in die Erinnerung des 21. Jahrhunderts zu holen. Zeitzeugen aus verschiedenen Teilen der ehemaligen Sowjetunion meldeten sich, Museen und Archive wurden angefragt.

Und wenigstens in diesem Bereich gibt es noch eine internationale Zusammenarbeit: Deutsche, österreichische, ukrainische und russische Wissenschaftler analysieren die Erfahrungen von Kindern der Kriegsgeneration, deren Sehnsucht nach ihren Eltern, die oft während des Krieges ums Leben kamen, und ordnen sie zeitgeschichtlich ein.

Da ist die Schülerin Tanja Sawitschewa, die im Alter von elf Jahren in Leningrad Schützengräben aushebt und Bomben platziert. Und deren Familie während der 900 Tage dauernden Belagerung durch die deutsche Wehrmacht an Hunger und Erschöpfung stirbt. Das Mädchen Tanja schreibt jeden Tod auf eine Seite: Erst verhungert ihre Schwester, dann stirbt ihre Großmutter. Der nächste Tote ist ihr kleiner Bruder, nach ihm sterben zwei Onkel. Und schließlich stirbt auch ihre Mutter.

Tanja bleibt allein zurück. Sie kann 1942 mit anderen Kindern heimlich aus Leningrad gerettet und in ein Waisenhaus gebracht werden. Doch sie erholt sich nicht mehr und stirbt noch vor Kriegsende.

Ihre erschütternden Tagebuchseiten werden bei den Nürnberger Prozessen als Beweisstück präsentiert. Danach fallen sie der Vergessenheit anheim.

Der massenhafte Hungertod von Zivilisten entspricht dem Plan der Nationalsozialisten. Als der harmlos „Feldzug“ genannte Vernichtungskrieg 1941 beginnt, der dem „slawischen Untermenschen“ schlechthin gilt, fasst der wohlgenährte Reichsmarschall Göring im November 1941 gegenüber dem italienischen Außenminister den Plan der Nationalsozialisten in zwei Sätzen zusammen: „In diesem Jahr werden zwanzig bis dreißig Millionen Menschen in Russland verhungern. Vielleicht ist das gut so, da bestimmte Völker dezimiert werden müssen.“

Auch Kinder sind Zeugen. Sind ihre Beobachtungen so geringzuschätzen, dass sich nur selten jemand für sie interessiert?

Und warum vergessen wir so schnell? Aus Fatalismus, da es ja immer Kriege in der Welt gibt? Oder weil die Stimmen von Kindern viel zu leise sind, um gehört zu werden? Wir sehen in Fernsehberichten das furchtbare Leid der Kinder in Syrien, Afghanistan, Irak … Nein, wir sind nicht abgebrüht, wir erschrecken über grausame Bilder. „Doch in alle Kriegsecken der Welt kann man nicht schauen“, meinen zu viele, „da wird man ja verrückt.“

Dabei schauen wir bereits weg bei einem Krieg, der seit 2014 vor unserer Haustür tobt. Es handelt sich um Putins Krieg gegen die benachbarte Ukraine – nach Tschetschenien und Georgien nun das dritte große Ziel: Die Krim wird komplett annektiert, die militärische Intervention in der Ost-Ukraine läuft bereits seit Jahren.

Teil dieses Aggressionskrieges sind neben der Annexion der Krim auch der illegale Transfer ihrer Kulturgüter in Richtung Russland, ist die latente militärische Intervention im Donbass und ein massenmedialer Propagandakrieg gegen die Ukraine.

Fast täglich werden Dörfer und Städte bombardiert.

Die Folgen nach drei Jahren sind eine katastrophale Wirtschaftslage in der gesamten Ukraine, sind Armut und bereits mehr als 10 000 Kriegsopfer. Die Infrastruktur im Donbass liegt in Trümmern.

Und erneut sind die Hauptleidtragenden die Zivilisten: Viele Frauen mussten bereits mit ihren Kindern fliehen; andere versuchen, in den Trümmern zu überleben.

Es ist ein Krieg, den deutsche Medien und Politiker gern als „Ukraine-Konflikt" verharmlosen. In diesem Sprach-Bild schwingt ja mit: Beide Seiten müssten nur das friedliche Gespräch miteinander suchen, dann wäre der Konflikt bald gelöst. Konflikte gibt es schließlich auch in Familien, es gibt sie zwischen Gewerkschaften und Arbeitgebern oder zwischen Mietern in einem Haus … „Man kann sie friedlich lösen", suggeriert das Wort „Ukraine-Konflikt". Doch was hat das mit Putins Krieg zu tun?

Für mich ist diese Verniedlichung eine Verhöhnung der Opfer.

Auf einer Tagung des Osteuropa-Zentrums Berlin im Herbst 2016 schildert Viktoria Soloschenko, Wissenschaftlerin an der Nationalen Akademie der Wissenschaften der Ukraine, einen Kriegsalltag, wie wir ihn aus Ostpreußen 1945 kennen:

„Es gibt bereits mehr als 900 000 Binnenflüchtlinge in der Ukraine. Viele sind nach Charkiv oder Odessa geflohen, andere weiter Richtung Kiew. Die bleiben, befinden sich in permanenter Lebensgefahr. Nachrichten wie diese sind sehr oft in den ukrainischen Medien zu finden:

‚Volltreffer in ein Haus in Marjinka, zwei Kinder – dreizehn und acht Jahre alt – wurden schwer verletzt …'

‚Kinder des Krieges', das war bisher vor allem mit der älteren Generation verbunden, mit Kindern, die während des Zweiten Weltkrieges aufwuchsen. Heute wird erneut die jüngste Generation als ‚Kinder des Krieges' bezeichnet: Kindheit und Krieg gehören für sie zusammen. Gewehrfeuer, Granateinschläge, Blindgänger – all das ist Alltag im Osten der Ukraine. Viele der Kinder sind Waisen; andere haben sich von ihren Eltern trennen müssen, um von Donezk und Luhansk in sichere Gebiete gebracht zu werden. Pflegefamilien müssen für sie gefunden werden, denn sehr viele Kinder bekommen eine schlechte Versorgung in den Heimen …"

Die Kinder befinden sich in einer schweren Stress-Situation, vor allem jene, die Schüsse, Flammen und den Tod eines geliebten Menschen verkraften müssen. Auch entwickelt sich eine Tragödie, die an die Anarchie am Ende des Zweiten Weltkriegs erinnert: Es bilden sich kleine Gruppen von Kindern und Jugendlichen, die am Strand oder in verlassenen Häusern von Odessa hausen. Sie hassen alle Erwachsenen, weil die ihrer Meinung nach Schuld sind an ihrer persönlichen Tragödie. So rächen sie sich an Erwachsenen, wo sie nur können. Polizei und Freiwillige versuchen, solche Gangs zu finden, oft vergeblich. Militärpsychologen sollen helfen, bevor sie die Kriminellen von morgen sind.

Für mich sind Wladimir Putin und seine Kommandeure Kriegsverbrecher. Für sie wiederum sind Menschen, die sich um Frieden und Ausgleich bemühen, Schwächlinge.

Deshalb lässt Putin in seinem Reich nun auch die nächste Generation scharf machen:

2015 weiht Putin westlich von Moskau, im russischen Kubinka, einen Militär-Freizeitpark ein – unter dem Namen „Patriotischer Park“. Es ist das Jahr, in dem auch die russische Jugendarmee gegründet wird. Jugendliche und Kinder ab zehn Jahren unterlaufen dort ein militärisches Basistraining sowie eine „patriotische Ausbildung“, wie der russische Verteidigungsminister Sergej Schoigu gern betont.

Reichlich finden sich in Kubinka militärisches Gerät und Videospiele zum Thema Krieg. Ziel dieser Kampfstätte für Kinder und Jugendliche ist es, sie fit zu machen für russischen Nationalismus – gerade im Jahr nach der Krim-Annexion.

Nun soll im „Patriotischen Park“ ein Nachbau des Reichstagsgebäudes entstehen. Gestürmt werden soll von Kindern und Jugendlichen ein nur leicht verkleinertes Modell des originalen Reichstags in Berlin.

Was das mit der Geschichtsaufarbeitung Ostpreußens zu tun hat?

Eine ganze Menge. Oder glaubt jemand im Ernst, der „patriotischen Jugend Russlands“ würde nun glaubhafte Geschichte vermittelt – so, wie wir das von Kopelew und Solschenizyn kennen? Geschichte, die auch einschließt, was an Leid über die Frauen und Kinder der besiegten Deutschen kam, bevor Soldaten der Roten Armee in Berlin den Reichstag stürmten.

Freya Klier